民事诉讼
一本通

李刚 编著

知识产权出版社

全国百佳图书出版单位

图书在版篇目（CIP）数据

民事诉讼一本通 / 李刚编著 . — 北京 : 知识产权出版社, 2019.4（2019.11重印）
ISBN　978-7-5130-5809-4

Ⅰ. ①民… Ⅱ. ①李… Ⅲ. ①民事诉讼法 - 法律解释 - 中国 Ⅳ. ①D925.105

中国版本图书馆CIP数据核字（2018）第202649号

内容提要

本书共四篇十五章。第一篇讲述基础知识，主要讨论客观事实、法律事实、证据及证据特性等。第二篇讲述诉讼实务，主要讨论民事诉讼的立案、保全、答辩、举证、庭审、质证、辩论、审判、判决、执行及典型诉讼等。第三篇讲述非诉程序，主要讨论特别程序、督促程序、仲裁、公正等非诉程序等。第四篇讲述涉外程序，主要讨论涉外诉讼程序、涉港澳台的一些程序等。总而言之，本书从实践角度出发，讲述诉讼中一些有参考价值的方法，希望能为读者提供一些切实的帮助。

责任编辑：李　娟　　　　　　　　　　　　　　　　责任印制：孙婷婷

民事诉讼一本通
MINSHI SUSONG YI BEN TONG

李　刚　编著

出版发行	知识产权出版社有限责任公司	网　　址	http://www.ipph.cn
电　　话	010 - 82004826		http://www.laichushu.com
社　　址	北京市海淀区西外太平庄55号	邮　　篇	100081
责篇电话	010 - 82000860转8594	责篇邮箱	lijuan1@cnipr.com
发行电话	010 - 82000860转8101 / 8029	发行传真	010 - 82000893 / 82003279
印　　刷	北京建宏印刷有限公司	经　　销	各大网上书店、新华书店及相关专业书店
开　　本	720mm×1000mm　1 / 16	印　　张	25.25
版　　次	2019年4月第1版	印　　次	2019年11月第2次印刷
字　　数	392千字	定　　价	88.00元

ISBN　978 - 7 - 5130 - 5809 - 4

前　言

2016年写了一本《民商法经典问题200问》(知识产权出版社2016年10月出版)后,总觉得还差一些什么。因为仅仅有了一本工具书,如果当事人不能较为熟练运用,对于解决生产及生活中出现的纷争,难以发挥更为有效的作用。因此,我就在思考,怎样才能更好地帮助这些读者朋友呢? 其实最为简单的办法就是再补充一些方法,也就是提供一本操作手册。因为如果掌握了必要的方法,再去运用相应的工具,解决问题就会达到事半功倍的效果。

由于工作的原因,经常遇到一些前来咨询有关法律知识的朋友。总体感觉是,对于实体法,比如有关权利、义务的法律规定的基本内容,了解的人还是比较多,虽然谈不上非常清楚,或者只是粗略地理解法律规定的含义,但是相对于程序法而言,还是不太清楚。出现这种情况,往往会使当事人遇到纠纷时,即便对双方的权利义务能够明了,却不知道通过什么途径、方法去维护自己的权益,最大化地实现自己的目的。

在诉讼中,原告虽然提起了诉讼,但是如何主张自己的权利? 如何运用事实和理由去支持自己的主张? 如何用证据去证明自己主张的事实? 往往感到很茫然。甚至使自己处于不利状态。而为数不少的被告,对于应诉采取听之任之的态度,甚至故意回避,不去参加,以为如果没有被告的参加,诉讼就无法进行。殊不知,一场诉讼并不因被告参加与否而停止,只要符合法律程序的规定,将会径行展开,并依法结束。然而被告因为自己的放弃,失去了辩护的权利,失去了说理的机会,可能需承担由此加重的不利后果。

在庭审中,有些当事人到庭后,因为不知晓法庭庭审程序,不按规则行事,指责法官,为难对方当事人,甚至喧闹法庭者有之。有些当事人虽然积极应诉,并且按照法律规定参加诉讼但是不知道在哪个环节该做哪些事情,无法说明案件事实者有之,大量讲述与案件无关的事实与理由者有之,更有甚者,拿来一大堆法律书籍,现场从头到尾宣读法律条文者有之。这些做法,不仅于己方无利,而且会影响诉讼的正常开展,进而影响诉讼效率。

举证和质证以及辩论是庭审的重点,也是当事人最容易出现问题的环节。每当看到一些当事人,抱着一大堆证据出现在法庭上,出于一种恻隐之心,虽然不会因其超过举证时限提出异议,但是当他举示完证据时,为了忠实于我的当事人,不得不指出其举示证据的"三性"问题,在这个时候,这些证据可能会因为缺乏证据的固有特性,而难以被法庭采

信，虽然这其中不乏真实的、有利的证据，然而因为不符合《证据规定》，难以实现其证据价值。

在说理时，如果不能清楚法律规定，不能将法律规定和案情结合，往往容易偏离主题，表现为无力的抗争。

静静思考以后，我觉得可以按照《民事诉讼法》规定的诉讼程序，结合案件，从立案、庭审、结案、执行的各个环节，将一些需要注意的问题，必需的程序，加上自己的实践和理解，写成一本书。目的就是想把一个固定状态的法律法规知识，通过与诉讼有关的环节，让它动起来，也就是想写一本动态的书、一本实战的书、一本能够让读者在与诉讼有关的每一个环节都能翻阅的书。

基于这样的想法，我也在思考书名。一个什么样的书名，才能让人知道它是一本动态的书呢？我想到了学习英语时，最能体现动态的就是进行时。所以，我最终选定的书名是《民事诉讼一本通》。

在编写的过程中，主要的难点不是写作本身，而是如何确定重点、如何突出重点。因为民事诉讼和与民事诉讼有关的程序性规定很多，甚至可以说过于繁杂。如果漏掉一些细节，也许当事人恰好就遇到了，这本书就不能说是一本比较完整地包含了民事诉讼各个环节的读本。然而如果平均分配地去讨论，篇幅将会很长，如果分成几册；不仅丧失了可读性，而且失去了操作手册的价值。因此，我想到了采取面面俱到、突出重点的做法。

因此，全书分为四篇，共十五章。第一篇为基础知识，共两章。主要讨论了客观事实和法律事实以及证据和证据特性。因为凡为诉讼者，皆信"事实胜于雄辩"，并且信奉"以事实为依据，以法律为准绳"。但对于裁判者所依据的事实，却不甚了解，总以为客观事实的存在即为事实之依据，对于法律事实须以证据予以证明则不以为然。诉讼中得胜者，以为法官为包青天，主动查明了客观之事实而明断疑案。败诉者，抱怨裁判者不作为，没能相信自己所言的真实之存在。其实皆枉也！据此本书着重讨论了"以事实为依据"的"事实"就是法律事实，而法律事实与客观事实只能无限地接近，但难以重合，并且法律事实依赖于证据的证明。由此该篇阐述了证据的重要性，举示证据和针对证据辩论（质证）的必要性。

在第二篇诉讼实务中共有七章，从民事诉讼的立案、保全、答辩、举证、庭审、质证、辩论、审判、判决、执行及典型诉讼，进行了讨论。重点仍然是围绕证据和辩论展开的。在辩论中重点介绍了"三段论"的逻辑思维方法。在典型诉讼中，主要讨论违约责任和侵权责任之诉。因为违约责任和侵权责任，是民事诉讼中归责的主要方式。同时对物权、婚姻与继承进行了专门的讨论。这样做的目的主要是想通过对典型诉讼的讨论，厘清诉讼各个环节应当注意的问题。同时针对不同的问题，从举证、质证、辩论等环节，介绍了一些方法和技巧。

第三篇非诉程序共有四章，主要讨论了特别程序、督促程序和仲裁与公证等非诉程序。这些都是在处理民事关系和民事纠纷中可能遇到的,有些是其他程序无法替代的;有些是比采取其他程序更为便捷经济的。

第四篇共两章,主要讨论了涉外诉讼程序和涉港澳台的一些诉讼程序。因为随着国力增强,国际交往日盛;在国际贸易,特别是商事活动中,难免会出现各种纠纷。而解决涉外民事纠纷时,各种诉讼和法律适用更为繁杂,该篇对此做了简单的介绍。至于港澳台,虽说都是我国的神圣领土,但是因为历史原因,在法律和司法领域,与内地、大陆确有很大的差异。相互之间并不能直接适用统一法律和司法程序。为此,最高人民法院作出了不同的司法安排。为了便于读者了解,本书对港澳台的诉讼程序也进行了简要的介绍。

总体而言,本书不是从理论上去做更多研究,而是从诉讼实战中,从方法和技巧上进行了必要的介绍和讨论,自我归属于实用法学的范围,目的就是为当事人提供一定的帮助,介绍一些有用的方法和技巧。

鉴于笔者知识和阅历的限制,难免存在谬误和遗漏,但拳拳之心,见诸字里行间。但愿能够通过此书,对诸君有所帮助。

李　刚
2019年于四川自贡

简　目

目　　录

第三篇　非诉程序

第四篇　涉外程序

第一篇　基础知识

第一章 诉讼源于冲突

第一节 不经意间成了被告

案例1：老袁突然收到一份法院的传票，附带的起诉书是：老崔向法院起诉，要求老赖和老袁共同归还老崔5万元的借款及利息1.2万元，同时承担案件的诉讼费。老袁想了很久，因为他从来没有向老崔借过钱！但是起诉书中说，老袁是老赖借款的担保人；可是老袁记得自己从没有为老赖担保过什么。

案例2：小孙和大楼其他23户业主都收到一张法院的传票，要求他们参加一起诉讼；因为前段时间在楼下受伤的保姆胡某某向法院诉请：小孙等24户业主承担她的住院费、医疗费和伤残补偿费等共计6万元。但是，小孙和其他23户业主，怎么也不明白，他们都做错了什么？

有时对身边的人讲：在现实生活中，我们每一个人都可能成为原告或者被告。但是许多人都感到很茫然，总觉得自己总是循规蹈矩、遵纪守法，既不想惹事，也不想去为难别人。似乎"原告"总是那些为难别人的人或者是运气不好的人；而被告呢，总是干了什么不光彩的事，才会被别人告了。

其实原告和被告，都是诉讼中的当事人，并没有褒义、贬义之分。实践中也没有固定的原告和被告，就如生活中没有固定的甲方和乙方一样。民事诉讼是法律赋予我们每一个人解决纠纷的一种权利；是国家权力解决民事纠纷的一种特殊形式。

在案例1中，后来查明：老袁和老崔及老赖都是十几年的朋友，相处都不错。事情的经过是：老赖在前段时间学着炒股。2007年的时候，股市很牛，几乎是只要进去炒的人，都赚到了钱。这个时候，老赖觉得应该增加本金；但是手头的钱又不够；所以就向老崔借5万元。老崔虽然不太了解股市，但是至少觉得这个还是有风险，所以开始不太愿意；经不住老赖一再信誓旦旦地说，一定能赚钱，并且能够按每月2%的利率支付利息。结果老崔基本上同意借款，但是为了保险，就请来好朋友老袁，让他做个见证，结果老袁就在借条上签上了名字。当时老袁也不愿意签字，但是经不住两位老朋友的相劝；后来老袁也使了一个心眼，就在借条上老崔签名的下方签上自己名字。由于老赖字写得不好，所以整个借条除了签名，都是老崔手书的。当然后来股市行情不好，老赖不仅亏了本，而且连这5万元也亏进去了，自然没能按借条约定还本付息。

在本案中，老袁之所以被老崔当作被告起诉，问题也就出在老袁在借条上的签字。

读者也许注意到了,借条是老崔写的,一般情况下,民间借贷借条就只有一张。读者诸君,你们有借款不写借条的情况吧?更何况往往只是出借人手中只有一张借条,这是常见的。那么这一张借条,虽然老袁只是签了一个名字,但是完全可能存在这样的可能性,老崔在老赖没有还款时,在老袁签名的前面加上保证人或者担保人三个字。

这种情况下,老崔在诉讼中将老赖作为借款人,老袁作为担保人,作为共同被告,并且要求老袁承担连带清偿责任,是符合《民事诉讼法》相关规定的。

至于最后法院能否查明,老袁只是作为见证人而不是担保人,不应当成为本案被告。这是实体法上的当事人的问题。并不影响老崔可以在诉讼中将老袁作为被告,因为这是程序法中的当事人。老袁是否需要承担清偿责任,是法院裁判问题。

有人会问:老袁签字时除了签名什么也没有写呀,为何会是担保人呀?还有人会问:老袁的签名是写在出借人老袁的下方呀,如果是担保人的话,也只是担保出借人呀?

这就与《中华人民共和国担保法》(以下简称《担保法》)和《最高人民法院关于适用〈中华人民共和国担保法〉若干问题的解释》(以下简称《担保法司法解释》)有关。因为上述法律及司法解释规定,如果担保人只是在借条上签了名字,那么将要承担的是连带担保责任;而不是按照一般人理解的,我什么也没写,就是签个名字,要承担也只是一般担保责任;也就是你必须先让借款人还钱,然后才能找我!这是对法律不熟悉,或者理解错误。何况《担保法》及其司法解释,并没有规定担保人签字必须在借款人下方或者其他位置。

至于本案中老崔在老袁签名前加上担保人三个字,是否违法?这个不是程序法,也就是《民事诉讼法》需要解决的问题。更何况,如果只有一张借条,且借条书写笔迹一致;除了老崔自认以外,很难有证据能够证明老袁只是作为见证人。

《担保法》第十八条规定:当事人在保证合同中约定保证人与债务人对债务承担连带责任的,为连带责任保证。

连带责任保证的债务人在主合同规定的债务履行期届满没有履行债务的,债权人可以要求债务人履行债务,也可以要求保证人在其保证范围内承担保证责任。

第十九条 当事人对保证方式没有约定或者约定不明确的,按照连带责任保证承担保证责任。

《担保法司法解释》规定:主合同中虽然没有保证条款,但是,保证人在主合同上以保证人的身份签字或者盖章的,保证合同成立。

案例2是典型的空中抛物致人伤害的情形。《侵权责任法》第八十七条规定:从建筑物中抛掷物品或者从建筑物上坠落的物品造成他人损害,难以确定具体侵权人的,除能够证明自己不是侵权人的外,由可能加害的建筑物使用人给予补偿。

据查明的情况:小孙所在的大楼共有2个单元,楼层数为25层;其中每个单元每层为6户,第一层只有4户,共计一个单元有住户148户;小孙所在的单列共有25户,其中一户为底楼(一层),二层以上共24户,其中有2户未装修入住。

事发当天5时45分,本单元一业主雇用的保姆胡某某从小孙所在楼栋经过,突然从楼上掉下一块砖头,正好砸到胡某某的右脚根部,当时鲜血涌出,胡某某被送往医院治疗。治疗中检查发现胡某某右脚踝关节处肌腱断裂,经治疗基本痊愈后,通过伤残鉴定为10级伤残。花费治疗费2万余元,经过计算伤残赔偿及后续治疗约为4万元。

虽然当时经过报警,警察到现场后,经过查访无法确定砖头从何处坠落。调查中发现本栋楼另外一个单元有一户叫刘亮的业主曾经因违章搭建被叫停,并且有堆放的红砖没有按城管执法局和物业公司要求及时清理。小区物业公司代为封存了致人伤害的砖头。

就胡某某受伤和医疗费的问题,胡某某的雇主和胡某某均要求小区物业公司和刘亮承担赔偿责任,但遭到了拒绝。后来胡某某向法院起诉,要求小区物业公司和刘亮承担赔偿责任;但因不能确定砖头为刘亮在楼顶的堆放物,最终胡某某的诉讼请求被法院驳回(此部分,笔者将在后续章节详叙)。

后来,胡某某又向法院提起诉讼,要求小孙等24户业主,对其承担人身损害的补偿责任,共计需要补偿6万元。

本案中,小孙等24户业主,需要承担的责任,实际上是一种介于过错推定责任和公平责任之间的法律规定的特殊责任形式。

《侵权责任法》第六条、第七条规定:行为人因过错侵害他人民事权益,应当承担侵权责任(过错责任)。根据法律规定推定行为人有过错,行为人不能证明自己没有过错的,应当承担侵权责任(推定过错责任)。行为人损害他人民事权益,不论行为人有无过错,法律规定应当承担侵权责任的,依照其规定(无过错责任)。

侵权责任法的归责原则主要有:过错责任、推定过错和无过错责任及公平责任。

在本案中,也许小孙等业主确实觉得很冤。但是,从受害者的角度来看,受害者更冤!受到了伤害,是谁造成的? 也无法认定清楚! 如果胡某某的人身伤害得不到补偿,于法于理均是难以让人接受的。

从以上两个案例可以看出,在现实生活中,各种冲突都是可能存在的。因冲突引发的纠纷,以至于因纠纷引发的诉讼,是很普遍的现象。真是不经意间就成了被告!

鉴于此,每一个人都需要学习一些法律知识,掌握必要的法律常识,以便应对可能出现的纠纷。

原告和被告,只是引发诉讼的作用不同;并没有对与错,是与非之分。因为未经法院判决,原告不一定就会胜诉,被告也不一定会败诉。何况在诉讼中,原告和被告只是诉讼程序中的案件当事人,并不一定是实体法中真正的案件当事人。法律还赋予了被告反诉的权利,也就是说,原告和被告的身份,在诉讼中有时还存在互换。

总之,原告未必就是必然的胜诉方,不能随意引发诉讼,更不能滥用诉权,甚至搞虚假诉讼,因为虚假诉讼是犯法行为。同时也不必因为成为被告而沮丧,因为被告未必是败诉方,正确面对,积极应诉,是公民的权利和义务。

第二节　民事诉讼是解决冲突的方式之一

一、民事诉讼源于冲突

民事诉讼只是解决冲突的一种方式。

就案例1和案例2而言,也许老袁、小孙并不一定会意识到他们和原告之间产生了冲突;但是这种冲突确实存在,只不过表现为隐形的利益冲突;这样的冲突,不论当事人是否意识到它的存在,但它却因为事实或者法律规定而存在。

所谓冲突,是指人们因利益和态度的不协调和不一致所产生的矛盾。按冲突的法律性质不同可以分为:①民事冲突;②刑事冲突;③行政冲突。本书仅讨论民事冲突。

民事冲突又称作"民事争议"或者"民事纠纷"。以民事冲突的主体特征为标准,民事冲突又可分为:①公民与公民之间发生的冲突;②法人与法人之间发生的冲突;③公民与法人之间发生的冲突;④公民与其他组织之间发生的冲突;⑤法人与其他组织之间发生的冲突;⑥其他组织之间发生的冲突。

民事冲突主要表现为两大类:一类是与人身权益相关的民事冲突,另一类是与财产权益相关的冲突。

引起民事冲突的因素相当复杂,有人的个性原因,也有个人所处社会的原因;有主观的原因也有客观的原因;有内在原因也有外在原因;有经济的原因也有政治的原因;有人文原因也有自然原因。

冲突也是一种矛盾的表现形式。矛盾无处不在,无时不有。因此人们在生活中不可能回避矛盾,自然也不可回避冲突。但不是所有的冲突均可能引发诉讼,诉讼只是解决冲突的一种形式;虽然是一种有效的形式,但却不是最主要的形式。

解决民事冲突的方式有:①当事者自行协商和解纠纷;②有关行政机关依职权处理(行政调处);③第三方参与的(如人民调解委员会)调解;④仲裁委员会仲裁;⑤民事诉讼。前四种称为"非诉讼方式解决纠纷",后一种系诉讼方式。

二、民事诉讼与非诉讼方式在解决纠纷中的异同

1)民事诉讼与当事人自行协商和解的区别:①民事诉讼具有规定的程序;而和解不需要固定的程序。②民事诉讼结果具有确定力;而和解结果当事人可以反悔。

2)民事诉讼与行政机关依职权处理纠纷的区别:①民事诉讼是按司法程序;而行政调处是按行政程序。②民事诉讼的结果(判决)具有强制执行力;而行政调处的结果一般不具有强制执行力。

3)民事诉讼与调解的区别:①二者法律性质不同。民事诉讼是司法性质,人民调解是民间性质。②依据不同。③效力不同。

4)民事诉讼与仲裁的区别:①民事诉讼是人民法院代表国家行使审判权,具有明显的司法性质;仲裁则属民间性质。②二者提起的条件不同。③法律文书的执行效力不同。特别应注意的是民事诉讼的常态是两审终局;而仲裁是一裁终局。

前面谈到了冲突和解决冲突的方式。虽然说冲突一般存在以上5种解决方式,而且当事人具有选择的权利;但是并不是任何冲突都可以引起诉讼,或者说需要以诉讼的方式解决,实际上更多的冲突是以其他方式解决的。

还有些冲突本身就不能以诉讼的方式解决。比如:行政机关上下级之间的冲突;公务人员与国家机关因为工作及薪酬等引发的冲突;组织内部上下级之间纯属命令与执行产生的冲突等。因为民事诉讼是平等的主体,而在组织内部这些主体的地位不是平等的。

另外一些冲突,虽然当事人可以提起诉讼,但是却不能得到最终的判决结果。比如:当事人与不是诉讼主体的其他组织之间的冲突,或者诉讼的标的不属于法律规定的法律保护的权利或者法益等。

在现实生活中,遇到矛盾和冲突,应当首先寻求相互谅解,互利互让;其次更多地采取协商的办法解决。如果协商比较困难,还可寻求第三方组织参与的调解,比如社区居民组织、所在单位、工会、各种协会、人民调解组织参与的调解,通过调解,化解矛盾,解决冲突。如遇到治安类冲突,公安机关经过现场出警、侦查分析,往往掌握了更多的第一手材料,更加了解冲突的情形和冲突各方的实际情况,在公安机关组织的协调处理中,只要当事人相互配合,许多这类冲突均可以化解。

仲裁也是解决冲突的一种非常便捷的方式。仲裁具有相当的灵活性,当事人双方可以事前、事中甚至事后协商选取仲裁裁决;仲裁具有高效、简洁的特点,可以节约解决冲突的时间。同时,仲裁结果也可以通过程序申请法院强制执行,也就是具有一定的强制执行力。

司法诉讼,本书讨论的民事诉讼只是其中之一。一般情况下,应当是解决冲突的最终选择方式。主要是诉讼必须依照法定程序,所需时间相对较长,诉讼成本较高。而且并非必要的诉讼,还会挤占稀缺的司法资源。在诉讼中,法官是处于被动地位的,也就是所谓被动司法。它不像其他解决方式那样具有相当的灵活性。

第三节　可诉性与法益保护

一、诉讼是为了获得法院的依法裁判

提起诉讼实际上是裁判请求权的实现。

裁判请求权意味着当事人在其权利受到侵害或与他人发生争执时,有请求法院予以公正审判的权利。裁判请求权的实现与纠纷的可诉性有着密切的关系。纠纷具有可诉性,是裁判请求权得以实现的前提。

纠纷的可诉讼性,是指纠纷发生后,当事人可以将其诉诸司法的属性,或者说纠纷可以被诉诸司法因而能够通过司法最终解决的属性。在社会生活中,纠纷是难免的,正因为有纠纷的存在,才有各种纠纷解决机制存在的价值。

纠纷要成为审判对象,必须要有当事人的诉诸司法的行为,同时要有法院接受当事人的诉讼进而进行审判的行为,这就是诉讼行为。

纠纷的可诉性只是表明该纠纷可通过司法解决,并不表明它只能通过司法解决。纠纷由司法最终解决,但并不表明司法解决对所有的纠纷都是最好的解决办法,法律纠纷是复杂多样的,有的纠纷由诉讼外的纠纷解决机制解决也许显得更为适宜,优点更为明显,当事人完全可以选择替代诉讼的纠纷解决机制。

法的可诉性意味着当事人可以依据该法律诉诸法院,法院可以依据该法律进行裁判;法有可诉性,意味着该法所确认的权利发生纠纷时具有可诉性。

纠纷的可诉性是裁判请求权实现的前提条件,如果根据法律规定纠纷不具有可诉性,那么,作为当事人的裁判请求权则不能得以实现。

二、纠纷的可诉性

可以诉诸司法的纠纷范围包括:(1)民法、婚姻法调整的因财产关系及与财产关系相联系的人身关系产生的民事案件;(2)经济法调整的因经济关系所发生的各类纠纷;(3)劳动法调整的因劳务关系所发生的各类纠纷;(4)其他法规调整的社会关系发生的纠纷;(5)最高人民法院规范性文件规定的案件。纠纷的可诉性标准就是考察纠纷是否属于民事法律关系争议。如果纠纷属于民事法律关系争议,则当事人可以诉诸法院;如果纠纷不属于民事法律关系争议,则当事人不能诉诸法院。

纠纷的可诉性排斥了没有上升为法定权利的那些权利受到侵害而请求司法救济的可能性。当然纠纷的可诉性,按现在的观点,不仅仅是因为受法律保护的权利存在威胁的一种可救济性,同时还包含受法律保护的除权利以外的其他利益(民事法益)受到侵害或者威胁同样可以通过行使裁判请求权的实现救济。

民事法律关系是经过民事法律调整后的社会关系。民事法律关系发生争议以后,当然可以诉诸司法;但是,现实生活中还有一部分社会关系未被法律调整,即还有一部分权利或者法益没有被法律明确确认,如果包含这类权利的社会关系发生争议,因其不属于民事法律关系,就不具有可诉性,那么,这类权利便无法得到法律保护。

如好意施惠行为因为不能认定为法律行为,所以施惠人一般不承担法律责任。

社会的交往中,好意施惠是常见的现象。但由于对好意施惠性质的认定模糊,容易造成对好意施惠中侵权责任问题的疑惑。好意施惠是一种不受法律约束的普通社会关系,其与侵权行为不同,后者则需受到法律的调整,承担相应的侵权责任。

案例3：甲、乙同乘一列火车。途中甲欲睡觉，遂请乙在火车到达A站时叫醒他，乙答应。由于乙随后亦睡着，致使甲错过A站直到B站下车。甲请求乙赔偿其由B站回A站所花的车费。

甲请求乙在火车到达A站时叫醒其下车，乙之所以会答应甲的请求是出于互为帮助的道德情操，从当事人本意上即可推知此时乙并未有受该约定拘束的意思，且此时乙是无偿帮助甲，若考虑到由此会引起赔偿责任，则乙很可能从一开始就不会接受甲的请求。因此乙答应甲的表示因欠缺效果意思而不构成意思表示，双方的约定无法构成合同，甲在乙违反约定的情况下是无法请求违约损害赔偿的。

案例4：2008年4月4日晚，金某邀请谭某在内的4个朋友到一个酒吧聚会，在饮酒过程中，谭某出现醉酒状态。次日凌晨3时许，金某又携其好友4人至其住处再次饮酒。其后，金某要求其好友3人送谭某回家，但该3人仅将谭某带到其中一人住所。谭某后使用卫生间，却因酒醉而从卫生间窗台坠楼而亡。谭某之母以未履行安全保障义务为由，以金某等4人为被告，诉至广州市越秀区人民法院。

案例3中，甲、乙之间并未形成受法律约束的民事关系，因此甲不得基于二人之间的约定要求乙赔偿其由B地返回A地所花费用。而案例4中，广州市越秀区人民法院一审宣判4位被告人对谭某的死亡承担30%的赔偿责任，共计126655.2元，4人负连带赔偿责任。

对于此判例，是基于两者区别而言的，在案例4中，朋友一起相邀喝酒，属于好意施惠行为；但是喝酒后，对于醉酒者的照顾义务，却是先行为的产生随附义务；对此义务，将根据过错程度，承担侵权责任。

案例5：备受全国媒体关注的全国首例"亲吻权"索赔案在四川广汉市人民法院宣判，原告陶某某获得精神抚慰金500元。

2001年6月1日晚，原告陶某某路经广汉市西康路顺滨西路证券公司时，被告吴某驾车将其撞伤。车祸造成陶某某上唇裂伤、全身多处软组织挫伤、两颗门牙折断、脑震荡。陶某某被医疗部门鉴定为十级伤残。

陶某某被撞伤后，两颗门牙折断，影响她正常撕咬食物。陶还称自己再也感受不到亲吻的甜蜜。为此，陶某某于7月10日向广汉市人民法院起诉，为"亲吻权"索赔10000元。

关于"亲吻权"的问题是本案双方争论的焦点。法院认为，我国现有的法律、行政法规，均无关于亲吻权的规定，故亲吻权的提出于法无据。原告嘴唇裂伤，不能亲吻或亲吻变成一种痛苦的心理体验，属于情感上的利益损失，当属精神性人格利益。但利益并非都能得到司法救济。法院认为，被告因过失而偶致原告唇裂，故对原告不能亲吻的利益赔偿精神损害抚慰金的要求不予支持。但法院同时认为，被告撞伤原告致其门牙折断、口唇裂

伤,侵犯了原告的身体权、健康权,给原告造成肉体和精神痛苦,应给付500元的精神损害赔偿金。

在我国,宪法权利一般不能通过诉讼得到司法救济。如果宪法权利的基本权利通常会经过立法被法律确认为具体的法律权利,然后,当这些权利被侵害以后,当事人当然可以通过民事诉讼得到司法救济。但是,从我国的立法来看,并不是所有的基本权利都被转化为法律权利的,因为还存在一些纯粹的宪法权利,这些宪法上的基本权利被侵害以后,在现行法律框架下,很难得到司法救济。当然,也有特例,比如山东齐某苓案就涉及宪法规定的受教育的权利。

案例6:"1999年1月29日,原告齐某苓以侵犯姓名权和受教育权为由将被告人陈某、陈父及山东省济宁市商业学校、山东省滕州市第八中学、山东省滕州市教育委员会告上法庭。案件要从1990年说起。当年,原告参加中考,被济宁市商业学校录取为90级财会班的委培生,但是原告就读的滕州市第八中学在收到录取通知书后直接将它送给了和齐某苓同级的陈某某。于是陈某某以齐某苓的名义在该校财会班就读,陈某某毕业后被分配在银行工作。直至1999年初,原告才得知自己被陈某某冒名10年的事情。原告一纸诉状以侵犯姓名权和受教育权为由将上述被告告上法庭,要求上述被告赔偿经济损失16万元和精神损失40万元。"

在山东省高级人民法院作出判决之前,请示了最高人民法院,以下是最高人民法院就此案所作的批复:

《最高人民法院关于以侵犯姓名权的手段侵犯宪法保护的公民受教育的基本权利是否应承担民事责任的批复》[2]

(2001年6月28日最高人民法院审判委员会第1183次会议通过)法释[2001]25号

山东省高级人民法院:

你院[1999]鲁民终字第258号《关于齐某苓与陈某琪、陈某政、山东省济宁市商业学校、山东省滕州市第八中学、山东省滕州市教育委员会姓名权纠纷一案的请示》收悉。经研究,我们认为,根据本案事实,陈某琪等以侵犯姓名权的手段,侵犯了齐某苓依据宪法规定所享有的受教育的基本权利,并造成了具体的损害后果,应承担相应的民事责任。

表面来看,"齐某苓案件"纯粹是一起普通的民事索偿案件,然而,在我国司法界产生了极大的回响,这是因为侵犯姓名权在我国的民法通则中有详细的规定,但是侵犯公民的受教育权仅仅是宪法上的权利,除了《宪法》第四十六条"中华人民共和国公民有受教育的权利和义务"之外,没有民法和其他基本法律的保障,基本上是一种处于"悬空"状态的权利,加上长期以来,在我国审判中也没有直接援用宪法条文进行判决的先例。因此,在法律上这种受教育权虽然有规定但是却无法得到保障,而最高人民法院于2001年8月13日为此案作出的司法解释,准许适用宪法条文对原告的宪法权利进行保护,开创了以宪法保护公民基本权利的先例,也是我国宪法司法化的开端。

单位或团体内部的与司法秩序无关的纯内部纠纷,以单位或团体内部措施调整为宜,不应当具有可诉性,对这类纠纷,当事人不能诉诸法院。

因为纠纷应当是平等主体之间的权利义务争议。非平等主体之间的争议往往是行政法律关系争议,行政法律关系争议是行政机关与行政管理相对人之间发生的争议,行政管理相对人认为行政机关及其工作人员的具体行政行为侵犯了其合法权益,应当依照行政诉讼法提起行政诉讼,不能提起民事诉讼。

第四节 诚信危机与诉讼风险

一、诚信危机

诚信本应是每个人或者组织行为的根本。诚信,是我们中华民族的传统美德。《论语》中说"人而无信,不知其可也",意思是人若不讲信用,在社会上就无立足之地,什么事情也做不成。不管是交友、齐家,还是经商、为政,都离不开"诚信"二字。总之,诚信是立人之本。但是,诚信危机却成了人际交往、商务往来的一大羁绊。

去过法院的人,也许留意到了,现在许多法院的电子公示屏上,时常会出现一长串的失信者名单;既有单位失信的,也有个人失信的。

据360互联网安全中心统计,2012年全年,360手机卫士累计为用户拦截垃圾短信71238913342次,日均拦截超过1.95亿条,其中,第一、二、三、四季度拦截量分别为38亿、67亿、272亿和335亿条,全年呈现持续高增长的态势。

360手机卫士发起的微博抽样调查结果显示,在所有受访网友中,64.3%的网友称经常收到垃圾短信和骚扰电话。

在欺诈类垃圾短信中,38%为虚假"中奖"通知诱骗用户上钩;26%为假借亲友名义要求转账和回拨声讯电话;24%则为假借"公安""法院"名义传达通知,引导用户进入诈骗陷阱;12%以提供所谓股票、债券内幕等实施诈骗。

违法类垃圾短信中,42%提供"代开发票"业务;31%兜售手机窃听器、监控卡等,另有27%散播违法信息等。

骚扰电话、垃圾短信这些让人烦不胜烦的东西,严重困扰着人们的正常思维。有时候看到一个陌生的电话,几乎接听与否都成了一种困惑。真正有事,需要搜寻这类信息时,更是分不清哪一件是真哪一件是假?这种骚扰带来的信任危机,已经严重影响了人们的正常生活。

有关案例比比皆是,比如:

2011年1月26日,国家发改委披露家乐福等超市涉嫌价格欺诈,存在高价结算、误导性价格标示等行为。当日,家乐福发表声明向消费者致歉,并表示将严格执行"五倍退差"政策。

2011年3月15日,据央视《每周质量报告》报道,河南孟州等地养猪场采用违禁动物药品"瘦肉精"饲养生猪。3月25日,案件调查取得重要突破。后公安部召开新闻发布会,称共抓获犯罪嫌疑人96名。7月25日,主犯被河南省焦作市中级人民法院依法判处死刑。

2011年4月11日,央视曝光上海华联超市等商家多年销售"染色馒头",所售馒头的生产日期随便改,防腐剂、人工色素、甜蜜素等对人体不利的添加剂"齐上阵"。两天后,上海市质量技术监督局吊销了生产"染色馒头"的上海盛禄食品有限公司分公司的食品生产许可证。5名犯罪嫌疑人被公安部门依法刑拘。

2013年11月三小孩扶起摔倒老太婆,反被诬陷索赔。

儿子溺水身亡,父亲接到56个通报电话坚信是骗子。

2013年6月30日,男青年池某玩水时溺水失踪,池某的几名同学说:"我们陪着打捞队在湖边守候了一晚上,昨天凌晨4点40分池某被打捞上来,我们与池某的父亲及其亲属联系,打了56个电话,可对方就是不相信。"

当今社会的种种危机其症结主要在于诚信严重缺失,很多恶性事件不是天灾而是人祸,是不讲诚信、不负责任造成的恶果。

诚信缺失、不讲信用,不仅危害经济社会发展,破坏市场和社会秩序,而且损害公德,损害群众利益,妨碍民族和社会文明进步。

除了对社会个体的道德、信仰产生不良作用外,还会增加社会运行成本。因为我们老是怀疑,就老得设防、限制,很多社会交易就变得很昂贵。在某种程度上,社会交易成本无限制扩大,会破坏社会的稳定发展。

在交易中,如果交易各方坚守诚信原则,那么交易将变得十分简单便利。但是,现在做一笔稍微大一点的交易,往往需要花费大量的时间去考察、谈判,然后是反反复复地推敲文字,签订合同;交易发生后,还有质量问题的担心,货款的清收等;稍微疏忽大意就可能被不诚信的对方所蒙骗,最后就是一连串的诉讼。大大增加了交易风险和成本。

在朋友的交往中,现在最怕的就是借钱,借钱容易收款难,没钱的人找不到人借钱,让人生变得更加的艰险。

许许多多的诉讼,都是因为不诚信造成的。这不仅带来了大量的诉累,更是挤占了原本十分紧缺的司法资源。不诚实造成的诚信危机,不仅仅表现为引发诉讼,而且还会对诉讼程序带来很大的影响。比如现在出现的法院传票、判决的送达难、判决的执行难等问题,不仅影响了正常的诉讼;而且还会诱发部分当事人甚至作出一些极端的选择,引发恶性事件。

二、送达难研究

如果你去问基层法院的书记员(当然包括部分法官),在他们的工作中,感觉什么最为难? 估计大部分的书记员会告诉你:法律文书向部分当事人送达最难! 在我国法院法律文书向部分当事人送达难,已经是一件不争的事实。严重地影响了法院的工作效率,影响了诉讼的正常开展,也影响了当事人通过诉讼解决纷争的信心。送达难,也是诚信危机的一种表现。

送达必须严格按照法定程序和方式进行。未按照法定程序和方式进行送达,不产生送达的法律效力。一般情况初审法院判决书,胜诉方拿到手中了,按照正常程序,15天之内,如果一审原告或者被告没有提起上诉,那么此判决书将自动产生效力。但是,当败诉方没有履行法院判决的事项,胜诉方去申请执行时,立案庭要求申请人必须提供原审法院出具的生效证明。即便是终审判决,申请执行时,也会要求申请人提供终审法院出具的送达证明。如果从法理上说,这样的证明究竟是在证明什么呢?

而且送达的内容包括各类诉讼文书及其他法律文书。如起诉状副本、答辩状副本、传票、应诉通知书、决定书、裁定书、调解书、判决书、支付令等。

法院的送达工作作为诉讼的必经程序,贯穿于整个诉讼活动的始末。送达虽然是一种直接、简单的诉讼行为,但诉讼文书的及时送达对保障当事人或其他诉讼参与人的诉讼权利,保障诉讼程序的顺利进行,有重要的作用。诉讼文书一经送达,法院与当事人及其他诉讼参与人之间就产生了一定的法律后果,推动诉讼进程。忽视送达或不按法律规定的方式送达,都会给审判工作造成被动,甚至还可能造成不可弥补的损失和严重后果。然而,尽管送达诉讼文书的法定形式较多,但在审判实践工作中,受送达人下落难寻、逃避送达甚至拒收诉讼文书,已经司空见惯。由于诉讼文书不能及时、有效送达,严重影响了法院审理案件的正常进行,制约了司法效率的提高。

依照《民事诉讼法》的有关规定,送达方式虽然有直接送达、留置送达、邮寄送达、委托送达、公告送达五种,但目前法院送达难问题的确存在。主要表现在以下几方面:

(一)直接送达难

直接送达是指由人民法院的送达人员将要送达的诉讼文书、法律文书直接交给受送达人或他的成年家属、代收人的送达方式。直接送达是人民法院送达诉讼文书的基本原则,凡是能够直接送达的,都应采用直接送达的方式。

在现实生活中,受送达人的现住址已确定,但无职业,他们有一定的社会交往活动,平日早出晚归,生活无规律,很难掌握什么时间家里有人,法院送达人员早、晚送达几次均达不到送达的目的,蹲坑守候又没有足够的人力财力,有些当事人故意躲避法律文书的签收,或其成年家属、代收人拒绝签收,从而大大增加了送达的困难。

当事人在送达法律文书时,明明在家中却拒绝开门,无论送达人员(或者受邀同行社

区民警、社区人员)怎么沟通当事人坚决不予理睬,致使送达人员束手无策。甚至个别被送到人,还放狗恫吓送达人员。而对于张贴公告送达,多数法院并没有采用。

因此,现在立案庭受理案件时,都要求原告填写送达地址确认书。

(二)留置送达遇到"居无定所"的难堪

《民事诉讼法》对留置送达虽然做了修改,把诉讼文书留在受送达人的住所,并采用拍照、录像等方式记录送达过程,即视为送达。但这一规定没有从根本上突破留置送达的局限性,因为这种留置送达只限于受送达人的住所,而对住所的定义就十分狭窄了,我国法律规定,公民的户籍所在地为公民的住所,如在经常居住地连续居住满一年以上的,经常居住地为住所。而现实司法实践中,有些受送达人往往不在户籍所在地居住,在居住地居住也是到处流动,有些甚至短期租房或者在宾馆旅店居住,有的有单位的受送达人还在单位宿舍短期居住,这些地点我们习惯上也称之为"居所",这些"居所"大都是短期居住,往往无法成功留置送达。

(三)被送达人恶意拒收诉讼文书

虽然在起诉书中,一般都写明了被送达人的联系电话;但是现在变动电话号码的有,更有一些人为了拒收法院文书,恶意停用或者拒接电话;或者即便电话联系到了,仍然以各种理由甚至无任何理由而拒收法院文书。有时面对被告当事人,他却矢口否认是本案当事人或谎称是当事人家的亲属,而送达人员并不认识被送达人,也会造成无法送达。这些现象都是不诚信造成的。可见诚信危机无处不在。

(四)公告送达时间过长,操作困难

《民事诉讼法》对适用公告送达,作了简单的规定。公告送达是在当事人下落不明或穷尽以上送达手段而不能,才采取的最后一种送达方式,对于何为"下落不明",《最高人民法院关于贯彻执行〈中华人民共和国民法通则若干问题的意见〉》(以下简称《民通意见》)第二十六条规定:"下落不明是指公民离开最后住所地没有音讯的情况。"那么公民离开最后居所地到底多长时间没有音讯才可以公告送达,法律没有明确规定,从而各地法院在适用下落不明时间上不够统一。另外,根据《最高人民法院关于民事诉讼证据的若干规定》(以下简称《证据规定》)给当事人的举证期限不得少于30日,那么加起来公告送达60日,总共最少需要90日以上,这样会使案件遥遥无期。虽然公告不计算审限,但却延长审理、执行期限。错过良好的审理、执行时机。

目前多数法院为了规避风险,往往要求申请公告送达人,提交社区或者相关单位提供的当事人长期不在居住地的证明。然后,这一纸证明,相对于社区和申请人都会相当困难。因为诚信危机造成的规避责任之风,已经越演越烈。

(五)邮递人员在送达过程中由于主客观原因导致送达无效或不到位

由于当今社会人口流动性较大,加之当事人也要上班或做生意,邮递员也是在正常工作时段投递邮件,这样就会造成时间上的冲突。而且有的邮递人员不负责,只投递一次,没有遇到当事人就将邮件退回原寄法院。造成既浪费邮政资源,又给当事人增加诉讼成本,甚至延误诉讼。

遇到当事人拒绝签收,邮局只好将法律文书退回给法院,造成送达不能。有些邮递人员在送达时,未注明代收人与收件人的关系,更没有按规定要求代收人出示有效身份证件并在回执上填写该证件的号码。甚至有些代收人和受送达人根本没有亲属关系却实际签收了邮件,使法院不能确认该送达的合法性,有些签收不是按规定要求使用钢笔或碳素笔而是用圆珠笔或铅笔。

为了逃避法律责任,老赖们极端的不诚信,视法律文书为儿戏;恶意拒收法院送达文书者有之;拒不承认收到文书者也有之。比如许多物业公司通过诉讼追讨物业服务费,邮递员给业主送来法院文书,而物业公司的保安由于经常为业主代收代签邮件,也就照常签收了;但是,当法院询问时,部分业主却拒绝承认保安的代收行为,甚至称之为恶意代收。难道小区门卫平时没有承担小区报纸邮件的收发工作吗?

三、执行难研究

走过了艰难的诉讼程序,并不表明诉争的问题就完全解决了。遇到极不诚信的当事人,并不会积极履行法院的判决,胜诉方为了实现诉讼的目的,不得已还得申请法院强制执行,然而执行并非会一帆风顺。

在通过法院实现当事人权利的过程中,不仅会出现前面所述的送达难;而且更会遇到执行难!执行难,是除了当事人可能需要承担的可能败诉风险外的又一主要风险。

受体制、制度等各种因素交错作用的影响,执行难的问题日益突出。执行难问题,不仅困扰了法院的工作,也使社会各界对司法权威产生了疑虑。

法院执行难的原因是各种各样的,但归纳起来不外乎三个方面,分别是社会原因、法律原因和体制原因。

（一）执行难的社会因素

1. 社会诚信缺失

虽然社会经济得以高速发展,但社会中诚信却在不断地流失;为官失信于民,为民失信于人的事件时有发生,甚至已经到了令人发指的地步。经济环境和贫富两极分化,也加重了社会信用危机。一些企业为了能够拿到银行的贷款,不惜伪造合同,更有一些个人直接通过合同诈骗的方式来骗取他人的钱财。可以说,正是由于整个社会信用的缺失,导致了人们对"欠债还钱"信念的动摇,养成了"欠钱是大爷,借钱是孙子"的恶习。

2. 社会法治意识不强

虽然国民的法治意识相对于过去得到了很大提升,但是社会上不断出现的有法不依、

贪赃枉法、仗势欺人的案例仍然在警示着每一个国人——我国社会法治意识依然不够。单纯从执行难案件来说,很多被执行人正是基于不强的法治意识而不愿意去履行债务。甚至视法院的判决为儿戏者也不鲜见。

3. 地方保护主义盛行

由于狭隘的地方主义思想的影响,人民法院在案件执行过程中经常会遭遇到地方保护主义,由于受到了当地政府部门的重重阻挠,致使案件无法执行下去。这样的案例常见于分属不同行政辖区内的企业与企业之间的债务履行。

(二)执行难的法律因素

1. 缺乏统一的执行法

现行的法律体系之中,缺少一部单独的强制执行法,相关规定散落于民事诉讼法及最高人民法院颁布的司法解释中,以至于强制执行的法律制度显得凌乱,各地法院在案件的执行中做法不一,当然结果也不相同。

可以这么说,在整个民事诉讼程序之中,执行程序是至关重要的一环,直接关系到诉讼当事人的权益能否实现,关系到法律正义能否得以实现。层出不穷的执行难的问题,无疑不在一次又一次地挑战着这些法律底线。从这个层面可以看出,执行难的问题应当严肃认真地加以对待,国家需要从立法的高度来考虑更好的解决办法。

2. 部分法律条文滞后

有些规定原则性过强,缺乏可操作性。《民事诉讼法》第二百四十一条规定:"被执行人未按执行通知履行法律文书确定的义务,应当报告当前及收到执行通知之日前一年的财产情况。被执行人拒绝报告或者虚假报告的,人民法院可以根据情节轻重对被执行人或者其法定代理人、有关单位的主要负责人或者直接责任人员予以罚款、拘留。"此条明确规定了被执行人报告财产义务的适用条件、报告财产的时间范围和被执行人拒绝报告或者虚假报告的法律责任。但这里仍然存在一些问题,如果被执行人虚假瞒报该怎么办? 对于一个有收入的人来说,有可能是单位上班,如果单位出具或不出具薪资证明该怎么办? 如果这个人自己做金融投资无法查证怎么办? 因此,这条规定在实务之中存在无法执行或者流于形式的可能。

法律采取的强制措施显得软弱无力。对于那些拒不执行的被执行人所采取的强制措施表现得相当软弱无力。人民法院所能用的强制措施多是拘留和罚款。对于拘留来说,最多就是15天。所谓限制高档消费,也许对于部分有此需求的老赖能够起到一定的震慑作用,但是远远不足以触动这些人的神经。

公布失信者名单,记载于社会信用体系的探索,应当是一个新的尝试,但是这更需要社会信用体系的健全,同时也需要培养民众对于自己的信用记录的珍惜。

3.　国家政策的限制

一般来说,国家政策与法律是相一致的,但是在一些个别情况下,两者之间可能会存在冲突,从而可能造成执行难。如对于一个国有企业来说,不但是发展地方经济的重要力量,更是提供就业、维护社会稳定的基础力量。有些国有企业在激烈的市场竞争之中会经营失败,导致资不抵债,具备破产的资格和条件,但是地方政府可能会从整个社会稳定的大局出发反对破产。此时,如果这个企业是被执行人,那么该案又将成为执行难案件。

还有现在个别私营企业,大量套取银行信贷,有的地方组织为了不让这些贷款变成呆账、坏账,会通过一些行政手段阻挠法院执行案件。

（三）执行难的体制因素

1.　执行队伍素质影响

相较于法院其他专业法官,执行案件的专业性并不强,但是其需要执行法官具有良好的道德素养,能够秉公执行,切实维护诉讼当事人的利益。在执行过程中,往往出现的问题是,有些法官存在不良心理,如权力寻租、消极履职等,都会影响案件执行的结果。

2.　绩效考核机制不全

现有的绩效考核机制之下,法官能够执行多少案件、执行案件的质量如何都跟自己所享有的待遇没有多少关系。虽然存在执行时限考核,但是真实的情况呢？往往是即将到期限的执行案件,经办人会通知申请人申请暂停执行,由于申请人和法院执行部门不可能是平等的,因此申请人很难对抗这种要求,使考核流于形式。

3.　权力监督作用有限

虽然在法院内部有审管办,在法院外部则更多,有人大、检察院、社会舆论和诉讼当事人等多方面的力量,但有权力监督机制并不意味着机制能够完全发挥作用。司法实务的现实是,法院执行案件的过程中,相关监督力量并未完全发挥监督作用,权力寻租的空间依然存在。

综上各种因素,诚信危机加重了诉讼风险。同时制度、体制及执法者因素,也可能影响案件的执行效果,使当事人不仅要面对诉讼本身的风险,更要应对案件执行风险。似乎应了一句话:诉讼有风险,起诉需谨慎。

第二章　事实与法律事实

案例7：四川省××物业有限公司诉××花园小区业主陈某华物业服务纠纷案

原告因被告拒不履行《物业服务合同》约定的义务，无故拒交物业服务费38个月，因此原告诉请法院判决被告支付欠交的物业费4200元和合同约定的违约金1260元，并承担本案诉讼费用。

开庭审理中，原告方××物业公司向法庭提交了以下证据：

(1)××物业公司与××花园小区业主委员会签订的《物业服务合同》，拟证明原被告之间的合同关系；

(2)××物业公司营业执照和物业服务企业资质证书，拟证明原告主体身份合法；

(3)××花园小区业主委员会出具《物业服务合同》年度履行测评书，拟证明原告已履行合同义务；

(4)《××花园小区物业服务费收控表》，拟证明被告陈某华欠费及违约；

(5)××物业公司向陈某华张贴《物业服务费催缴函》存根联及张贴时取证的照片，拟证明原告依法向陈某华书面催收欠费。

被告陈某华向法庭提交了以下证据：

(1)照片一组15张，拟证明××物业公司服务不好；

(2)有12户业主签名的《情况反映》，拟证明业主对××物业公司服务不认可。

经过质证程序后，法院判决中，完全采信了××物业公司的证据，被告陈某华的证据因为不符合证据"三性"规则，未被法院采信。最终法院支持了原告××物业公司的全部诉讼请求。

案例8：赖某芬诉自贡市××物业公司物业服务合同纠纷案

原告赖某芬诉称，2014年7月，原告在被告服务的小区的家中发生被盗，原告诉称共损失金银首饰和现金价值3万余元，并提交了到派出所的报案证明。原告诉请法院判决被告赔偿其被盗损失3万元，精神损失1万元，并承担本案诉讼费用。

开庭审理中，原告方向法庭提交了以下证据：

(1)原告购买纯金项链1条、耳环一副、戒指一对的发票3张，合计金额21000元，拟证明被盗的事实与金额；

(2)××派出所出警证明一份，载明为"2014年7月×日×时×分，接报出警；据报警人称被盗首饰及现金价值共计3万余元"，拟证明被盗的事实与金额。

被告方××物业公司向法庭提交了以下证据：

（1）××物业公司与××小区业主委员会签订的《物业服务合同》，拟证明原被告之间的合同中存在免责条款（其中合同第三条第四款约定，维护公共秩序不含业主室内家庭财产保管责任及人身安全责任）；

（2）××物业公司营业执照和物业服务企业资质证书，拟证明被告主体身份合法。

经过质证程序后，法院判决中，因被告赖某芬的证据不符合证据"三性"规则，未被法院采信，而完全采信了××物业公司的证据，最终法院驳回了原告的全部诉讼请求。

第一节　以事实为依据的"事实"是法律事实

在诉讼过程中，时常有一些案件当事人在法庭上不断地重复着一个又一个的"事实"，然而在举证时却没有提交证据，或者提交的证据根本不符合证据规则的要求。有时因为当事人缺乏应诉常识，多次重复，甚至要求法官到现场查明证据；如果法官不满足其要求，则咆哮法庭。

而另外一些当事人或者当事人委托的律师，在法庭上简短而清晰地陈述事实，在举证中提交与案件紧密相关的合法的证据，并且在辩论和最后陈述中言简意赅。

其实遇到这样的诉讼案件，法院的判决结果应该是可想而知的。

笔者作为代理律师时，遇到对方当事人在确信存在客观事实之时，因为如此应诉或者诉讼行为而不能胜诉，笔者有时也为之动容。

但是，法庭是一个严肃的场所。它有极其严格的规则，否则这个游戏谁也玩不下去。

当然，由此一来，也会有一些自以为有事实依据、有理的当事人，败诉后难以接受，因而诱发一些冲动行为，或者煽动不明真相者上访、闹事。不然如今，各处的法院大门就不会那样守卫森严。

其实这里涉及几个主要的诉讼规则：

1）现行诉讼制度要求法院应当"被动司法"，法官一般不会依职权查找证据。

2）法官审结案件遵循"以事实为依据，以法律为准绳"。

3）诉讼中的"事实"，不是通常意义的"客观事实"，而是经过证据证明或者当事人确认的，与案件具有关联性的足以影响法律关系变动的"法律事实"。

4）民事诉讼对于法律事实的认定采取的是"客观真实"，在接近"客观事实"时，采取的是高度盖然性。这与刑事诉讼中要求的"证据确实充分，排除合理怀疑"是有区别的。

本书的观点是：以事实为依据中的"事实"是法律事实。下面将讨论的是客观事实与法律事实的区别与联系。

一、客观事实与法律事实

客观事实与法律事实是两条永不相交的平行线，可以十分接近，但却不相交。在诉讼过程中，可能存在三种事实：

（一）客观事实

即原本发生的，在意识之外，不依赖人们的主观意识而存在的现实事实。客观事实就是通常所谓的客观真实、实质真实，是指实际发生过的原汁原味的案件事实，是曾经存在过的事实真相。正如古希腊的哲学家赫拉克利特曾经说过一句话，"人不能两次踏入同一条河流"，所谓客观事实都是已经发生或者存在的，随着时间的推移，任何认知也只能接近客观真实。

（二）当事人陈述的事实

即在诉讼中当事人通过口头、书面及举证证明所主张的事实，它的情况比较复杂，大体有：①全部或部分的客观事实；②非客观事实；③伪造证据或通过胁迫方式制造出的、试图获得法律确认的事实。这样的"事实"必须经过法定程序进行去伪存真的处理。

（三）法律事实

法律事实就是法官通过法定程序，按照证据规则，根据当事人提交的证据材料，经过质证后采信，对案件事实所作的合理推断与认定，理论上称之为"法律拟制事实"。这种合理推断、认定，是相对的，不是绝对的。同时，法律事实是法律规定的、能够引起法律关系产生、变更和消灭的现象。

在诉讼中，一般情形下，法官不可能找出案件的客观事实，并根据案件的客观事实进行裁判。案件的发生通常是在若干时间以前，法官都不可能在场，即使某些当事人能够准确描述、回顾客观事实，法官一般都不会单凭当事人叙述相信或采纳。

一个案件事实的客观性与法律事实之间是有距离的，甚至有非常大的距离，更有的完全背离客观事实。这一距离越小，自然越接近客观事实，这或许是部分当事人所希望的，甚至是追求的诉讼目的。但这一距离的缩小依赖于一个案件中的真实、合法证据的多寡，合法真实的证据越多，依据其作出的裁决就越接近客观事实。对于这一距离缩小的追求是可以实现的，但无论人们如何努力，都无法到达客观事实，借用微积分中的一句话，"无限接近但永远无法到达"。

二、法律事实

在三段论中，查找大前提和小前提的过程，实际上包含了"以事实为依据，以法律为准绳"的原则。查找小前提的过程其实就是诉讼中发现和认定案件事实——要件事实——法律事实的过程。所要查找的就是法律事实。为什么不是直接查明客观事实，而是查找法律事实呢？这是由诉讼活动的特性及兼顾公平与效率的原则所决定的。

在诉讼中需要查明的事实，都是已经时过境迁的客观事实。这些事实属于案件当事人争议的对象，或者与案件当事人的争议有关，需要在诉讼过程中通过法律手段进行认定，而在诉讼中对案件事实的认定结果就成了法律事实。

法律事实是通过法律手段对客观事实的再现或者反映。认定法律事实的法律手段是多种多样的，审判程序规则、证据规则和法官的认识（心证），均属基本的法律手段。

在现实的司法裁判过程中，重要的是"证据"而非"事实"。法官审理案件其实是"审证据"而非"审事实"，甚至可以这么认为：裁判是"以证据为根据"，而证据所证明的只可能是法律事实，而不可能是客观事实。司法裁判中的法律事实是事实的一种形态，对这种事实的司法认知则是认识活动的一种。法律事实是证据支撑起来的事实，证据的充足与否，直接决定法律事实的完整与否。

案例7中，四川省××物业有限公司作为原告，提交的证据一共有4组，第一组是证明其主体身份的。第二组是证明原被告之间的合同关系和相关权利义务约定及费用给付方式、违约责任承担方式。第三组是证明被告违约及欠费的。第四组是证明原告依照《最高人民法院关于审理物业服务纠纷适用法律问题的司法解释》的规定进行了催收物业服务费并且被告没有在合理期限缴纳相关欠费的，此组证据主要是作为立案事由出现的，对于审理原被告双方的实体法律关系并无实际作用。

原告的证据均为原件，且与案件诉请事由紧密相关，同时被告在质证时没有提出异议。所以此4组证据因为符合"客观性、合法性、关联性"，因此被法院采信，从而作为认定被告违约及欠费的法律事实的证据。

但被告陈某华提交的证据第一组，虽然有15份，但是作为照片证据，应当有的必要的要素，这组证据却没有。因此原告在质证中指出该组证据因为没有拍照时间、地点说明，不能证明其需要证明的事实是否发生在被告所在小区，特别不能证明其发生的时间是在合同履行期内。同时因为缺少对拍摄人、现场证人的记载，也不能排除PS合成的成分。因此其客观性存疑。

第二组证据虽然有12户业主签名，但是没有签名业主的联系电话，并且也没有字迹对比，更没有相关业主作为证人出庭证实其客观性。其次，这组证据，因为只是业主对存在的问题的意见，并不能证明原告有违反合同约定义务的事实，也就是该组证据缺少与争讼事实的关联性，同时客观性存疑。

所以被告陈某华的该两组证据，未被法院采信为认定案件法律事实的证据。

从该案例中可以看出，被告欠费的事实因为证据充分，且被告自认，自然作为法律事实，其本身也是非常接近客观事实的。而被告希望证明原告因为服务不到位，没有完全履行合同义务的事实，因为证据不足，不能作为法律事实被认定。这其中也许原告确有部分义务没有履行到位，也许这也是客观事实，但是因为被告抗辩时提交的证据不足以证明该事实，所以根据诉讼程序、证据规则和法官的自由心证，不能认定被告据以抗辩的事实为法律事实。当然不能认定的法律事实，从法律层面上讲，自然就是不存在。至于客观是否存在，于此则只有在所不问了。这是诉讼的法律价值和公平效率所决定的。

（一）法律事实是最接近客观事实的事实

法律事实是最接近客观事实的事实,认定法律事实是具有现实价值的;而无止境地寻求客观真实是徒劳无功的。诉讼证明是一种回溯性证明,或曰"历史证明"。法官不可能全部认知所有的客观事实,甚至某些关键事实已经无法认定了。而当人们以证据反映或者证明的"事实"来作为裁判案件的依据的时候,这个"事实"已不是哲学意义上的客观存在,而只是一种以证据证实的法律事实,这种法律事实只是真正的客观事实通过一定形式在人脑中的反映,它是相对的。尽管法官是专业的法律专家,但在对事实的认识上他们与普通人并无不同,绝不是科学实验中的认识态度和方式,他们的专业性仅表现在对法律规则的掌握与运用上。在司法工作中,法官作为不参与实地调查的裁判者,他们只是作为居于中间的裁判者,其规则就是被动裁判;他们对事实的认知常表现为对法律规则要求的认同,经验判断基础上的认同和在某种观念支配下的认同,而不是在纯粹真实意义上对客观事物的探究。

（二）诉讼活动主体对诉讼证明会发生不同的影响

诉讼参加人为了使自己的权利得到保护,有可能只陈述对自己有利或对对方不利的案件事实,而对那些对自己不利的或对对方有利的案件事实则不予陈述甚至加以隐瞒。因为《刑事诉讼法》也不要求犯罪嫌疑人自证其罪,何况民事诉讼呢?当然这就使得裁判者所闻的事实可能并非案件的全部,有时甚至相反。何况还与法官的素质和技术水平有关。

（三）诉讼中"查明事实"的过程要有时间的限制

首先要求诉讼中所认定的事实完全达到客观的要求也是不现实的。不可能要求法官无限制、无限期地去认识客观存在,只能在一定条件下得出相对正确的结论。其次,诉讼的目的是解决社会冲突,这种冲突不能够处于未决状态。因此法律对案件的审结要规定一定的时间限制,这使得审判人员的认识过程不可能按照认识论所要求的"认识—实践—认识"的多次反复这一过程无休止地进行。

当然事物是可以认识的,但是,这一认识过程是漫长的。作为法官,他必须在一定的时间内作出裁判结论。因此,诉讼中的事实认定是不能采取客观事实标准的。在司法实践中,坚持以客观事实作为裁判案件的依据只能是一种超越现实的理想主义。不能把法律理想化,应强调其实用性和可操作性。所以,"以事实为根据",虽然从理论上说应当以客观事实为根据,但从实际情况看只能以现有证据能够证明的相对事实(即法律事实)为根据。

诉讼证明过程中渗透着价值的因素。这正是诉讼证明与自然证明和其他的社会证明的不同之处。一般说来,司法判决应当是明确的,司法判决所赖以建立的事实基础也不能模棱两可。即使事实本身并不具有判决所要求具有的清晰性和确定性,法律事实也不能含混不清。在审判实践中还涉及一系列法律价值的选择和权衡,必须体现公正与效率的司法价值理念。至于遇到争讼双方证据均不占绝对优势之时,还可以采用证据之概然性规则予以处理。

（四）迟来的正义是非正义

因为迟来的正义是非正义,因此证明时不允许裁判者对证据进行无限期的反复认识。其实,程序公正最重要的是确定一种"既判力"的观念:由于在程序展开的过程中,就当事人而言,已被给予充分的机会提供有利于自己的证据,表达自己的主张,法官在此基础上对事实问题进行判断,所以,除非程序有不合法之处,当事人只能接受这种结论;不仅如此,由于裁决是在受到程序证明机制的约束下得以明确的,法官对案件认定的随意性受到抑制,使裁判结果具有了制度性支持,因此,法官非经法定程序也不得改变自己的结论。

（五）有助于维护司法权威和司法尊严

只要没有法律适用和程序上的错误,双方当事人都得到了公平的诉讼机会,其诉讼权利得到了实现,就没有理由发动再审。就法官而言,其裁判是以法律事实的标准,在双方举证、质证的基础上综合考虑现有证据的基础上作出的,即使后来被证实与客观事实不符,或者判决生效后出现了新情况足以推翻原来认定的法律事实,也不应将该案认定为错案。社会公众也不能以改判为由向法官发难、谴责法官违背客观事实,这有助维护司法权威。如果一定要坚持客观事实的标准,会使社会公众对司法裁判产生误解,以至于任何人都可以站出来挑战某一司法裁判的客观公正性,会损害司法审判的权威性及司法尊严,也不利于营造崇尚司法的公民意识。

总之,确立法律事实在诉讼中的地位,对于在我国建立一个符合司法规律的诉讼制度和创造一个公正、公平、公开的诉讼环境都具有重要意义。

三、客观事实和法律事实的辩证统一

如何找到客观事实和法律事实的契合点?任何矛盾双方总是既对立又统一的,离开统一谈对立只能得到片面的认识。客观事实、法律事实也并非绝对的对立,二者存在一定的联系,主要体现在以下几个方面:其一,两种事实统一在人类的证明活动中。只是诉讼证明作为人类证明活动的一种,有其自身的特点和规律。但诉讼证明活动也是有一定的客观性的,绝非随意的。法律事实也是以其客观性为基础的,它其实是一种推定的事实,或者叫作"法律上拟制的事实"。客观事实是基础,法律事实是补充。其二,作为司法过程中的一项选择,它们统一在人们对价值的认识与取舍中。不同的社会为了实现其诉讼的任务与目标会在价值上对两者作出不同的选择。现代法治要求在无法查明客观事实的情况下,只能以法律事实为补充。其三,两者还是哲学上的范畴,统一于人们的认识过程中。

在诉讼证明过程中,有可能出现三种结果:其一是由于证据确实充分,案件事实真伪得以证明;其二是当事人双方均没有足够的依据否定对方证据,但一方的证据的证明力明显大于另一方;其三,当事人双方同样没有足够的证据,但彼此的证明力相当。这三种情况中第一种最接近客观事实,但不等于客观事实,后两种情况法官要想作出判决显然也不可能是客观事实,只能是借助法律的价值取舍相对化了的事实。但是从无数案件的整体来看,审判中所确认的事实总体上还是与客观真实无限接近的。如果从发展角度来看审判过程,就是一个不断接近案件客观真实的过程。

可以这样认为:查清客观事实,以客观事实作为裁判案件的根据,是我国法律和法官追求的理想和最高目标。但是,客观事实在司法证明和诉讼证明中是无法达到的。

因此,既要坚持将客观事实作为诉讼活动的理想,又要从实际出发,将可能发现、收集的证据所证明的法律事实作为裁判案件的根据。最大可能地做到司法公正和实现社会正义。

在司法活动中,"以事实为依据,以法律为准绳"这一原则中的"事实"只能是法律事实,而不是客观事实。离开证据所证明的法律事实去寻求客观事实,表面看似乎是在寻求实事求是,然而却是对实事求是的误解。因为实事求是在法律上的体现只能是搜集证据并根据证据最大限度地恢复案件事实,然后,根据这种被证据所证明的"事实"来作出判定。这里的"事实"是最接近客观事实的法律事实,而不是客观事实本身。但法律事实又具有客观事实的属性,因为它在认识论意义上并不背离客观事实。在司法工作中应当以法律事实为诉讼证明要求,而以客观事实为诉讼证明活动的终极目标。追求法律事实不等于彻底否定客观事实,因为两者是辩证统一的。

第二节　证据规则探析

在案例7中,原告和被告都提交了证据,并且也进行了质证;但是为什么被告的2组证据没有被法院采信呢? 同样,案例8中,作为原告的赖某芬提交的2组证据,也没有能够达到证明其家中被盗物品及现金的事实呢?

这并不是法官的主观认知问题,也不存在枉法裁判问题。也不是有人理解的"作为原告,往往证据容易被采信,而相比之下作为被告会处于劣势"的问题。

这其实就是一个证据规则问题。我国民事诉讼中现行规则为《民事诉讼法》《证据规定》。

民事诉讼的证据规则就是指在民事诉讼中,用来衡量证明诉讼主体利用证据证明的活动是否达到了要求及具体达到了何种程度的准则和尺度。人们都知道,无规矩则不成方圆。证据规则,通俗而言就是一个衡量证据及其证明力的规矩,甚至就是一个尺度和标准。

主要包括:

　　(1)提供证据的主体是纠纷双方当事人,对证据进行判断的主体是法官。

　　(2)证据规则是法定的规则,是由法律预先设定,作为认定事实的尺度。

　　(3)当案件证据的证明程度达到法律规定的证据规则时,该证据所证明的案件事实可以成为法官进行裁判的事实依据,即证据规则起到的是诉讼证明尺度的作用。

　　证据规则有利于当事人对是否采取司法救济进行判断。当事人在自己的权利受到侵害时,必然对几种存在的权利救济方式进行利益权衡。如果法律没有规定证据规则,当事人对应如何履行证明责任不明确,无法判断自己将在司法救济过程中投入多少资源;如果法律规定的证据规则太高,当事人经过分析后发现自己根本无法通过司法救济来保护自己的权利,就会转向其他救济成本较低的救济方式。

　　证据规则还是法官认定事实的准则。对于当事人的主张,由于法官处于不知情者的角度,他只有通过双方当事人提交的证据来判定曾经发生的事实。面对纷繁复杂的证据,法官以法定的证据规则为尺度判断当事人主张的事实已经得到证明还是仍然处于真伪不明的状态。

　　证据规则也是对法官自由裁量权的限制。由于证据规则的存在,当事人能够对自己主张的事实进行判断,能够在法官徇私枉法时提出异议或者上诉。这样,法官对于当事人所主张的事实就不能完全依据自己的主观意愿想认定就认定、不想认定就不认定。

　　作为案件事实(也称"要件事实")可分为待证事实和免证事实。

　　也就是说,并不是案件当事人主张的所有事实都需要证据予以证明,而是只要符合《民事诉讼法》和《证据规定》规定的免证条件的事实,则不需要当事人提供证据予以证明。

　　对免证事实,现有规定为:

　　《民事诉讼法》"第六十九条　经过法定程序公证证明的法律事实和文书,人民法院应当作为认定事实的根据,但有相反证据足以推翻公证证明的除外。"

　　《证据规定》"第八条　诉讼过程中,一方当事人对另一方当事人陈述的案件事实明确表示承认的,另一方当事人无须举证。但涉及身份关系的案件除外。

　　第九条　下列事实当事人无须举证证明:

　　(1)众所周知的事实;

　　(2)自然规律及定理;

　　(3)根据法律规定或者已知事实和日常生活经验法则能推定出的另一事实;

　　(4)已为人民法院发生法律效力的裁判所确认的事实;

　　(5)已为仲裁机构的生效裁决所确认的事实;

　　(6)已为有效公证文书所证明的事实。

　　前款(1)、(3)、(4)、(5)、(6)项,当事人有相反证据足以推翻的除外。"

　　对于待证事实,《民事诉讼法》第六章和《证据规定》作出了具体规定;《证据规定》第二条规定:"当事人对自己提出的诉讼请求所依据的事实或反驳对方诉讼请求所依据的事实

有责任提供证据加以证明。没有证据或者证据不足以证明当事人的事实主张的，由负有举证责任的当事人承担不利后果。"它包含行为意义上的举证责任和结果意义上的举证责任两层含义：其一，行为意义上的举证责任是指当事人对自己提出的主张有提供证据的责任。其二，结果意义上的举证责任是指当待证事实真伪不明时由依法负有证明责任的人承担不利后果的责任。

"谁主张，谁举证"是对行为意义上举证责任最典型的概括。因为凡有诉讼即有请求，必须以一定的主张为依托；只要提出主张即会发生提供证据的责任。对此虽然已经形成了一定举证思维模式；但是笔者以为，不能简单地理解"主张"的含义，因为提出主张的往往是一种权益，实际上对于主张的权益未必都需要举证。只是对于支持其主张的事实或者反对、消灭对方主张的事实，才负有举证责任。如当事人主张己方的合同权利，自然也就是对方的合同义务。**主张权利者只需要对支持其权利存在的事实进行证明，而不需要为对方是否履行合同义务进行证明。**因此主张可以分为事实主张与权益主张，而两者是相互联系的，事实主张是权益主张的前提，而权益主张则是事实主张的必然结果。事实主张是为权益主张服务的，从诉讼目的来看，诉讼当事人追求的是权益主张而不是事实主张。

由于这个规则根深蒂固，所以再举一个案例说明一下：甲借钱给乙，乙没有还钱，甲起诉要乙还钱。那么甲主张的权利就是实现其债权，需要证明的事实就是借款事实的存在，至于乙是否真实没有归还，则不是甲需要证明的事实；相反如果乙主张这个债务已经消灭，那么乙将有责任对于已经归还借款，或者以其他形式消灭此债务的事实负有证明责任。所以，谁主张，谁举证，应该理解为谁的事实主张，谁应当举证证明其主张的事实。

一、行为意义上的举证责任

实际上就是要求提出事实主张的当事人，应当举证证明其主张的事实。在民事诉讼中，一方面，民事权益主体必须提出明确的诉讼请求和具体的诉讼主张；另一方面，民事权益主体必须通过积极的行为提供与其主张内容相符的事实证据，以获取法官对其主张事实的确信，弱化和消解对方当事人的事实主张，避免发生不利的法律后果。相对于支持权益主张的事实主张，举证责任是可以在当事人之间互相转移的，围绕着法官对案件事实的判断与确信程度而不断地在当事人双方之间转移。

二、结果意义上的举证责任

一方当事人主张的事实存在与否不能确定时，应当规定由哪一方当事人对不利后果承担责任。主要解决了两个问题：一是法官不能因案件事实不清而拒绝裁判。只要案件符合起诉的条件，法官就必须对原告的起诉以判决或裁定的方式作出回应。二是法官在案件事实处于真伪不明时如何裁判。尽管案件事实真伪不明，法官仍可对当事人主张的请求权作出肯定或否定的判决。这就是民事证据规则之高度概然性所要解决的问题,也是民事诉讼不同于刑事诉讼之证据规则所在。结果意义上的举证责任,是由法律预先设定的,是一种不能转移的举证责任。当案件中的待证事实真伪不明时,结果意义上的举证责任就会凸显出来,才能要求负有举证责任的一方当事人承担不利的后果。这也是举证责任倒置和举证责任非真正倒置规则设置的意义所在。因为在一些特殊类型的案件中,如果按照"谁主张,谁举证"的规则,由于证据难以真实存在于提出主张的当事人那里,而且此类当事人明显处于弱势,因此法律直接规定将证明责任归于对方,由对方承担举证不能的不利后果。这就是举证责任的例外。

证据规则对于民事诉讼是极为重要的。但是在我国,目前为止并没有"证据法",所有的证据规则除了散见于《民事诉讼法》以外,就是《证据规定》;由于法律位阶问题,在实际运用中,仍然存在许多问题。何况随着诉讼法学的不断进步以及诉讼实践中不断涌现的新的问题,在民事诉讼中,因为对举证责任分配、证据种类和形式要件特性、证明力大小、概然性尺度等掌握不一致,往往造成同案不同判,甚至出现大相径庭的判决结果是屡见不鲜的。

第三节 各类证据的基本要求

一、证据的共同特性

民事诉讼证据主要有客观性、关联性和合法性三个特点。

证据和证据材料是两个截然不同的概念,虽然证据来源于证据材料,证据材料是证据的初始形态。但证据与证据材料却有着明显的区别:

证据材料要成为诉讼证据,需经过质证,还要经过法庭的审核和认定。

证据材料出现在诉讼的较早阶段,而证据则形成于诉讼的中后阶段,因为能否确定证据材料作为本案的证据只有在法庭调查终结和法庭评议以后。

（一）客 观 性

民事证据的客观性,是指证据必须是客观存在的事实,即具有客观性。客观性是指民事诉讼证据本身是客观的、真实的,而不是想象的、虚构的、捏造的。

（二）关 联 性

关联性,是指证据与证明对象之间具有的某种内在的联系。

证据的关联性表现为,首先必须看证据材料是否具有关联性,没有关联性的证据材料不能考虑采用为证据。其次,对于有关联性的证据材料,还应就其关联性的程度加以评价。

（三）合法性

合法性，是指证据必须符合法律的要求，不为法律禁止，即具有合法性。

合法性不仅指证据必须按照法定程序收集和提供，还必须符合法律规定条件。合法性主要包括以下三个方面内容：首先，收集证据的合法性。其次，证据形式的合法性。最后，证据材料转化为证据的合法性。证据材料要成为证据必须经过法律规定的程序。

（四）客观性、关联性、合法性之间的联系

民事诉讼证据的客观性、关联性与合法性是任何一件民事证据必须同时具备的属性，三者缺一不可。但客观性、关联性和合法性之间的权重系数并不是相同的。从顺序上来看，客观性是民事诉讼证据的前提属性，没有客观性不可能有关联性和合法性。只有具有客观性的证据材料才有可能具备关联性。只有具有客观性和关联性的证据材料才有可能需要合法性的评价。

从重要性来看，合法性又是最重要的。一个证据材料如果同时具备客观性与关联性但不具备合法性，一般来说它不可能成为民事诉讼证据。例如，《民事诉讼法》第七十三条规定：勘验人应当将勘验情况和结果制作笔录，由勘验人、当事人和被邀参加人签名或者盖章。也就是说，如果勘验情况和结果即使是客观的和与案件有关联的，但如果没有满足合法性的要求，即勘验人或当事人没有在笔录上签名或盖章这一法律要件，它仍不能成为民事诉讼证据。

二、各类证据不同的特性

根据《民事诉讼法》第六十三条规定，民事诉讼证据包括当事人陈述、书证、物证、视听资料、电子数据、证人证言、鉴定意见、勘验笔录等。证据必须查证属实，才能作为认定事实的根据。

（一）当事人陈述

当事人陈述是指当事人在诉讼中就与本案有关的事实向法院所作的陈述。当事人陈述作为证据的一个种类是我国的民事诉讼证据种类划分中的特色。当事人是民事诉讼法律关系的主体，由于与诉讼结果有着直接的利害关系，决定了当事人陈述具有真实与虚假并存的特点。因此当事人陈述出现以下情形应排除：

（1）当事人陈述的内容、性质与作出陈述的当事人的年龄、精神状况及智力辨析能力不相当的。

（2）当事人陈述与待证事实明显没有关联性或关联极小的陈述。

（3）当事人在和解或者调解协议时而作出的自认，如果在诉讼中作为对其不利的证据。

（4）当事人陈述是采用欺骗、威胁、暴力获得的。

（5）陈述内容非当事人亲身感受。

（6）陈述应当在诉讼中进行，非在诉阶段不可采信（直接言辞规则）。如在和解或者调解中的自认。

（7）存在明显不符合规律、常识或自相矛盾内容，又无合理解释的当事人陈述。

一方当事人对另一方当事人陈述的案件事实明确表示默认的，应当认定陈述的证明力。当事人经法庭有效释明对争诉事实既不承认也不否认，可视为自认。

（二）书证

书证是指以文字、符号、图形等所记载的内容或表达的思想来证明案件真实的证据。这种物品之所以被称为"书证"，不仅因它的外观呈书面形式，更重要的是它记载或表示的内容能够证明案件事实。

书证的表现形式是多种多样的，从书证的表达方式上来看，有书写的、打印的，也有刻制的等；从书证的载体上来看，有纸张、竹木、布料及石块等。而具体的表现形式上，常见的有合同、文书、票据、商标图案等。因此，书证的主要的表现形式是各种书面文件，但有时也表现为各种物品。书证在民事诉讼中是普遍被应用的一种证据，在民事诉讼中起着非常重要的作用。

（1）凡当事人提交的书证能够对证明案件事实产生一定实质性影响的，则法庭应当认定其具有关联性。

（2）以严重侵犯他人合法权益或违反法律禁止性规定的方法取得的书证不可采纳，但是，被排除的非法证据可以用于证明非法取证行为的存在。

（3）未经庭审质证的书证，不可采纳。但是当事人在证据交换过程中认可并记录在卷的书证，审判人员在庭审中说明后可以采纳。

（4）当事人超出举证期限提供的书证不可采纳，除非对方当事人同意或者法律法规另有规定。

（5）为证明书证的内容，当事人应当提交原件，但另有规定的除外。

（6）在下列情形下，当事人可以提供书证的复制件或者其他证据证明书证的内容，原件非因承担举证责任的当事人的恶意而遗失、灭失或损毁，而无法在法庭上提出的。

1）原件是出于举证方的对方当事人保管或者控制之下，经依法通知而拒不提供原件的。

2）原件属于政府职能部门保存的正式文件或者属于政府机关依职权所作出的记录。

3）书证与案件主要争议事实没有紧密联系的。对方当事人予以认可的复印件，书证原件篇幅过大，可以用图表、摘要或者计算的方式提出，但是应当使对方当事人能够在开庭前或者庭审时查阅或者复制该书证原件。

（三）物证

物证是指以其存在的形状、质量、规格、特征等来证明案件事实的证据。物证是通过

其外部特征和自身所体现的属性来证明案件的真实情况,它不受人们主观因素的影响和制约。因此,物证是民事诉讼中重要的证据之一。民事诉讼中常见的物证有:争议的标的物(房屋、物品等);侵权所损害的物体(加工的物品、衣物等);遗留的痕迹(印记、指纹)等。

(1)物证应与案件中待证事实具有关联性。

(2)若提供原始物证确有困难,可以采用复印件、照片或录像等形式替代原件出示;如果复制品、照片或录像如实反映物证原貌的可采纳。

(3)以刑讯逼供、威胁等严重侵犯犯罪嫌疑人、被害人、证人及其他诉讼参与人合法权益的非法手段收集到的物证不可采纳。

(4)公民通过严重侵犯他人合法权益的方式获取的物证不可采纳。

(5)未经辨认,或者辨认程序中存在重大瑕疵,物证的真实性不能确定的。该物证不能采信,但民事诉讼中不利一方当事人对物证真实性无异议的除外。

(6)复制品、照片、录像等形式证据经与原始证据核实无误或者经鉴定证明真实的,具有与原物同等的证明力。

(7)提供原物复制品、照片、录像的,应当附有关于制作过程的文字说明、原物存放何处的说明,并有制作人签名或者盖章。原始物证和复制品、照片、录像等证据存在矛盾时,前者的证明力一般大于后者。

(8)提交法院的物证的性状与提取物证当时制作的笔录或者照片、录像、模型等示意证据显示的性状相矛盾的,若原物性状因保存方法或其他原因而改变的,提取笔录及其示意证据的制作合法、科学的,则优先采信物证提取的笔录和示意证据。

(9)无法与原物核对的复制品、照片、录像等证据,证明力较低。

(10)未当庭出示,且未经双方当事人相互质证的物证及其示意证据,不可采信。

(四)视听资料

视听资料,是指利用录音、录像等来证明案件事实的一种证据。它包括录像带、录音片、传真资料、电影胶卷、微型胶卷、电话录音、雷达扫描资料等。

1. 视听材料证据的特点

(1)直接、逼真。视听材料可以将当时的声音、图像、当事人的动作、表情及现场环境等如实记录,其内容丰富全面,使人感到如临其境、如见其人、如闻其声,是比较科学的记录方法之一。还可以反复使用,对问题性质的认定和评价更加准确。

(2)稳定。与证人证言等容易受主客观因素影响发生变化相比,视听材料证据反映的内容可以长期保持不变。如照片、录像带、录音和计算机储存的资料容量大、体积小、重量轻、便于保存,只要保存好磁带、拷贝、数据不致变形、变质,就可以反复使用,多年后仍可重现,具有较长时间的稳定性。

(3)易篇辑、伪造。视听材料是用科技手段制作的,所以能比较容易地采用科技手段加以篇辑甚至篡改。特别是采用数字方式制作的,如光盘刻录等,因此运用时应当注意鉴别,认真审查判断其真实性和可靠性。

2．视听材料的取证方法

(1)取证要求。

1)必须合法:取证方法、取证程序必须符合法律法规的规定,不得侵害当事人的合法权益;

2)公开进行:最好是取得当事人的认可或默认;

3)表现形式要能准确反映案件实际;

4)要有明确的时间、地点;

5)要制作文字说明,依《证据规定》第二十二条的规定:调查人员调查收集计算机数据或者录音、录像等视听资料的,……调查人员应当在调查笔录中说明其来源和制作经过。"

6)最好要与现场检查笔录与调查笔录互相印证,形成证据链。

(2)取证技巧。

1)照相证据取证时最少得照2张,1张照大环境,证明在哪儿照的,1张照小环境,照需要取证的对象,大环境必须包含小环境,而且必须让人一看就知。

2)录音证据收集时要先录说明时间、地点,录谁的话等提示语,然后录具体内容。

3)录像既有声音又有图像,能真实地反映违法行为发生时的情形,是比较重要的取证手段,录像时对环境内外围的情况都要进行摄录,着重于需要证明的事实。

4)计算机储存材料,主要采取下载的方法,要说明何时何地从哪儿下载的。

3．视听资料的甄别

(1)注意视听资料附文中有关反映制作的时间、地点与视听资料内记录的场景是否相符。

(2)审查视听资料制作人或提供人的身份、年龄、背景,看其与案件当事人有无利害关系,分析其所提供资料的真实性、可信性。

(3)注意视听资料有无被拼接、剪辑、消磁或篡改。视听资料作为高科技产物,信息量大,但是也容易被伪造。在运用时应当特别注意鉴别其真伪。

(4)结合案情,分析视听资料与其他证据的关联性。必须按证据的"三性"(即客观性、合法性、关联性)进行判断,与其他证据相互印证。

4．视听材料证据的保存

(1)照相证据:照片洗出来或打印出来后,在附页上注明照相的时间、地点、谁照的、证明什么等内容,随案归档。

(2)录音证据:保存于电脑或保存录音带,在笔录附页上,说明录音的时间、地点、谁录的、录的谁的音、证明什么、录音内容存放地点等内容。

(3)录像证据:可刻录成光盘,其他同录音证据。

(4)计算机储存材料：可打印出来，随案归档。也可存放于工作电脑，在案卷中，在笔录附页上，注明何时、何地、是谁、从哪儿的电脑的哪一储存盘下载的、证明什么、储存材料存放地点等内容。

（五）电子数据

电子数据是存储于电子介质中的信息，包括电子签名、格式化后的硬盘通过恢复取得的信息等，与传统的录像、录音等视听资料有所区别。由于这是一类新的证据形式，所以本书对此做了更加详细的探讨。

1. 电子证据的客观性

电子证据是否具有客观性，要看其内容是否是客观事物的反映。具体地说，产生电子数据信息的计算机软硬件系统应当正常运行和工作，电子数据所反映的内容应当是在进行正常业务中形成且在业务完成或稍后即输入的。电子证据的真实性具有重要的意义。对于存在疑点的电子证据和电子证据中比较专业的问题可以通过鉴定的方式对电子证据的生成、传输、储存、输出全过程及电子证据本身作出判断结论。

一般情况下，以下的电子证据可以认定为真实可靠：适格证人向法庭提交的在法律上可采纳做证据的书面陈述；使用者经常使用的正常的计算机系统生成和存储的电子证据；经公证证明为真实可靠的电子证据；经专家鉴定为真的电子证据；有确切证据证明电子证据复印件与原件完全等同的电子证据；当事人之间经长期业务往来所形成的电子合同；双方当事人均认可的电子证据。

2. 电子证据的关联性

对电子证据而言，如想被法官采纳，它必须能以其内容有效地解决诸如以下问题：首先，这个电子证据能够证明什么事实；其次，这个事实对解决案件中的争议问题有没有实质性意义；最后，法律对这种关联性有没有具体的要求。通过回答这三个问题，就可以比较准确地把握具体的电子证据的关联性了。

3. 电子证据的合法性

电子证据作为一种新的证据形式，与传统证据相比有其特殊性。一般认为，储存在计算机内的数据都可以被销毁、改变，所以应将储存在计算机内的数据打印出来。而且各种加密技术都有解密的可能。此外，发生争议的双方将原始数据稍加改变，就可能改变最初始自动生成的原始文件内容，从而使电子证据能否被法院接受出现问题。

合法性主要考虑：收集主体的合理性，同时兼顾收集人员的专业技术水平。收集过程的合法性，主要指是否有时效性、证据固定性、概念对应性等。不能单一以提供方收集、发送而确认。还应查验送达对方的确认网址、邮箱等。固定证据的时点、证明无修改等，是关键所在。

（六）证人证言

证人是指知晓案件事实并应当事人的要求和法院的传唤到法庭做证的人，证人就案件事实向法院所作的陈述称为"证人证言"。

（1）不能辨别是非，不能正确表达意志的人出具的证言，不采信。

（2）无行为能力的人或者限制行为能力的人，出具的与其年龄、智力状况或者精神健康状况相适应的证言，可以采信。

（3）对证人能否辨别是非，能否表达正确，必要时可以进行审查或者鉴定。

（4）违法法定程序取得的证人证言不可信，但违反程度轻微并能及时补救的除外。

（5）形式不符合法律规定的证人证言不可采纳，但程度较轻并能及时补救的除外。

（6）意见证据规则，证人猜测、推断或者评论性的内容属于意见证据，一般不可采纳，但对于基于经验事实的某些常识判断，可以采纳。

（7）传闻证据规则，转述其他人陈述的证言一般不可采纳，但在某些特殊的情况下可以采纳。

（8）证言的内容，必须与案件中所要证明的情况具有关联性，明显不具有关联性或者关联性很小的证言，不可采纳，证言虽然具有关联性，但明显重复，不必要的，其采纳与否不影响案件证明结论的，可以排除在外。

（9）就同一案件事实的不同证言，可以参考下列比较排序或排序规则比较证明力大小：证人就同一事实先后作出不同的证言，顺序在先且及时作出的证明力一般较强；出庭做证的证言证明力一般比未出庭做证的强；证人提供的对于其具有亲属或者其他亲密关系的当事人有利证言，其证明力一般小于其他证人证言；内容稳定、前后一致的证人证言的证明力一般大于内容不稳定、前后矛盾的证人证言；生理和心理状态正常、认知能力强、情绪稳定的证人所提供的证言，一般比生理上、精神上有缺陷的证人所作的证言的证明力更强。

（10）单个证言一般不能作为认定案件事实的依据。下列证言可靠性比较低或者可靠性不易判断，故不能作为认定案件事实的主要依据，需要其他证据予以补强：证人是非成年人的；证人难以正确感知现场状况的；有明显伪证动机的；证人未出庭的；证言内容缺乏内在合理性的。

（七）鉴定意见

鉴定意见是专业人员运用其专门知识，对案件证据材料进行分析鉴别，对专门性问题作出意见，以作为法官判断相关证据真伪的参考依据。从性质上来说，鉴定意见与其他证据类型很重要的区别在于：鉴定意见本身是构建在其他证据材料基础上，得出的鉴定人的主观判断。在其他证据类型中，都力求证据材料契合客观案情，尽量与表述人的主观感知相分离；但在鉴定中，最有价值的反而是鉴定人通过主观知识鉴别证据材料的过程。鉴定意见专业性极强，一般的案件当事人缺乏相应的知识，针对鉴定意见不是一味地认同，就

是罔顾事实提出异议,有时会影响鉴定意见的证明力和诉讼效率。对此问题,做以下探讨:

1. 司法鉴定程序的启动

《民事诉讼法》在《证据规定》的基础上,进一步明确了鉴定程序启动问题上采取以当事人主义为主、以法院职权主义为辅的模式,对于鉴定程序的启动作出了全面规定。当事人可以就查明事实的专门性问题向人民法院申请鉴定。当事人申请鉴定的,由双方当事人协商确定具备资格的鉴定人;协商不成的,由人民法院指定。当事人未申请鉴定,人民法院对专门性问题认为需要鉴定的,应当委托具备资格的鉴定人进行鉴定。

一般情况下,应当由负有举证责任的一方当事人于法庭辩论终结前提出鉴定申请,提供鉴定检材并预付鉴定费用。承办法官需审查提请鉴定的问题是否是案件事实认定问题、是否是专门性问题、是否符合必要性的要求,即是否排除了其他低诉讼成本查明案件事实的可能性,同时还要考虑有关案件的金额和重要性、系争事项的复杂度、快捷审理的要求、各方当事人的财力等。法院经审查认为不必启动鉴定程序时,应当向双方当事人说明理由。在当事人均不申请鉴定,且诉争的事实不经过鉴定又无法认定时,法官可以根据举证责任分配原则向负有举证责任的一方释明,直接督促其申请鉴定。对于"确有必要"由法院启动鉴定程序的情形,也要严格按照法院依职权调查取证的范围进行确定。由于当事人并非专业人员,其提出申请鉴定的事项可能缺乏具体性、针对性、规范性,需要法官进行必要的释明。

实践中广泛应用的鉴定意见主要有鉴定类和评估类两大类型,而又以鉴定类居多。鉴定类主要集中在伤残鉴定、医疗鉴定(事故责任鉴定、各种费用鉴定)和笔迹鉴定(文印)三类案件,其中伤残鉴定数量最多。评估类主要集中在房屋价值评估和房屋面积测量两类案件。

一般情况下,一方单独委托鉴定机构鉴定得出的鉴定意见绝大多数会被另一方异议,而双方共同委托鉴定得出的鉴定意见具有更大的可接受性。

2. 鉴定人的选任

法庭决定启动鉴定的,组织双方当事人协商确定鉴定人成为确定鉴定人的首选模式。协商确定的方式可借鉴科学做法:①双方当事人协商确定适格的鉴定机构;②申请一方提出几家适格的鉴定机构,供另一方当事人选择;③由法官选定几个鉴定机构供双方当事人选择;④上述方法均不能选定鉴定机构时,由法院指定。鉴定机构确定鉴定人后,法院应告知双方当事人鉴定人的基本情况,并告知其申请鉴定人回避的权利、行使回避权期限。鉴定机构必须是具有鉴定资质的机构,鉴定人必须具备案件鉴定应有的专业知识和经验技能,且没有回避事由,避免鉴定意见作出后,因鉴定主体资格、回避等问题而不能采信。

3. 委托事项和鉴定检材的确定

委托鉴定事项的确定,与当事人的实质权益密切相关,在法院行使决定权的同时,应当注重当事人在鉴定中的参与权。对于需要鉴定的案件,法院应将拟委托鉴定事项告知双方当事人,在当事人充分发表意见的基础上确定鉴定委托事项,避免鉴定意见作出后,当事人对委托鉴定事项提出异议而影响鉴定意见的采信。鉴定委托事项确定后,需要考虑鉴定检材的提交。作为正确鉴定意见的重要前提,鉴定检材必须合法、充分。为保证鉴定证据的真实性、合法性和关联性,法院应结合案件情况,通过开庭审理或者庭前召集双方当事人确认鉴定检材等方式组织当事人对鉴定检材进行确认。承办法官应针对双方当事人的举证、质证和认证情况,归纳出可以采信的证据,并由当事人签名确认,从而保证提交给鉴定机构的检材满足其鉴定范围的特定性、数量和质量的充分性。注意避免补充鉴定检材不经双方当事人质证或确认的情形出现。

4. 参与鉴定和监督鉴定

为保证鉴定意见的可靠性和公允性,还要增加鉴定过程的透明度,保障当事人在鉴定进行时一定程度上的参与权。鉴定过程中,当事人有权在场,有权发表意见,根据具体情况,表现为通知双方当事人到场对书面材料进行充分的说明,或者对需要鉴定的标的的数量、范围、性态等进行确认。当事人还可以要求鉴定人明确说明适用的鉴定的方法、依据等。通过参与鉴定,当事人可以监督鉴定活动,深入了解鉴定意见的由来,从而消除对鉴定意见的疑虑。

以上是申请鉴定的过程和需要注意的问题,然而实践中,案件当事人参与度仍然是不够的。另外,法律对于鉴定人员出庭做证和申请专家咨询也有新的规定。

《民事诉讼法》第七十七条规定:鉴定人有权了解进行鉴定所需要的案件材料,必要时可以询问当事人、证人。鉴定人应当提出书面鉴定意见,在鉴定书上签名或者盖章。

有关当事人应当根据鉴定人的要求,将其掌握、控制的所有对鉴定活动的开展所必需的物件材料或其他相关资料交予鉴定人。

《民事诉讼法》第七十八条规定:当事人对鉴定意见有异议或者人民法院认为鉴定人有必要出庭的,鉴定人应当出庭做证。经人民法院通知,鉴定人拒不出庭做证的,鉴定意见不得作为认定事实的根据;支付鉴定费用的当事人可以要求返还鉴定费用。

鉴定人出庭做证接受当事人的质询和法庭的询问,是对鉴定意见进行质证的一种正当程序和必要方式。一旦缺失这种要式行为,鉴定意见只能被作为一种传闻证据而被排除,无法有效地作为裁判的基础。当出现这种情形时,如有必要,法院即可根据当事人申请或者依职权另行委托其他具有鉴定资格的鉴定人对专门性问题重新进行鉴定。

现实社会科学技术的迅猛发展,对人们就专业技术知识及所涉及领域的认知能力提出了更高的要求。而司法实践中,对于医疗事故、环境污染和知识产权等案件中专业性问题,不仅原、被告及其代理人不明白,法官通常也不清楚,尤其在出现多种鉴定意见的情况下,如果专家能够出庭提供专业意见、回答各方疑问,则有利于查明事实,分清是非。这种情况下让具有专业技术的人员对鉴定人进行询问,既可摆脱法官在并不掌握特定专业技

术知识的条件下对鉴定人进行询问所带来的窘况，又可有利于维护法官的中立地位。《民事诉讼法》第七十九条规定："当事人可以申请人民法院通知有专门知识的人出庭，就鉴定人作出的鉴定意见或者专业问题提出意见。"该规定有助于在民事诉讼中体现司法的公正与效率。

由当事人向人民法院申请由具有专门知识的人员出庭就鉴定人作出的鉴定意见或者专业问题提出意见，一般是为了就专门性的问题在法庭上明确某些专业技术问题，是一种辩论主义在鉴定制度上的延伸与扩张。这种做法有助于改进和完善现行鉴定人制度、专家辅助人的规定。

（八）勘验笔录

勘验笔录是指人民法院审判人员，在诉讼过程中，为了查明一定的事实，对与案件争议有关的现场、物品或物体亲自进行或指定有关人员进行查验、拍照、测量后的记录。

勘验笔录的核心是勘验活动。与书证相比，勘验在民事审判中不是运用得最多，但在一些类型案件中，勘验笔录具有认定事实和民事责任、确定权利义务关系、保全证据、鉴别和印证其他证据的真伪等作用，是其他证据形式不可替代的。

勘验，有时是为了核实证据，并非为了获取证据，如当事人持有证据对国土部门绘制的争议房屋的平面图记载事项提出异议，法官到现场勘验，此种情况的勘验就是证据核实。

但勘验笔录不仅因为应用较少，而且因为问题较多；也影响了勘验笔录的正常采用。主要的问题在于：

1. "谁主张，谁举证"影响勘验程序启动

部分人认为民事诉讼模式已经由职权主义转向当事人主义，法官只需居中裁判，任何积极寻求证据的活动都是在帮助一方当事人赢得胜诉，并将给败诉方当事人留下攻击的口实。受此影响，不启动职权调查，转而令当事人提供其他证据来证明经勘验便能查证的待证事实，当事人在此情况下又不得不寻找大量的证人来做证，这既加重了当事人的证明负担，同时又增加了法官审核认定证人证言的困难。

2. 勘验顺序凌乱

实践中的勘验，往往是随心所欲，不事前观察勘验房屋，也不明了勘验土地、山林、水渠的坡度或者走势，便径直进入，走到哪里就勘验哪里，致勘验笔录凌乱无序，如诗句"横看成岭侧成峰"一样。此种勘验，容易遗漏不说，即便勘验活动结束后，对勘验标的也是没有整体印象，事后徒增感叹"只缘身在此山中"。

3. 勘验笔录不完整

完整的勘验笔录由勘验时间、地点及场所、天气情况和参加人等首部，勘验对象、勘验情况和勘验结果等正文部分及勘验人、当事人、参加人签名等尾部组成。

民事司法实践中的勘验笔录并非如此严格的格式制作,往往对地址和场所、天气情况忽略,认为标明勘验对象的方位即明确勘验地址和场所,天气情况也不影响勘验结果。这样的所谓"勘验笔录"就是无结果的,如果说它是"勘验笔录",那也是一种以询问当事人笔录为主的混合体笔录,更主要的是,它无法让没有参加勘验的合议庭成员作出事实判断。勘验结果是"非思想性"证据,无法通过思想传递,只能通过对勘验对象客观现状的记录反映案件事实。

勘验笔录中往往未记明拍照人及绘图制作人身份、照片和绘图数量等情况,易引起当事人质疑。

4. 测量不准确、绘图不规范

在勘验实践中,因丈量工具不规范、皮尺存在拉伸曲直、不规则物丈量不便、当事人或代理人间接或直接参与实施丈量等原因,致使大量数据不准确,在"寸土寸金""寸土必争"情况下,易引发争议。

绘图是为确定勘验标的物现状或形状及四址界线,以呈现于法官和当事人面前,形成直观判断。实务中的勘验图,绘制多不规范,图形与实际差异较大、不标明勘验标的物四周情形、行道走向、方位、制图人等缺陷。徒手绘制的初稿图是正图的基础。

5. 勘验照片单一,不能反映全貌及关键部位

任何文字都不可能准确无误、完整无缺地描绘纷繁的物质世界。在勘验中,文字有时无法准确完整地描述事物的状况,照片就起着更重要的作用,能够更直观地反映事物面貌,所以有"任何文字描述都没有图片具有说服力"的论断,勘验照片并非一律是勘验笔录的辅助材料。

民事司法中勘验的照片,或仅为勘验标的物的一个部位,或仅对争议点拍摄,或虽有对勘验全现场拍摄,但详略不当,不能起到补强勘验图绘制反映不足的作用。如在一相邻关系通行权纠纷案中,第一次勘验的照片中仅对阻碍通行建筑物进行近距离拍照,反映不出是否阻碍通行现状。遂进行第二次勘验,选取能够俯览整个现场的制高点,对通道现场及周边情形完整拍照,再从通行道的两端向里相向拍照,最后对通行阻碍建筑物进行适中距离拍照,以此组照片结合勘验笔录及绘图,查证了阻碍通行权的事实。

第四节 证据的排除

现在存在的问题,或许是悖论性的问题。就是有很多证据确实能够证明案件事实,例如通过陷阱取证、偷拍偷录、私人侦探、测谎等方式取得的证据,因为不具有合法性,但照样被许多法官作为认定事实的材料,这种做法无疑违背了"以事实为依据,以法律为准绳"的断案原则。从实体正义的层面来讲,通过违法证据来认定案件的事实有利于个案中受害者权益得到维护和保障,但从程序价值的层面来说,这种做法是以保障个案的公平和

正义来牺牲具有普遍意义的价值,如人权保障、宪法规定、民事诉讼制度中独立的程序正义等。

一、非法证据的界定

概况而言,不符合证据合法性概念的证据都可以认定为非法证据。非法证据就是指在收集证据的过程中,违反了法律规定,侵犯了当事人或其他公民特定的合法权利而收集的证据。

证据合法性是指证据形式及证据的收集或审查都合乎法律规定。包括下述内容:①证据的收集主体必须合法;②证据的表现形式必须合法;③证据的收集程序必须合法;④证据必须经过法定程序审查。不符合以上四个条件的证据就是非法证据。

但非法证据和违法证据并不是一个概念,非法证据的界定也不是固定的、一成不变的,因此才会出现前面所述的问题。

二、非法证据的排除规则

非法证据的排除规则:从广义上讲凡是不可信的证人提供的证言、错误观点引导的证言以及基于其他原因(如人权保障或其他政策)不得予以采纳的证据,即使其本来与案件有关联(可能作为证据使用),仍应加以排除,因而称之为排除法则。排除非法证据的目的在于:

(1)加强人权保障:宪法规定了基本的人身权和人格尊严,不允许以侵犯个人权利的方式采集证据,公民个人权利是法治的根本,不能以牺牲根本的价值而换取其他价值。对此种权利的侵犯理应被预防和矫正,法庭对侵犯了个人权利和自由的获得的证据予以排除是对公民权利的保障。

(2)促进程序公正:非法证据排除规则实际上是关于证据合法性的一项程序规则,只是从相反的角度强调证据必须具有合法性,这是诉讼程序价值的要求。尽管这样一种规则从表面上看使法官在认定案件事实的过程中减少了相关可以参考的案件事实的材料,可能使案件事实处于真伪不明的状态,最终可能会造成个别具体案件中出现实体不公正。但是如果因此牺牲程序价值,则会减损诉讼当事人对诉讼公正的预期价值,甚至使人感觉诉讼结果摇摆不定,减少了预测的可能性。这是个案公正和诉讼体系公正价值发生冲突时的必然选择。虽然非法证据排除规则在一定情况下不可避免地对实体公正造成消极的影响,但是诉讼程序领域内的诸多程序规则事实上都不得不在相互冲突的价值之间进行利弊权衡。这种价值取舍的结果就体现为实体公正与程序公正的平衡和对程序公正的促进。

三、非法证据研究

(一)陷阱取证

民事诉讼中的陷阱取证也可分为两种类型:一是恶意诱发型的陷阱取证,二是机会提供型的陷阱取证。前者指侵权人本来没有侵权的意图,但是在取证人的引诱下而产生了侵权的意思。后者指侵权人本来就有侵权意图,取证人的引诱为其提供了实施侵权意图的机会,即使不存在这种引诱,侵权人依然会实施侵权行为。比如在盗版侵权诉讼中,被告本没有意图侵犯原告的著作权,原告故意利诱被告产生了侵权的念头,实施了盗版行为,由此而得到的证据材料应予以排除。如果被告一直实施盗版行为,原告购买盗版书籍作为证据则不应在排除范围之内。因此,以设陷阱的方式获得的证据是否予以排除关键是看侵权人的侵权意图是否由取证人故意引诱而形成的。

(二)悬赏取证

悬赏取证指当事人以悬赏方式向公众公开寻找能支持自己诉讼请求的证据。悬赏取证并不代表是取证人用钱收买证人,从鼓励诉讼当事人积极举证的角度看,不应全盘否定悬赏取得的证据。比如说在某一案例中,被告在公众场合殴打原告,但周围观看的众人都不愿出来做证,而原告又无其他证据能证明被告的侵权行为,则悬赏取证可能是其唯一能取得证据的方式。一旦排除了通过该方式取得的证据,原告的主张就无法得以实现,其合法权益也就得不到保护。而且,现实中法律也未明文规定禁止悬赏取证这一行为,因此悬赏所取得的证据并不当然是非法证据。如果当事人确实是收买证人做伪证,则该证据不应采纳,但这并非因为悬赏这一行为,而是因为悬赏背后的收买这一行为。

(三)私人侦探取证

私人侦探取证在英美等国家是合法的取证行为,曾经一度非常流行。人们认为私人侦探是国家公力救济的补充。但随着国家职能产生了深刻的变化,国家在治理犯罪,维护司法方面的作用越来越大,私力救济的补充作用越来越不明显。但从维护公共安全看,私人侦探一旦被恶势力所利用,则极易扩张恶势力的犯罪力量,自然是不值得提倡的。现实中私人侦探取证行为在民事诉讼中还是具有其存在的空间,当事人能够通过私人侦探的专业技术取得的有利证据,使案情能够更快更真实地反映出来。一律排除私人侦探取证,此做法还有值得商榷的余地。与当事人自行取证一样,私人侦探取证行为如侵害了有关人的合法权益或者违反了法律的强制性规定,则该类证据应当排除。但这并不意味着因为是私人侦探取证,就被直接适用非法证据排除规则,而是因为取证的过程或者行为侵害了有关人的合法权益或者违反了法律的强制性规定。

(四)测谎证据

测谎仪在刑事诉讼中较为普遍运用。但在民事诉讼中能否运用测谎仪还未形成定

论。民事诉讼中能否使用测谎仪,这个问题的答案取决于对测谎仪性质的认识。测谎仪实际上是一种心理测量技术,在当事人进行陈述时,运用这种仪器,可以通过对陈述时的生理参数变化的测试,判断出该陈述者是在说实话还是说谎话。可见,测谎仪的运用实际上是由两个部分构成的:一是当事人陈述;二是对当事人的生理反应进行科学鉴定。无论是当事人陈述还是鉴定意见,在民事诉讼中都是证据的法定表现形式,测谎仪的使用只是将它们二者结合起来了。可见只要当事人本人同意使用测谎仪,其合法性就无须怀疑;反之,若当事人不愿使用测谎仪,法院则不能违背其意志而强行使用,否则即构成对人权的侵犯。

第二篇　诉讼实务

第三章　起诉与受理

案例9: 自贡市××别院业主委员会诉自贡市××物业有限公司和黄×勋物业服务合同纠纷案

原告自贡市××别院业主委员会于2014年4月1日与被告自贡市××物业有限公司签订《物业服务合同》,合同除约定物业服务内容外,并未约定具体物业服务费收费标准。同时约定了被告需分两次向原告支付10万元保证金,但未约定担保事宜。合同中还约定了须由被告垫资30余万元进行小区设施设备改造,并约定如果未完成此部分约定,原告可以任意解除合同。

合同签订后,该小区服务实际上是由第二被告黄×勋实际经营管理,所以当黄×勋实际经营4个月后,因为收取的物业服务费用难以支持正常的物业服务运行,同时在垫资20余万元进行设施设备改造后,再难以筹措资金继续完成此改造,以至于拖欠了水电费用,造成小区公共部分停水停电,并且员工工资支付出现困难。

原告于2014年11月29日,单方面通知无条件解除合同,并且禁止二被告继续在小区活动,包括禁止第二被告继续向欠费业主收取欠交的物业服务费;为了该小区基本的共有部分设施设备运行,基本维持物业服务,原告启动了自行管理程序,并筹措资金,缴纳了二被告欠交的水电费和代付了所欠员工工资共计9.3万元。

因此原告诉至法院,诉请判令二被告给付原告垫支的费用9.3万元,并承担本案诉讼费用。

案例10: 原告胡某某诉被告××物业有限公司和刘亮侵权纠纷案

原告胡某某是××物业有限公司服务的××小区×单元一业主雇用的保姆,事发当天小区5时45分,原告从刘亮所在楼栋经过,突然从楼上掉下一块砖头,正好砸到胡某某的右脚跟部;当时鲜血涌出,胡某某被送往医院治疗。治疗中检查发现胡某某右脚踝关节处肌腱断裂,经治疗基本痊愈后,通过伤残鉴定为10级伤残。花费治疗费2万余元,经过计算伤残赔偿及后续治疗约为4万元。

虽然当时经过报警,警察到现场后,经过查访无法确定砖头从何处坠落。调查中发现本栋楼另外一个单元有一户叫刘亮的业主曾经因违章搭建被叫停,并且有堆放的红砖没有按城管执法局和物业公司要求及时清理。小区物业公司代为封存了致人伤害的砖头。

就胡某某受伤和医疗费的问题,胡某某的雇主和胡某某均要求小区物业公司和刘亮承担赔偿责任,但遭到了拒绝。后来胡某某向法院起诉,诉请判决××物业公司和刘亮承担赔偿其医药费、后续治疗费和伤残赔偿金共计6万元,并支付精神损失费1万元和承担本

案诉讼费用。

本章分享的两个案例,主要是对诉讼要件予以分析。因为如果对诉讼主体资格、实体法主体资格、诉讼事由及其与诉讼主体的关系等没有搞清楚,则可能不能实现当事人的诉讼目的,不能达成其诉讼效果。

在案例9中,因为原告主体资格存疑,而且第二被告黄×勋相对于原告的诉讼事由同样存疑。最后法院通过庭审,为了保护原、被告的诉权,建议原、被告均撤诉(被告撤回反诉,有关本案反诉情形,本书将在后续章节中再叙)。

案例10其实是案例2的变异。为了便于叙述,作为单独的案例进行分析。在本案中,因为援引的法条使案件的侵权性质发生变化,而在原告不能提供致使其受伤的砖头是刘亮的堆放物时;原告将××物业有限公司和刘亮作为共同被告,同样存在被告不适格的问题。

当事人之间发生了利益冲突,由于难以调和而形成纠纷,如果一方当事人选择通过诉讼解决相互之间的纠纷,那么就会引起一场诉讼。诉讼是在法院主持下对双方当事人的纠纷作出裁决,该裁决生效后,具有强制力。国家执法机器是法院的判决能够得到执行的保证。因此为了诉讼的有序展开,为了保障诉讼程序公正,诉讼有着严格的规则,所有诉讼参与人必须遵守法院的诉讼规则。对此,本章专题讨论起诉和准备应诉的问题。

第一节 提起起诉与案件受理

起诉是一种民事诉讼法律行为,可能引起诉讼程序的发生和诉讼活动的进行。受理是法院立案庭经过初步审查,决定受理原告的起诉的行为。

本书将起诉和受理放在一起来研究,主要是起诉和受理实际上一个连贯的过程。同时,因为耳濡目染的都是说立案难、受理难!就笔者亲身体会,其实在现行法律框架下,一般的一个当事人如果严格按照法定程序和要求提交了起诉状,并且按照要求提交了相应的证据;在大部分的法院立案和受理并不难。可能出现困难的有两种情况,一种犹如笔者因为经常做物业服务费追讨的诉讼,一次提交的案件几十甚至上百件,这时不是受理本身有什么困难,而是法院的司法资源确实十分紧张,难以一次性处理这么多案件;这种情况下,法院会主动协商,希望适当的分批次的起诉;另一种情况是,当事人因为法律消费意识(不愿意委托代理律师)或者确实因为经济或者其他问题自行到法院起诉,由于起诉书格式、填写的信息、提交的证据等难以满足法律规定的起诉的基本要求,被要求补正,而使当事人觉得立案和受理难。其实只有极少数的是因为法院在掌握尺度上出了问题,比如在起诉阶段原本只需要做程序审查,却按照实体审查去审视案件材料,造成的立案和起诉困难。对此,本书将对起诉和受理作比较充分的介绍。

一、起诉条件

根据《民事诉讼法》第一百零九条规定,起诉必须符合以下条件:

（一）原告是与案件有直接利害关系的公民、法人和其他组织

凡是有诉讼权利能力的人都可以作为民事诉讼当事人,既可以成为原告,也可以成为被告。但要成为一个具体案件的原告,还必须与本案有直接的利害关系;即原告请求人民法院予以确认和保护的,发生争议或受到侵害的民事权益必须是自己的或依法受自己监护的民事权益（如法定监护人）,如果与本案没有直接的利害关系,即属于当事人不适格,就不能作为原告向人民法院起诉。

例如:A的一个朋友B被C暴打了一顿,身体受到了伤害;但是不知道什么原因,B就是不想通过起诉追究C的责任。这个时候,A觉得实在看不过去,就以自己的名义起诉C,要求C对B承担侵权责任。那么此时A的起诉,法院是不会受理的。因为这个发生争议或受到侵害的民事权益不是A自己的或依法受A监护的民事权益。相反,如果B是A未成年的孩子,A作为B的法定监护人,这时A就B受到C的侵害向法院起诉,法院则会依法受理。

（二）有明确的被告

所谓明确的被告,是指原告认为侵犯了自己权益或与自己发生争议的公民、法人或者其他组织必须明确,不能泛泛而指。如果没有明确的被告,原告的请求就无人承受,法律关系无法证实,人民法院也无从开始审判活动。

有明确的被告,不能作简单的理解。就这么一句话,过去也使得许多当事人的起诉不被受理。怎样才能被认定为有明确的被告呢? 按照《民事诉讼法》规定的"**被告的姓名、性别、工作单位、住所等信息,法人或者其他组织的名称、住所等信息**",这就是有明确的被告,目的是将被告与其他人能够区分。这和《民事诉讼法》对原告的信息要求是不一样的,《民事诉讼法》规定原告信息为"**原告的姓名、性别、年龄、民族、职业、工作单位、住所、联系方式,法人或者其他组织的名称、住所和法定代表人或者主要负责人的姓名、职务、联系方式**"。为什么同样作为案件的当事人,对于原、被告的信息的要求会不一样呢? 因为,作为原告自己的身份信息、住址、联系方式等,自然原告应当清楚,能够注明,便于法院审查。但是,对于被告,原告却不一定能够非常清楚地知道相应的全部信息,特别是侵权类案件。如果将被告和原告的信息做同样的要求,势必会增加原告的起诉负担,不利于维护原告的合法权益。当然,在实际操作中,许多当事人也许已经意识到,凡是和规模比较大而且运作很规范的组织签订合同,对方往往在签订合同的同时,对对方当事人的各种信息要求是相当严格的,其实目的也是为了预防可能出现的纷争。因此,在社会交往、商务往来中,当

事人还是应该更多地掌握对方的信息;这将有百利而无一害。读者可以对比一下,被告的年龄、身份证号码、联系电话并不是必需的信息,但是,如果到法院起诉时,这几项信息如果不齐全,也可能会影响立案和受理。遇到这种情况如何处理? 笔者以为也只有根据不同法院情况尽量说明了。因为缺少这些信息,仍然会有一定问题;比如年龄不清楚,那么被告的民事行为能力就难以确定;再比如缺少联系电话,现实中,法院在送达诉讼文书时,也会有诸多困难。

(三)有具体的诉讼请求和事实、理由

所谓具体的诉讼请求,是指原告要求人民法院予以确认或保护的民事权益的内容和范围必须具体,即原告通过诉讼要求达到什么具体目的。如果原告不提具体诉讼请求,人民法院也无从进行审理和裁判。

诉讼请求一定要具体。也就是说,作为原告你请求法院支持你的请求是什么,哪一类? 如果是现金,金额是多少? 如果是归还或者赔偿原物,那么是什么物件? 如果是赔礼道歉,那么是当面道歉还是登报道歉等,都要写清楚,否则法院很难判决。因为按照法律规定,法院是依照当事人的诉请进行裁判,既不能少,也不能多,否则就属于违法裁判。

有的当事人,为了减少案件受理费,故意不写请求被告支付的金额,这是不恰当的。因为这不仅会影响法院的判决,而且也不能减少案件受理费,因为法院完全可以根据事实和理由计算出案件的标的金额。

还有一些当事人,在诉讼请求中,使用一些不确定词如"如果""或者"之类的;这也是非常不应当的。因为这本身就是不明确;不仅会影响自身权益的维护,而且也会增加法院判案的不确定性。

所谓事实,是指原、被告之间法律关系发生、变更、消灭的事实,以及被告侵权的事实,或与原告发生争议的事实。同时还包括证明案件事实存在的证明事实。

事实虽然不要求详叙,但是至少5个W应当写清楚。也就是时间、地点、人物、事情、为什么,这几项应当简单叙述清楚。现在大部分的起诉书都是晦涩难懂的,也许是有的人所谓的事实突袭或者证据突袭的需要。但是,笔者认为,既然当事人是请求法院裁判,至少应当让法官明白这是怎么一回事。

所谓理由,就是原告为什么要向人民法院提出具体诉讼请求的主要依据。

依据其实就是讲道理。当事人主张被告承担责任,那么总得说明理由吧? 比如被告是否侵权了,还是违约了? 当事人依据的是什么法律规定,还是依据的什么约定? 这就是有理说理、有法依法的意思。当然起诉书不要求长篇大论,至少应当简略叙明。

如果原告提不出具体诉讼请求的事实和理由,法院就难以作出正确的判断,就有可能导致败诉。这里应当注意的是,民事诉讼法规定的是"事实理由",而不是"事实根据"。在立案和受理时,有的立案人员分不清起诉证据和胜诉证据的区别,把"事实根据"误认为就是胜诉证据。在起诉时就要求原告提供,否则就驳回原告的起诉,从而加重了当事人"告状难"。民事诉讼法摈弃"事实根据",规定为"事实、理由",就是为了明确,原告在起诉时只要能提出案件的事实和证明诉讼请求的理由,如果其他条件也符合的话,人民法院就应当依法受理。

（四）属于人民法院受理民事诉讼的范围和受诉人民法院管辖

属于人民法院受理民事诉讼的范围有两层含义,第一是指人民法院与其他国家机关、组织职权划分的范围,即指案件应当属于人民法院主管,人民法院依法有权对这一案件进行审判。比如说争议属于两个非平等主体内部的上下级管理的内部事务,这种情形,一般只能采取按规定申诉解决。第二是指在人民法院内部与刑事诉讼、行政诉讼分工负责的范围,即必须属于民事诉讼的受理范围,也就是说这一争议是公民之间、法人之间、其他组织之间及公民、法人、其他组织相互之间的财产关系或者人身关系方面的争议。同时还要注意,当事人之间,事前有没有仲裁协议或者约定,因为如果有这方面的约定,则仲裁约定优先。再者,对于少数特殊的案件,还需要首先进行仲裁（如劳动争议）或者行政复议。如果存在这种情形,那么必须经过相应的前置程序后,方可向法院提起诉讼。

属于受诉人民法院管辖,是指接受起诉的人民法院按照民事诉讼法关于管辖的规定对这个民事案件享有管辖权。只有依法由人民法院主管和受诉人民法院管辖的民事案件,受诉人民法院才能按民事诉讼法规定进行受理和依法审判。

以上四个条件缺一不可,不符合其中任何一个条件,起诉均不能成立。

二、起诉方式

（一）民事诉讼法规定的起诉方式有书面起诉和口头起诉两种

《民事诉讼法》第二百条规定:起诉应当向人民法院递交起诉状,并按照被告人数提出副本。

书写起诉状确有困难的,可以口头起诉,由人民法院记入笔录,并告知对方当事人。由此可知只有书写起诉状确有困难的,才可以口头起诉,由人民法院将原告口头陈述记入笔录,并告知对方当事人。这种情况,除了少数地区,或者老人们为了赡养诉讼,估计并不多见。

需要注意的是,这里要求按照被告人数提出副本,所指的是起诉书,而不是证据材料。证据材料一般只需要提交一套。

起诉状是原告向人民法院提出诉讼请求的书面依据。根据《民事诉讼法》第一百二十一条规定,起诉状应当包括以下内容:

（1）原告的姓名、性别、年龄、民族、职业、工作单位、住所、联系方式,法人或者其他组织的名称、住所和法定代表人或者主要负责人的姓名、职务、联系方式。

（2）被告的姓名、性别、工作单位、住所等信息,法人或者其他组织的名称、住所等信

息;这部分内容反映双方当事人的身份情况,使原、被告特定化。

(3)诉讼请求和所根据的事实与理由,这部分是起诉状的主要内容。原告要在起诉状中写明具体的诉讼请求和提出这种请求所根据的事实与理由,包括法律关系存在的事实、发生纠纷的事实、提出诉讼请求的理由等。

(4)证据和证据来源、证人姓名和住所。案件事实是否存在,需要证据证明。民事诉讼法规定了原告的举证责任。因此,原告在书写起诉状时,对提出的诉讼请求和提出这种请求的理由,都应该提供证据证明。提供书证、物证的,应在递交起诉状时一并递交人民法院。提供证人证言的,应当写明证人的住址,便于人民法院调查核对。人民法院记录原告的口诉,必须逐一问清上述内容,记入笔录。

(二)起诉并非必须当事人自行办理

任何案件,依据《民事诉讼法》都可以委托办理。虽然在案件审理时,对部分案件如离婚、赡养等,需要当事人到庭参加诉讼,但是立案仍然是可以委托他人代办的。

由于案件当事人,可能存在对诉讼有关的法律法规不熟悉,如果自己办理诉讼事务;有可能会出现效率不高,反复折腾的问题。同时如果当事人对案件有关的实体法律不熟悉,在诉讼请求、事实理由及证据准备,甚至适用法律等方面,可能存在一定问题;而这些问题,将会直接影响诉讼的效果,因此,笔者认为,如果条件允许,当事人应当首先考虑委托代理人参与诉讼。这将起到事半功倍的效果;关于委托代理的具体细节,将在后续章节专门叙述。

三、案件受理

有时候遇到一些当事人对笔者讲,我需要把×××告到法院;我想把××事告到法院。遇到这种情况,笔者会不厌其烦地为当事人分析,因为不是所有的冲突都需要法院解决;也不是所有的纠纷都是法院能够解决的。如果不搞清楚这些问题,不仅会给当事人在带去希望同时带来更多失望,而且也会浪费很多时间。

也许部分读者认为,只要把起诉书交到立案庭,当事人起诉的案件,法院就已经受理了。其实不然,当事人到立案庭送交起诉书,仅仅是一种当事人的诉讼行为,并不代表法院已经同意接受了或者说认同了当事人提起的诉讼。

那么哪些诉讼会被法院受理?如何处理法院要求的补正要求?如何面对法院退回的起诉?起诉能够起到什么作用?除了起诉以外,当事人还可以在立案庭办理哪些非诉申请?这些问题,将在下面予以讨论。

(一)不予受理的情形

根据《民事诉讼法》第一百二十三条规定:人民法院应当保障当事人依照法律规定享有的起诉权利。对符合本法第一百一十九条的起诉,必须受理。符合起诉条件的,应当在七日内立案,并通知当事人;不符合起诉条件的,应当在七日内作出裁定书,不予受理;原告对裁定不服的,可以提起上诉。

《民事诉讼法》第一百二十四条规定:"人民法院对下列起诉,分别情形,予以处理:

①依照行政诉讼法的规定,属于行政诉讼受案范围的,告知原告提起行政诉讼;

②依照法律规定,双方当事人达成书面仲裁协议申请仲裁、不得向人民法院起诉的,告知原告向仲裁机构申请仲裁;

③依照法律规定,应当由其他机关处理的争议,告知原告向有关机关申请解决;

④对不属于本院管辖的案件,告知原告向有管辖权的人民法院起诉;

⑤对判决、裁定、调解书已经发生法律效力的案件,当事人又起诉的,告知原告申请再审,但人民法院准许撤诉的裁定除外;

⑥依照法律规定,在一定期限内不得起诉的案件,在不得起诉的期限内起诉的,不予受理;

⑦判决不准离婚和调解和好的离婚案件,判决、调解维持收养关系的案件,没有新情况、新理由,原告在六个月内又起诉的,不予受理。"

根据上述法律规定,梳理一下,可能不被法院受理的情形为:

(1)原告主体不适格,即原告与案件没有直接利害关系,人民法院不予受理。

(2)原告起诉时不能确定明确的被告的,人民法院不予受理。

《最高人民法院关于适用〈中华人民共和国民事诉讼法〉的解释》(以下简称《民诉法司法解释》)第二百零九条:"原告提供被告的姓名或者名称、住所等信息具体明确,足以使被告与他人相区别的,可以认定为有明确的被告。"起诉状列写被告信息不足以认定明确的被告的,人民法院可以告知原告补正。原告补正后仍不能确定明确的被告的,人民法院裁定不予受理。

(3)对受理法院没有管辖权的案件,告知原告向有管辖权的法院起诉后,原告坚持起诉的,裁定不予受理。

(4)依照行政诉讼法的规定,属于行政诉讼受案范围的,人民法院不应作为民事案件受理。

根据《最高人民法院关于适用〈中华人民共和国行政诉讼法〉的解释》(以下简称《司法解释》)第十一条规定:下列二类行政协议属于行政诉讼受案范围,人民法院不应再作为民事案件受理:

①政府特许经营协议。

②土地、房屋等征收征用补偿协议。

(5)重复起诉不予受理(一事不再理)——当事人就已经提起诉讼的事项在诉讼过程中或者裁判生效后再次起诉,构成重复起诉的,人民法院不予受理;已经受理的,裁定驳回起诉。但法律、司法解释另有规定的除外。

《民诉法司法解释》第二百四十七条："当事人就已经提起诉讼的事项在诉讼过程中或者裁判生效后再次起诉,同时符合下列条件的,构成重复起诉:

①后诉与前诉的当事人相同;

②后诉与前诉的诉讼标的相同;

③后诉与前诉的诉讼请求相同,或者后诉的诉讼请求实质上否定前诉裁判结果。当事人重复起诉的,裁定不予受理;已经受理的,裁定驳回起诉,但法律、司法解释另有规定的除外。"

(6)原审原告在第二审程序中撤回起诉后重复起诉的,人民法院不予受理。

(7)一审原告在再审审理程序中撤回起诉后重复起诉的,人民法院不予受理。

(8)反诉应由其他人民法院专属管辖,或者与本诉的诉讼标的及诉讼请求所依据的事实、理由无关联的,裁定不予受理。

《民诉法司法解释》第二百三十三条："反诉的当事人应当限于本诉的当事人的范围。反诉与本诉的诉讼请求基于相同法律关系、诉讼请求之间具有因果关系,或者反诉与本诉的诉讼请求基于相同事实的,人民法院应当合并审理。反诉应由其他人民法院专属管辖,或者与本诉的诉讼标的及诉讼请求所依据的事实、理由无关联的,裁定不予受理,告知另行起诉。"

(9)第三人撤销之诉具有以下情形之一的,人民法院不予受理:

①适用特别程序、督促程序、公示催告程序、破产程序等非讼程序处理的案件;

②婚姻无效、撤销或者解除婚姻关系等判决、裁定、调解书中涉及身份关系的内容;

③《民事诉讼法》第五十四条规定的未参加登记的权利人对代表人诉讼案件的生效裁判;

④《民事诉讼法》第五十五条规定的损害社会公共利益行为的受害人对公益诉讼案件的生效裁判。公益诉讼中受害人可以提起私益诉讼,但公益诉讼涉及公益,不可提起第三人撤销之诉。

(10)当事人申请司法确认调解协议有下列情形之一的,人民法院裁定不予受理:

①不属于人民法院受理范围的;

②不属于收到申请的人民法院管辖的;

③申请确认婚姻关系、亲子关系、收养关系等身份关系无效、有效或者解除的;

④涉及适用其他特别程序、公示催告程序、破产程序审理的;

⑤调解协议内容涉及物权、知识产权确权的。

(11)当事人申请司法确认调解协议,人民法院确认调解协议有效后,当事人一方不履行的,对方的救济方式是申请强制执行。当事人就同一纠纷重新起诉的,人民法院不予受理。

(12)当事人在执行程序中签署和解协议,当事人一方不履行时,对方的救济方式是恢复原生效法律文书的执行。当事人以执行和解协议产生新的合同权利义务为理由,向人民法院起诉,请求将执行和解协议作为案件定案依据的,人民法院不予受理。

(13)执行拍卖是人民法院对被执行人财产采取的一种执行措施和处分执行行为,执行拍卖所引致的纠纷均不具有民事可诉性。

(14)当事人达成仲裁协议,一方向人民法院起诉的,人民法院不予受理,但仲裁条款或者仲裁协议不成立、无效、失效、内容不明确无法执行的除外。

(15)当事人达成仲裁协议,一方向人民法院起诉未声明有仲裁协议,人民法院受理后,另一方在首次开庭前提交仲裁协议的,人民法院应当驳回起诉,但仲裁协议无效的除外。

(16)仲裁实行一裁终局的制度。裁决作出后,当事人就同一纠纷再申请仲裁或者向人民法院起诉的,仲裁委员会或者人民法院不予受理。

(17)人民法院裁定不予执行仲裁裁决后,当事人对该裁定提出执行异议或者复议的,人民法院不予受理。

(18)当事人对仲裁协议的效力有异议,应当在仲裁庭首次开庭前提出,当事人在仲裁庭首次开庭前没有对仲裁协议的效力提出异议,而后向人民法院申请确认仲裁协议无效的,人民法院不予受理。

(19)仲裁机构对仲裁协议的效力作出决定后,当事人向人民法院申请确认仲裁协议效力或者申请撤销仲裁机构的决定的,人民法院不予受理。

(20)对于劳动争议案件和适用《劳动法》规定处理的事业单位人事争议案件,应先向劳动争议仲裁委员会申请仲裁。未经过仲裁委员会仲裁的,人民法院不予受理。

(21)起诉人请求撤销劳动仲裁部门的不予受理通知书,不属于人民法院受理民事诉讼的范围。

(22)劳动争议纠纷,劳动人事争议仲裁委员会作出《不予受理通知书》后,起诉人收到通知书后,没有在规定的十五日内起诉,超过起诉期限才向法院提起诉讼的,人民法院不予受理。

(23)劳动争议仲裁委员会以申请仲裁的主体不适格为由,作出不予受理的书面裁决、决定或者通知,当事人不服,依法向人民法院起诉的,经审查,确属主体不适格的,裁定不予受理或者驳回起诉。

(24)劳动争议仲裁委员会仲裁的事项不属于人民法院受理的案件范围,裁定不予受理或者驳回起诉。

(25)劳动争议仲裁委员会作出的调解书已经发生法律效力,一方当事人反悔提起诉讼的,人民法院不予受理。

(26)劳动者依据《调解仲裁法》第四十八条规定向基层人民法院提起诉讼,用人单位依据《调解仲裁法》第四十九条规定向劳动争议仲裁委员会所在地的中级人民法院申请撤

销仲裁裁决的,中级人民法院应不予受理。

(27)在人民法院作为经济纠纷受理的案件,人民法院经审理认为有经济犯罪嫌疑的,应裁定驳回起诉。

(28)正在处理的非法集资刑事案件涉及民事案件的,同一事实下,刑事案件应当优先于民事案件,民事案件不予受理。

(29)根据《刑法》第六十四条和《最高人民法院关于适用〈中华人民共和国刑事诉讼法〉的解释》(以下简称《刑事诉讼法解释》)第一百三十八条、第一百三十九条的规定,被告人非法占有、处置被害人财产的,被害人的物质损失当在刑事诉讼中予以追缴或者责令退赔。被害人提起附带民事诉讼,或者另行提起民事诉讼请求返还被非法占有、处置的财产的,人民法院不予受理。

(30)当事人对医疗事故技术鉴定委员会所作的医疗事故鉴定意见有异议向人民法院起诉的,人民法院不予受理。

(31)人民法院委托鉴定机构作出的司法鉴定意见,不具有民事可诉性,当事人对鉴定意见有异议而直接起诉鉴定机构的,人民法院不予受理。

(32)凡是属于历史遗留的落实政策性质的房地产纠纷,因行政指令而调整划拨、机构撤并分合等引起的房地产纠纷,因单位内部建房、分房等而引起的占房、腾房等房地产纠纷,均不属于人民法院主管工作的范围,当事人为此而提起的诉讼,人民法院应依法不予受理或驳回起诉。

(33)合作化运动中的遗留问题,应由政府部门处理,不属于人民法院主管范围。

(34)政府主管部门在对企业国有资产进行行政性调整、划转过程中发生的纠纷,当事人向人民法院提起民事诉讼的,人民法院不予受理。

(35)涉及政府招商引资优惠政策引发的纠纷,不属于人民法院受理民事案件的范围。

(36)对于担任监护人有争议的,应当按照《民法通则》第十六条第三款或者第十七条第二款的规定,由有关组织予以指定。未经指定而向人民法院起诉的,人民法院不予受理。

(37)判决不准离婚和调解和好的离婚案件,判决、调解维持收养关系的案件以及原告撤诉或者按撤诉处理的离婚案件,没有新情况、新理由,原告在六个月内又起诉的,不予受理。

(38)女方在怀孕期间、分娩后一年内或中止妊娠后六个月内,男方提出离婚的,人民法院除认为确有必要受理的以外,不予受理。

(39)当事人起诉请求解除同居关系的,人民法院不予受理。但当事人请求解除的同居关系,属于《婚姻法》第三条、第三十二条、第四十六条规定的"有配偶者与他人同居"的除外。

(40)当事人仅以《婚姻法》第四条为依据提起诉讼的,人民法院不予受理;已经受理的,裁定驳回起诉。

(41)在婚姻关系存续期间,当事人不起诉离婚而单独依据《婚姻法》第四十六条规定提起损害赔偿请求的,人民法院不予受理。

(42)依《继承法》第十四条规定可以分给适当遗产的人,在遗产分割时,明知在其依法取得被继承人遗产的权利受到侵犯而未提出请求,之后再向人民法院提起诉讼的,一般不予受理。

(43)土地所有权和使用权争议,由当事人协商解决;协商不成的,由人民政府处理。当事人提起民事诉讼的,人民法院不予受理。

《土地管理法》第十六条规定:"土地所有权和使用权争议,由当事人协商解决;协商不成的,由人民政府处理。单位之间的争议,由县级以上人民政府处理;个人之间、个人与单位之间的争议,由乡级人民政府或者县级以上人民政府处理。当事人对有关人民政府的处理决定不服的,可以自接到处理决定通知之日起三十日内,向人民法院起诉。在土地所有权和使用权争议解决前,任何一方不得改变土地利用现状。"

(44)林木、林地所有权和使用权争议,由人民政府依法处理。当事人提起民事诉讼的,人民法院不予受理。

(45)集体经济组织成员因未实际取得土地承包经营权提起民事诉讼的,应当告知其向有关行政主管部门申请解决,人民法院不予受理。

(46)集体经济组织成员就用于分配的土地补偿费数额提起民事诉讼的,人民法院不予受理。

(47)农村土地承包纠纷案件当事人未达成书面仲裁协议,一方当事人向农村土地承包仲裁机构申请仲裁,另一方当事人接受仲裁管辖后又起诉的,人民法院不予受理。

(48)当事人在收到农村土地承包仲裁委员会作出的裁决书之日起三十日后或者签收农村土地承包仲裁委员会作出的调解书后,就同一纠纷向人民法院提起诉讼的,裁定不予受理;已经受理的,裁定驳回起诉。

(49)法人或者其他组织以人格权利遭受侵害为由,向人民法院起诉请求赔偿精神损害的,人民法院不予受理。《最高人民法院关于确定民事侵权精神损害赔偿责任若干问题的解释》第五条规定:"法人或者其他组织以人格权利遭受侵害为由,向人民法院起诉请求赔偿精神损害的,人民法院不予受理。"

(50)当事人在侵权诉讼中没有提出赔偿精神损害的诉讼请求,诉讼终结后又基于同一侵权事实另行起诉请求赔偿精神损害的,人民法院不予受理。

(51)有关机关和组织篇印的仅供领导部门内部参阅的刊物、资料等刊登的来信或者文章,当事人以其内容侵害名誉权向人民法院提起诉讼的,人民法院不予受理。

(52)国家机关、社会团体、企事业单位等部门对其管理的人员作出的结论或者处理决定,当事人以其侵害名誉权向人民法院提起诉讼的,人民法院不予受理。

(53)公民依法向有关部门检举、控告他人的违法违纪行为,他人以检举、控告侵害其

名誉权向人民法院提起诉讼的,人民法院不予受理。

(54)原告以《中华人民共和国公司法》(以下简称《公司法》)第二十二条第二款、第七十四条第二款规定事由,向人民法院提起诉讼时,超过公司法规定期限的,人民法院不予受理。

《最高人民法院关于〈适用中华人民共和国公司法〉若干问题的规定(一)》第三条规定:"原告以公司法第二十二条第二款、第七十四条第二款规定事由,向人民法院提起诉讼时,超过公司法规定期限的,人民法院不予受理。"

《公司法》第二十二条第二款规定:"股东会或者股东大会、董事会的会议召集程序、表决方式违反法律、行政法规或者公司章程,或者决议内容违反公司章程的,股东可以自决议作出之日起60日内,请求人民法院撤销。"

《公司法》第七十四条第二款规定:"自股东会会议决议通过之日起60日内,股东与公司不能达成股权收购协议的,股东可以自股东会会议决议通过之日起90日内向人民法院提起诉讼。"

(55)股东以知情权、利润分配请求权等权益受到损害,或者公司亏损、财产不足以偿还全部债务以及公司被吊销企业法人营业执照未进行清算等为由,提起解散公司诉讼的,人民法院不予受理。

(56)股东提起解散公司诉讼,同时又申请人民法院对公司进行清算的,人民法院对其提出的清算申请不予受理。

(57)人民法院判决驳回解散公司诉讼请求后,提起该诉讼的股东或者其他股东又以同一事实和理由提起解散公司诉讼的,人民法院不予受理。

(58)债权人或者清算组,以公司尚未分配财产和股东在剩余财产分配中已经取得的财产,不能全额清偿补充申报的债权为由,向人民法院提出破产清算申请的,人民法院不予受理。

(59)持票人不先行使付款请求权而先行使追索权遭拒绝提起诉讼的,人民法院不予受理。

《最高人民法院关于审理票据纠纷案件若干问题的规定》第四条规定:"持票人不先行使付款请求权而先行使追索权遭拒绝提起诉讼的,人民法院不予受理。除有票据法第六十一条第二款和本规定第三条所列情形外,持票人只能在首先向付款人行使付款请求权而得不到付款时,才可以行使追索权。"

《票据法》第六十一条第二款规定:"汇票到期日前,有下列情形之一的,持票人也可以行使追索权:

①汇票被拒绝承兑的;

②承兑人或者付款人死亡、逃匿的;

③承兑人或者付款人被依法宣告破产的或者因违法被责令终止业务活动的。"

《票据法》第三条规定:"依照票据法第三十六条的规定,票据被拒绝承兑、被拒绝付款或者汇票、支票超过提示付款期限后,票据持有人背书转让的,被背书人以背书人为被告行使追索权而提起诉讼的,人民法院应当依法受理。"

(60)保险人在行使代位请求赔偿权利时,未依照《海事诉讼特别程序法》的规定,向人民法院提交其已经向被保险人实际支付保险赔偿凭证的,人民法院不予受理;已经受理的,裁定驳回起诉。

(61)保险人依据《海事诉讼特别程序法》第九十五条规定行使代位请求赔偿权利,应当以自己的名义进行;以他人名义提起诉讼的,海事法院应不予受理或者驳回起诉。

(62)当事人、公证事项的利害关系人起诉请求变更、撤销公证书或者确认公证书无效的,人民法院不予受理。告知其依照《公证法》第三十九条规定,可以向出具公证书的公证机构提出复查。

(63)当事人、公证事项的利害关系人对具有强制执行效力的公证债权文书的民事权利义务有争议直接向人民法院提起民事诉讼的,人民法院依法不予受理。但是,公证债权文书被人民法院裁定不予执行的除外。

(64)用人单位或者个人认为社会保险费征收机构的行为侵害自己合法权益的以及用人单位或者个人对社会保险经办机构不依法办理社会保险登记、核定社会保险费、支付社会保险待遇、办理社会保险转移接续手续或者侵害其他社会保险权益的行为,可以依法申请行政复议或者提起行政诉讼。不属于人民法院受理民事案件的范围。

(65)因用人单位欠缴、拒缴社会保险费或者因缴费年限、缴费基数等发生的争议,属于行政管理的范畴,应由社保管理部门解决处理,不应纳入人民法院民事诉讼受案范围。

(66)合作开发房地产合同的当事人请求分配房地产项目利益的,在下列情形下,不予受理;已经受理的,驳回起诉:

①依法需经批准的房地产建设项目未经有批准权的人民政府主管部门批准;

②房地产建设项目未取得建设工程规划许可证;

③擅自变更建设工程规划。

(67)确认或否定(变更)民办学校举办者纠纷包含有对举办者身份(资格)行政许可的内容,该纠纷不属于人民法院民事诉讼受理的范围。

(68)当事人对专利复审委员会于2001年7月1日以后作出的关于实用新型、外观设计专利权撤销请求复审决定不服向人民法院起诉的,人民法院不予受理。

(二)案件被法院受理后会有哪些行为?

(1)依法发送起诉状、答辩状。人民法院立案之日起5日内向被告发送起诉状副本;被告收到起诉状副本后15日内提出答辩状;人民法院收到答辩状五日内将答辩状副本发送原告。

(2)告知当事人有关诉讼权利和义务。人民法院决定受理的案件,应当在受理案件通

知书和应诉通知书中告知当事人有关的诉讼权利和义务。根据民事诉讼法规定,当事人的诉讼权利主要有:委托诉讼代理人,申请回避,收集、提出证据,进行辩论,请求调解,提起上诉,申请执行,查阅或复制本案的有关材料,自行和解;原告可以放弃或者变更诉讼请求;被告可以承认或者反驳诉讼请求并有权提起反诉等。诉讼义务主要有:必须依法行使诉讼权利、遵守诉讼秩序,履行发生法律效力的法律文书等。

四、诉讼费用

(一)诉讼费是法定费用

诉讼费是向法院缴纳的案件受理费,虽然统称诉讼费,但是不仅仅包含诉讼费,还有其他类案件的受理费。因为诉讼费是法律规定的费用,对此只能依照法律法规的规定办理。本书仅仅对其中的一些问题进行必要的探讨。目前我国的诉讼费缴纳相关规定,主要执行国务院颁布的《诉讼费交纳办法》:

"第六条　当事人应当向人民法院交纳的诉讼费用包括:

①案件受理费;

②)申请费;

③证人、鉴定人、翻译人员、理算人员在人民法院指定日期出庭发生的交通费、住宿费、生活费和误工补贴。

第七条　案件受理费包括:

①第一审案件受理费;

②第二审案件受理费;

③再审案件中,依照本办法规定需要交纳的案件受理费。

第八条　下列案件不交纳案件受理费:

①依照民事诉讼法规定的特别程序审理的案件;

②裁定不予受理、驳回起诉、驳回上诉的案件;

③对不予受理、驳回起诉和管辖权异议裁定不服,提起上诉的案件;

(四)行政赔偿案件。

第九条　根据民事诉讼法和行政诉讼法规定的审判监督程序审理的案件,当事人不交纳案件受理费。但是,下列情形除外:

①当事人有新的证据,足以推翻原判决、裁定,向人民法院申请再审,人民法院经审查决定再审的案件;

②当事人对人民法院第一审判决或者裁定未提出上诉,第一审判决、裁定或者调解书发生法律效力后又申请再审,人民法院经审查决定再审的案件。

第十条　当事人依法向人民法院申请下列事项,应当交纳申请费:

①申请执行人民法院发生法律效力的判决、裁定、调解书,仲裁机构依法作出的裁决

和调解书,公证机构依法赋予强制执行效力的债权文书;

②申请保全措施;

③申请支付令;

④申请公示催告;

⑤申请撤销仲裁裁决或者认定仲裁协议效力;

⑥申请破产;

⑦申请海事强制令、共同海损理算、设立海事赔偿责任限制基金、海事债权登记、船舶优先权催告;

⑧申请承认和执行外国法院判决、裁定和国外仲裁机构裁决。

第十一条　证人、鉴定人、翻译人员、理算人员在人民法院指定日期出庭发生的交通费、住宿费、生活费和误工补贴,由人民法院按照国家规定标准代为收取。

当事人复制案件卷宗材料和法律文书应当按实际成本向人民法院交纳工本费。

第十二条　诉讼过程中因鉴定、公告、勘验、翻译、评估、拍卖、变卖、仓储、保管、运输、船舶监管等发生的依法应当由当事人负担的费用,人民法院根据谁主张、谁负担的原则,决定由当事人直接支付给有关机构或者单位,人民法院不得代收代付。"

人民法院依照《民事诉讼法》第十一条第三款规定提供当地民族通用语言、文字翻译的,不收取费用。

（二）常见诉讼的诉讼费

1. 财产案件受理费

请求的财产数额越高,为此支付的诉讼费也就越高。这也就是为什么同样是合同纠纷的案件,有的诉讼费只有几百元,有的诉讼费却高达几十万元的原因。诉讼费的交纳,法律有着严格的规定和相应的计算公式,介绍一种速算公式,可以参考一下,算一算打自己的官司要花多少钱。

速算方法:

1000元以下50元／件

1000~5万元×0.04+10元

5万~10万元×0.03+510元

10万~20万元×0.02+1510元

20万~50万元×0.015+2510元

50万~100万元×0.01+5010元

100万元以上×0.005+10010元

例如:债务官司,张三向李四借了15万元,李四告他还钱。李四需要预交的诉讼费是:

150000元×0.02+1510元=4510元

2. 非财产案件受理费

不涉及财产争议的,如收养、侵犯名誉权案件等。这类案件的受理费,是按照一定幅度,按件交纳的,具体收费办法是:

(1)离婚案件,每件交纳10~50元,涉及财产分割的,财产总额不超过1万元的,不另收费,超过1万元的,超过部分按1%交纳;

(2)侵害姓名权、名称权、肖像权、荣誉权的案件,每件交纳50~100元;

(3)侵害专利权、著作权、商标权的案件,每件交纳1000元,有争议金额的,按财产案件的收费标准交纳;

(4)治安行政案件,每件交纳5~30元;专利行政案件,每件交纳50~400元;

(5)劳动争议案件,每件交纳30~50元;

(6)其他非财产案件,每件交纳10~50元。

3. 申请执行费

执行金额在1万元以下的,每件交纳50元;超过1万元至50万元的部分,按0.5%交纳;超过50万元的部分,按0.1%交纳。

4. 财产保全费

申请财产保全,交纳费用速算方法如下:

1000元以下30元／件

1000~10万元×0.01+20元

10万元以上×0.005+520元

另外,还有一些其他诉讼费用,是指在诉讼过程中实际支出的应由当事人承担的费用。

主要包括:

(1)勘验费、鉴定费、公告费、翻译费;

(2)证人、鉴定人、翻译人员出庭的交通费、住宿费、生活费和误工补助费;

(3)人民法院执行过程中实际支出的费用。

(三)诉讼费的预交

第一审民事案件的原告,在接到法院交纳诉讼费通知次日起7日内,必须交纳诉讼费。有人也许会问:官司还没打,谁输谁赢还没见分晓,凭什么让原告交钱? 这只是预交、垫付,官司打完了,到底由谁交钱,法院会给当事人一个明确的说法。如果当事人执意不按照规定如期交纳诉讼费,法院将按撤诉处理,案件将不能够得到继续审理。同样,上诉案件的受理费,由上诉人预交,双方均上诉的,由双方当事人分别预交。申请费由申请人在提出申请时预交。

其他诉讼费用,由人民法院根据案件具体情况决定预交的金额和方式。

（四）诉讼费用的缓交、减交和免交

如诉子女赡养案中，老人的生活陷入困境，没有任何收入，没钱支付诉讼费，于是，当事人向法院申请免收诉讼费，法院经审查后，免收了当事人的诉讼费。这就是法律上规定的。

如果当事人经济上确有困难，可以申请缓交、减交、免交诉讼费，是否准予，由法院决定。

所谓缓交，是指当事人经济上确有困难，暂时无力交纳诉讼费，向人民法院申请延缓交纳的时间，待有能力时交纳。

所谓减交，是指当事人经济上确有困难，无力交纳全部诉讼费用，经申请后，人民法院准予适当减少应交纳的诉讼费。

所谓免交，是指当事人经济上确有困难，无力交纳诉讼费，经申请后，人民法院准予不交纳诉讼费。

申请缓、减、免时，当事人应提交书面申请书，并注明理由。也可以口头提出申请，由书记员记入笔录，当事人签名或盖章。

不交纳诉讼费用的案件与免交诉讼费不同，有些案件无须当事人申请，法律明确规定不需交纳诉讼费。不交纳诉讼费案件有：按特别程序审理的案件，如：选民资格案件，宣告公民失踪、死亡等案件，依照审判监督程序再审和提审的案件，等等。比如：当事人不服法院作出的终审判决，向法院提出申诉，法院依法对该案提起再审，当事人无须再交纳诉讼费。但是如果当事人申请再审是以有新的证据足以推翻原判决、裁定为由，则应当交纳相应的诉讼费。另外，如果一审判决后，当事人没有上诉，一审裁判文书生效后，当事人提出申诉，法院经审查决定提起再审的，当事人应该依照有关规定预交诉讼费。

（五）诉讼费最终由谁负担

前面提到的只是诉讼费的预交，诉讼费到底由谁来出，要等案件审理结束后，才能最终确定。一般来讲，一审案件诉讼费由败诉人负担。需要注意的几种特殊的情况是：

（1）当事人部分胜诉、部分败诉的，由双方当事人按承担责任的比例负担。

（2）经调解达成协议的案件，由双方当事人协商负担。

（3）撤诉案件，由原告负担，但减半收取；驳回起诉的案件，由原告负担。

（4）申请执行费和执行中实际支出的费用由被申请人负担。

（5）第二审和再审案件诉讼费的负担分别为：

经上诉，维持原判的案件，由上诉人负担。双方上诉的，由双方分担。上诉后撤诉的案件，由上诉人负担。二审改判的案件，除按一审负担原则负担后，还应当相应调整一审诉讼费的负担。经调解达成协议的，由双方当事人协商两审诉讼费。

经人民法院再审或提审的案件，如认为原审在认定事实和适用法律上确有错误的，依法进行改判，对诉讼费一并改判。

（六）注意事项

（1）交纳诉讼费要到相关法院指定的银行办理。现在大部分法院可以刷卡缴费；但不能直接支付现金。

（2）如果当事人预交的诉讼费超过了当事人应负担的金额，那当事人就应该在案件审结后，到法院办理退费手续，如果预交的是一审诉讼费，就到一审法院办理退费手续。如果预交的是二审诉讼费，就到二审法院办理退费手续。

（3）当事人不得单独就人民法院诉讼费的决定提出上诉。

（4）当事人预交诉讼费后，经过审判申诉后，按照现行规定，可以直接要求法院向败诉方收取诉讼费；而当事人预交的超过其应交部分，可以申请法院直接退回。以免像过去，法院判决由败诉方直接向胜诉方支付代交的诉讼费。因为如果遇到根本上不能执行或者称为执行不能的案件，当事人不仅不能实现追偿债务的目的，而且还要实际承担诉讼费用；从而加重了当事人的诉讼负担。因为单独就诉讼费给付为标的提起诉讼，法院将不会受理。

五、诉讼时效

诉讼时效是指民事权利受到侵害的权利人在法定的时效期间内不行使权利，当时效期间届满时，法院对权利人的权利不再进行保护的制度。诉讼时效是一个非常重要的诉讼概念。但在实践中，并不为多数人注意和熟悉，因此使得许多当事人丧失了通过诉讼保护自身权利的机会。当然，也使部分案件当事人失去了利用诉讼时效进行抗辩的机会。法律不保护躺在权力上睡觉的人。这是一个基本的常识。

超过诉讼时效期间后，灭失的是起诉权？还是胜诉权？还是法院的保护权？应当理解为灭失的是胜诉权，也就是法院的保护权。但是灭失胜诉权只是一种抗辩权，当事人并不因此而丧失实体法上的权利。超过诉讼时效后，权利人实现其权利，并不构成不当得利。有关诉讼时效的规定，除了《民法通则》（2017年10月1日起生效的《民法总则》对此有更为详尽具体的规定）《合同法》《侵权责任法》《民事诉讼法》等法律之外，主要依据为《最高人民法院关于审理民事案件适用诉讼时效制度若干问题的规定》（以下简称《诉讼时效规定》）。

（一）不适用诉讼的情形

大部分民事纠纷均适用诉讼时效，但是并不是所有的民事纠纷都适用诉讼时效；这其中也有例外。根据司法解释，以下情形不适用诉讼时效：

（1）支付存款本金及利息请求权；

（2）兑付国债、金融债券及向不特定对象发行的企业债券本息请求权；

（3）基于投资关系产生的缴付出资请求权；

（4）其他依法不适用诉讼时效规定的债权请求权。

(5)未授权给公民、法人经营和管理的国家财产受到侵害的,不受诉讼时效期间的限制。

(6)《民法总则》第一百九十六条:"下列请求权不适用诉讼时效的规定:

①请求停止侵害、排除妨碍、消除危险;

②不动产物权和登记的动产物权的权利人请求返还财产;

③请求支付抚养费、赡养费或者扶养费;

④依法不适用诉讼时效的其他请求权。"

(二)诉讼时效为法定的,当事人可以选择适用,但法院不能主动适用

诉讼时效是法定的,不能由当事人自行约定。但是当事人的行为,将会影响诉讼时效的终止或者中断。法院不可以直接使适用诉讼时效;当事人也不是在诉讼的每一个阶段都可以主张诉讼时效抗辩权。根据《诉讼时效规定》:

(1)当事人不可违反法律规定,约定延长或者缩短诉讼时效期间、预先放弃诉讼时效利益的。

(2)当事人未提出诉讼时效抗辩,人民法院不应对诉讼时效问题进行释明及主动适用诉讼时效的规定进行裁判。

(3)当事人在一审期间未提出诉讼时效抗辩,在二审期间不能提出诉讼时效抗辩,但其基于新的证据能够证明对方当事人的请求权已过诉讼时效期间的情形除外。

当事人未在一审、二审提出诉讼时效抗辩的,不能以诉讼时效期间届满为由申请再审或者作为提出再审的抗辩理由。

(三)诉讼时效的概念

诉讼时效,是债权人怠于行使权利持续到法定期间,其公力救济权归于消灭的时效。诉讼时效的特征为:

(1)诉讼时效属于法律事实。就时效对民事法律关系的效果而言,时效能导致权利的消灭,应属法律事实。时效的期间经过不受当事人意志的控制,就此而言,时效属于事件。

(2)诉讼时效属于强制期间。诉讼时效期间由法律强行规定,当事人不得约定更改或预先抛弃,所以时效期间属法定期间。

(3)诉讼时效的效果是期间与事实的结合。诉讼时效期间须与一定的事实状态结合才发生一定的效果,也就是无一定事实状态与之结合,无时效效果的存在。故时效法律效果的发生须与一定事实状态并存而构成法律要件,就此而言,时效又属法律要件。

(4)诉讼时效仅适用于请求权。请求权须义务人给付才能实现,如请求权人长时间不行使权利,使法律关系处于不稳定状态,诉讼时效就有督促请求权人及时行使权利的功能。

（四）诉讼时效的法律要件

（1）须有请求权的存在。诉讼时效是督促请求权人行使权利的,请求权有无是时效发生的首要条件。对于请求权属于哪种类型,究竟属于所有的请求权,还是仅仅适用于债权请求权,我国法律没有明确规定。从最高人民法院的相关规定和学理通说看,诉讼时效应仅适用于债权请求权,不适用于物权请求权。

（2）有怠于行使权利的事实。怠于行使权利,是过错不行使权利的状态。如果权利人不知其权利存在,或虽知晓其权利存在,但无法行使其权利的,一般时效期间不开始起算。

（3）怠于行使权利状态持续存在达到法定期间。即怠于行使权利处于持续状态,中间如有行使权利或义务人认诺等,时效就中断;持续状态达到法定期间,是要求不行使权利持续到法律规定的时间,这一期间即时效期间。

（五）诉讼时效的效力

（1）胜诉权消灭。根据法律规定,诉讼时效期间届满所消灭的权利限定为"向人民法院请求保护"的民事权利,即诉讼时效期间届满时,权利人丧失的是胜诉权,而非实体权利。胜诉权的本质就是公力救济权,与诉权亦不同。诉权属于程序法上的权利,即使诉讼时效届满,但当事人符合程序法上行使诉权要件的,人民法院仍得受理。因为诉讼时效是否已经届满,只有通过审判才能查明,其权利得否因诉讼时效届满而消灭,只有法院才能作出认定。

（2）实体权利不消灭。超过诉讼时效期间,当事人自愿履行的,不受诉讼时效限制。诉讼时效届满,实体权利不消灭,债权人对于债务人自愿履行的债务,仍享有受领保持力,债务人履行义务后,不得请求返还。债权人的受领也不构成不当得利。

（六）诉讼时效期间

1. 普通诉讼时效

普通诉讼时效（又称一般诉讼时效）是指在一般情况下普遍适用的时效为3年（按《民法总则》规定）,这类时效不是针对某一特殊情况规定的,而是普遍适用的。

2. 特殊诉讼时效

特殊诉讼时效是指对某些特定的民事法律关系而制定的诉讼时效。在适用时,特殊诉讼时效优先于普通诉讼时效,也就是说,凡有特殊诉讼时效规定的,适用特殊诉讼时效的规定。

（1）诉讼时效为1年的

身体受到伤害要求赔偿的、出售质量不合规格的商品未声明的、延付或拒付租金的、寄存财物被丢失或被损坏的。因拍卖标的物存在瑕疵未声明的,请求赔偿的诉讼时效期间为一年,自当事人知道或者应当知道权利受到损害之日起计算。

（2）诉讼时效为3年的

因环境污染损害赔偿提起诉讼的时效期间为3年,从当事人知道或应当知道受到污染损害时起计算。

（3）诉讼时效为4年的

因国际货物买卖合同和技术进出口合同争议提起诉讼或申请仲裁的期限为4年,自当事人知道或应当知道权利受到侵害之日起计算。

（4）按《民法总则》第一百九十一条新增规定:未成年人遭受性侵害的损害赔偿请求权的诉讼时效期间,自受害人年满18周岁之日起计算。

3. 最长诉讼时效

最长诉讼时效(又称长期诉讼时效)是指诉讼时效在2年以上20年以下的诉讼时效。法律规定诉讼时效期间从知道或者应当知道权利被侵害时起计算。但是,从权利被侵害之日起超过20年的,人民法院不予保护。有特殊情况的,人民法院可以延长诉讼时效期间。

（七）诉讼时效的中止

诉讼时效中止是指在诉讼时效期间的最后6个月内,因法定事由而使权利人不能行使请求权的,诉讼时效期间的计算暂时停止。从中止时效的原因消除之日起,诉讼时效期间继续计算。发生诉讼时效中止的法定事由:

（1）不可抗力,指的是不能预见、不能避免并不能克服的客观情况。包括自然灾害和非出于权利人意思的"人祸",如瘟疫、暴乱等。

（2）法定代理人未确定或丧失民事行为能力。在诉讼时效期间的最后6个月内,权利被侵害的无民事行为能力人、限制民事行为能力人没有法定代理人,或者法定代理人死亡、丧失代理权,或者法定代理人本人丧失行为能力的,可以认定为因其他障碍不能行使请求权。

（3）其他。例如继承开始后,继承人或遗产管理人尚未确定时。

（4）《民法总则》新规定的以下情形,同样产生诉讼时效中止:

①权利人被义务人或者其他人控制;

②其他导致权利人不能行使请求权的障碍。

中止时效的发生期间。中止时效的法定事由必须在诉讼时效期间的最后6个月内发生,或法定事由虽发生于6个月前但持续至最后6个月内的,才能发生中止时效的法律效果。

（5）法定事由发生前已经过的时效期间仍为有效,法定事由经过的期间为时效中止期间,不发生时效期间的效力,法定事由消除后,时效期间继续进行。

（6）法定事由发生在最后6个月内,如法定事由消除后,剩下时效期间不足6个月,应否补足6个月,《民法通则》未予规定,通说认为应该补足6个月。

诉讼时效中止适用的时效期间类型。诉讼时效中止适用于最长诉讼时效期间以外的诉讼时效期间类型。

（八）诉讼时效中断

诉讼时效中断是指因有与权利人怠于行使权利相反的事实，使已经过的时效期间失去效力，而须重新起算时效期间的制度。从中断时起，诉讼时效期间重新计算。诉讼时效以权利人消极不行使权利为前提条件，若此状态不存在，诉讼时效即因欠缺要件，其已进行的时效期间应归无效。发生诉讼时效中断的事由：

（1）权利人之请求，指的是权利人于诉讼外向义务人请求其履行义务的意思表示。权利人提出请求，使不行使权利的状态消除，诉讼时效也由此中断。关于请求的方式，法律无明文规定，应认为口头或书面等能达请求效果的方式，均可使用。请求之相对人除义务人外，权利人若向主债务之保证人、债务人的代理人及财产代管人提出请求的，亦发生请求的效果。

（2）义务人的同意，是指义务人向权利人表示同意履行义务的意思。义务人的同意，亦即对权利人之权利的承认，故与请求发生相同之中断时效的效果。同意的方式，对此法律未有限制，口头或书面、明示或默示，均无不可，而且也不问义务人的同意是否有中断时效的目的。同意之表示人原则上应为义务人本人，义务人的代理人于授权范围内而为同意的，亦发生同意的效果，但保证人等同意履行义务的意思，对主债务人不生同意之效果。同意之相对人，原则上亦为权利人或权利人之代理人，对第三人为同意，不产生同意的效果。

（3）提起诉讼或仲裁，是指权利人提起民事诉讼或申请仲裁，请求法院或仲裁庭保护其权利的行为。诉讼之举，是权利人行使权利的最为强烈的表示，故诉讼之日便是时效中断之时。权利人若以有效的判决、裁定、调解协议等法律文书，向法院申请执行程序的，亦发生与起诉同等的中断时效的效果。但是，权利人于起诉后又撤诉的，其起诉是否发生诉讼时效中断的效果呢？法律没有明确规定，通说认为，起诉已表明权利人行使权利的事实，即使撤诉也仅是放弃公力救济，其内含请求之意思并未因撤诉而撤销，故应视为与请求相同的发生中断时效的效果。

诉讼时效中断的法律效果。诉讼时效中断的事由发生后，已经过的时效期间归于无效，中断事由存续期间，时效不进行，中断事由终止时，重新计算时效期间。但如何确认中断事由的终止，因事由的性质有别而有所不同：

（1）因请求或同意中断时效的，书面通知应以到达相对人时为事由终止；口头通知应以相对人了解时为事由终止。在时效期间重新起算后，权利人再次请求或义务人再次同意履行义务的，诉讼时效可再次中断。

（2）因提起诉讼或仲裁中断时效的，应于诉讼终结或法院作出裁判时为事由终止；权利人申请执行程序的，应以执行程序完毕之时为事由终止。

（3）因调解中断时效的，调处失败的，以失败之时为事由终止；调处成功而达成合同的,以合同所定的履行期限届满之时为事由终止。

诉讼时效中断适用的时效期间类型。诉讼时效中断适用于最长诉讼时效期间以外的诉讼时效期间类型。

（九）诉讼时效期间延长

诉讼时效期间延长是指因特殊情况,法院对已经完成的诉讼时效期间给予的延展。期间的延长与中止、中断不同,它只适用于诉讼时效期间已经完成的情形,而且发生时效延长的特殊情况,依《最高人民法院〈关于贯彻执行中华人民共和国民法通则若干问题的意见〉》,权利人由于客观的障碍在法定诉讼时效期间不能行使请求权的,属于《民法通则》第一百三十七条规定的"特殊情况"。诉讼时效期间延长适用的期间类型,《民通意见》第一百七十五条规定,《民法通则》第一百三十五条、第一百三十六条规定的诉讼时效期间,可以适用《民法通则》有关中止、中断和延长的规定。《民法通则》第一百三十七条规定的"20年"诉讼时效期间,可以适用《民法通则》有关延长的规定,不适用中止、中断的规定。即诉讼时效的延长不仅可适用于一般与短期时效,而且还可适用于最长容忍期间。

第二节　当事人适格

在诉讼中应当正确地确定诉讼主体,诉讼主体确定错误,实体处理结果必然会不正确。不过,有必要分辨是哪一类主体适格。因为起诉时的主体仅仅是诉讼主体,也就是程序法上的主体,并不能代表这样的主体就是实体法上的主体,而只有实体法上的主体,才是纠纷中权利义务主体。

案例9中,就存在主体问题。在法院受理时,因为只需要做程序审查,而不需要做实体法上的审查,因此法院受理了原告的起诉。按照《民事诉讼法》对诉讼主体的规定,业主委员会虽然是"其他组织"（按《民法总则》新的规定,应属于非法人组织,而不能统称为其他组织。但因为其他相关法律还未作出相应的修订,本书对此仅作一定注解）,但是因为其不具有可以支配的财产,所以其不能作为具有给付义务的诉讼中的主体。同时,原告将××物业公司和该公司员工黄×勋作为共同被告也是主体不适格。因为本案是违约之诉,并不是侵权之诉;所以在原告将××物业公司作为被告之时,则不应当将该公司员工黄×勋作为共同被告;黄×勋在本案中仅仅是一种职务行为,其在履行职务行为中,并没有因为明显过错实施侵权行为,因此将黄某×作为被告,是不恰当的。假如原告××业委会,举证证明黄×勋并非××物业公司员工,而是该合同的相对人,并且能够证明黄×勋是挂靠××物业公司而实际管理服务该小区,那么黄×勋方可成为本案被告,而××物业公司则成为连带责任的承担者,可以作为共同被告。当然,如果在审理中,查明黄×勋是挂靠××物业公司而实际管理服务该小区,则按照《物业管理条例》及相关法规,本案的物业服务合同的效力存疑,有可能被认定为无效合同。

该案经过法院审理,查明了原被告作为诉讼主体确实不当;最后法院同意原告撤诉;同时二被告也申请撤回了反诉。这是主体不适格比较典型的案例。

一、确立诉讼主体的一般原则

诉讼主体,又称"案件的当事人",是指因民事上的权利义务关系发生纠纷以自己的名义进行诉讼活动,并受法院裁判约束的利害关系人。在实践中,实际存在两种性质的当事人:一种是程序法上的当事人;另一种是实体法上的当事人。程序法上的当事人,是指案件进入诉讼程序后的原告和被告。因为这时的当事人是否在事实上真的存在利害关系还是个未知数,真正的利害关系只有在法院开庭审理之后才能确定,因此称为"程序法上的诉讼主体"。实体法上的当事人,是指经过案件的审理法院依法确定的案件当事人,这些人与案件有直接的利害关系,因此称为"实体法上的诉讼主体"。

审判实践中,由于认识上的差异,这两种当事人经常交织在一起,给诉讼案件的审理带来了麻烦和困难,因此法院审理民事案件首先是正确确定诉讼主体。

(一)两种诉讼主体的构成要件

程序法上的当事人是在案件进入诉讼程序、开庭审理没有结束前的当事人,构成这种当事人有以下要件:其一为被告是原告认定的案件当事人。一个案件的成立,必须有原告和被告。原告在向法院起诉之前有自己主观上认定的被告。如果案件的原告不认定自己起诉的被告是侵害自己利益的当事人,也不会对其进行起诉。其二为由于在案件审理之前不能确定真正的当事人,因此凡在诉讼内明确表示为原告和被告的人,不论是不是民事权利或法律关系的主体以及对诉讼权标的有无诉讼实施权,都是当事人。

(二)实体法上诉讼主体构成的要件

实体适格的当事人,是在案件开庭审理后,法院依法确定有权以自己名义支配讼争民事权利义务的主体,亦即有权以自己的名义主张、放弃民事权利和有权以自己的名义否定、承认讼争民事义务的主体。构成实体法上的当事人,应当符合以下条件:其一为当事人与案件有直接的利害关系。当事人必须是发生民事争议一方,与案件有直接的利害关系。如借贷纠纷案件,案件的诉讼主体必然是债权人或债务人或与债权债务有利关系的第三人。其二为当事人必然以自己的名义进行诉讼。凡不是以自己的名义而是以他人的名义进行诉讼的人,如诉讼代理人等都不是民事诉讼的当事人。其三为当事人受法院裁判的约束。如果参加案件诉讼的人虽然以自己的名义进行诉讼,但不受法院裁判的约束的人,如证人等就不是民事诉讼的当事人。

二、实体法上的诉讼主体的审查认定

诉讼法上的当事人是否成立,主要是审查其诉讼行为能力,因为有些问题可以在案件的实体审理中解决,但实体法上当事人的审查认定却涉及许多的法律关系,因此在实践中审查认定起来就比较困难,然而,实体法上当事人的认定又决定着案件处理的公正性、公平性。因此,在实践中审查认定实体法上的当事人。着重审查以下几点:

(1)双方当事人是否存在侵害与被侵害的利益争议事实:因为只有自己的利益受到侵害或与他人发生争议,而提起诉讼的人及其相对方,才是直接的利害关系人。如果自己的利益没有受到侵害,也没有因为自己的利益而与相对人发生争议,那么双方当事人就不是有直接利害关系的人。

(2)双方当事人是否存在保护权利的争议事实:当事人在民事诉讼中无论是保护自己的权利还是保护他人的权利,只要以自己的名义进行诉讼引起民事诉讼程序发生、变更或消灭的,都是民事诉讼的当事人。

(3)争议的双方当事人是否存在民事法律关系:法律关系也是形成民事诉讼关系的条件之一。如果当事人虽然没有以上两种争议的直接事实存在,但与争议的事实有某种法律关系存在,那么他同样可能成为实体法上的案件当事人,如案件的第三人就是如此。

三、对不适格诉讼主体的处理

在案件的审理过程中,经审查,不适格的诉讼主体可分为三种情况:一是原告与案件没有直接的利害关系;二是诉讼被告不当;三是原告或被告不具备主体资格。《民事诉讼法》中没有规定对不适格当事人的处理。但实践中通常会以下方式进行处理:(1)主体不适格的处理。原告与被告均不具备主体资格的,对其的起诉或应诉或其他诉讼行为,在经其他具备条件的当事人追认后,应当确认他的效力。(2)委托代理的处理:如果有条件的当事人委托其代为诉讼或代为撤诉的可由其代为诉讼或代为撤诉,如果不委托其代为诉讼或代为撤诉的,法院应当裁定驳回原、被告的起诉。(3)原告不适格的处理:原告不适格的,一般裁定驳回起诉;被告不适格的,可以告知原告更换,原告不更换的,应当裁定驳回原告的起诉。

四、诉讼主体和责任主体

所谓诉讼主体是能够以自己的名义提起民事诉讼或者参加诉讼的自然人、法人和其他组织;所谓责任主体是在民事法律关系中实际承担责任的自然人、法人和其他组织。一般情况下,诉讼主体与责任主体是一致的;但是特殊情况下,二者是可以分离的,是有区别的。

根据《民诉法司法解释》的规定,依法成立的社会团体的分支机构、代表机构;依法设立并领取营业执照的法人的分支机构;依法设立并领取营业执照的商业银行、政策性银行和非银行金融机构的分支机构等,是可以作为诉讼主体参加诉讼的。但是这些组织并不是实际承担民事责任的主体。

还有在企业破产清算中的清算小组，也是可以以诉讼主体身份参加诉讼的；但其并不承担相应的民事责任。

诉讼主体与责任主体的可分性，在诉讼中虽然没有被法律明确规定，但已经被法律实务所认同，并且有相应的零散的规定。在诉讼实践中，也常出现。因此对此有所了解，对于确定诉讼主体和对抗诉讼主体是否适格的抗辩具有实际意义。

第三节　案由与纠纷分类

案由是一个既熟悉又陌生的感念。因为当事人法院的出庭通知（传票）上，往往有这样一句话"×××与你的××××纠纷，已诉至本院"；而且最后的判决书也会有"×××与×××的××××纠纷，诉至本院"。因此如果稍微细致一点都会注意到，其中"××××纠纷"其实就是案由。按照《民事诉讼法》规定：判决书应当写明：案由、诉讼请求、争议的事实和理由；所以对于法院而言，这是必须要写明的案由。但是案由并不是起诉书必需的格式要件，因而虽然部分当事人向法院提起过诉讼，并没有因为没有写明"案由"而不被法院受理；加之当事人也许对此不太熟悉，并没有引起足够的重视，所以有时说到"案由"，对于部分当事人可能是比较陌生的。

"案由"是可有可无的吗？"案由"有什么作用？"案由"不当，会带来哪些不利后果？这些问题，正是本书需要讨论的。

案例10中就存在案由不当的问题，案由不当，致使案件的举证责任不同，因而可能致原告因为举证不能，不得不承担不利的诉讼后果。根据《最高人民法院关于修改〈民事案件案由规定〉的决定》，可供该案选择案由有：第三级案由（355. 物件损害责任纠纷）中的第四级"（3）不明抛掷物、坠落物损害责任纠纷"和"（4）堆放物倒塌致害责任纠纷"两个案由可以选择。如果选择适用"不明抛掷物、坠落物损害责任纠纷"作为该案案由，原告则不需要举证查明对致害的"砖头"来源于何处，只要能证明来源于发生致使当事人受到伤害的范围即可。但是如果适用"堆放物倒塌致害责任纠纷"作为该案案由，原告则需要举证查明对致害的"砖头"来源于被告的堆放物。而该案难以通过证据查明的就是这块砖头的是否属于被告的堆放物，最终原告因为举证不能，承担了不利后果。而在案例2中，同样是该案，因为适用了"不明抛掷物、坠落物损害责任纠纷"作为该案案由，最终案件审理的结果发生了逆转。

再如一案例：某小区×××物业公司，请蔡某某用其三轮车，每天按时清运小区生活垃圾到垃圾库，每月按照业主户数计算报酬。一天，蔡某某在运输垃圾时，三轮车不慎将小区沟道盖板压垮，致蔡某某受伤，住院治疗60天，支付医疗费近万元。后蔡某某以雇员受损害纠纷为由向法院提起诉讼，认为其与×××物业公司之间系劳动合同关系（之前蔡某某经过劳动仲裁未被支持），其在工作期间受到的伤害应由×××物业公司承担责任，并提供了医疗费单据及清运合同。经审理法院认为,蔡某某提供的证据,不足以认定蔡某某与×××物业公司之间的劳动关系,而属承揽关系,所以,驳回蔡某某的请求。

根据该案的事实,蔡某某受到损害系沟道盖板断裂所致。墙属于小区的构筑物,据此,根据最高人民法院下发的《民事案件案由规定》的规定,选择建筑物致人损害赔偿无疑是对原告最为有利的案由。因为建筑物致人损害赔偿纠纷属特殊侵权案件,在举证责任上与员工受害赔偿纠纷存在着很大的区别,如果本案蔡某某以建筑物致人损害赔偿为由起诉×××物业公司,法院极有可能会支持蔡某某的主张。但因蔡某某在起诉时是以员工工伤赔偿纠纷起诉,即使法院根据法庭调查的事实将案由确定为建筑物致人损害赔偿纠纷,法官也无法自行变更案由,支持蔡某某的主张。因为法官只是居中裁判,非为公众利益或者国家安全,非经法律规定,只能依照原告的诉请进行判决。

因此民事案件案由如何确定,是立案、审判实务中不可回避的问题。案由确定得准确,将有利于对受理案件进行分类管理,有利于人民法院在审判实务中准确确定案件诉讼争点和正确适用法律,有利于提高案件司法统计的准确性、科学性。

一、民事案件案由的含义

民事案件案由是民事案件名称的重要组成部分,反映案件所涉及的民事法律关系的性质,是将诉讼争议所包含的法律关系进行的概括,是人民法院进行民事案件管理的重要手段。因此案由既是案件的名称,更是案件所涉的法律关系的性质反映,并且指引着具体案件的法律适用。根据《民事案件案由规定》,将民事案件案由分为一级案由十大类,如人格权、物权、债权、知识产权纠纷等;在第一级案由项下细分为四十三类案由,作为第二级案由,如婚姻家庭、所有权、合同、劳动争议、与公司有关的纠纷等;在第二级案由项下,又列出了四百二十四种案由,作为第三级案由,第三级案由是实务中最常见、最广泛使用的案由;基于审判工作指导、调研和司法统计的需要,在部分第三级案由项下,又列出了一些案由,作为第四级案由。

二、民事案件案由应符合规定

1)民事案件案由一般根据当事人主张的民事法律关系的原始性质来确定,但是很多时候有的当事人书写的事实与案件的真实事实并不一致,这就需要严格按照法律规定进行审查,确保案由的准确,为保证案由的高度概括和简洁明了,民事案件案由的表述方式原则上确定为"法律关系性质"加"纠纷",如"道路交通事故人身损害赔偿纠纷""建设工程施工合同纠纷"。

2)确定民事案件案由时应注意的几个问题。

首先,在立案和审判过程中,确定民事案件案由,只能适用《民事案件案由规定》,不得

擅自篇造案由。

其次,一审法院在立案和审判过程中,应当先从《民事案件案由规定》列出的第四级案由中选择;第四级案由没有规定的,依次类推,则适用第三级案由;再没有,则可以直接适用第二级案由,直至第一级案由。

再次,同一诉讼中,涉及两个以上的法律关系,属于主从关系的,应当以主法律关系来确定案由,但当事人仅以从法律关系起诉的,则以从法律关系来确定案由;不属于主从法律关系的,则按诉争的两个以上民事法律关系确定并列的两个案由。

从次,当事人在诉讼过程中增加或变更诉讼请求,导致当事人诉争的民事法律关系发生变更的,则应当相应地变更案件的案由。在请求权存在竞和的情形下,人民法院会按照当事人自行选择的请求权,根据当事人诉争的法律关系确定案由。

最后,还有要注意的,对一审人民法院认定的法律关系,确定的民事案件案由是错误的,第二审人民法院会根据当事人诉争的民事法律关系的性质,予以纠正,重新确定案由。

三、案由的功能

(一)有利于当事人准确选择诉由

民事案件案由的制定,为当事人保护民事权益指引了救济途径,起到了导向作用。实践中,无论是当事人还是代理律师,在向人民法院提起诉讼时,往往要查看《民事案件案由规定》以便了解人民法院当前处理的案件类型,往往会结合自己的诉讼请求,选择一个恰当的案由。由此看来,民事案件案由体系越完善,为当事人提供的导向作用就发挥得越好。但是,案由毕竟只是人民法院进行民事案件管理的重要手段,而非简单等同于民事诉讼法关于民事案件受案范围的规定,法院不得只以当事人的诉请在《民事案件案由规定》中找不到对应的案由为由而不予受理。

(二)有利于法院在民事审判工作中统一法律适用

案由的制定来自于我国现行实体法、程序法的相应规定,这些法律依据亦是人民法院审理案件的法律依据。案由确定后,适用的法律依据也就相应确定。因此会出现同一案由所指向的具体个案,尽管具体案件事实、争议焦点不尽相同,但适用的法律依据却是大致相同的。

四、应当选择适当案由

准确选择案由是保护当事人利益,争取案件胜诉的关键因素,选择对自己当事人最有利的案由,是代理律师应当着重考虑的问题。选择适当案由,主要应当考虑以下因素:

(一)考虑原告是否可以获得最大限度的赔偿

能使原告受到的损失得到最大限度的赔偿,这是最重要的。如前述蔡某某一案中,侵权纠纷之诉与工伤纠纷之诉的赔偿结果是不一样的。

（二）考虑案件的管辖法院，尽量减少当事人的诉讼成本

如果选择侵权诉讼，则被告住所地及侵权行为地（包括侵权行为实施地、损害结果发生地）法院均有管辖权；如果选择违约诉讼，则只能在合同履行地或被告住所地才有管辖权（除非当事人有合同约定管辖）。作为原告可以从方便诉讼、减少诉讼成本等方面考虑选择合适的案由及合适的管辖法院。法院管辖对于诉讼的影响，将在后续章节详叙。

（三）考虑追究对方责任的时效期间

违约之诉的诉讼时效是3年（按《民法总则》新规定），而提起人身损害赔偿的诉讼时效是1年（后续法律修订是否修改，本书不能知晓；暂按此叙述），那么我们就要考虑追究责任的方式和诉讼时效的长短，追究对方责任的不同，那么它的期限也是不同的。

（四）考虑举证的难易程度

如案例2、案例10，如果以堆放物倒塌致害责任纠纷作为案由起诉，则原告只能选定一个人或一个住户加上管理人为被告，并对他所认定的致害物的来源与被告的关联性负举证责任；如果以不明抛掷物、坠落物损害责任纠纷作为案由起诉，则原告就可将所有可能实施伤害行为的住户列为被告，被告必须为自己没有可能实施伤害行为负举证责任。

（五）考虑承担责任的主体的履行能力

责任主体的履行能力对原告利益能否得到保护是至关重要的，原告律师应对可能做被告的主体的赔偿能力进行判断，选择有赔偿能力的主体做被告，进而确定案由。特别是关于连带责任的共同责任，违约纠纷的担保责任等，适当选择具有偿付能力的责任人，至关重要。否则，判决书也许就是一纸空文。

（六）考虑能否准确反映案件争议的法律关系

如合伙纠纷和借款纠纷案件，如名为借贷，实为合伙，如选择的案由不一，结果将大相径庭。

（七）考虑是否能最直接地保护当事人的利益

如医疗损害赔偿纠纷和医疗事故赔偿纠纷都能够达到维护当事人利益的目的，但是合同纠纷和侵权纠纷，特别是医疗事故赔偿纠纷，举证责任的分配是明显不同的；如果按照合同纠纷，举证责任在于原告；但如果是医疗事故赔偿纠纷，证明医疗过程无过错的责任则在被告。由于专业性和证据保管的特殊性，两种案由，由于举证责任分配不同，结果显然有所区别。

第四节　管辖

本节主要讨论国内民事诉讼中的法院管辖问题。因仲裁不受管辖限制，因此不需要

专门讨论。

法院管辖从本质上讲,需要贯彻两便原则:便于当事人诉讼,便于人民法院依法独立、公正和高效行使审判权的原则。其目的是节约当事人诉讼成本,便于法院合理安排司法资源,利于法院独立、公正、高效审结民诉案件。

然而法院管辖在诉讼实践中,却显示出不仅仅是"两便原则"的问题,甚至关系到当事人是否选择诉讼方式解决纠纷,某些情况下会直接影响诉讼结果的问题。究其原因,与目前各级法院常常出现"同案不同判"的现象有关。

一、法院管辖权的含义

法院管辖权是指法院对案件进行审理和裁判的权力或权限。法院要对案件具有管辖权,必须同时满足两个条件:法院对所涉案件具有"标的物管辖权",即法院具有审理该类型案件的权力;同时,法院还需对案件当事人具有"个人管辖权",即法院具有对诉讼中涉及的当事人作出影响其权利义务的裁决的权力。它是指各级法院之间及不同地区的同级法院之间,受理第一审民商事案件、知识产权案件及其他各类案件的职权范围和具体分工。管辖可以按照不同标准作多种分类,其中最重要、最常用的是级别管辖和地域管辖。

选择管辖对诉讼成本的考虑是其中一个比较简单的因素。因为,对被告来说,参加一场意想不到或者说没有准备的诉讼意味着要支出意外的费用,更何况是在外地。同样的,对原告也是如此,若是到外地去参加诉讼,车旅费、取证费、律师费等各项费用肯定要比在本地进行诉讼高得多。但事情远非如此简单,因为我国的地方保护主义还有一定的市场,因此当事人往往更加喜好选择当地人民法院,总会千方百计地使得当地人民法院受理本身没有管辖权的案件。有人认为选择管辖权常常是一种以选择法院或法官为目的的策略,企图利用各法院之间的司法结果可能存在的差异,就是想在"同案不同判"的一些差异中获取利益。如果各法院之间判决结果完全一致或至少大体一致,选择管辖权的目的则是方便诉讼和减少自己这方面的诉讼成本,估计发生的管辖权异议就会明显地减少。实际上,还存在极少数的审判权寻租、徇私舞弊、枉法裁判的现象,这就更加重了当事人对选择法院管辖的期待。

二、级别管辖的概念

级别管辖,是指按照一定的标准,划分上下级法院之间受理第一审民事案件的分工和权限。

我国的法院有四级,并且每一级都受理一审民事案件,因此需要运用级别管辖对四级法院受理一审民事案件的权限进行分工。

我国民事诉讼法是根据案件的性质、繁简程度和案件影响的大小来确定级别管辖的。把性质重大、案情复杂、影响范围大的案件确定给级别高的法院管辖。在审判实务中,争议标的金额的大小也是确定级别管辖的重要依据。各地人民法院确定的级别管辖的争议标的数额标准不同。

《民事诉讼法》第十七条规定:"基层人民法院管辖第一审民事案件,但本法另有规定的除外。"由于民事诉讼法规定由其他各级法院管辖的案件为数较少,所以这一规定实际上把大多数民事案件都划归基层法院管辖。将大多数民事案件划归基层法院管辖是有充分理由的,基层法院是我国法院系统中最低一级法院,它们数量多、分布广,遍布各个基层行政区域,当事人的住所地、争议财产所在地、纠纷发生地,一般都处在特定的基层法院的辖区之内。由基层法院管辖一审民事案件,既便于当事人参与诉讼,又便于法院审理案件。中级以上人民法院管辖的第一审民事案件的具体规定可以查阅相关规定,对此不再赘述。

三、地域管辖

地域管辖可以分为一般地域管辖、特殊地域管辖、专属管辖和协议管辖四种。

(一)一般地域管辖

1.　一般地域管辖

主要遵循"原告就被告"的原则。显然,这里具有轻视原告权利的瑕疵。因为,如果某原告的利益遭到了被告的侵害,经济能力变得十分困难;而被告又远隔千里之外,仅从诉讼费用以外的各种车旅费、取证费、律师费等附加费用而言,就明显加重了原告的负担。有时甚至会让原告望而却步。

(1)确定自然人住所地和经常居住地

①住所地,即公民的户籍所在地。

②经常居住地,经常居住地的适用优先于住所地。公民的经常居住地是指公民离开住所地至起诉时已连续居住1年以上的地方。但公民住院就医的地方除外。需要注意三点:第一,要到起诉时;第二,要求连续居住;第三,满1年以上。但有一个例外,公民住院就医的除外,因此公民住院的医院所在地是不能视作经常居住地的。

当事人的户籍迁出后尚未落户,有经常居住地的,由该地人民法院管辖。没有经常居住地,户籍迁出不足1年的,由其原户籍所在地人民法院管辖;超过1年的,由其居住地人民法院管辖。

(2)确定法人的住所地

法人的住所地就是指主要办事机构或者主要营业所所在地。不能认为法人住所地就是工商注册登记地。

(3)对于没有办事机构的公民合伙或合伙型联营体提起的诉讼,由被告注册登记地人民法院管辖;没有注册登记的,几个被告又不在同一辖区的,被告住所地人民法院都有管辖权。

2．一般地域管辖的原则规定

（1）双方当事人都被监禁或被劳动教养的，由被告原住所地人民法院管辖。被告被监禁或被劳动教养1年以上的，由被告被监禁地或被劳动教养地人民法院管辖。所谓被监禁、被劳动教养1年，指的是实际被监禁、实际被劳动教养时间。例如，判了2年有期徒刑，现在在监狱只待了11个月。这时就不能按照被告被监禁地法院确定管辖。

（2）离婚诉讼双方当事人都是军人的，由被告住所地或者被告所在的团级以上单位驻地的人民法院管辖。

（3）夫妻双方离开住所地超过1年，一方起诉离婚的案件，由被告经常居住地人民法院管辖；没有经常居住地的，由原告起诉时居住地的人民法院管辖。以上仍然是"原告就被告"的原则。

3．一般地域管辖的例外

一般地域管辖的例外是指以原告所在地人民法院作为管辖法院，即被告就原告，也就是说原告遇到了特殊案件，可以在自己所在地起诉。实行"被告就原告"原则的一共有7种情况：

（1）对不在中华人民共和国领域内居住的人提起的有关身份关系的诉讼。

（2）对下落不明或者宣告失踪的人提起的有关身份关系的诉讼。

这两类案件强调的是身份诉讼。如果这两类人提起的是财产案件，不是身份关系的诉讼，则适用"原告就被告"的原则。

（3）对被劳动教养的人提起的诉讼。

（4）对被监禁的人提起的诉讼。

这两类案件强调的是对人身自由受到限制的人提起的诉讼，不仅仅包含身份关系的诉讼，也包含财产关系的诉讼。

（5）追索赡养费案件的几个被告住所地不在同一辖区的，可以由原告住所地人民法院管辖。

这种情况下，也可以由被告所在地人民法院管辖；如果几个被告在同一辖区的，则应当由被告所在地人民法院管辖。

（6）非军人对军人提出的离婚诉讼，如果军人一方为非文职军人，由原告住所地人民法院管辖。也就是说，非军人对军人提起的离婚诉讼，确定一般地域管辖的标准是看军人一方系文职军人还是非文职军人。

（7）夫妻一方离开住所地超过1年，另一方起诉离婚的案件，由原告住所地人民法院管辖。

夫妻双方离开住所地超过1年，一方起诉离婚的案件，由被告经常居住地人民法院管辖，没有经常居住地的，由原告起诉时居住地的人民法院管辖。

（二）特殊地域管辖

1. 因合同纠纷提起的诉讼，由被告住所地或者合同履行地人民法院管辖

（1）确定合同纠纷的管辖的步骤：首先，看是否存在协议管辖，存在协议管辖的，应当适用协议管辖的规则；其次，看是否属于法律（民事诉讼法及实体法）规定了的特殊情形，如保险合同、运输合同等；最后，适用确定合同纠纷的一般规定。

（2）确定合同纠纷的管辖的特殊规定：如果合同没有实际履行，双方当事人住所地又不在合同约定的履行地的，应由被告住所地人民法院管辖。这种情况下，应当同时满足两个条件：第一，合同没有实际履行；第二，必须是双方当事人住所地且又不在合同约定的履行地的。

2. 侵权纠纷的管辖

因侵权行为提起的诉讼，由侵权行为地或者被告住所地人民法院管辖。

（1）侵权行为地，包括侵权行为实施地、侵权结果发生地。

（2）因产品质量不合格造成他人财产、人身损害提起的诉讼，产品制造地、产品销售地、侵权行为地和被告住所地的人民法院都有管辖权。

（3）如果一项纠纷属于违约和侵权竞合的，分别按照违约即合同纠纷及侵权纠纷确定管辖，所有法院都有管辖权。但起诉时分别按照违约或者侵权确定法院。

如果在起诉后变更诉讼请求，如从违约变更为侵权的，被告提起管辖权异议，法院的确没有管辖权的，根据《最高人民法院关于适用〈中华人民共和国合同法若干问题的解释（一）〉》（以下简称《合同法司法解释（一）》）第三十条，法院应当驳回起诉，而不是移送管辖。

（4）新闻侵权纠纷案件，由侵权行为地或者被告所在地人民法院管辖。

报纸、杂志的发行销售地均可以被理解为侵权行为地。

（5）著作权侵权纠纷案件，由侵权行为的实施地、侵权复制品储藏地或者查封和扣押地、被告所在地人民法院管辖。

盗版出版物的储藏地、查封和扣押地人民法院也是有管辖权的。

（6）商标权侵权纠纷案件，由侵权行为的实施地、侵权商品的储藏地或者查封和扣押地、被告所在地人民法院管辖。这和著作权侵权纠纷案件的管辖是一致的。

（三）地域管辖之专属管辖

1. 专属管辖根据《民事诉讼法》第三十三条的规定，下列案件由法律规定的人民法院专属管辖

（1）因不动产纠纷提起的诉讼，由不动产所在地人民法院管辖。

（2）因港口作业中发生纠纷提起的诉讼，由港口所在地人民法院管辖。

（3）因继承遗产纠纷提起的诉讼，由被继承人死亡时住所地或者主要遗产所在地人民

法院管辖。

如果在继承中涉及不动产的分割,也就是在形式上同时属于不动产纠纷和继承遗产纠纷,就应当按照继承遗产纠纷的规则来确定管辖。

(4)根据《民事诉讼法》第二百六十六条的规定,因在中华人民共和国履行的中外合资经营企业合同、中外合作经营企业合同、中外合作勘探开发自然资源合同发生纠纷提起的诉讼,由中华人民共和国人民法院管辖。这属于涉外纠纷的专属管辖,是排除外国法院的管辖。

2. 共同管辖与选择管辖

(1)共同管辖是指法律规定两个以上人民法院对同一案件都有管辖权的情形。形成共同管辖的原因有两个方面:一是诉讼主体为复数且他们不在同一个人民法院辖区,如同一诉讼的几个被告的住所地或经常居住地在两个以上人民法院辖区,各该人民法院对该案都有管辖权;二是诉讼客体为复数且它们不在同一个人民法院的辖区,如同一个案件的诉讼标的物分布在两个以上人民法院的辖区或侵权地在不同法院辖区,各该人民法院对该案都有管辖权。

以上人民法院都有管辖权的案件,原告可以选择其中一个人民法院提起诉讼。原告向两个以上有管辖权的人民法院提起诉讼的,由最先收到起诉状的人民法院管辖。在限制人身自由的强制措施案件中,行政机关同时采取其他行政措施的,原告可以选择法院,受诉人民法院可以一并管辖,通过一个诉讼程序审查若干个具体行政行为。共同管辖发生争议的,有关法院可以协商;协商不成的,由共同的上级人民法院指定管辖。

(2)选择管辖是指某一案件发生后,由于法律的直接规定或者由于案件主体或客体的牵连关系,两个或者两个以上的法院对该案件都享有管辖权时,由当事人选择其中一个法院提起诉讼。由于在地域管辖的确定因素中,法律通常是以当事人住所地和案件本身的因素来确定管辖法院,这样就很容易产生同一个案件两个或两个以上的法院都享有管辖权。这时,这些法院对某一案件的管辖权都是处于一种不确定状态,当事人只能选择其中一个法院起诉,一旦案件被某一法院受理后,也就意味着其他法院将无权再受理该案。

(四)协议管辖

协议管辖又称"合意管辖"或者"约定管辖",是指双方当事人在合同纠纷或者财产权益纠纷发生之前或发生之后,以协议的方式选择解决他们之间纠纷的管辖法院。债权纠纷中,由于合同纠纷、物权、知识产权中的财产权而产生的民事纠纷可以协议管辖。协议管辖必须符合以下几个条件:

(1)当事人协议管辖的案件,只包括合同或者其他财产权益纠纷,并不是所有的纠纷案件都可以协议管辖。

(2)当事人协议选择管辖法院的范围,包括可以选择被告住所地、合同履行地、合同签订地、原告住所地、标的物所在地等与争议有实际联系的地点的人民法院管辖。如果当事人选择了与合同没有实际联系地点的人民法院,该协议无效。

(3)必须以书面协议选择管辖,包括书面协议可以采取合同书的形式,包括书面合同中的协议管辖条款,也可以采取信件和数据电文(包括电报、电传、传真、电子数据交换和电子邮件)等可以有形地表现当事人双方协议选择管辖法院意思表示的形式。或者是诉讼前双方当事人达成的管辖协议,口头协议无效。

(4)当事人必须进行确定的、单一的选择;如果在协议中,选择了两个法院管辖,且能够确定其中一个的除外。

(5)协议管辖不得违反民事诉讼法关于级别管辖和专属管辖的规定。

(五)默示管辖

根据《民诉意见》第一百四十八条的规定,当事人一方向人民法院起诉时未声明有仲裁协议,人民法院受理后,对方当事人又应诉答辩的,视为该人民法院有管辖权;根据《仲裁法》第二十六条的规定,当事人达成仲裁协议,一方向人民法院起诉未申明有仲裁协议,人民法院受理后,另一方在首次开庭前提交仲裁协议的,人民法院应当驳回起诉,但仲裁协议无效的除外;另一方在首次开庭前未对人民法院受理该案提出异议的,视为放弃仲裁协议,人民法院应当继续审理。

(1)如果人民法院在审查立案阶段发现当事人之间存在有效的仲裁协议,人民法院应当不予受理,而告知当事人提请仲裁。

(2)如果当事人起诉时没有申明仲裁协议,人民法院受理后对方当事人也应诉答辩的,即使在诉讼过程中原告主张有仲裁协议的,人民法院仍然应当继续审理。同时,应当将默示管辖和涉外诉讼中的应诉管辖区别开来。

四、管辖权异议

管辖权异议是指人民法院受理案件后,当事人依法提出该法院对该案无管辖权的主张和意见。管辖权异议是法律赋予被告的一项程序上的权利,当被告认为受诉法院无管辖权时,可以向该受诉法院提出管辖权异议,如果异议成立,就裁定将该案件移送有管辖权的法院。赋予被告此项权利,是对被告的尊重,更加有利于维护被告的实体权利,进而公正地审判案件。管辖权异议制度的设置,在于监督法院行使管辖权的职权行为,以保证作为诉讼开端的管辖制度正常运作,使程序正义在诉讼中的各个环节得到实现。

1. 谁可以提出管辖权异议

民事诉讼中有权提出管辖权异议的人是案件的当事人。在民事诉讼实践中,提出管辖权异议的往往是被告,管辖法院是原告自己选择的,应当推定其认可受诉法院的管辖权,否则,其不应向该法院起诉,即使其后来发现受诉法院无管辖权,也可以通过撤诉的方式来否定法院的管辖权,因此,原告无权提出管辖权异议。

争议的焦点是参与诉讼的第三人能否提出管辖权异议。笔者认为,"无独三"可以认

为没有提出异议的权利;但"有独三"可以提出管辖权异议。因为有独立请求权的第三人,实际上也是案件的当事人。其难处在于,未经审理,有时难以区分"有独三""无独三"。

2. 提出管辖权异议的时间和方式

管辖权异议的时间,必须在法院受理案件之后,并且在提交答辩状期间提出,否则异议无效。超过法定期间,人民法院不再受理。因为通常答辩状提交的时限是15日,因此可以理解为其时限也为15日。当事人在此期间提出异议后,又要求撤回的,法院应予允许。适用简易程序审理的案件,原告可以口头起诉,被告因未收到起诉状,不能书写答辩状,因此管辖异议不受答辩期间的限制。适用特别程序审理的案件,因不存在争议的双方,所以,不存在"提交答辩状期间",管辖权异议也不受限制。

诉讼管辖异议应当采取书面形式。但口头形式亦应允许。异议书既可以随答辩状一并提出,也可以单独书写。管辖权异议书应向受理该案的人民法院提出。

3. 法院对管辖权异议的处理

受诉法院收到当事人提出的管辖权异议后,进行书面审查,在认为必要时可以召集双方当事人听证。对当事人所提出的管辖权异议作出处理。

(1)地域管辖权异议

当事人就地域管辖权提出异议,经审查,异议成立的,受诉法院裁定将案件移送有管辖权的法院处理。异议不成立的,裁定驳回。当事人对裁定不服的,可以在裁定书送达之日起5日内向上一级法院提出上诉。当事人未提出上诉或者上诉被驳回的,受诉法院应通知双方当事人参加诉讼。当事人对管辖权问题申诉的,不影响受诉法院对该案的审理。

(2)级别管辖权异议

当事人就级别管辖权提出异议,受诉法院审查后认为确无管辖权的,应将案件移送有管辖权的法院,并告知双方当事人,但不作裁定。受诉法院拒不移送,当事人向上级法院反映并就此提出异议的,如情况属实确有必要移送的,上级法院应当通知受诉法院将案件移送有管辖权的法院;对受诉法院拒不移送且作出实体判决的,上级法院应当以程序违法为由撤销受诉法院的判决,并将案件移送有管辖权的法院审理。

五、管辖权异议中存在的问题

1. 管辖异议权滥用

因为只要有人提出管辖权异议,人民法院就应当作出相应裁定。然而,有权利的行使就有权利被滥用的可能,诉讼当事人滥用诉权、无端地提出管辖权异议的权利滥用行为时有发生。笔者曾遇到个别当事人,在收到法院判决书后拒不执行,而且还在喋喋不休地叫嚣审判法院不具有管辖权。

其实个别当事人恶意提出管辖权异议,无非基于以下目的:

(1)故意拖延诉讼,打持久官司;

(2)打时间差,以图实现转移财产、隐匿资金的目的;

(3)减少诉讼成本(这主要存在于被告与案件受诉法院相距甚远的案件当中)。

2. 双重裁定

在实践当中,被告往往不止一个(甚至还有有独立请求权的诉讼第三人)。但根据前文所述,只要由当事人提出管辖权异议,人民法院都应作出相应的裁定,因而会发生关于案件管辖的双重裁定问题,之后可能发生了违背《民事诉讼法》中关于对同一程序性问题只能作出一个生效裁定的原则问题。

这是因为人民法院作出管辖权异议裁定后,发现应当追加当事人,而被追加的当事人又提出管辖权异议,致使法院不得不作出两个管辖权异议裁定。还有就是由于法律文书送达不及时,人民法院已对当事人提出的一个管辖权异议作出了裁定,而尚未超过答辩期的当事人又提出管辖权异议,从而导致双重裁定。

3. 审查期限问题

审限制度是保障案件得以迅速、公正审结的根本保障。然而,我国《民事诉讼法》并未对管辖权异议案件的审查期限作出相应规定。一个管辖权异议案件的审理,从提出到一审裁定,再到二审终审退卷,大致需要50日。这势必影响案件的审判效率。

第五节　回避制度

在庭审开始的时候,法官必定会依法提醒案件当事人、代理人,是否需要对参与审理的审判员、书记员等提出回避;只有在当事人明确表示不申请回避之时,诉讼后续程序方可继续进行。

回避制度是指依照法律规定,人民法院审理某一案件的审判人员和其他人员与案件有利害关系或者其他关系,可能影响案件的公正处理,而避开或者退出对该案审理的法律制度,回避制度是保证案件获得公正审理的制度。

一、回避对象

根据《民事诉讼法》规定,回避有审判人员主动回避和当事人、代理人申请回避两种。需要回避的人员有审判员、书记员、翻译人员、鉴定人、勘验人。

1. 因特殊关系应当回避的

审判人员有下列情形之一的,应当自行回避,当事人有权用口头或者书面方式申请他们回避:

(1)是本案当事人或者当事人、诉讼代理人近亲属的;

(2)与本案有利害关系的;

(3)与本案当事人、诉讼代理人有其他关系,可能影响对案件公正审理的。

2. 因特殊行为应当回避的

审判人员接受当事人、诉讼代理人请客送礼,或者违反规定会见当事人、诉讼代理人的,当事人有权要求他们回避。出现上述行为的,同时应当依法追究审判人员的法律责任。

对于审判人员的范围,根据相关规定明确为各级人民法院院长、副院长、审判委员会委员、庭长、副庭长、审判员和助理审判员;其他人员包括人民陪审员、执行员、书记员、翻译人员、鉴定人员、勘验人员。甚至及于诉讼代理人,这里主要针对复代理和同一律师事务所的律师,出现既有代理原告的,又有代理被告的情形。

二、回避事由

在民事诉讼中,法律规定了当事人具有申请审判员、书记员回避的权利。《民事诉讼法》规定了三种情况可作为回避事由:

(1)是本案当事人或者当事人、诉讼代理人近亲属的;

(2)与本案有利害关系的;

(3)与本案当事人、诉讼代理人有其他关系,可能影响对案件公正审理的。

但是《民事诉讼法》并没有对"利害关系""其他关系""可能影响"等较为模糊的词语具体规定。一般认为"与本案有利害关系"主要是指与案件的处理结果有法律上的利害关系,涉及相关人员的利益;"其他关系"是指在前两种情形之外的某种关系,诸如老上级、老部下、老同事、老同学、老朋友等;有可能影响秉公办案的,但是必须以"可能影响对案件公正审理"为前提条件,不能不加分析地一律回避。除了这三种情形,还有若干其他情形,如担任过本案的证人、鉴定人、勘验人、诉讼代理人的;审判人员在一个审判程序中参与过本案审判工作的;同时还规定了参与五种不法行为的审判人员和其他人员也必须回避。

三、回避方式和程序

审判人员和其他人员有法定情形之一的,必须回避。当事人有权用口头或者书面方式申请他们回避,可见我国回避制度的方式是自行回避和申请回避并用。自行回避即审判人员和其他人员在法律规定的情形出现时,应主动退出该案件的审判及其他相关工作;申请回避则仅属于当事人及其法定代表人的权利,根据《民事诉讼法》的规定,当事人应当在案件开始审理时提出回避申请,说明理由,如果回避事由是在案件开始审理后知道的,也可以在法庭辩论终结前提出。法院对当事人提出的回避申请,应当在申请提出的3日内,以口头或者书面形式作出决定。申请人对决定不服的,可以在接到决定时申请复议一次。院长担任审判长时的回避,由审判委员会决定;审判人员的回避,由院长决定;其他人员的回避,由审判长决定。

四、回避的法律后果

被申请回避的人员在法院作出是否回避的决定前,应当暂停参与该案的工作,除非需要采取紧急措施;但被驳回申请的当事人申请复议的,复议期间被申请回避的人员不停止参与该案的工作。关于"紧急措施"的范围,法律缺乏明确的界定,主要是指"财产保全和证据保全。"

回避的另一个法律后果,是法院作出回避决定后,被决定回避的人员已完成的有关工作是否有效。第一次决定前对于回避还没有进行审查,要停止其工作。在作出决定后,申请人不服要求复议,这时被申请人不停止工作,因为法院对此已经审查过一次了,要复议是因为你不服。这样可以防止当事人以此无限拖延诉讼。

五、违反回避制度的法律责任

可以从相关法律规定中进行理解:原判决违反法定程序,可能影响案件正确判决的,裁定撤销原判决,发回原审人民法院重审。审判组织的组成不合法或者依法应当回避的审判人员没有回避的,人民法院应当再审。由此可见,应当回避而未回避的案件由于程序的不合法,效力也是有瑕疵的。但是在上诉案件中,如果仅违反法定程序,而未影响案件实体判决、裁定的,并不在发回重审的范围之列。

第六节　案件当事人

案件当事人主要是为了区别案件的参与人;对此主要适用法律规定,按照《民事诉讼法》之规定:

一、当事人及其权利义务

(1)公民、法人和其他组织可以作为民事诉讼的当事人。法人由其法定代表人进行诉讼。其他组织由其主要负责人进行诉讼。

(2)其他组织,是依法成立的但不具备法人资格的组织;能够作为民事诉讼当事人的其他组织,应有独立财产。因此,并不是所有的其他组织均可以作为民事诉讼的当事人。

(3)当事人有权委托代理人,提出回避申请,收集、提供证据,进行辩论,请求调解,提起上诉,申请执行。当事人可以查阅本案有关材料,并可以复制本案有关材料和法律文书。查阅、复制本案有关材料的范围和办法由最高人民法院规定。当事人必须依法行使诉讼权利,遵守诉讼秩序,履行发生法律效力的判决书、裁定书和调解书。

(4)双方当事人可以自行和解。原告可以放弃或者变更诉讼请求。被告可以承认或者反驳诉讼请求,有权提起反诉。

二、共同诉讼的当事人

(1)当事人一方或者双方为二人以上,其诉讼标的是共同的,或者诉讼标的是同一种类、人民法院认为可以合并审理并经当事人同意的,为共同诉讼。

(2)共同诉讼的一方当事人对诉讼标的有共同权利义务的,其中一人的诉讼行为经其他共同诉讼人承认,对其他共同诉讼人发生效力;对诉讼标的没有共同权利义务的,其中一人的诉讼行为对其他共同诉讼人不发生效力。

(3)当事人一方人数众多的共同诉讼,可以由当事人推选代表人进行诉讼。代表人的诉讼行为对其所代表的当事人发生效力,但代表人变更、放弃诉讼请求或者承认对方当事人的诉讼请求,进行和解,必须经被代表的当事人同意。

三、多人之诉

(1)诉讼标的是同一种类、当事人一方人数众多在起诉时人数尚未确定的,人民法院可以发出公告,说明案件情况和诉讼请求,通知权利人在一定期间向人民法院登记。如环境污染之诉以及"三鹿毒奶粉"侵害消费者权益之诉。由于涉众较多,且存在部分受害人不确定或者不知道时,适用多数人之诉。

(2)向人民法院登记的权利人可以推选代表人进行诉讼;推选不出代表人的,人民法院可以与参加登记的权利人商定代表人。

(3)代表人的诉讼行为对其所代表的当事人发生效力,但代表人变更、放弃诉讼请求或者承认对方当事人的诉讼请求,进行和解,必须经被代表的当事人同意。

(4)人民法院作出的判决、裁定,对参加登记的全体权利人发生效力。未参加登记的权利人在诉讼时效期间提起诉讼的,适用该判决、裁定。

四、公益诉讼

对污染环境、侵害众多消费者合法权益等损害社会公共利益的行为,法律规定的机关和有关组织可以向人民法院提起诉讼。

五、第三人之诉

(1)对当事人双方的诉讼标的,第三人认为有独立请求权的,有权提起诉讼。简称"有独三之诉"。

(2)对当事人双方的诉讼标的,第三人虽然没有独立请求权,但案件处理结果同他有法律上的利害关系的,可以申请参加诉讼,或者由人民法院通知他参加诉讼。人民法院判决承担民事责任的第三人,有当事人的诉讼权利义务。简称"无独三参诉"。

(3)前两款规定的第三人,因不能归责于本人的事由未参加诉讼,但有证据证明发生法律效力的判决、裁定、调解书的部分或者全部内容错误,损害其民事权益的,可以自知道或者应当知道其民事权益受到损害之日起六个月内,向作出该判决、裁定、调解书的人民法院提起诉讼。人民法院经审理,诉讼请求成立的,应当改变或者撤销原判决、裁定、调解书;诉讼请求不成立的,驳回诉讼请求。简称"第三人撤销之诉"。

第七节 起诉书

本书讨论的起诉书是民事起诉书,在实践中也称为"民事起诉状"。按照《民事诉讼法》规定,原告应当向法院提交起诉书,如果确有当事人不会也不能书写起诉书的,可由法院工作人员按照当事人的口述进行记录,然后经当事人确认后,签字或者捺手印。

起诉书须按法定格式书写,原告相关信息写清楚,被告基本信息清楚写明,达到"有明确被告"要求,并且要求有明确的诉讼请求,提起诉讼所依据的事实与理由,最后还应当由起诉人(原告)签字、盖章(捺手印),并写明日期。

一、确定被告

简单地说,如果当事人要准备诉讼,那么被告就是与当事人发生纠纷的人或者法人、其他组织。尤其要注意,并不是所有的其他组织都可以成为被告,首先要考虑这个组织是否是某一机构或者公司的内部组织,如果是,自然不能直接将其作为被告,如公司的董事会。再者,要查实该组织是否具有可以独立支配的财产,如果没有,那么在具有给付请求的诉讼中,也不要将其列为被告,如小区业主委员会。

起诉书中,被告的基本信息需要写明哪些?按照《民事诉讼法》规定,"被告的姓名、性别、工作单位、住所等信息,法人或者其他组织的名称、住所等信息",这就是对"有明确被告"的要求。

为了避免出现当事人的合法权益受到损害时,无法获取被告的姓名、性别、工作单位、住所等信息,法人或者其他组织的名称、住所等信息。在日常的商务或者其他民事活动中,要注意搜集相对人的相关信息,因为除了经过备案的企业可以到工商局查询,其他组织可以到相关备案机构查询外,自然人的信息查询有时会遇到一定的困难。现在可以在法院立案庭申请开具协助调查函,以便到相关的公安派出所、工商行政管理局查询被告人的相关身份信息。

也许经常与比较有实力且正规的大公司交往的人都知道,这些大公司是非常注意搜集合同相对人的信息的,如果是自然人,他们会要求当事人必须提供身份证复印件、联系方式,甚至还会让当事人提供备用的联系方式;对于企业或者组织,他们则会要求提供能够证明其身份的所有文件资料、法人代表和授权代理人身份信息、联系方式,委托书和相关资质证书、开户银行和账号等信息。这些看似关联不大的,其实都是为如果发生争议时,便于提起诉讼或者仲裁等。

当一起诉讼存在多个被告时,如果能够选择被告,那么如何选择被告,存在一定的技巧。首先,如果多位被告的住所地或者居住地不同,按照多数案件法院管辖的确定采取"原告就被告"的原则,那么恰当地选择被告和选择管辖法院,可以实现更加便利诉讼和减少诉讼成本。其次,如果多位被告偿付能力不同,那么选择具有较好偿付能力的当事人作为被告,也是实现诉讼效果的有力保证。

二、案由恰当

需要根据最高人民法院《民事案件案由规定》选择恰当的案由。因案由一节已专章叙述,在此不再累述。但是,起诉书中的案由,并不是可有可无的。虽然不会影响起诉是否被法院受理,但是对于案件审理的作用确实非常重要。

三、诉讼请求精准

民事起诉状的要害之处就在于如何提出诉讼请求,诉讼请求的内容是当事人提起民事诉讼的直接目的。

诉讼请求的提出应当与诉状中事实和理由相一致。事实,是当事人的民事权益被侵害或与他人发生民事争议的客观事实;理由,是事实基础上按照相关实体法的规定当事人所拥有相关权利的依据。

诉讼请求时的用词一定要严谨、精练、准确,既要把请求表达清楚,又要惜墨如金。请求的内容要有具体事实和法律规定的支持。诉讼请求是在分析研究案件事实和法律规定的基础上高度概括提出的,并不是随意想象的。有的人提的诉讼模棱两可,或者过于宽泛甚至适用假设或者选择之类的语句,均是不可取的。

诉讼请求是否适当,首先要看是否与当事人的损失相当、是否与约定一致、是否符合相关法律规定、是否与当事人提出的事实与理由吻合。例如:合同中没有约定违约金,而诉讼请求却提出了支付违约金,借款合同中没有约定利息,但诉讼请求中提出了给付利息等,都是不恰当的。

当然诉讼请求的确立原则是要追求诉讼利益的最大化,有些案件虽然通过诉讼胜诉了,但因为诉讼请求没有实现利益最大化,会给以后带来很多麻烦或不利。

四、事由清楚与理由充分

事实与理由是起诉状的主要内容,应紧紧围绕诉讼请求,一般包括时间、地点、人物、事件、原因、结果和证据等要素。因为该部分的每一句话,都是为了证明原告诉讼请求的合法性和合理性,或者证明对方行为的违法性和违约性质,书写时应以陈述事实和理由为主,详略得当,切不可像写报告一样长篇大论;同时,不可用过激或侮辱性的语言。尽量简单地做到"事实清楚""理由充分"即可。

事实就是争议的事实,也就是当事人想向法院陈述的事实,也是希望法院认定的案件事实,同时也是能够被证据所能证明的事实。

理由则是当事人的说理,说理应当依据相应的法律规定,并且做到法律条文清楚,内容具体而不是笼统地仅仅指明是什么法律,比如仅仅写明根据《民法通则》《合同法》等。因为各种法律法规极其浩繁,宽泛地引用,会影响说理的充分性。同时要注意,引用的法律和条文要适当。如违约之诉,就不要引用《侵权责任法》《民法通则》的侵权条款;侵权之诉,也不要引用《合同法》。引用《合同法》时,如果是有名合同,则应引用相应的法律条款,而不能张冠李戴。

引用法律和法律条文,应注意优先顺序。应当是法律优于法规,特别法优于一般法;而各种规章和规范性文件,只能作为说理的参照,而不是直接援引的法律依据。

虽然不能搞"证据突袭",但是事实和理由,也应当简要。以简要叙明为原则,切忌长篇大论。当然,反诉状和上诉状的事实和理由,相比起诉状,应当更加翔实和充分。简而言之,事实部分以审判人员能够清楚争议的事实就可以了,理由部分则以审判人员感到理由充分即可。

五、证据

(1)在起诉时,如无特殊要求,只需要每份提交一份复印件即可。

(2)证据如果不多,可以在起诉状底部,作为列明的附件提交。现在根据法院的要求,一般都需要提交证据清单。

(3)如果证据较多,应当采用证据清单。逐条列明证据名称、页数、是否复印件、拟证事项。

(4)证据不应做保留。因为《民事诉讼法》规定,证据应当在举证期限内提交,否则如果没有充分的理由,有可能不被法庭组织质证;即便被法院最终允许,也有可能被处以罚款。因为诉讼中不允许"证据突袭"。

(5)证据应当紧紧围绕事实,因为证据的作用就是证明事实;目的就是让法官采信,并认定当事人叙明的事实为案件事实。

另外,需要特别注意的是,向法院提交的证据最好是复印件,如果有的法院要求提交原件,要注意要求法院出具收到具体证据的收条,以防因主客观原因的丢失。

六、起诉状范本格式

民事起诉状(一)
(自然人民事诉讼)

原告:姓名:_____ 性别:_____ _____年_____月_____日出生,

民族:_____ 职务:_____ 工作单位:_____ 住址:_____

电话：＿＿＿＿＿＿＿。

被告：姓名：＿＿＿＿性别：＿＿＿＿　　　＿＿＿＿年＿＿＿＿月＿＿＿＿日出生，

民族：＿＿＿＿职务：＿＿＿＿工作单位：＿＿＿＿＿＿＿住址：＿＿＿＿＿＿

电话：＿＿＿＿＿＿＿。

案由：

诉讼请求：

1. ＿＿＿＿＿＿＿＿＿＿＿＿＿＿＿＿＿＿＿；

2. ＿＿＿＿＿＿＿＿＿＿＿＿＿＿＿＿＿＿＿；

3. ＿＿＿＿＿＿＿＿＿＿＿＿＿＿＿＿＿＿＿。

事实与理由：

＿＿＿＿＿＿＿＿＿＿＿＿＿＿＿＿＿＿＿＿＿＿＿＿＿＿＿＿＿＿＿＿＿＿

＿＿＿＿＿＿＿＿＿＿＿＿＿＿＿＿＿＿＿＿＿＿＿＿＿＿＿＿＿＿＿＿＿＿

＿＿＿＿＿＿＿＿＿＿＿＿＿＿＿＿＿＿＿＿＿＿＿＿＿＿＿＿＿＿＿＿＿＿

＿＿＿＿＿＿＿＿＿＿＿＿＿＿＿＿＿＿＿＿＿＿＿＿＿＿＿＿＿＿＿＿＿＿

＿＿＿＿＿＿＿＿＿＿＿＿＿＿＿＿＿＿＿＿＿＿＿＿＿＿＿＿＿＿＿＿＿。

证据和证据来源，证人姓名和住址：

1. ＿＿＿＿＿＿＿＿＿＿＿＿＿＿＿＿＿＿＿；

2. ＿＿＿＿＿＿＿＿＿＿＿＿＿＿＿＿＿＿＿；

3. ＿＿＿＿＿＿＿＿＿＿＿＿＿＿＿＿＿＿＿。

此致

＿＿＿＿＿＿＿人民法院

（具状人）起诉人：

＿＿＿＿＿＿年＿＿＿月＿＿＿日

附：本诉状副本＿＿＿份

其他证据材料复印件＿＿＿份

民事起诉状（二）

（法人或其他组织提起民事诉讼用）

原告名称：＿＿＿＿＿＿＿＿＿

住所地：＿＿＿＿＿＿＿＿＿＿

法定代表人（或主要负责人）姓名：＿＿＿＿职务：＿＿＿＿电话：＿＿＿＿＿＿

被告名称：_____

住所地：_____

法定代表人(或主要负责人)姓名：_____　职务：_____　电话：_____

案由：

诉讼请求：

　　1. _____；

　　2. _____；

　　3. _____。

事实与理由：

_____

_____

_____

_____

_____

_____。

证据和证据来源,证人姓名和住址：

　　1. _____；

　　2. _____；

　　3. _____。

此致

_____人民法院

(具状人)起诉人：

_____年____月__日

附:本诉状副本___份

其他证据材料复印件___份

证据清单

篇号	证据名称	证明内容	页码
1			
2			
3			
4			

篇号	证据名称	证明内容	页码
5			

提交人：

提交日期： 年 月 日

民事起诉状

原告：四川省××物业有限公司

住所：自贡市贡井区筱溪街××××

法定代表人：×××，男，生于196×年×月×日，公司总经理

电话：139××××××××

被告：×××，女，生于197×年×月×日

电话：151××××××××

住所：自贡市大安区××××小区×栋×号

身份证号码：510304197××××2049

案由：物业服务合同纠纷

诉讼请求：

1. 判令被告按照合同约定的给付原告欠缴的物业服务费3506元；
2. 判令被告承担按照合同约定的应给付原告违约金1052元；
3. 判令被告承担本案诉讼费用。

事实及案由：

被告是自贡市大安区××××小区×栋×号房的业主，原告于2010年12月23日与该小区开发商签订了《前期物业服务委托合同》之后，并与业主签订了《前期物业服务委托合同》。按该合同约定，从2012年5月1日起，全面履行了该合同约定的为该小区提供物业服务的义务。

被告自2013年5月22日起，一直未履行缴纳物业服务费的义务，原告依法向被告催缴无果后，经过书面催缴，但被告仍没有在合理期限内缴纳所欠物业服务费。

被告住宅面积：119.66平方米，缴费标准：1元／月·平方米，每月应交物业服务费：119.7元；累计欠费：29个月零10天，累计欠物业服务费：3506元。按照合同约定，原告主张欠费金额的30%的违约金为1052元。

依照《民事诉讼法》《物业管理条例》《四川省物业管理条例》《物业服务收费管理办法》《最高人民法院关于审理物业服务纠纷案件具体应用法律若干问题的解释》第一条、第二条、第六条的有关规定，向贵院提起诉讼，请求法院依法维护原告的合法权益。

此致

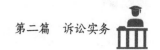

自贡市大安区人民法院

> 具状人:四川省××物业有限公司
> 法定代表人:××××
> 二〇一五年十月八日

附件:1. 起诉书副本1份;2. 证据材料如下:

1)《×××××小区前期物业服务委托合同》与本诉有关页复印件;

2)四川省××物业有限公司营业执照复印件;

3)四川省××物业有限公司组织机构代码证复印件;

4)四川省××物业有限公司法定代表人证明及身份证复印件;

5)张贴催收物管费通知的照片。

第四章　应诉与答辩

原告启动诉讼程序后,根据最高人民法院印发〈关于民事诉讼证据的若干规定〉文书样式(试行)》的通知,原告和被告将会在规定时间内,收到如下法院文书:

受理通知书

××人民法院

受理案件通知书

(××××)×××字第××号

×××:

你单位诉×××一案的起诉状已收到。经审查,起诉符合法定受理条件,本院决定立案审理,并将有关事项通知如下:

一、在诉讼过程中,当事人必须依法行使诉讼权利,有权行使×××(法律名称与条款)规定的诉讼权利,同时也必须遵守诉讼秩序,履行诉讼义务。

二、应在××××年××月××日前向本院审判庭递交法定代表人身份证明书。如需委托代理人代为诉讼,还须递交由法定代表人签名并加盖单位公章的授权委托书。授权委托书须记明委托事项和权限。

三、应在接到本通知书后××日内,向本院预交案件受理费×××元。本院开户银行:××××,账号:××××。

××××年××月××日

(院印)

应诉通知书

×××人民法院

应诉通知书

(××××)×××字第××号

×××:

本院已受理×××(原告或者上诉人的姓名或名称)诉你方×××(案由)纠纷一案,现发送×诉状副本一份,并将有关事项通知如下:

一、当事人在诉讼过程中,有权行使《中华人民共和国民事诉讼法》第五十条、第五十一条、第五十二条等规定的诉讼权利,同时必须遵守诉讼秩序,履行诉讼义务。

二、你方应当在收到×诉状之日起15日(涉外案件为30日)内向本院提交答辩状一式×份。

三、法人或者其他组织参加诉讼的,应当提交法人或者其他组织资格证明及法定代表人身份证明书或者负责人身份证明书。自然人参加诉讼的,应当提交身份证明。

四、需要委托代理人代为诉讼的,应当提交由委托人签名或者盖章的授权委托书,授权委托书应当依照《中华人民共和国民事诉讼法》第五十九条的规定载明委托事项和权限。

××××年××月××日

(院印)

举证通知书

×××人民法院

举证通知书

(××××)×××字第××号

×××:

根据《中华人民共和国民事诉讼法》和《最高人民法院关于民事诉讼证据的若干规定》,现将有关举证事项通知如下:

一、当事人应当对自己提出的诉讼请求所依据的事实或者反驳对方诉讼请求所依据的事实承担举证责任。当事人没有证据或者提出的证据不足以证明其事实主张的,由负有举证责任的当事人承担不利后果。

二、向人民法院提供证据,应当提供原件或者原物,或经人民法院核对无异的复制件或者复制品,并应对提交的证据材料逐一分类篇号,对证据材料的来源、证明对象和内容作简要说明,依照对方当事人人数提出副本。

三、申请鉴定,增加、变更诉讼请求或者提出反诉,应当在举证期限届满前提出。

四、你方申请证人做证,应当在举证期限届满的10日①(注①:适用简易程序的,当事人申请的时间可以不受10日的限制)前向本院提出申请。

五、申请证据保全,应当在举证期限届满的7日②(注②:适用简易程序的,当事人申请的时间可以不受7日的限制)前提出,本院可根据情况要求你方提供相应的担保。

六、你方在收到本通知书后,可以与对方当事人协商确定举证期限后,向本院申请认可。

你方与对方当事人未能协商一致,或者未申请本院认可,或本院不予认可的,你方应

当于××××年××月××日前向本院提交证据。

七、你方在举证期限内提交证据材料确有困难的,可以依照《最高人民法院关于民事诉讼证据的若干规定》第三十六条的规定,向本院申请延期举证。

八、你方在举证期限届满后提交的证据不符合《最高人民法院关于民事诉讼证据的若干规定》第四十一条、第四十三条第二款、第四十四条规定的"新的证据"的规定的,视为你方放弃举证权利。但对方当事人同意质证的除外。

九、符合《最高人民法院关于民事诉讼证据的若干规定》第十七条规定的条件之一的,你方可以在举证期限届满的7日前书面申请本院调查收集证据。

附:

1. 存在《最高人民法院关于民事诉讼证据的若干规定》第四条或者第五条、第六条规定的情形的,审判人员可以针对不同案件情况填写。

2. 如当事人可能提供域外形成的证据的,审判人员应当根据《最高人民法院关于民事诉讼证据的若干规定》第十一条、第十二条的规定,填写相关内容。

3. ……(审判人员认为有必要的,可以根据案件的具体情况,指定当事人提供与本案有关的证据。)

××××年××月×××日

(院印)

由于篇幅所限,不再一一列举。当事人收到以上法院文书,表示一件民事诉讼已经被法院正式受理;一件民事诉讼案件已经正式启动。紧接着的一系列程序,将不因为当事人的喜好或者意愿而依法进行,因为这是《民事诉讼法》所规定的法律程序。

当然,并不是说诉讼程序启动以后;当事人的行为对诉讼或者诉讼程序没有影响;只是这些影响所带来的结果将不以当事人的意志而转移。比如说:诉讼程序启动后,作为原告的当事人,不予响应,直至不出庭参与诉讼,那么根据法律规定,原告无正当理由不出庭参与诉讼,则法院将按原告撤诉处理。如果被告收到应诉通知后,无正当理由不出庭参与诉讼,法院则依法作出缺席审判,并不影响法院的审判程序和裁判结果。

举证通知和答辩通知送达以后,当事人是否提交证据和提交答辩,并不影响法院的审判程序。

第一节 应诉是当事人的义务

被告的诉讼行为就是应诉行为。被告的应诉行为从诉讼时间上可分为庭审前的诉讼行为与庭审中的应诉行为,而庭审前的诉讼行为集中表现为提交答辩状的行为,这既是被告享有的诉讼权利,更是其应尽的诉讼义务。本节主要讨论庭审前的诉讼行为。

一、当事人消极应诉现象

应诉行为主要表现为对抗原告的诉讼行为。但被告由于各方面的原因,逃避应诉、拒不应诉、不积极应诉,甚至采取非理性的对抗行为;本书将这类行为称为"消极应诉"。消极应诉主要表现为:

(1)民事案件送达难是消极应诉的主要表现。在前文中已讨论,本节略。

(2)收到开庭通知书后,采取不作为方式,是消极应诉的另一种表现。

有的当事人,特别是一些稍微懂得一些法律常识的当事人,以为采取这样的办法,可以对抗原告的诉讼,并且认为只要自己不参与诉讼,法院就没有办法开庭审理。甚至认为即便法院判决了,只要自己不认同、不履行,法院判决就会是一纸空文。

(3)虽然知道被诉,并且会出庭应诉,但是却不做任何准备,同样是消极应诉。

还有一部分当事人,知道自己已经成为某案被告,也表示愿意出庭应诉,然而既不按开庭通知书要求,在举证期限内提交证据,更不会在此期限内提交答辩状。甚至不做任何准备,开庭时就空空地去了一个自己。当法官询问时,一问三不知,或者直接作出否定的或者相反的回答。有的甚至高兴就听一会,不高兴就中途退场。

(4)有的当事人收到应诉／出庭通知书就开始吵闹,出庭时也不遵守法庭纪律,一味积极对抗,这也是消极应诉。

有的当事人,收到应诉／出庭通知书就喊冤,大呼小叫,责难法院工作人员。出庭时甚至咆哮法庭,认为出庭做被告是一件耻辱的事,大呼司法不公,采取极端行为,甚至被逐出法庭。

(5)消极应诉还有许多不同形态,其主要的表现为,不认同通过司法程序解决纠纷,认为自己不参与、不合作、不履行就可以避免不利后果。其实这些都是非常不可取的应诉行为。

恰当的做法是:当事人通过运用专业的法律知识,积极参与诉讼,积极地合法维护自己的合法权利,合法地规避法律责任,如诉讼时效抗辩等。当事人对诉讼采取的消极应诉态度导致送达难,既延长案件的审理期限,又不利于案件事实的查明,不利于当事人保护自己的合法权利,给案件的审理带来很大阻碍。

二、当事人消极应诉的原因分析

1. 当人事应诉能力不足

庭审中有不少当事人的一些陈述:"我对法律不熟悉,今天没带证据来,请求法庭给我时间提交证据","如果法庭认为有必要,请求法庭调取","虽然没有证据,但法庭是讲事实的地方"等。总是认为自己不懂法,就该按不知者无过错处理,甚至认为自己理由充分,法院就该为我做主,并且认为查明真相,搜集证据是法院的义务。其实这表现出部分当事人

确实缺乏必要的法律常识,不具备必要的应诉能力。

在民事诉讼中,法官作为居中裁判者,基本原则就是被动裁判。因为法院裁判案件是以"事实为依据,以法律为准绳",因此事实是基础,也是"三段论"中的小前提。然而事实需要用证据来作支撑。根据《民事诉讼法》规定,当事人对自己主张的事实,有责任提供证据。不懂得用事实说话,以不懂法律,企图逃避责任,以及法官必须为我做主的心态,都是当事人应诉能力不足的集中表现。

2. 当事人缺乏应诉技巧

开庭审案,要求直接言辞证据。有的当事人洋洋洒洒写了一大篇答辩状,而开庭时却不参加,被告无正当理由拒不出庭,依法将缺席审判,并不会影响法院的审判进程。

一种情况是不组织任何证据,另一种情况是组织了许多的不符合证据"三性规则"的证据,还有就是临时请来几个证人出庭做证,凡此种种,都是对于证据的作用、规则、证人的出庭做证规定不熟悉的表现。

有的当事人面对对方当庭举示证据,不知道如何质证;抓不住要害,不知道如何提出反对意见;以为采取不认同、不认可的态度,却无法说出理由;这是对举证质证规则和质证技巧不熟悉的表现。

甚至有的当事人采取极不合作的态度,出庭开始就是喊冤叫屈,甚至出言不逊,咆哮法庭等,既扰乱了法庭秩序,同时给法官留下了极为不良的印象。殊不知,法官除了直接依法裁判外,更多地还有法律范围内的自由裁量权。

3. 普法教育重实体法律、轻程序法律,也是造成当事人消极应诉的原因之一

在现代法治社会中,程序正当是实体公正的前提。但是,即便经过了长期的全民普法教育,注重实体法宣传教育,而忽略程序法普遍宣讲,是普遍现象。当事人(特别是被告)往往是在收到应诉通知时,才从法院的告知书中略微知道一些必要的程序。

缺乏必要的程序法教育和学习,也就是对《民事诉讼法》及相关的法律法规和规定不了解,使当事人遇到诉讼茫然不知所措,进而消极应对,甚至有抗拒心态,不利于通过诉讼实现定争止纷。

三、积极面对诉讼是当事人应有的心态

普遍认为诉讼是解决纠纷的最后途径,不到万不得已不到法院打官司,这是多数当事人的心态,打官司意味着双方撕破脸,而作为被诉对象,则认为上法庭很丢人,因此很抵触。纠纷的解决有很多种方式,诉讼只是其中一种。当事人受传统观念束缚,自己不愿意选择诉讼方式解决纠纷,同时也对抗对方当事人采取诉讼方式。当事人应当明白,民事诉讼的基本原则之一就是,当事人是平等的,而且适用法律也是平等的,并不存在原告优于被告的说法。其实诉讼借助国家公权力,有其解决纠纷的优势,法院的生效判决,当事人必须执行,如果对方当事人不履行判决书判令的义务,另一方当事人可以申请强制执行,

确保判决结果实现。

作为应诉一方,摆正应诉心态是首先要做的,一味抵触无益于纠纷的解决,甚至损害自身权益。积极应诉既能解决纠纷,也能使自己的权利由不确定状态确定下来。如果认为对方起诉有理,仍可与对方协商。如果认为对方起诉无理,则应当采取措施积极应对。不该有的态度是,对法院送达的文书拒绝接收,对审判人员的告知置之不理。司法程序不会因被告的不予理睬而停止,司法程序一旦启动,必然以一种积极的方式结束,而在缺席审理或被告准备不足的情况下,被告败诉的风险会大大增加。

四、应诉既是被告享有的诉讼权利,更是其应尽的诉讼义务

虽然《民事诉讼法》没有特别规定当事人应诉的义务,但是《民事诉讼法》第一百二十六条规定:人民法院对决定受理的案件,应当在受理案件通知书和应诉通知书中向当事人告知有关的诉讼权利义务,或者口头告知。该规定明确了当事人在诉讼中既有权利也有义务。

如反驳或者反诉对方当事人,是被告的诉讼权利。但是如果被告不参与诉讼,也就等于放弃了自己的诉讼权利,极有可能增加自己的诉讼风险。民事诉讼的全过程是由若干具体的诉讼阶段组合而成,阶段不同,被告所实施的诉讼行为在表现形态上也各异,所达到的目的也不同,但被告所实施的各种具体形态的诉讼行为在客观情况下大多直接或间接地对抗原告诉讼行为,这使被告在民事诉讼中始终都在扮演"防御者"这一角色,即使有时被告提出反诉,也不过是以攻为守,企图抵消、吞并或排斥原告在本诉中的诉讼请求的行为。反驳诉讼请求,这也是民事诉讼的本质要求之一。庭审前的应诉行为主要表现为被告本人或者其委托诉讼代理人收集、准备证据,按期提交答辩状等。庭审中的应诉行为则主要表现为被告到庭后,以言词答辩与原告"正面交锋,直接对垒"。当然被告也有其他应诉行为,但都服务于这两种应诉行为。这些行为得以实施的前提,就是被告必须参与诉讼,履行法定的诉讼义务。

被告提交答辩状的行为虽然是一项诉讼权利,但更是被告应尽的义务。被告提交答辩状是针对原告在起诉状中所提起诉讼请求和事实理由的一种抗辩文书,提交的目的在于以此抵御原告的攻击,以维护自己的合法权益,这是被告对其诉讼权利的行使。有相当数量的被告,或是担心按期提交答辩状将会使自己的答辩内容在开庭前即被原告所掌握,从而使自己在庭审时处于被动地位;或是出于玩弄诉讼技巧,向原告封锁自己的答辩内容,以便达到在庭审过程中"攻其不备"之目的。实际上是因不履行相应的义务,而放弃了一次绝好的抗辩权利。

庭审中的言词答辩实质上是被告享有的一项诉讼权利。被告的言词答辩行为也就是被告的出庭应诉行为,我国现行民事诉讼法对被告的出庭行为显然采取了区别对待的方式,具体而言"必须到庭的被告,经两次传票传唤拒不到庭时,可以由受诉法院采取拘传这

一强制措施强制其到庭,而对于其他经传票传唤拒不到庭的被告,则可以作出缺席判决"。从而可以看出,应诉不仅仅是一项权利,同时也是被告的义务。拒不履行此义务,轻者将可能承受不利的审判结果,重者有可能被法院依法采取相应的措施予以惩戒。

在庭审过程中,双方当事人还必须遵守诉讼程序法规定,遵守法庭纪律,这都是参与诉讼的义务。如果当事人无视自己的义务,必将承担有可能因此而带来的不利后果。

第二节　应诉的技巧

从当事人收到应诉通知书时(公告送达除外),被告参与诉讼活动的程序就正式启动了。作为被告的当事人不仅要摆正心态,更要积极参与诉讼,尽可能地依据事实和理由,反驳原告;如果确有必要,甚至还可以提起反诉,拟抵消或者吞并原告的诉讼请求。在整个诉讼过程中,当事人不仅要做,而且要力求做好这些事情。对于每一件诉讼案件,当事人包括代理人能不能用心做事,是否掌握必要的诉讼技巧,对于减少诉讼风险,实现预期的诉讼目的,具有重要的作用。本节主要讨论应诉的技巧。

一、管辖权异议的技巧

管辖异议在前面章节已专题介绍,在此作为一种诉讼技巧提出来,主要是当事人可以通过管辖异议,规避对己方的不利,甚至可以用"空间换时间",减少诉讼成本,降低诉讼风险。作为常态的"原告就被告"的法院管辖权,一般而言,运用技巧空间有限,主要是特殊管辖、专属管辖、约定管辖等,确有一定的运用技巧的空间。

1. 专属管辖异议

(1)专属管辖是指对特定的案件确定专属于特定的法院管辖。专属管辖主要有:

①因不动产纠纷提起的诉讼,由不动产所在地人民法院管辖;

②因港口作业中发生纠纷提起的诉讼,由港口所在地人民法院管辖;

③)因继承遗产纠纷提起的诉讼,由被继承人死亡时住所地或者主要遗产所在地人民法院管辖。

④因在中华人民共和国履行中外合资经营企业合同、中外合作经营企业合同、中外合作勘探开发自然资源合同发生纠纷提起的诉讼,由中华人民共和国人民法院管辖。

(2)专属管辖可以对抗以下管辖:

①排除当事人选择管辖。

②排除当事人协议管辖。《民事诉讼法》第三十四条规定:合同的双方当事人可以在书面协议选择被告住所地、合同履行地、合同签订地、原告住所地、标的物所在地等与争议有实际联系的地点的人民法院管辖,但不得违反本法对级别管辖和专属管辖的规定。

③排除一般地域管辖和特殊地域管辖的效力,如侵权行为所在地特殊地域管辖;

④专属管辖相互排除的效力，主要是不动产和继承财产的纠纷，要看诉讼标的的主要构成是哪个，按照"利于查清案情、明确关系"的原则确定。

2．级别管辖异议

级别管辖是指根据案件的性质、影响范围和繁简程度划分上下级法院之间受理第一审民事案件的权限和分工。总体上应依照《最高人民法院关于执行级别管辖规定的几个问题的批复》和各地高级人民法院对级别管辖的诉讼标的的规定。另外就是有关专利案件、海事海商案件、涉港澳台案件等的级别管辖特殊规定。

3．地域管辖异议

地域管辖是指按照行政区域或者法院辖区，依据某种原则或者联系确认民事案件的管辖权。级别管辖是纵向的，地域管辖是横向的，首先要确定级别管辖，才能够确定地域管辖。地域管辖分为一般地域管辖和特殊地域管辖。一般地域管辖，是指以当事人住所地与法院辖区的关系确定管辖法院。一般适用"原告就被告"的原则。特别注意"同一诉讼的几个被告住所地、经常居住地在两个以上人民法院辖区的，各该人民法院都有管辖权"的规定，有的原告当事人，利用程序法上的当事人与实体法上当事人可能不一致的概念，将与案件并无实体法上利害关系的人列为被告之一，从而选择利于己方的法院管辖权。

4．协议管辖异议

协议管辖是指依照双方当事人的意思来确定管辖。《民事诉讼法》第三十四条规定："合同或者其他财产权益纠纷的当事人可以书面协议选择被告住所地、合同履行地、合同签订地、原告住所地、标的物所在地等与争议有实际联系的地点的人民法院管辖，但不得违反本法对级别管辖和专属管辖的规定。"

《民诉法司法解释》第三十条规定："根据管辖协议，起诉时能够确定管辖法院的，从其约定；不能确定的，依照民事诉讼法的相关规定确定管辖。"

管辖协议约定两个以上与争议有实际联系的地点的人民法院管辖，原告可以向其中一个人民法院起诉。该解释条文改变了原有解释中关于"管辖协议约定两个以上人民法院管辖"该约定无效的规定。协议管辖的效力优于地域管辖，但低于专属管辖。协议管辖包括明示管辖和默示管辖。

明示管辖是指双方当事人以明确的意思表示确定管辖的法院，适用的范围国内为合同纠纷，涉外的有合同纠纷和财产权益纠纷。

默示管辖又称为"应诉管辖"，指双方当事人起诉前尽管没有明示的管辖意思表示，但相对方不主张起诉法院无管辖权，而应诉答辩，从而使受理法院取得管辖权。我国目前没有国内的默示法律规定，但是《民诉法司法解释》第三十五条是这样规定的：当事人在答辩期间届满后未应诉答辩，人民法院在一审开庭前，发现案件不属于本院管辖的，应当裁定

移送有管辖权的人民法院。这里存在两个问题：一是如果当事人在答辩期间应诉答辩，但没有提出管辖异议。二是人民法院受理案件后，当事人对管辖权有异议的，应当在提交答辩状期间提出。人民法院对当事人提出的异议，应当审查。异议成立的，裁定将案件移送有管辖权的人民法院；异议不成立的，裁定驳回。

当事人未提出管辖异议，并应诉答辩的，视为受诉人民法院有管辖权，但违反级别管辖和专属管辖规定的除外。这也可以理解为默示管辖仍然存在。

协议管辖对于当事人是非常重要的，为防患于未然，从合同订立之始，就应当引起足够重视。发生诉讼后，仍可以审查协议管辖的合法性，然后确定是否可以提起管辖权异议。管辖权异议的提出主体一般为被告，且只能向一审法院提出，不能向二审法院提出。

管辖权异议，应当向法院提交书面申请书，不能只是向某某承办法官说明而已。

二、处理当事人是否适格的技巧

本章主要讨论的是应诉，而且主要是讨论被告应诉的问题。因为原告既然提起了诉讼，作为原告既起诉又不参与诉讼的情况非常少见。作为被告，经常会有这样一些情形出现：这个案件是不是告错人了？我与这个案件有关系吗？法院为什么会受理呀？既然原告人都告错了，我自然不去参与诉讼了。这些情形的出现，反映了部分当事人缺乏应诉经验和常识，如果处理不当，必然反受其累。

1. 是否受理案件，是法院的权利

根据《民事诉讼法》第一百一十九条第二款规定：起诉必须有明确的被告。

注意法律规定为"有明确的被告"，而**非正确的被告**，原告只要对某一个具体的被告提出主张即可，至于事实上该主张是否应当对该当事人提出，在法院审查起诉时并不能确定。

至于起诉时要求的只是"有具体的诉讼请求和事实理由"，在起诉阶段并**不需要有充分的证据**，只需说明理由即可，因为在举证期限内，原告同样可以提交证据。

案件能否被法院受理，就是法院审查原告提起诉讼是否满足了前述的法定起诉条件。起诉条件是判断一个案件是否受理的标准，如果案件不满足起诉条件，法院将裁定不予受理。法院受理案件后发现不满足起诉条件的处理方式则应当驳回起诉。由于法院在审查起诉时，对于当事人资格的审查，法院对原被告双方的要求并不均衡，法院对原告的要求条件严于被告。这也是便宜诉讼的要求。因此作为被告，没有必要去担心和考虑法院是怎么处理的。只要认真做好被告可以做的事情就足够了。

2. 答辩状中可以提出当事人是否适格的异议

根据《民事诉讼法》第一百二十七条的规定，若被告认为其不应作为被告，而且其住所地法院没有管辖权的，应当在提交答辩状期间提出。法院对当事人提出的异议应当审查。异议成立的，裁定将案件移送有管辖权的人民法院；异议不成立的，裁定驳回。

当原告在其起诉书中,错误地将第三人列为被告的,被告可以在答辩状中向法院提出异议。法院审查异议成立的,将驳回当事人的起诉。但是如果被告向法院只提出管辖权异议的,法院经审查认为异议成立后将移送管辖,而不是驳回原告的起诉,此时相当于被告默认了自己可以成为被告。所以,作为错误的被告,只要在答辩状中提出被告不适格的异议即可,而不需提出管辖权异议。

因为实体意义上的诉权只有通过审判才能作出判决,当事人不适格的异议,一般应围绕当事人之间是否存在民事法律关系,当事人的权益是否受到不法侵害,是否存在争议,义务人是否已履行义务等方面进行举证和叙明事实理由。如果经法院查明当事人之间不存在民事法律关系,或其权益并未受到侵害,或民事法律关系并未发生争议,则可认定原告并无实体意义上的诉权。原告虽然具备行使程序意义上诉权的条件,但其在实体上必然要承担败诉的责任。这也有利于惩戒滥用诉权的当事人,毕竟如果原告败诉,至少要承担诉讼费的损失。

3. 原告是否适格也是可以提出异议的

如果原告与被告之间,并无实体法上的利害关系,比如并没有合同关系、侵权关系、不当得利、无因管理等利害关系,那么原告就不应当行使涉案诉权。

如果原告不是《民事诉讼法》规定的诉讼当事人,那么原告也是不适格的。比如原告虽然是一个组织,但是既不是法人组织(按《民法通则》定义为非法人组织),又没有独立的可以支配的财产,那么对于某些类别的诉讼,就不是适格的当事人。

总之,在诉讼中,既不要纠缠于原被告是否适格,而放弃应诉,也不要错失良机,没有提出当事人不适格的抗辩。

三、债的原因和时效抗辩的技巧

1. 分清债的原因利于抗辩

债权分为合同之债、侵权损害之债、不当得利之债、无因管理之债。之所以发生诉讼,就是原告方认为他的上述权利受到了侵害。但是不同种类的债,对于其诉讼请求是不一样的。例如合同纠纷中,就不应当提出精神补偿费;侵权之诉中,就不应当提出违约金;无因管理之诉,就不应当计算利润损失等。

在应诉时,可以根据债的种类,查找依据的事实和理由。

(1)合同纠纷,主要依据合同。合同是当事人意思自治和意思一致的产物;因为审判时法官会首先考虑当事人是否违反了合同约定,因为一般原则是有约定从约定,无约定从法律,二者没有时,从行业规定惯例、风俗习惯等。

(2)侵权纠纷,依据法律的直接规定。没有法律规定,难以认定为侵权行为。

(3)无因管理纠纷,不应当依据合同约定承担责任。

(4)不当得利纠纷,只能是不因为前述三种情形的情况下,一方得到了利益,另一方损

失了利益的纠纷。

简要厘清上述因果关系,在应诉之初,可以对诉讼风险做一个粗略的评估,以便于当事人确定诉讼策略。

2. 诉讼时效的粗略计算

在明白了债的分类(纠纷性质)后,可以根据不同的纠纷种类,大概计算一下诉讼时效。因为诉讼时效是部分当事人容易忽略的问题,所以在此简要讨论。

一般诉讼时效为3年;特殊的有1年、4年、5年的;最长的为20年,这是从应当知道开始计算的。

另外还应该知道诉讼时效的起算点,是从知道和应当知道那一天至期限满的当天为止。

最后还要知道诉讼时效提出的审级是一审,而不能在二审提出,并且在一审中也必须从提交答辩状期间开始,最迟在庭审辩论结束前提出,而不是在庭审结束后。因为有的法庭会告诉你,庭审后当事人还可以将意见提交法院,即便如此,也不能到了此时才提出诉讼时效抗辩。

对于诉讼时效终止、中断的法律规定情形,应当以查明的法律规定和司法解释为准。对于实际情形是否符合法律和司法解释规定,可以根据实际情况提出抗辩,由法院认定。

四、诉讼安排的技巧

本书所谓诉讼安排,是指当事人参与诉讼过程中,相应诉讼程序,作出的相应的人力、物力、证据、理由等方面准备和实施行为。虽然当事人都应当遵照诉讼程序,但是在整个过程中,作出不同的安排,采取必要的技巧,对于当事人减少诉讼风险,实现诉讼目的却大有益处。

1. 是否委托代理人

是否委托代理人,应当首先考虑当事人的应诉能力,其次需要考虑诉讼标的大小,再者还得根据当事人的时间等因素,也就是根据其诉讼的直接成本、间接成本、时间成本等,作出理性的安排。

(1)不委托代理人

如果案情简单,事实清楚,证据比较充分;当事人熟悉诉讼程序,有一定的诉讼经验;诉讼标的额较小,如不超过5000元;而且与当事人名誉、信用及其他与人格权牵连较少的诉讼。当事人可以选择自己参加诉讼,既可降低诉讼成本,也能增加诉讼体验。

(2)委托非律师的其他代理人

与上述情形相似的诉讼,如果出现以下两种情形,可以选择法定的直系亲属代理人或者社区或所在单位推荐的其他代理人。情形之一为,所选择的代理人熟悉诉讼程序,有一定的诉讼经验,且同意接受委托;情形之二为,当事人确因客观原因不能参与诉讼。但离婚诉讼和赡养权诉讼除外。

（3）委托律师代理人

律师作为法律专业人员，经过国家职业资格考试，并且依法注册具有律师执业资格，是当事人最合适的诉讼代理人。只是当事人应当从个人的实际情况、个案的案情、诉讼成本等因素综合考虑后进行决策。

2.　诉讼的投入与产出

打官司就涉及胜败，但胜败不等同于输赢。笔者认为，即便个案败诉，但是却实现了当事人诉讼开始时设定的目标，仍然应认定为赢。如果个案胜诉，但是与当事人诉讼之初设定的目标相去甚远，那也只能认定为输。如某某当事人，起诉时设定较大的诉讼标的，因而预交了数额较大的案件受理费。经过庭审认定，其大部分的诉讼请求缺乏事实与法律依据，法院只支持了其极少部分诉讼请求，并且判令其承担主要的案件受理费。虽然从判决书看，原告胜诉，但是从诉讼成本、经济损失来看，某某实际上是输了。再例如某某当事人，因为知道败诉风险极大，因而设定了一个客观的给付数额。经过恰当的举证和充分抗辩，经过庭审，案件中某某当事人虽然败诉，但法院判令其给付的数额少于其预期数额，甚至加上代理费和相关费用，仍然低于当初预计数额，那么某某当事人实际上是赢了。

如果仅仅为财产给付类诉讼，诉讼中投入的人力和物力是可以预计和计算的。而根据个案案情，最终的结果也是可以做初步估计的。两者相较，正负自明，这就是诉讼中的投入和产出。本书所言诉讼中产出，不能仅仅理解为判决书判令的数额，而是实际中能够真正实现的数额。盈亏当然构成诉讼风险，实践中"赢了官司输了钱"的案例并不少见。

然而对于非财产类诉讼，此种比较未必适用。当事人可以恰当地安排诉讼的投入。

3.　证据安排

此处只谈证据安排的策略。证据必须符合"三性"，如果不具有"三性"的证据，组织得再多也是无用的，因为其根本起不到证明的作用。组织证据不仅要考虑难易程度，同时也要考虑证明力的大小。如已有证据足以证明当事人主张的事实，则不要因为证据过多形成"累证"。

组织证据既要考虑成本，也要考虑其固定性。鉴定意见和鉴定人有出庭义务的规定，加上考虑申请鉴定的金钱成本和时间成本，除非非经鉴定不能辨明事实真伪或者数额，否则不宜轻易申请鉴定。

证人证言和申请证人出庭，也是应当斟酌的。证人证言如果未经证人出庭证实，其证明力有限。而申请证人出庭，应当考虑证人出庭的可能性，同时还要考虑证人的人品、言辞表达能力、心理承受能力等多方面的因素。有关证据问题，下一节将专题讨论。

4.　事实理由

事实必须是与个案相关的事实，有助于说理的事实。事实不在多，够用就行。

理由要有依据，说辞要恰当。最好的依据是法律法规，按照法律规定阐述，但不是在

法庭上为法官"普法",法官是法律专家,因此运用法律点到为止。对于比较生僻的法律适用,估计在审判实践中,出现不多的个案,应当尽量引述法律条文和阐述清楚。但不可借题发挥,海阔天空,最后不着边际。做到有法依法,无法可依则说理。具体讨论,详见后续章节。

5. 时间安排

整个诉讼过程,实际上也是一个时间的过程。时间安排上做到早迟相宜,恰到好处。进而言之则是,尽量给自己留有充裕的时间,给对方合法的时间,给法官恰当的时间。诉讼中的时间安排,是需要在诉讼实践中去领悟的,本书不做详叙。

第三节 提交证据与答辩状

一、证据提交

不论原告还是被告,在收到法院受理通知书或者应诉通知书时,都会同时收到法院的《举证通知书》。在《举证通知书》中,将会得到这样的告知:

*你方在收到本通知书后,可以与对方当事人协商确定举证期限后,向本院申请认可。

你方与对方当事人未能协商一致,或者未申请本院认可,或本院不予认可的,你方应当于××××年××月××日前向本院提交证据。

*你方在举证期限内提交证据材料确有困难的,可以依照《最高人民法院关于民事诉讼证据的若干规定》第三十六条的规定,向本院申请延期举证。

*你方在举证期限届满后提交的证据不符合《最高人民法院关于民事诉讼证据的若干规定》第四十一条、第四十三条第二款、第四十四条规定的"新的证据"的规定的,视为你方放弃举证权利。但对方当事人同意质证的除外。

*符合《最高人民法院关于民事诉讼证据的若干规定》第十七条规定的条件之一的,你方可以在举证期限届满的7日前书面申请本院调查收集证据。

这就是对当事人的举证提示。当事人从中应当清楚知道,第一,诉讼当事人具有举证责任,放弃举证并不影响法院的审判,而且有可能承担举证不能的不利后果。第二,举证期限可以通过当事人协商,可以比一般规定的民事诉讼举证期限15日长或者短一些,但是必须在协商以后,向法院提出申请,得到法院认可。第三,单方提出确因客观原因致使在举证期限内举证有困难,需要延长举证期限的,需经过法院准许。第四,确因法定缘由,需要申请法院调取证据,必须在举证期限届满的7日前书面申请法院调查收集证据。是否被准许,由法院决定。第五,超过举证期限提出的证据将被视为"新证据",按照新规,如果对方当事人不同意质证,将不能作为证据处理。特殊情况即便法院准予提交,也可能被法院训诫或者处以罚款。

二、证据组织

诉讼以"以事实为依据,以法律为准绳"为原则。前面章节已经谈到,诉讼中的事实不是强调客观真实,强调的是法律上的真实,必须要有证据来证明的事实。因此证据在诉讼中有决定性的作用。在个案中,如果不能用充分的证据来证明自己主张的事实,那么无论你的说理抗辩多么精彩华丽,也会显得十分苍白。按照程序安排,提交证据之前,首先要进行初步的证据的收集工作,然后再对证据粗细加工。选取符合证据真实性、合法性、关联性的,最具有证明力的证据,进行篇排整理、提交。

1. 收集证明当事人之间是否存在利害关系的证据

按照《民事诉讼法》的规定,只有原告和被告之间存在利害关系,并且是该利害关系的当事人,原告才能提起诉讼。即便经过法庭审理后查明原、被告之间不存在实体法上的利害关系,或者不是真正的当事人,但是起诉时,原告必须提供证据证明这种利害关系的存在,同时证明原、被告都是涉诉利害关系的当事人。被告的反驳和抗辩,尤以直接证明原、被告之间不存在实体法上的利害关系,或者不是真正的当事人,最为直接有力。证明原告和被告之间存在利害关系,并且是该利害关系的当事人,根据纠纷性质的不同可以从以下方面着手:

(1)合同纠纷。

能够证明原告和被告之间的合同关系是合同纠纷的基础。合同包括书面的、口头的、俗称的契约或者协议,有极为明确的经过双方签字、捺印(盖章)的书面合同、协议、契约、借据、欠条等,也有不太明显的比如买卖货物的发票、收据、发货单据等,甚至车票、保险单据、停车票、电影票等,还有口头、实践的合同,比如买卖牲畜、菜蔬、粮油等,只要具有时间、地点、证人等,甚至通过细节能够查明,也能被认定为合同,从而认定为存在合同关系。

合同纠纷不仅要证明原、被告之间存在合同,最好要证明原告和被告是合同关系的当事人。比如物业服务合同纠纷,按照《最高人民法院关于审理物业服务纠纷案件具体应用法律若干问题的解释》的规定,物业服务企业与开发建设单位签订的《前期物业服务合同》,或者与业主委员会签订的《物业服务合同》对业主具有约束力。因此即便原告只提交了物业服务企业与开发建设单位签订的《前期物业服务合同》,或者与业主委员会签订的《物业服务合同》,而且在此两种合同中,也许并不存在业主的签字、捺印,但是根据法律规定和司法解释,物业服务企业和业主之间就能认定存在合同关系。由于利用这两种合同能够证明物业服务企业和业主之间存在合同关系,那么当事人就必须是业主,也就是房屋产权证(物权登记薄)记载的业主,而不一定是房屋实际的居住人或者使用人。这样的案例很多,诉讼中需要加以梳理和识别。

（2）侵权纠纷。

能够证明侵权行为、侵权结果、侵权行为与侵权结果之间存在因果关系是证明原被告之间存在利害关系的基础。法律另有规定的除外。比如"高空抛物"致人伤害一类案件，只需要证明受到伤害的结果和发生致害事故的过程即可。但是常态下，原告需要提交证据证明侵权行为和侵权结果，这是最为基础的，至于侵权行为与侵权结果之间存在因果关系，可以放到庭审时通过证据和辩论加以解决。然而侵权行为人也就是大部分侵权案件的当人事以及受害者（包括受害者死亡的直系亲属）也是必须用证据予以证明的。如果不能证明当事人之间存在直接的利害关系，或者不能证明真正存在利害关系的是案件的当事人，简而言之，一般情况下侵权纠纷诉讼中，如果不能确定被告是侵权行为人，或者不能证明是被告实施了侵权行为，那么原告和被告之间的侵权纠纷，有可能不被法院受理。法律有特殊规定的除外。

侵权行为的证据，包括行为人的事实侵权行为的时间、地点、过程叙述，证人、影像资料、报警记录等；侵权结果的证据，包括致物损害的实物、实物照片等，致人伤害的现场取证、就医病历、入院出院证明、医疗发票、伤残鉴定、死亡证明等。

原告必须是受害者（包括受害者死亡的直系亲属），被告是实施侵权行为的行为人或者行为人的雇主、所属单位（组织）、交通事故中交强险承保的保险公司、无民事行为能力的监护人、致害物的所有者（管理者）、致害牲畜的所有者（管理者）等。这些都需要证明。原告需要提交的是本证，也就是证明其成立。被告如果主张以上事实不成立，则应当提交反证，也就是证明以上事实不成立。

（3）无因管理和不当得利纠纷。

原告提交的证据应当证明存在无因管理或不当得利的事实。需要证明实施了无因管理的事实，或者存在不当得利的事实；同时还需证明原告和被告之间不存在管理的合同关系，或者是前行为不存在随附管理（注意）义务。最后还得证明被告当事人是无因管理的受益人或者是不当得利的受益人，以及原告因为实施无因管理支付的成本，或者因为被告的不当得利，原告遭受的损失等。

（4）离婚诉讼中的结婚证，继承纠纷的遗嘱、遗赠扶养协议，工伤（劳动争议）劳动合同、工资表、工资卡，等等，都是不可缺少的证据。

相比较而言，在起诉阶段，原告负有较重的证据组织和提交任务。在应诉中，被告的举证任务较重。

三、搜集证据的难点

收集对方当事人住所地或经常居住地及财产等方面情况的证据，搞清对方当事人的住所地或经常居住地及财产情况，对整个诉讼活动的进行有重要意义；同时也可能是起诉时搜集证据的难点所在。首先，搞清对方当事人的住所地或经常居住地，是确定案件管辖的前提,只有这样才能确定在哪个人民法院起诉。而且,知道对方当事人的真实地址、电话号码、身份信息等,便于法院送达传票等诉讼文书。一般来讲,这方面的证据要原告提供,法院工作人员很难认真调查这些问题。其次,搞清对方当事人的真实地址及财产情况,还便于对对方当事人采取财产保全、证据保全等措施,胜诉后能够方便执行。

当事人可以充分利用政府机关的公共资源。比如查找公民个人的信息,可以多利用公安部门的资源,因为现在全国身份证信息是联网的,只要输入几个关键词,在公安部门的网络上可以比较容易找到你想找的这个人。再如,查找公司信息,可以到工商部门的注册登记中心,去查找这个公司的注册文件,注册文件有大量有用的信息,如公司章程、主要股东情况、财务报表等,这些能够为诉讼活动的继续进行提供帮助,特别是能够提供很多继续收集证据的线索。当然,进行这样的调查需要有律师的参与,因为有些政府部门不对个人提供这些服务。

公司和公司虽然可能是多年合作的贸易伙伴,但是公司对双方的贸易关系,仍然保持高度警惕,对每次双方往来的文件、文书和传真应当归档整理好,并且特意留心对方的往来账户的变动情况。还应注意对方公司负责人的更替、账户变化等,以便必要时采取财产保全措施。

四、答辩状

民事答辩状是指在民事诉讼活动中,被告或被上诉人针对原告、上诉人的诉状内容,作出的一种"回答"和"辩驳"的书状。它是与起诉状或上诉状相对应的一种法律文书。一审程序上的答辩状,是被告对原告起诉状提出的。二审程序上的答辩状,是被上诉人针对上诉人的上诉状而提出的。答辩状的使用,有利于法院全面查明案情,做到兼听则明,公正判决或裁定,防止误判或误裁。有利于维护当事人的合法权益。

依照《民事诉讼法》的规定,法院应当在立案之日起5日内将起诉状副本发送被告或被上诉人,被告或被上诉人在收到之日起15日内提出答辩状。提出答辩状是当事人的一项诉讼权利;被告人或被上诉人逾期不提出答辩状,不影响人民法院审理。

(一)民事答辩状格式

民事答辩状由首部、正文、尾部三部分组成。

1. 首部

(1)标题:居中写明"民事答辩状"。

(2)答辩人的基本情况:写明答辩人的姓名、性别、出生年月日、民族、职业、工作单位和职务、住址等。如答辩人系无诉讼行为能力人,应在其项后写明其法定代理人的姓名、性别、出生年月日、民族、职业、工作单位和职务、住址以及其与答辩人的关系。答辩人是法人或其他组织的,应写明其名称和所在地址、法定代表人(或主要负责人)的姓名和职务。如答辩人委托律师代理诉讼,应在其项后写明代理律师的姓名及代理律师所在的律

师事务所名称。

(3)答辩缘由:写明答辩人因××一案进行答辩。

2. 正文

(1)答辩的理由。

应针对原告或上诉人的诉讼请求及其所依据的事实与理由进行反驳与辩解。被告或被上诉人的答辩主要从实体方面针对原告或上诉人的事实、理由、证据和请求事项进行答辩,全面否定或部分否定其所依据的事实和证据,从而否定其理由和诉讼请求。一审被告的答辩还可以从程序方面进行答辩,例如提出原告不是适格的原告,或原告起诉的案件不属于受诉法院管辖,或原告的起诉不符合法定的起诉条件,说明原告无权起诉或起诉不合法,从而否定案件。无论一审被告,还是二审被上诉人提出答辩理由,要实事求是,要有证据。

(2)答辩请求。

答辩请求是答辩人在阐明答辩事实理由的基础上,针对被答辩人的诉讼请求向人民法院提出的应根据有关法律规定保护答辩人的合法权益的请求。一审民事答辩状中的答辩请求主要有:①要求人民法院驳回起诉,不予受理;②要求人民法院否定原告请求事项的全部或一部分;③提出新的主张和要求,如追加第三人;④提出反诉请求。如果民事答辩状中的请求事项为两项以上,在写请求事项时应逐项写明。对上诉状的答辩请求应为支持原判决或原裁定,反驳上诉人的要求。

(3)证据。

答辩中有关举证事项,应写明证据的名称、件数、来源或证据线索。有证人的,应写明证人的姓名、住址及身份信息。

3. 尾部

(1)致送人民法院的名称。

(2)答辩人签名。答辩人是法人或其他组织的,应写明全称,加盖单位公章。

(3)答辩时间。

(4)附项主要应当写明答辩状副本份数和有关证据情况。

(二)程序性抗辩最为快捷有力

抗辩可以从程序和实体两个方面展开,尤以程序抗辩最为快捷;因为程序性问题,法院即使不通过对案件的审理,也能作出认定,并依法作出裁决。

1. 似民事诉讼,实为行政案件

有的案件不属于人民法院民事诉讼受案范围的,但是从纯粹利害关系查看,双方当事人确实存在利害关系。这些案件因为按照法律规定,一些是只能由政府裁决的,有些属于起诉前必须经过行政复议的前置程序。即使因当事人片面陈述事实或法院失误而

立案后,答辩时在答辩中明确说明不属于法院"主管",即可令对方"败诉",常见的有三种情况:

(1)土地所有权和使用权争议。

《中华人民共和国土地管理法》第十六条规定:土地所有权和使用权争议,由当事人协商解决;协商不成的,由人民政府处理。当事人对有关人民政府的处理决定不服的,可以自接到处理决定通知之日起30日内,向人民法院起诉。

首先,如果未经人民政府处理,当事人以自然人为被告直接到法院起诉,可在答辩状中直接依法提请法院注意,这类案件属于行政裁决纠纷,不能提起民事诉讼;其次,原告即使在纠纷经过政府处理后起诉,如果原告以自然人为被告起诉,亦可提请法院注意,应当提起的是行政诉讼,而不是民事诉讼。

(2)需"复议前置"的案件。

《行政复议法》第三十条第一款规定:"公民、法人或者其他组织认为行政机关的具体行政行为侵犯其已经依法取得的土地、矿藏、水流、森林、山岭、草原、荒地、滩涂、海域等自然资源的所有权或者使用权的,应当先申请行政复议;对行政复议决定不服的,可以依法向人民法院提起行政诉讼。"

此类案件未经"复议"直接起诉法院的,在答辩状中可提请法院注意,未经复议法院无权审理。

2. 劳动争议"仲裁前置"

按现行法律规定,一般的劳动争议案件发生后,需先经劳动争议仲裁委员会仲裁,对仲裁裁决不服才可向人民法院起诉。如果当事人未经仲裁直接向法院起诉,可在答辩状中向法院提请注意。

3. 其他程序性抗辩事由

(1)当事人之间存在仲裁协议的;

(2)存在管辖权异议;

(3)存在当事人在实体法上主体资格不适格的;

(4)是否遗漏共同被告或第三人;

(5)存在诉讼时效抗辩的;

(6)二审上诉超过上诉期限的。

五、答辩应具有针对性

除了上述程序性抗辩外,应针对原告或者上诉人的事实理由和诉讼请求展开。在一审和二审中,重点有所区别,在一审中,主要应针对原告的诉讼请求,原告主张的事实理由展开,通过证据否定原告主张的事实,争取法官不予采信。或者主张新的事实,反驳原告的主张。在事实和理由的答辩中,根据法律法规和司法解释的规定,逻辑性地逐层阐明答

辩人的理由,争取法官对原告主张的理由不予采信。通过答辩人主张的事实理由,反驳或者反抗原告主张的诉讼请求。

在二审中,答辩人作为被上诉人,重点是针对一审判决书中认定的事实和理由以及适用法律而展开,而不是再围绕一审中的辩论的事实和理由展开。因为上诉人,在上诉中往往会针对一审判决书出现的认定事实和理由以及适用法律等出现错误或者不当而展开说理,因此作为答辩人,如果希望二审法院维持原判决,就应该针对上诉人提出的问题而展开,力图辨明一审认定事实清楚,适用法律正确,作出的判决合法公正。还因为在二审中,很少有新的证据出现,因为按照《民事诉讼法》和相关的司法解释,在二审中提出并能被认定为新证据是有一定难度的,因此二审答辩,不应当将辩论围绕证据展开,而且答辩状应简洁明了,条理清楚,具有逻辑性。

篇幅不宜过大,按照轻重和主次,逐条逐款展开。引用法律条款应当写明,必要时应将相关条文原文引用;围绕法律法规规定说理,切忌凭感觉发挥,不宜过多渲染。让审判人员阅读以后,能够清晰明白答辩人需要说明几个问题,几条理由足矣。

以下范文仅供参考。

民事答辩状

答辩人:自贡市××物业有限公司

住址:自贡市×××××

法定代表人:黄××,职务:总经理,联系电话:1370815××××

被答辩人:富世镇××××业主委员会

住址:富世镇××××

代表人:缪××,职务:副主任,联系电话:1399009××××

答辩人就富世镇××××业主委员会诉自贡市××物业有限公司和黄×勋物业服务合同纠纷一案,通过分析被答辩人的起诉书和相关证据材料,答辩人认为被答辩人诉请所依据的事实和理由于法无据,请求法院依法驳回被答辩人的诉讼请求。就相关事实和理由答辩如下:

一、答辩人认为本案有以下问题需要查明:

1. 本案所涉债权债务不仅是物业服务合同之债,还具有其他债务形式。

2. 本案所涉原告和被告当事人身份是否适格?

3. 本案所涉合同的性质及合同部分的有效性如何认定?

二、本案所涉合同不是单纯的物业服务合同,而且还混杂有委托合同和借贷合同关系。

自贡市××物业有限公司(以下简称"××物业")与富世镇××××业主委员会(以下简称

"××业委会")于2014年4月1日签订《物业服务合同》。合同约定由××物业自2014年4月1日起至2019年3月31日止,向富世镇××××小区(以下简称"××小区")提供物业服务,并明确此合同为物业服务合同。

该合同除约定了正常物业服务合同应有条款外,在合同第六条委托了××物业承办小区大、中修及更新改造项目,并约定了此小区大、中修及更新改造项目投入费用超过10万元部分由乙方筹集资金垫付。

该合同第五条约定××物业应分两次向××业委会缴纳保证金,但对保证金的性质及保证内容没有约定,然而对合同期满无条件退还保证金有约定。实际上一种借款合同条款。

这是一份物业服务合同、其他事项委托合同、借款合同混合的合同。由于合同约定明显违反《合同法》规定的公平正义原则、诚实信用原则及民法的禁止权利滥用原则,因此订立合同之初,就为该合同的履行设定了恣意违法的空间。

所涉法律法规包括:《物业管理条例》"**第二条**　本条例所称物业管理,是指业主通过选聘物业管理企业,由业主和物业服务企业按照物业服务合同约定,对房屋及配套的设施设备和相关场地进行维修、养护、管理,维护物业管理区域内的环境卫生和相关秩序的活动。

第三十四条　业主委员会应当与业主大会选聘的物业服务企业订立书面的物业服务合同。

物业服务合同应当对物业管理事项、服务质量、服务费用、双方的权利义务、专项维修资金的管理与使用、物业管理用房、合同期限、违约责任等内容进行约定。"

《最高人民法院关于审理物业服务纠纷案件具体应用法律若干问题的解释》"**第一条**　建设单位依法与物业服务企业签订的前期物业服务合同以及业主委员会与业主大会依法选聘的物业服务企业签订的物业服务合同,对业主具有约束力。业主以其并非合同当事人为由提出抗辩的,人民法院不予支持。"

《住宅专项维修资金管理办法》"**第二条**　本办法所称住宅专项维修资金,是指专项用于住宅共用部位、共用设施设备保修期满后的维修和更新、改造的资金。"

《物业服务收费管理办法》"**第十一条**　实行物业服务费用包干制的,物业服务费用的构成包括物业服务成本、法定税费和物业管理企业的利润。

实行物业服务费用酬金制的,预收的物业服务资金包括物业服务支出和物业管理企业的酬金。

物业共用部位、共用设施设备的大修、中修和更新、改造费用,应当通过专项维修资金予以列支,不得计入物业服务支出或者物业服务成本。"

《最高人民法院关于适用〈中华人民共和国担保法〉若干问题的解释》"**第一百一十八**

条 当事人交付留置金、担保金、保证金、订约金、押金或者定金等,但没有约定定金性质的,当事人主张定金权利的,人民法院不予支持。"

《合同法》"第一百六十一条 当事人既约定违约金,又约定定金的,一方违约时,对方可以选择适用违约金或者定金条款。"

从以上法律法规和行政规章中,可以对物业服务合同内容和性质作出如下理解:

(1)物业服务合同的签订主体之一是业主大会的代表机构,即业主委员会,业主委员会不是以自己的意志而是代表业主的意志,所签订的物业服务合同对全体业主具有约束力;因此××业委会不是该物业服务合同的相对人,不具有独立行使合同解除权的主体资格;同时该物业服务合同应当包含的主要内容是服务与被服务关系。

(2)物业共用部位、共用设施设备的大修、中修和更新、改造应当不包含在物业服务内容之中,这是以上引用的法律法规和规章所规制的。同时此部分约定与单一业主享受服务和支付物业服务费无对应性联系。应该视为《合同法》有名合同之委托合同的内容。相对于委托合同约定,根据《合同法》相关规定,委托方可以随时行使合同解除权,不过本案所涉合同之解除权也只能仅此而已。

(3)该合同中虽然使用了"保证金"的名词,但是没有保证之内容,更没有"约定定金性质",因此首先不适用定金罚则;同时本案所涉合同约定了10万元的违约金,介于答辩方已经向被答辩方给付了5万元,并且约定了不给付利息和还款期限;因此此5万元只能认作借贷。现本案所涉合同已经被××业委会违约解除,属于不可恢复状态,因此××业委会应该按约定归还此笔借款。

(4)既然本案所涉合同之委托合同条款约定了委托事项,而且约定了超过10万元以后的由××物业垫支,那么根据《合同法》委托合同之规定,同时兼顾直至合同解除,××业委会仍然没有按约定支付约定应该给付的10万元改造费以及由××物业垫支的改造费,因此请求判令××业委会给付××物业已经实施的委托事项的全部费用,具体金额见于答辩方提交的证据材料。

三、本案所涉合同约定的解除事由属于违法约定,不产生法律后果。

(1)该合同第十条将与物业服务合同无关的事项共五款拟制为违约事由,并约定××业委会可以单方行使合同解除权。

(2)本案所涉物业服务合同约定的物业服务费收费模式是包干制,因此××物业的财务制度属于内部管理事务,与他人无涉。将此约定为违约及解除理由于法无据。何况即使可以查阅财务账册,也需要相应的资质,而不是任何人或者组织可以随意查阅的。

(3)是否违反行政部门的行政管理,属于行政法调整的范畴,更不应该约定为违约和解除条款。

(4)物业服务所涉全部法律法规,并没有强制性规定物业服务企业与业主委员会之间必须有账务往来,即便有也不过是有些委托事项的结算,自然不可以作为物业服务合同之违约和解除条款。

(5)如果物业服务企业违反合同约定,自然应该承担违约责任,并且应该按照《物业管理条例》之规定,经过1/2的业主表决权同意后,方可解除合同。

(6)至于是否完成本案所涉合同的委托事项,不仅不能作为物业服务合同履行义务的评价,而且是否解除委托合同条款,与物业服务合同本身并无关系。

《物业管理条例》"**第十一条　下列事项由业主共同决定:**

(四)选聘和解聘物业管理企业;

第十二条　业主大会会议可以采用集体讨论的形式,也可以采用书面征求意见的形式;但是,应当有物业管理区域内专有部分占建筑物总面积过半数的业主且占总人数过半数的业主参加。

业主可以委托代理人参加业主大会会议。

业主大会决定本条例第十一条第(五)项和第(六)项规定的事项,应当经专有部分占建筑物总面积2/3以上的业主且占总人数2/3以上的业主同意;决定本条例第十一条规定的其他事项,应当经专有部分占建筑物总面积过半数的业主且占总人数过半数的业主同意。

业主大会或者业主委员会的决定,对业主具有约束力。

业主大会或者业主委员会作出的决定侵害业主合法权益的,受侵害的业主可以请求人民法院予以撤销。

(7)××业委会单方解除合同之行为,不仅违约,而且违反法律法规之强制性规定,应该承担违约及赔偿责任。

合同签订以后,××物业严格履行了合同约定的义务,期待预期利益的逐步实现。但是××业委会居于事先的非诚信目的,对××物业开展的正常物业服务百般阻拦,并且不按照合同约定履行应尽的配合和协助义务,违反《合同法》合同之善意履行义务。

(8)2014年11月5日,××业委会在未与××物业协商的情况下,向××物业递交了《富世镇××××委员会通知》。该通知在没有列明任何具体违约事由的情况下,单方终止了2014年4月1日签订的《物业服务合同》,并且直接要求××物业员工黄×勋撤离小区,同时禁止××物业和黄×勋在终止合同后依法可以向欠费业主收取欠费的行为。为此不仅造成××物业预期利益损失,并且直接造成××物业既得利益(依法追缴欠费)损失。

(9)《富世镇××××业主委员会通知》不仅违反《合同法》合同之善意履行规定,而且违反《物业管理条例》有关选聘和解聘物业服务企业的业主表决权之规定,同时违反《四川省物业管理条例》规定的解除合同必须提前60日通知的规定,直接造成××业委会根本违约。该《物业服务合同》约定的违约金为10万元。

(10)如果××业委会确实需要行使合同解除权,也只能就本案所涉合同中约定委托事

111

项行使委托合同之解除权,而不能及于物业服务合同。因为物业服务合同之解除必须遵循《物业管理条列》之强制性规定,否则其解除行为归于无效,其因此造成不良后果应归属于违约后果。

(11)黄×勋属于××物业之员工,××业委会无权干涉其职务行为。××业委会禁止××物业和黄×勋在其"解除通知"到达后,依法追缴物业服务费等欠费行为,明显违反《最高人民法院关于审理物业服务纠纷案件具体应用法律若干问题的解释》第九条第二款**"物业服务企业请求业主支付拖欠的物业费的,按照本解释第六条规定处理"**之规定。致使××物业依法应当自主追讨的物业服务欠费无法追讨,造成直接经济损失260509.75元,对此有4组证据为证。此部分为××业委会根本违约造成的,致使××物业既有债权无法实现,应不含在合同可预期利益损失范围内。

所涉法规为:《四川省物业管理条例》**"第五十三条 物业服务合同双方当事人解除或者终止物业服务合同,应当依据合同履行必要的告知义务;合同未约定告知期限的,应当提前60日告知。"**

三、答辩人和被答辩人之间的债权债务应当按照《合同法》规定的合同解除后应当进行的办法进行清算,而不是单方要求对方给付款项。

(1)××物业在履行《物业服务合同》中,基于对合理合法的预期利益的期待,按照《物业服务合同》的约定和物业服务远期目标的需要,对于大、中修及更新改造,已先后投入340214元;此部分投入有18项证据为证。

(2)在本案中,××业委会主张的要求××物业和黄×勋共同给付其垫付的92893.85元费用,应该是在该《物业服务合同》履行过程中形成的双方往来债权债务。××物业和黄×勋认为此笔费用,可以在双方按照《物业服务合同》约定和法律规定进行清算后,在互负债权债务中冲抵。

四、本案诉讼主体身份是否适格,不仅会影响判决的有效性,而且如果发生执行情况,还会影响判决的权威性。

(1)业主委员会虽然属于《民事诉讼法》规定的其他组织,但是如果不具有可以支配的财产,则不能成为具有给付义务的诉讼主体。因为诉讼具有风险,如果具有给付义务之诉讼,难免有败诉的可能,如果没有可以独立支配的财产,将无法履行判决确定的给付义务。

(2)如果本案被答辩方认为是与××物业签订的《物业服务合同》,而不是明知黄×勋采用挂靠的形式签订的合同,那么被答辩人将黄×勋作为本案被告,显然于法无据,应予以驳回。

(3)如果本案被答辩方认为是明知黄×勋采用挂靠的形式签订的合同,根据《物业管理条例》之强制性规定和《合同法》等法律法规的规定,那么法庭应首先认定本案所涉《物业服务合同》为无效合同。

(4)如果本案认定所涉《物业服务合同》为无效合同,那么本案所涉《物业服务合同》则自始无效。而黄×勋所提供的物业服务则属于无因管理。按照法律对无因管理的规定,管理人黄×勋可以向本人(该小区全体业主含业委会成员)追偿无因管理的之成本费用。而所委托维修改造事项,则同样应当按照有效合同条款处理。

(5)如果本案认定无因管理成立,那么在本案中,××业委会主张的要求××物业和黄×勋共同给付其垫付的92893.85元费用,因全部归于小区管理人员工资和正常费用支出,则不成立任何债权债务,当此债权归于本人时则消灭。

(6)如果本案认定所涉《物业服务合同》为无效合同,那么本案所涉《物业服务合同》则自始无效。××物业和黄×勋给付给××业委会的5万元也不认定为借贷之债权债务的话,那么应当认定××业委会不当得利5万元,也应当返还××物业和黄×勋。

本案是一起典型的违反合同之平等自由、诚实信用、善意履行原则和民法之禁止权利滥用原则签订的合同。带有明显的预期违约意图,属于"业主委员会"只有无上权利而无半点责任的奇怪现象的产物。如果支持这种行为的蔓延,必将对关乎国泰民安的小区物业服务产生极其不利的后果。

答辩人根据上述事实和理由,请贵院在查明事实的基础上,依法驳回被答辩人的诉讼请求,维护答辩人的合法权益。

此致
富顺县人民法院

答辩人:自贡市××物业有限公司

委托代理人:四川××律师事务所律师×××

二○一六年×月××日

第四节　反诉

一、反诉及其条件

(一)反诉的概念

反诉是指在一个已经开始的民事诉讼(诉讼法上称为"本诉")程序中,本诉的被告以本诉原告为被告,向受诉法院提出的与本诉有牵连的独立的反请求。其目的在于抵销或吞并本诉原告诉讼请求的独立的反请求。

反诉,是民事诉讼的一种,是相对于本诉来说的一种诉。原告提起的诉,称为"本诉"。《民事诉讼法》第五十一条规定:"被告可以承认或者反驳诉讼请求,有权提起反诉。"
《民事诉讼法》第一百四十条规定:"原告增加诉讼请求,被告提出反诉,第三人提出与

本案有关的诉讼请求,可以合并审理。"

《民诉法司法解释》第二百三十二条规定:"在案件受理后,法庭辩论结束前,原告增加诉讼请求,被告提出反诉,第三人提出与本案有关的诉讼请求,可以合并审理的,人民法院应当合并审理。"

《民诉法司法解释》第二百三十三条规定:"反诉的当事人应当限于本诉的当事人的范围。"

反诉与本诉的诉讼请求基于相同法律关系、诉讼请求之间具有因果关系,或者反诉与本诉的诉讼请求基于相同事实的,人民法院应当合并审理。

反诉应由其他人民法院专属管辖,或者与本诉的诉讼标的及诉讼请求所依据的事实、理由无关联的,裁定不予受理,告知另行起诉。

《民诉法司法解释》第三百二十八条规定:"在第二审程序中,原审原告增加独立的诉讼请求或者原审被告提出反诉的,第二审人民法院可以根据当事人自愿的原则就新增加的诉讼请求或者反诉进行调解;调解不成的,告知当事人另行起诉。"

《民事诉讼法》《民诉法司法解释》对反诉、反诉的条件、反诉的提出时间、反诉的特点和人民法院对反诉的审理和处理,作出明确的规定。

（二）反诉的特点

（1）反诉只能在本讼进行过程中提起,以便于人民法院将本诉与反诉合并审理。

（2）反诉提起以后,本诉的原告就成为反诉的被告,本诉的被告就成为反诉的原告。双方当事人互为原、被告,各自都具有了双重身份。

（3）反诉是相对于本诉的一种独立之诉,其诉讼请求具有自身的独立性,原告撤回本诉并不会影响反诉的继续存在。原告的缺席,也不影响反诉的审理。

（4）反诉目的的对抗性:被告提出反诉是针对原告本诉中的诉讼请求,其目的在于动摇、抵消、吞并原告的诉讼请求。

（5）反诉请求与本诉诉讼请求的牵连性:提出反诉的诉讼请求和理由所依据的事实和法律应与本诉的诉讼请求具有牵连性。

（三）反诉提起的条件

反诉作为诉的一种,首先应该具备诉的要素,需要提交反诉状或者反诉请求,这是一个最先决的条件。反诉的提起,还须具备以下几个条件:

（1）当事人条件:反诉只能是本诉的被告向本诉的原告提起,反诉的当事人必须是本诉的当事人。

（2）案件要求:反诉必须是属于非专属管辖的案件,否则受理本诉的法院对反诉没有管辖权,反诉也就不能成立。法院应当驳回反诉。

（3）时间条件:反诉必须在本诉受理后,案件作出判决前的诉讼阶段内提出。

（4）管辖条件:反诉必须是本诉的被告向受理本诉的人民法院提起,只有这样才能合并审理。

（5）诉讼程序要求：反诉与本诉必须适用同一诉讼程序，否则无法将二者合并审理。

（6）牵连关系：反诉的诉讼请求与本诉的诉讼请求必须在事实上和法律上有牵连。该条件是反诉能够成立的实质条件。

二、反诉的要点

（1）反诉与本诉基于同一法律关系。反诉与本诉所依据和所体现的权利义务关系的性质相同。例如，原告请求给付物业服务费，被告请求违约赔偿损失。原告、被告的请求依据和体现的权利义务关系均基于同一物业服务合同关系。如果原告请求给付物业服务费，被告请求承担人身损害赔偿。因为本诉是物业服务合同关系，而被告提起的是侵权之诉，两者不基于同一法律关系。

（2）反诉与本诉基于同一法律事实。反诉的诉讼请求与本诉的诉讼请求在事实上有某种牵连。例如，甲乙两人相殴斗，甲请求乙赔偿身体损害医疗费用的损失；乙反诉请求甲赔偿损坏财物的损失。本诉与反诉基于斗殴这同一法律事实。

（3）反诉与本诉虽然不是基于同一法律关系或同一法律事实，而是基于诉讼标的的同一或主观权益上的联系，基于抵消目的而发生的诉讼理由上的联系，提出的请求也应纳入反诉的范围。之所以把关系也界定为牵连性，其意义是有利于在诉讼中借反诉抵消本诉而免去不必要的重复清偿活动，并且使被告免遭原告一方无清偿能力的后果。例如，甲借钱给乙，供乙经营商店，乙没按期归还借款。甲为了情面也没向其追索，于是甲向乙赊购一批商品抵借款。后来，甲乙闹纠纷，乙起诉甲要求反还商品价款，甲反诉，要求乙偿还所欠借款。甲乙间请求既非同一法律关系又非同一法律事实。乙起诉请求给付价款，甲反诉请求返还借款，双方的诉讼标的都是货币。如果被告请求数额大于原告请求数额，反诉即可以吞并本诉；如果被告请求数额小于原告请求数额，反诉即可抵消一部分本诉请求，使本诉请求部分失去意义。这完全符合反诉的抵消、吞并本诉请求的目的。

基于以上分析，作为被告的当事人，是否需要提起反诉？是否能够提起反诉？如何提起反诉？则首先考虑有无上述三点所言的牵涉关系。当然，也不可一概而论，在实践中，法院和法官掌握的尺度可能有所差异；但是应当满足本书所列提起反诉的六个条件中的前五条。反诉不失为一种策略，既可以降低诉讼成本，有时候也可以起到让原告知难而退的效果。

提起反诉的诉讼文件和证据材料要求同于本诉，此处不再重复讨论。仅提供例文以供参考：

民事反诉状

反诉人（本诉被告）：自贡市××物业有限公司

住址：自贡市××小区

法定代表人：黄××,职务:总经理,联系电话:1370815××××

反诉人(本诉被告):黄×勋,汉族,生于195×年×月××日

住址:富顺县×××街××号,联系电话:1809506××××

被反诉人(本诉原告):富世镇××××业主委员会

住址:富世镇×××小区

代表人:缪××,职务:副主任,联系电话:1399009××××

反诉人就富世镇××××业主委员会诉自贡市××物业有限公司和黄×勋物业服务合同纠纷一案,向被反诉人提起反诉。

反诉请求:

1. 请求法院依法判令被反诉人因违约,应退还反诉人已经给付被反诉人的保证金;
2. 请求法院依法判令被反诉人因违约应赔付反诉人人民币50万元;
3. 请法院判令被反诉人承担本诉及反诉诉讼费用。

事实和理由:

自贡市××物业有限公司(以下简称"××物业")与富世镇××××业主委员会(以下简称"××业委会")于2014年4月1日签订《物业服务合同》。合同约定由××物业自2014年4月1日起至2019年3月31日止,向富世镇××××小区(以下简称"××××小区")提供物业服务;并明确此合同为物业服务合同。

该合同除约定了正常物业服务合同应有条款外,在合同第六条委托了××物业承办小区大、中修及更新改造项目,并约定了此小区大、中修及更新改造项目投入费用超过10万元部分由乙方筹集资金垫付。

该合同第十条将与物业服务合同无关的事项共五款拟制为违约事由,并约定××业委会可以单方行使合同解除权。

该合同第五条约定××物业应分两次向××业委会缴纳保证金,但对保证金的性质及保证内容没有约定,然而对合同期满无条件退还保证金有约定。

这是一份物业服务合同、其他事项委托合同、借款合同混合的合同。由于合同约定明显违反《合同法》规定的公平正义原则、诚实信用原则及民法的禁止权利滥用原则,因此订立合同之初,就为该合同的履行设定了恣意违法的空间。

合同签订以后,××物业严格履行了合同约定的义务,期待预期利益的逐步实现。但是××业委会居于事先的非诚信目的,对××物业开展的正常物业服务百般阻拦,并且不按照合同约定履行应尽的配合和协助义务,违反《合同法》合同之善意履行义务。

2014年11月5日,××业委会在未与反诉人协商的情况下,向反诉人递交了《富世镇××××业主委员会通知》。该通知在没有列明任何具体违约事由的情况下,单方终止了2014年4月1日签订的《物业服务合同》,并且直接要求××物业员工黄×勋撤离小区,同时禁止××物业和黄×勋在终止合同后依法可以向欠费业主收取欠费的行为。为此不仅造成××物业预期利益损失,并且直接造成××物业既得利益(依法追缴欠费)损失。

《富世镇××××业主委员会通知》不仅违反《合同法》合同之善意履行规定,而且违反《物业管理条例》有关选聘和解聘物业服务企业的业主表决规定,同时违反《四川省物业管理条例》规定的解除合同必须提前60日通知的规定,直接造成××业委会根本违约。该《物业服务合同》约定的违约金为10万元。

××物业在履行《物业服务合同》中,基于对合理合法的预期利益的期待,按照《物业服务合同》的约定和物业服务远期目标的需要,对于大、中修及更新改造,已先后投入340214元;此部分投入有多项证据为证。

××物业于《物业服务合同》签订以后,支付了××业委会5万元的保证金,对此有××业委会出具的收据为证。

由于××业委会根本违约,致使××物业依法应当自主追讨的物业服务欠费无法追讨,造成直接经济损失260509.75元,对此有多项证据为证。此部分为××业委会根本违约造成的,致使××物业既有债权无法实现,应不含在合同可预期利益损失范围内。

相对于五年期的预期利益,10万元违约金明显过低,不足以弥补××物业应得利益损失,因此请求法庭予以适当增加。

在本诉中,××××业委会主张的要求××物业和黄×勋共同给付其垫付的92893.85元费用,应该是在该《物业服务合同》履行过程中形成的双方往来债权债务。××物业和黄×勋认为此笔费用,可以在双方按照《物业服务合同》约定和法律规定进行清算后,在互负债权债务中冲抵。

由于××业委会的恣意行为,造成其在履行合同时违约。因此请法庭在查明事实的基础上,依法维护反诉人的合法利益。

此致
富顺县人民法院

反诉人:自贡市××物业有限公司

反诉人:黄×勋

二〇一六年四月二十一日

第五章 诉讼代理

在民事诉讼中如果当事人不愿意或者不能直接参与诉讼,只能委托代理人以当事人的名义参与诉讼。随着社会经济大发展和法律法规日渐浩繁,委托法律专业人员作为当事人的代理人参与诉讼,越来越普遍。

是否需要诉讼代理? 如何选择诉讼代理? 如何授权诉讼代理? 不仅影响着当事人,也影响诉讼进程,甚至影响诉讼结果。本章主要讨论诉讼代理

第一节 诉讼代理与代理人

一、诉讼代理

（一）概念

1. 代理

代理是指以他人的名义,在授权范围内进行对被代理人直接发生法律效力的法律行为。代理的产生,有的是受他人委托,有的是由法律规定,有的是由有关部门指定。我国《民法通则》第六十四条规定:代理包括委托代理、法定代理和指定代理。

2. 民事代理

民事代理是指平等民事主体之间发生的一种民事法律关系,代理人以被代理人(又称本人)的名义,在代理权限内与对方当事人(第三人或相对人)实施民事行为,其法律后果直接由被代理人承受。代理关系的产生是由于被代理人不能或不愿以自己的名义或自己的行为亲自实施某项民事法律行为而由代理人代而为之。

民事代理只适用于民事法律行为。如在诉讼中,当事人聘请律师代理进行诉讼活动。非民事法律行为不可以使用民事代理。如刑事诉讼中,被告委托的律师,只能做辩护人。而对于以当事人特定的人身,特定的身份、特定的法律资格密不可分的民事法律行为是不适用于民事代理的。如立遗嘱、婚姻登记等不能委托代理。

3. 诉讼代理

诉讼代理是由民事诉讼当事人授权或经人民法院指定,由代理人以当事人名义,代理一方当事人进行诉讼的活动。在诉讼中,法定代理是根据法律的规定而直接产生的代理关系,主要是为保护无民事行为能力人和限制民事行为能力人的合法权益而设定的,如父母对未成年子女的代理。而指定代理是指代理人依照有关机关的指定而进行的代理,如

在民事诉讼中,当事人一方为无行为能力人或限制行为能力人而没有法定代理人,或法定代理人之间相互推诿,或法定代理人与被代理人之间有利害冲突的,由法院另行指定代理人的代理,这时代理人享有的代理权是指定的,与被代理人的意志无关,无须委托授权。

需要注意的是,诉讼代理和代表人诉讼是完全不同的概念,诉讼代理人和诉讼代表人也是不同的。

（二）代理权

（1）民事代理代理权源于被代理人的授权。而代理权的产生又有两种途径:一是法律的明文规定,这种代理权称为"法定代理权",可以认为是法律授予的代理权［比如未成年子女的父母对未成年子女的代理权（监护权的衍生）］;二是约定的代理权,来自于被代理人的委托授权,被代理人的授权行为只要是不违反法律强制性规定即为有效行为。没有代理权就没有代理。

（2）虽然民事代理行为是由被代理人之外的代理人代而为之,但是其代理行为必须以被代理人的名义实施,不能由代理人以自己的名义实施。

（3）由所代理的法律行为产生的法律后果直接归属于被代理人,比如律师代理当事人参加民事诉讼,代理律师只能是诉讼参与人,而不是当事人。民事诉讼的判决结果由委托人承担或者享有。

（4）代理关系不同于居间和经纪行为。代理可分为有权代理和无权代理。无权代理最为典型的就是表见代理。

（5）进行诉讼行为和接受诉讼行为的权限,称为"诉讼代理权"。代理权源于当事人授权或者法律授权。诉讼代理权一般包括特别授权和一般授权。

1）一般授权代理:指代理人仅享有出庭、收集提供证据、辩论、起草代写诉状等法律文书等诉讼权利。根据委托人授权,享有一般授权的代理人只能代理当事人行使其一般民事诉讼权利的代理,包括下列内容:①代为起诉、应诉;②代理申请诉讼保全或证据保全;③申请回避,向法庭提供证据,鉴定人和勘验人,要求重新鉴定调查或勘验,请求调解,发表代理意见;④申请执行;⑤双方商定的其他可以代理的事项。可以理解为程序性权利的授予。

2）特别授权代理:指代理人除享有一般授权代理的诉讼权利外,还可行使代为和解、上诉等涉及当事人实体利益的诉讼权利。特别授权代理权限包括下列内容:①代为承认部分或全部诉讼请求;②代为放弃、变更或增加诉讼请求;③代为和解;④代为反诉;⑤代为提出或申请撤回上诉。可以看作程序性和实体性权利的授予。

特别注意的是:按照规定,如果当事人仅仅在委托授权书上注明"全权委托"字样,只能视作一般授权,而不是特别授权。更不能按照字面意义理解为授予了全部的权利。

在民事诉讼中,一方当事人一般最多只能委托两名诉讼代理人,且只能对一名诉讼代理人进行特别授权。

二、诉讼代理人

（一）可以作为民事诉讼代理人的范围

诉讼代理人是受当事人、法定代理人、法定代表人或诉讼中的第三人的委托，以当事人名义参与民事诉讼的人。《民事诉讼法》第五十八条规定：当事人、法定代理人可以委托一至二人作为诉讼代理人。下列人员可以被委托为诉讼代理人：①律师、基层法律服务工作者；②当事人的近亲属或者工作人员；③当事人所在社区、单位以及有关社会团体推荐的公民。

委任代理人的代理权，因诉讼终结、解除或辞去委任、代理人丧失代理能力或死亡而消灭。委任代理的变更和解除，当事人应当以书面形式报告法院，并由法院通知对方当事人。

现行《民事诉讼法》对于民事诉讼中可以成为委托代理人的人员范围表述为"律师、基层法律服务工作者；当事人的近亲属或者工作人员；当事人所在社区、单位以及有关社会团体推荐的公民"。与修订前的《民事诉讼法》相比，最大的变化在于删除了"经人民法院许可的其他公民"这一规定；这实际上是限制一般意义上的"公民代理"。这是根据司法实践的总结而作出的。进一步限制"公民代理"的人员范围主要是压缩那些不懂法律、阻碍法院调解、恶意挑唆当事人上诉上访、非法捞取代理费的"黑代理"的生存空间，这是非常有必要的。

增加了"基层法律服务工作者"和"当事人所在社区、单位以及有关社会团体推荐的公民"。可以理解为并不是完全取消了"公民代理"，而是让"社区、单位以及有关社会团体"负责做一个甄别和筛选，既要便利当事人诉讼，又要规范代理人制度。

（二）对基层法律工作者从事代理业务的规定

基层法律工作者从事代理业务，根据《最高人民法院关于适用〈中华人民共和国民事诉讼法〉的解释》第八十八条第二款"（2）基层法律服务工作者应该提交法律服务者执业证、基层法律服务所的介绍信以及当事人一方位于本辖区的证明材料"的规定。这是对法律工作者不能跨区域从事民商事或者行政诉讼代理的规定。

（三）当事人的近亲属的范围

根据《民诉法司法解释》规定，对当事人的近亲属列举归纳为：当事人有夫妻、直系血亲、三代以内旁系血亲、近姻亲关系及其他有抚养、赡养关系的亲属。

（四）社团及社区推荐的"公民代理人"的要求

（1）与当事人有合法劳动人事关系的职工，可以当事人工作人员的名义作为诉讼代理人。

（2）对有关社会团体推荐公民担任诉讼代理人的，也有比较严格的要求，包括：①社会团体必须为非营利性法人组织;②被代理人属于该社会团体的成员,或者当事人一方住所地位于该社会团体的活动地域;③代理事务属于该社会团体章程载明的业务范围;④被推荐的公民是该社会团体的负责人或者是与该社会团体有合法劳动人事关系的工作人员。

另外,专利代理人经中华全国专利代理人协会推荐,可以在专利纠纷案件中担任诉讼代理人。

（五）代理人应当向法院提交的文件

诉讼代理人必须提交授权委托书,还应当按照规定向人民法院提交相关材料:

（1）如果是律师,应当提交律师执业证、律师事务所证明材料;

（2）如果是基层法律服务工作者,应当提交法律服务工作者执业证、基层法律服务所出具的介绍信及当事人一方位于本辖区内的证明材料;

（3）如果是当事人的近亲属,应当提交身份证件和与委托人有近亲属关系的证明材料;

（4）如果是当事人的工作人员,应当提交身份证件和与当事人有合法劳动人事关系的证明材料;

（5）如果是当事人所在社区、单位推荐的公民,应当提交身份证件、推荐材料和当事人属于该社区、单位的证明材料;

（6）如果是社会团体推荐的公民,应当提交身份证件和符合规定条件的证明材料。

推荐信例文:

诉讼代理人推荐信

_____人民法院:

　　现有本单位职工(社区居民)_____因与_____纠纷向贵院提起诉讼。为了维护本单位职工(社区居民)的合法权益,本单位(社区)经过慎重考察,认为__(身份证号码:_____)具有完全民事行为能力,具有一定的法律专业知识,能够全面保障本单位职工(社区居民)的合法权益,特依照《中华人民共和国民事诉讼法》的规定,推荐_____作为_____与_____纠纷一案中____的诉讼代理人。请贵院予以准许!

　　特此推荐

_____社区居委会(盖章)

年　　月　　日

第二节　律师代理人

一、律师与律师事务所

（一）律师

按照《律师法》的规定：律师，是指依法取得律师执业证书，接受委托或者指定，为当事人提供法律服务的执业人员。律师应当维护当事人合法权益，维护法律正确实施，维护社会公平和正义。

律师是通过国家统一的司法考试合格并取得职业资格证书，向省级政府司法部门申请取得执业资格的法律工作者。职业资格证分为 A、B、C 三个类别；取得 C 类职业资格证书的人，申请律师执业时，有一定的法律规定的地域限制。一个律师必须并且只能隶属于一个律师事务所。

（二）律师事务所

根据《律师法》规定：律师事务所是律师的执业机构。

律师事务所在规定的专业活动范围内，接受中外当事人的委托，提供各种法律服务；负责具体分配和指导所属律师的业务工作。律师事务所原则上设在县、市、市辖区，各律师事务所之间没有隶属关系。

当你在法律上遇到疑难问题时，可向律师请求帮助。不过按照《律师法》第二十五条规定：律师承办业务，由律师事务所统一接受委托，与委托人签订书面委托合同，按照国家规定统一收取费用并如实入账。也就是说，律师不能以个人名义接受当事人委托和以个人名义与当事人签订委托合同，只能由"律师事务所统一接受委托，与委托人签订书面委托合同"。在这一点上，司法主管部门和律师协会的管理是非常严格的。从某种角度而言，也是为了更好地保护当事人的权益。

如果当事人确定需要请律师帮助解决问题时，应填写如下文件：

1. 授权委托书：该委托书是证明你委托律师作为委托代理人，代理你去完成一定民事活动的书面凭证。授权委托书一定要写明委托权限，授权分为一般授权和特别授权。

2. 代理合同：该合同明确地详列了你和你的委托代理人（律师）之间的权利和义务。

当事人填写完上述文件并按规定交纳了费用后，当事人与律师事务所就形成了代理合同关系；根据当事人的选择或者律师事务所指派，当事人将会得到所需要的律师帮助，并且有了委托代理人。

二、委托代理

（一）委托诉讼代理

委托诉讼代理是诉讼代理人接受当事人的委托，为维护委托人的合法权益，以被代理人的名义，在代理权限范围内代理被代理人进行诉讼活动，以维护被代理人合法权益的行为。授权委托书是委托诉讼代理人进行诉讼活动的唯一根据。《民事诉讼法》第五十九条规定："委托他人代为诉讼，必须向人民法院提交由委托人签名或者盖章的授权委托书。"委托诉讼代理人在授予的权限内所为的诉讼行为与当事人自己实施的诉讼行为有同等的效力，诉讼的法律后果被代理人必须承担。应特别注意，根据《民事诉讼法》第五十九条的规定，委托人特别授权的，诉讼代理人在诉讼中有代为"承认、放弃、变更诉讼请求、进行和解、提起反诉或者上诉"等权利。因为这些权利的行使直接涉及当事人的切身利益，其法律后果应由委托人本人承担。所以，即便委托律师代理诉讼，当事人仍然需要对此保持慎重。

律师（包括法律工作者）作为委托代理人代理民事诉讼，对于保障公民、法人民事权利的实现和民事法律的正确实施，具有极其重要的意义。能够帮助当事人更好地行使诉讼权利。能够帮助和促进人民法院搞好民事审判工作。能够起到宣传维护社会主义法制的作用。

（二）选择律师及律师事务所

当事人之所以选择诉讼代理，是因为当事人不能或不愿以自己的名义或自己的行为亲自参与民事诉讼而由代理人代理为之。因此选择谁、怎么选择是当事人必须考虑的问题。

首先，虽然律师可能是当事人主要考虑的代理人，但是因为术业有专攻，律师行业也具有非常强的专业性，毫无疑问当事人都希望聘请到一位对于所涉诉讼最为专业的律师。其次，做好一件事情，不仅仅因为专业，还需要热忱和努力。因此是否专心、是否用心，带来的结果也是不一样的。聘请到一位敬业的富有职业操守的用心做事的律师，也是当事人非常关心的事。

1. 获取律师资源

一个好律师和好医生一样，除了需要过硬的专业知识，还必须有丰富的实践经验。然而律师的知名度传播途径可能和医生有一定的区别，平常很少遇到麻烦（纠纷）的人群，不会去关心这些。不过人们往往会去关注哪个医院更好，哪个科哪个医生更专业更优秀。

律师也是分专业的，并不是每一个律师都能非常熟练地代理当事人处理各种诉讼问题。比如说优秀的刑事律师，不一定能做好民事诉讼的案子；同样一个非常棒的民事律师，不一定就能很好地做一件刑诉案件。真可谓术业有专攻。除了民事诉讼、刑事诉讼外，还有行政诉讼、知识产权诉讼、海事诉讼、涉外诉讼及证券法律事务等分类。行政诉

讼、知识产权诉讼、海事诉讼、涉外诉讼及证券法律事务的专业性要求更高。本书主要讨论民事诉讼,因此主要谈民事诉讼的代理律师。

民事诉讼代理律师,其实也有专业之分,比如侵权之诉和违约之诉就有很大的差别;当然还有劳动争议、公司股权纠纷、仲裁等。也需要更细的专业分类。笔者认为:一个优秀的律师,不仅仅需要具有较高的法律专业造诣,而且还需要有丰富的实践经验;同时还应当善于处理各种社会矛盾,积累广泛的人脉。当然,仅仅具有专业的法律知识是不够的,还需要懂得一些技术性的、财务类的、管理类的知识,这样的话,在处理一些复杂的纠纷之时,能更好地透过现象看本质。

当事人往往是遇到了纠纷才会考虑是否聘请律师,或者聘请哪一位律师。这一点和西方国家的法律服务和消费不太一样,因为他们更多的是有私人律师,相当于我们的企业的法律顾问。因此,在我们国家,当事人更多的是通过熟人介绍,或者通过咨询亲友获取律师资源。

2. 咨询与比较

选择律师和律师事务所也要货比三家,从中选择自己满意的律师和律师事务所。

首先可以通过电话、网络进行咨询,然后可以到律师事务所进行当面咨询。

在初步选定律师后,要与律师进行深入交流,了解他的业务能力和人品。尽量选择知名的律师和律师事务所,因为他们的名声也是其工作能力的一种证明。同时,在交流中看人品,是否真心地帮忙,态度是否诚恳、实事求是。

另外还要注意,当事人所涉的诉讼是否跨区域。如果跨区域,不是A类执业资格的律师的职业区域会受到法律规定的限制。

(三)委托律师

当事人通过咨询和比较,根据所涉诉讼的具体情况,初步选定代理律师后,律师事务所根据案件情况,会安排律师与当事人进一步洽谈。

当事人聘请律师代理民事诉讼案件,都是为了争取有利于自己的诉讼结果,使自己的权益得到保护。因此,在此阶段,当事人往往会问:"我这官司能打赢吗?"因为当事人最关心的就是官司的输赢。对律师的回答,当事人应当正确地对待,同时也可以识别。

一般情况下,不论案情,大包大揽地承诺包赢的说法并不可取。即便事实与理由均十分充足并且有利于诉讼案件,也不是百分之百地必赢。因为案件的审理和判决,还有许多难以预测和控制的因素,比如地域、法院、法官等,同时也不能百分之百地排除外界的干扰。当然,即便可能百分之百地会输掉的官司,也不一定不可以通过委托代理实现减损的目的。前面笔者谈到,官司的判决胜负,并不等同于实际上诉讼的输赢。因为当事人参与诉讼,目的就是要实现自己预期的诉讼目的。减少损失,减少风险本身也是一种胜利。俗话说:少输当赢。

咨询阶段,律师也许只能了解案件的大概情况;因此不论何种原因,当事人可能也会处于两难之中。其一是上面所讲的,既然输赢大概已定,何必还要聘请律师代理诉讼?其二,既然律师并不能对案件给出一个初步的结论,是否会怀疑这个律师的专业水平?其实不然,因为诉讼过程必须按照法定程序进行,如果当事人不清楚,不熟悉整个环节,往往会出现诸如本来是一件可以胜诉的案件,因为诉讼程序上出了问题,结果带来了不利的结果。特别是在举证和质证以及辩论中,是否专业和是否用心,律师和非律师是有很大差别的。笔者建议一个简单的办法,如果聘请律师,至少能够让当事人减少的损失或者增加的收入等同于聘请律师的代理费;那么当事人则可以聘请律师代理诉讼。因为至少起到了减少诉讼风险的作用,同时可以减少当事人的时间成本。更何况根据《律师法》和《民事诉讼法》的规定,律师凭借执业证书和委托授权,可以办理一些当事人难以办到的事情。

当事人有选择律师的权利,律师也有选择案件的权利。因为《律师法》只是规定:律师接受委托后,无正当理由的,不得拒绝辩护或者代理。《律师执业行为规范》第四十一条规定:"律师接受委托后,无正当理由不得拒绝辩护或者代理或以其他方式终止委托。委托事项违法、委托人利用律师提供的服务从事违法活动或者委托人故意隐瞒与案件有关的重要事实的,律师有权告知委托人并要求其整改,有权拒绝辩护或者代理或以其他方式终止委托,并有权就已经履行事务取得律师费。"

因此律师对案件有了初步判断时,则应考虑是否接受委托。

同时律师代理诉讼也有一些回避的规定。《律师法》第三十九条规定:"律师不得在同一案件中为双方当事人担任代理人,不得代理与本人或者其近亲属有利益冲突的法律事务。"《律师执业行为规范》第四十九条也有规定:"办理委托事务的律师与委托人之间存在利害关系或利益冲突的,不得承办该业务并应当主动提出回避。"

1. 律师应当主动回避的情形

《律师执业行为规范》第五十条对律师的回避,有更加明确的规定。凡有以下情形,律师应当回避:

(1)律师在同一案件中为双方当事人担任代理人,或代理与本人或者其近亲属有利益冲突的法律事务的;

(2)律师办理诉讼或者非诉讼业务,其近亲属是对方当事人的法定代表人或者代理人的;

(3)曾经亲自处理或者审理过某一事项或者案件的行政机关工作人员、审判人员、检察人员、仲裁员,成为律师后又办理该事项或者案件的;

(4)同一律师事务所的不同律师同时担任同一刑事案件的被害人的代理人和犯罪嫌疑人、被告人的辩护人,但在该县区域内只有一家律师事务所且事先征得当事人同意的除外;

(5)在民事诉讼、行政诉讼、仲裁案件中,同一律师事务所的不同律师同时担任争议双方当事人的代理人,或者本所或其工作人员为一方当事人,本所其他律师担任对方当事人

的代理人的;

(6)在非诉讼业务中,除各方当事人共同委托外,同一律师事务所的律师同时担任彼此有利害关系的各方当事人的代理人的;

(7)在委托关系终止后,同一律师事务所或同一律师在同一案件后续审理或者处理中又接受对方当事人委托的;

(8)其他与上述情形相似,且依据律师执业经验和行业常识能够判断为应当主动回避且不得办理的利益冲突情形。

2. 律师应当向委托人示明回避,并由委托人决定的事由

(1)接受民事诉讼、仲裁案件一方当事人的委托,而同所的其他律师是该案件中对方当事人的近亲属的;

(2)担任刑事案件犯罪嫌疑人、被告人的辩护人,而同所的其他律师是该案件被害人的近亲属的;

(3)同一律师事务所接受正在代理的诉讼案件或者非诉讼业务当事人的对方当事人所委托的其他法律业务的;

(4)律师事务所与委托人存在法律服务关系,在某一诉讼或仲裁案件中该委托人未要求该律师事务所律师担任其代理人,而该律师事务所律师担任该委托人对方当事人的代理人的;

(5)在委托关系终止后一年内,律师又就同一法律事务接受与原委托人有利害关系的对方当事人的委托的;

(6)其他与上述情况相似,且依据律师执业经验和行业常识能够判断的其他情形。

律师和律师事务所发现存在上述情形的,应当告知委托人利益冲突的事实和可能产生的后果,由委托人决定是否建立或维持委托关系。委托人决定建立或维持委托关系的,应当签署知情同意书,表明当事人已经知悉存在利益冲突的基本事实和可能产生的法律后果,以及当事人明确同意与律师事务所及律师建立或维持委托关系。

三、代理费用

初步作出选择律师代理并选定代理律师后,当事人关心的问题之一,可能就是代理费用。不过笔者认为:律师的代理费不等于案件诉讼过程中因为代理需要花费的所有费用,因为除律师代理费以外,还有旅差费等。同时代理费实行两种收费标准,一种是按件包括按诉讼标的金额大小不同的计费标注;另一种是按诉讼结果约定比例收费,也就是风险诉讼收费标准;这一标准采用的上限限制,也就是最高不超过案件实际履行或者执行所得的30%。案件的代理费,按法理应该计算为案件的债权实现费用,如果合同有约定违约人承担的,应当由违约者承担。对此将在后续章节讨论。

（一）代理费收费标准

一般情况可以分为四种收费办法：一是按规定收费：按司法行政管理部门和物价行政管理部门规定的标准收；二是协商收费：由律师和当事人根据案件的难易程度及律师代理这一案件可能付出的劳动量，再加上当事人自身的经济状况来确定当事人应缴纳的代理费数额；三是风险代理收费：律师只有在其所代理的案件胜诉后或执行后，才能获得代理费；四是协商收费加风险代理收费：先交一部分代理费，这部分代理费不管诉讼结果如何都不退，然后再约定按胜诉标的的一定比例收取代理费。第四种方法一般适用于标的数额大，但当事人经济困难的情况。这种方式的好处是：在一定程度上保护了律师的劳动，又不增加当事人经济负担，而且还增加了法律工作者的责任感。

在我国各省市，司法行政管理部门和物价行政管理部门规定了代理费的收费标准。各个省市具体收费有一定的差异，但是总的比例还是比较一致的。现以四川省的代理费标准为例，读者可以初步了解。

四川省2012年律师事务所收费标准

一、办理刑事诉讼案件实行计件收费

（一）办理刑事案件

1. 侦查阶段（含检察院自侦阶段）：1000~10000元；

2. 审查起诉阶段：2000~12000元；

3. 审判阶段：3000~30000元。

（二）办理刑事自诉案件：2000~15000元。

（三）办理刑事附带民事案件涉及财产关系的，按代理民事案件中涉及财产关系的收费标准执行。

二、代理民事诉讼案件

（一）不涉及财产关系的，实行计件收费，每件收取1000~10000元；

（二）涉及财产关系的，实行按标的额比例收费，具体按照以下比例分档、累计收取：

50000元以下的（不含本数）1000~3000元；

50000元以上500000元以内6%~5%；

500000元以上1000000元以内5%~4%；

1000000元以上5000000元以内4%~3%；

5000000元以上10000000元以内3%~2%；

10000000元以上2%~1%。

三、代理行政诉讼案件

（一）不涉及财产关系的，实行计件收费，每件收取1000~8000元；

（二）涉及财产关系的，按照民事诉讼案件中涉及财产关系的收费标准执行。

四、代理国家赔偿案件

实行计件收费,每件1000~10000元。

五、代理各类诉讼案件的申诉

(一)代理申诉案件

实行计件收费,每件1000~6000元。

(二)进入再审程序后,未代理过一审或二审的,按各类诉讼案件的收费标准收取;代理过一审或二审的,则按收费标准减半收取。

六、计时收费

这只是说,各地具有明确的指导价标准,具体每一个律师事务所也会有更加细致和具体的收费标准。当事人如果认为有必要,可以向律师事务所咨询。律师在接案之时,会根据收费标准和案件的工作量、标的额等因素,和当事人共同协商确定。

虽然有的律师事务所采取的是律师独立办案,收入也是与案件挂钩的,但是根据法律规定,委托代理合同只能由律师师事务所和当事人签订;代理费也只能由律师事务所统一收取。这一点也是当事人需要注意的。

(二)代理费是否属于实现债权费用,可否通过判决让被告承担或者分摊?

对这两个问题,现行法律确实没有统一规定。但是在合同中和实际诉讼中,将代理费等约定或者提出应当作为实现债权费用的案例还是比较常见的。其实这也是一种合理的现象,因为如果没有对方当事人的违约或者侵权,就不会发生所涉诉讼,自然不会产生相应的代理费。而且,实践中,不少作为原告的当事人,因为被告违约或者侵权,经济已经十分困难,为了追偿损失,还要垫付诉讼费和代理费(现在自然人有申请缓缴和免缴的规定,也就是申请缓缴和免缴的规定一般只适用于自然人),真可谓雪上加霜。如果将代理费认定为实现债权费用,对于支持公平正义,维护弱者是有积极意义的。

在部分法律和司法解释中,可以查到相关的规定。如《合同法司法解释(一)》第二十六条规定:债权人行使撤销权所支付的律师代理费、差旅费等必要费用,由债务人负担;第三人有过错的,应当适当分担。《最高人民法院关于审理商标民事纠纷案件适用法律若干问题的解释》第十七条规定:"商标法第五十六条第一款规定的制止侵权行为所支付的合理开支,包括权利人或者委托代理人对侵权行为进行调查、取证的合理费用。人民法院根据当事人的诉讼请求和案件具体情况,可以将符合国家有关部门规定的律师费用计算在赔偿范围内。"这两个解释对代理费可以认定为债权实现费用的适用范围有明确限定,对其他诉讼案件的代理费能不能参照、类推适用? 还得依靠法官的自由裁量。

另外,《合同法》第一百零七条规定:"当事人一方不履行合同义务或者履行合同义务不符合约定的,应当承担继续履行、采取补救措施或者赔偿损失等违约责任。"《合同法》第一百一十三条规定:"当事人一方不履行合同义务或者履行合同义务不符合约定,给对方造成损失的,损失赔偿额应当相当于因违约所造成的损失,包括合同履行后可以获得的利益,但不得超过违反合同一方订立合同时预见到或者应当预见到的因违反合同可能造成的损失。"

显而易见法律规定的损失包括直接损失(实际损失)和间接损失(预期收益),且这两种损失又仅限于合同范围内,但代理费既不属于直接损失,亦不属于间接损失。不过笔者认为,按照私法自愿的原则,当事人在合同中,可以约定代理费也就是实现债权的费用的承担和分摊。

《民法通则》第一百一十九条规定:"侵害公民身体造成伤害的,应当赔偿医疗费、因误工减少的收入、残废者生活补助费等费用;造成死亡的,并应当支付丧葬费、死者生前扶养的人必要的生活费等费用。"相关司法解释对"等费用"进行了详细的列举式规定,包括:医疗费、误工费、护理费、交通费、住宿费、住院伙食补助费、必要的营养费、残疾赔偿金、残疾辅助器具费、被扶养人生活费、康复费、护理费、后续治疗费、丧葬费、死亡补偿费及受害人亲属办理丧葬事宜支出的交通费、住宿费和误工损失等其他合理费用。这里的"其他合理费用"属于兜底,笔者认为应当包含引发诉讼的代理费等诉讼费用。对此,《民诉法司法解释》第二百零七条作出了更加明确的规定:"判决生效后,胜诉方预交但不应负担的诉讼费用,人民法院应当退还,由败诉方向人民法院交纳,但胜诉方自愿承担或者同意败诉方直接向其支付的除外。当事人拒不交纳诉讼费用的,人民法院可以强制执行。"

第三节　代理事务

当事人初步选择了律师事务所和代理律师以后,并且对代理费用进行了洽商;接下来就将进入实质性的代理程序。本节主要讨论当事人和律师事务所的双方行为。本书主要讨论民事诉讼代理,在民事诉讼中当事人及其法定代理人、法院指定代理人可以委托律师代理参加诉讼。而刑事诉讼附带民事诉讼,也属于民事诉讼的范围,行政诉讼的自然人、法人、其他组织,海事诉讼、涉外诉讼等,均可以参照办理。仅仅是刑事诉讼的被告人,有所差异,因为在刑事诉讼中除了被告人,被告人的近亲属均可以委托律师为被告人的辩护人,只是在刑事诉讼中,被告人聘请的律师不再是代理人,而是辩护人。另外法律规定,对于特殊的被告人(盲聋哑)或者可能被判处死刑、死刑缓期执行、无期徒刑的被告人,如果被告人没有委托辩护人的,法院将依职权指定律师作为其辩护人为其辩护。刑事诉讼被告人委托律师作为辩护人的相关业务办理,可以参照本节。

一、签订委托合同

(一)委托人应提交的资料

(1)委托人为法人或其他组织的,应当提供营业执照副本复印件、法定代表人或负责

人身份证复印件;客户为自然人的,应当提供当事人和委托人的身份证复印件或护照复印件;

(2)提供对方当事人准确的名称或姓名;

(3)对方当事人为法人或其他组织的,应当提供其营业执照副本复印件、法定代表人或负责人身份证复印件;对方当事人为自然人的,应当提供其身份证复印件或护照复印件;

如果提供对方当事人的资料有困难,可以委托律师到相关的工商或者公安户籍管理部门查询。

(4)提供能够确定案由(纠纷性质)的基础材料;

(5)如果案件已经立案的,应当提供法院或仲裁机构的立案通知书或案件受理通知书等资料。

(二)委托合同主要条款

1. 委托代理事项

该条款应当包括如下内容:对方当事人的名称或姓名、案由、委托代理事项等。

在委托事项中,应当明确代理的仲裁或诉讼阶段(如立案、申请仲裁、一审、二审、强制执行、申请再审、申请抗辩等)。

如果委托人一次性委托律师代理整个诉讼过程的,应当详细列明所包含的诉讼阶段。对于可能发生、也可能不发生的某个诉讼程序,应当注明。

如果委托人准备提起诉讼或仲裁前发送律师函或委托律师进行诉讼或仲裁前谈判的,应当在委托事项中予以明确。

2. 委托代理权限

在委托代理权限条款中应当明确,代理属于一般代理还是特别代理,并具体列明代理权限。

(1)属于一般代理的应当依据具体案件列明如下事项:

①代为立案或提起上诉、申请强制执行;

②代为参加一审或二审、申请再审、强制执行程序;

③代为收集、提供证据或财产线索;

④代为签收法律文书。

(2)如果属于特别代理的,还应当在上述一般代理权限范围内增加如下内容:

①在诉讼或强制执行中代为承认、变更、放弃诉讼请求或执行请求;

②在强制执行程序中代为领取执行款;

③如果不属特别代理的,应当注明在行使特别代理的事项前,须征求客户的书面意见。

上述一般代理授权和特别代理授权主要是程序权利和实体权利的区别。委托人可以根据需要从中选择。一般律师事务所提供的格式合同,列有上述内容,委托人可以勾选。

3. 受托人的义务

虽然委托人实际委托的是律师,但是按照《律师法》规定,只能由律师事务所作为委托合同的另一方,也就是受托人。因此律师事务所应当明确约定指派处理案件的经办律师;明确是否在原指派律师不能履行职责时可以另行指派其他律师。依据法律、法规、行业规范、律师事务所的要求及与委托人的约定,列明受托人应当遵守的其他义务。

4. 委托人的义务

委托人应注明指派的日常联系人,并列明其联系方式;委托人应当真实、详尽和及时地向受托人叙述案情,并提供与委托代理事项有关的证据、文件及其他事实材料。约定委托人在案件处理过程中的配合义务。委托人应当按约定支付法律服务费用。法律、法规规定的委托人应当遵守的其他义务。

5. 律师代理费

应当明确双方约定的律师代理费是否含税。应当明确双方约定的律师代理费的计取方式属于以下何种类型:

(1)固定律师代理费;

(2)提成律师代理费(风险诉讼代理费);

(3)基础代理费+提成律师代理费(风险诉讼代理费之一);

(4)其他律师代理费的计取方式。

如果采用固定律师代理费的,应当明确律师代理费的具体金额。如果采取提成律师代理费的,应当明确计算代理费的基数及提成比例。如果分段计算的,应当详细列明分段方式、基数及各分段的适用比例。如果采取基础代理费加提成律师代理费的方式的,应当明确基础代理费的具体金额以及提成律师代理费的计取方式。如果以胜诉作为计取律师代理费的前提或条件的,应当在合同中明确约定胜诉的标准。如果约定以案件处理结果作为计取律师代理费的前提或条件的,可能的案件处理结果如下:

①案件开庭前,因一方当事人撤诉或按撤诉处理而结案;

②案件开庭前,案件各方当事人达成和解协议,然后撤诉;

③案件开庭后,因一方当事人撤诉而结案,或因各方当事人达成和解而撤诉;

④案件在法庭的主持下达成调解或和解协议,并制作了民事调解书的;

⑤一审败诉,二审因全部或部分改判而减免责任,或增加利益的;

⑥一审胜诉,二审因全部或部分改判而增加责任,或减少利益的;

⑦案件被发回重审的;

⑧案件被提审或指令再审的;

⑨委托人实际获得执行款或其他执行利益的;

⑩委托人实际减少支付执行款或减轻其他责任的。

(5)如果以案件处理结果计取律师代理费的,可以参照如下方式:

①不涉及财产给付的,以案件处理结果计取律师代理费,如合同解除、继续履行合同、确认合同有效等变更之诉或确认之诉的案件,可以按件、次计算。

②涉及财产给付的案件,可以依据案件最终处理完毕后,委托人较约定的标准增加利益或减免责任的金额计取律师费,约定基数和比例。

③如果案件涉及财产给付不是以货币计量的,应当明确计价方式。

④还应当明确约定各期律师费的支付期限、支付条件及支付方式,指定律师代理费的收款账户。

6. 其他费用承担

可以约定诉讼或仲裁费用的负担方式,还可以约定法院或仲裁机构退还的费用的归谁所有,并且应当约定律师因处理案件所产生的差旅费用、取证费用等费用的负担方式。

7. 合同的解除

应当约定委托人可以单方解除合同的情形。约定受托人可以单方解除合同的情形。应当约定合同自行解除的情形以及其他任何一方可行使合同解除权的情形。

8. 违约责任

明确约定各方违约应当承担的违约责任及损失赔偿的计算方式。

9. 争议的解决

写明双方选择的法院或仲裁机构作为管辖法院或仲裁机构。

10. 合同生效

一般会约定双方签署合同且委托人支付首期律师费时合同生效。

二、授权委托书

授权委托书是指当事人为把代理权授予委托代理人而制作的一种法律文书。它是委托人实施授权行为的标志,是产生代理权的直接根据。授权委托书分为两种:一种是民事代理授权委托书;另一种是诉讼代理授权委托书。授权委托书的基本内容应当包括:

(1)委托的事项一定要写得明确、具体。应当注意的是,在民事代理中,代理人受托的事项必须是具有法律意义的,能够产生一定法律后果的民事行为。《民法通则》第六十三条第三款明确规定:"依照法律规定或者按照双方当事人约定,应当由本人实施的民事法律行为,不得代理。如具有人身性质的遗嘱、收养子女、婚姻登记等法律行为。"

(2)委托人和受托人的姓名、性别、出生日期、职业、现住址。如果委托人是法人的,则应写明法人的全称、地址、法定代表人姓名等情况。

(3)委托的权限范围,是代理人实施代理行为有效的依据,律师代书时一定要写明确。在民事代理中,委托人授予代理人代理权的范围有:

①一次委托:代理人只能就受托的某一项事务办理民事法律行为。

②特定委托:代理人受托在一定时期内连续反复办理同一类性质的民事法律行为。

③一般委托:委托代理人只能代当事人为一般的诉讼行为,如提出证据、进行辩论、申请财产保全等。

④特别委托:委托代理人受托进行某些重大诉讼行为,如有权代理当事人承认、变更、放弃诉讼请求;有权提起上诉或反诉;有权与对方当事人和解;等等。理应注意的是,与自然人身份有关的委托或不被允许。

(4)签订授权委托书时应当注意以下事项:

①委托的期限一定要写明起与止的时间,不写起止的时间,就容易引起争议。

②授权委托方法有三种:明示授权、默示授权和追认。

(5)按照《民事诉讼法》规定,当事人可以委托1~2名代理人代理诉讼,但特别授权只能授予其中一名被委托人。

三、代理律师庭审前应开展的业务

律师代理民事诉讼案件,主要的环节为:委托前的接待、接受委托、阅卷、调查、代书、庭审、上诉、总结等。每一环节的重点是不一致的,也不是说每一个具体案件都会经过这些环节;然而对于每一环节的重点能充分了解,对于处理好律师所代理的案件是有积极意义的。

委托前的接待和接受委托,在前面已经讨论过。庭审及庭审后的主要问题,将在下面章节中讨论;因此此段主要讨论阅卷、调查、代书这几个环节。

首先律师引导当事人迅速、简洁地在最短的时间内把涉及法律关系的事实说出来。因为当事人是事件的主要参与者和经历者,当事人的陈述,能够更好地还原事实的真相。在当事人陈述中,要善于引导,而不是让当事人讲述一些与案件无关的经过,并且在当事人陈述中,要善于发现和抓住案件争议焦点、疑点、有利的和不利的情节,做好记载和整理。

(一)阅卷阶段

律师在此前了解的案情,往往只是己方当事人陈述及其所提交的证据材料,尽管这些陈述和材料可能是真实的,但同时也极有可能是不全面的。因为当事人往往会按照自己的思维,有意或者无意间漏掉于自己不利的细节。因此,在接受委托后,律师就应当尽快全面了解案情,这是做好案件代理最基础的工作。要想迅速而全面地了解案情,到受案法院查阅卷宗是一种极为有效的方法。在此应把握好以下几个问题:

1. 对受案法院和承办法官有一个初步的了解,争取依法沟通

如果是经办律师事务所在当地法院受理的案件,律师因为以往出庭经历等,对受案法

院和法官应该说有一定的了解。但是如果受案法院在异地,这一步工作还是非常有必要的。毕竟法院是由若干个自然人组成的。人总会离不开其自然属性,每一个人的做事为人多少都会有所差异,更何况法官在法律框架下,针对部分案件有着较大自由裁量权。

比如不同的法院和法官,对于阅卷的安排、证据的提交、庭前证据交换等以及庭审中的风格都可能有很大差异。律师应当选择最为有利的方式和时间,表达对于案件的意见等。和法官打交道,既要有礼有节,又不要过于僵硬,甚至被称为"死磕派",而是力争给法官留下好的印象。

2.认真阅卷,提炼案件要点

同时要全方位地阅卷,从中发现对己方有利和不利的证据材料。阅卷的过程,不仅是一个全面了解案情的过程,同时也是一个法律判断的过程。在阅卷的同时,律师应有全方位的法律意识,并用此法律意识对有关材料的法律价值作出判断。对于卷宗中有利于己方当事人和不利于己方当事人的材料都应给予充分的重视。对于有利的材料,应重点审查该材料是否形成了证据链,是否还需进一步地补充和完善;对于不利于己方当事人的材料,律师更应给予充分的重视,一方面应询问自己的当事人,让其说明这份材料形成的真实情况,另一方面应设法找出这份材料的形成瑕疵、内容瑕疵、时间瑕疵及与其他证据无法印证的瑕疵,从而依据事实和法律否认这份材料的证明效力。

(二)调查阶段

在民事诉讼中,许多争议往往是因为案件所涉事实真伪不明,双方当事人各持己见。在此类案件中,调查取证尽可能还原事实真相尤其关键。因为《民事诉讼法》规定了"谁主张,谁举证"的辩论原则。为了搞好调查,使所取证据具有法律价值,应着重把握好下列几点:

1.认真分析现有材料,有目的地查找或者补强证据

调查应有一定的目的性,首先从现有材料(当事人提供的材料和法院阅卷得到的材料等)中发现当事人在事实方面争执的焦点。在准确判断出争执焦点后,根据现有证据和法律规定,按照"谁主张,谁举证"的辩论原则,有目的地查找或者补强证据。调查应当有明确的目的,对于需要主张的事实,查看是否有证据予以证明,如果有,还要审查现有证据是否足以证明,是否需要补强。同时审查现有证据是否符合证据的"三性"要求,是否满足各类证据特性的要求,并且针对这些问题,有目的地展开。不能盲目地采取大包围的做法。

对于对方当事人主张的事实,也要查看其提供的证据是否能够证明。同时还需要查看对方证据的真伪、证明力大小、有无瑕疵等。同时对于对方主张的事实,己方当事人是否认可,如果不认可,有没有证据予以证明其反对的主张,并且根据需要查找相应的证据。因为在庭审中,法官会根据原告和被告双方提供的证据的证明力大小,作出事实认定。民事诉讼中,证据的证明力要求,一方面是比较,另一方面是采取的高度概然性。

2．对待证人证言和证人出庭做证应慎重

虽然《民事诉讼法》规定，知道事实真相的公民，都有做证的义务。但是实践中，真正能够出庭做证的证人还是比较少的。按照法律规定，如果只有证人证言，而没有证人出庭做证，其证明力会受到很大的影响。但是，有些事实真相恰恰掌握在证人手中。但取得证人证言和证人是否出庭做证，其主动权并不是掌握在律师手中，而恰恰是掌握在证人手中。

针对这样的现实，律师必须认真而尽力地了解被调查对象的情况，包括姓名、性别、住所、学历、性格、品格、修养、爱好等，并在此基础上确立出相应的调查预案，比如是到其办公室调查，还是到其家中调查；是让委托人跟他约好时间，还是突然袭击；是居高临下，还是朋友式的谈话；等等，都要事先作出考虑和安排，唯有此才能做到事半功倍，才能收集到相应的证据以支持自己观点的成立。

向证人询问，需要制作调查笔录。如果调查之前就知道，就应该在开始调查之前写好基本情况，并且按照要求由两人参加。对于调查笔录应请证人查看，并签字确认，捺手印。对于证人提供的证言，同样需要认真分析，对其关联性和证明力大小，作出初步的判断。

在现实环境中，笔者认为，如果其他证据足以证明当事人的主张；则证人证言和申请证人出庭做证，最好放在最后一步考虑。因为人性是比较难以掌控的。当然，即便有可能不使用证人证言，然而向证人了解和求证一些细节，对于案件还是会有帮助的。

3．其他证据问题

本书在前面章节谈到了各类证据的要素和特性，对此不再累述。不过律师在处理证据时，应当特别留心视听证据、电子数据证据、鉴定意见的鉴别，根据不同证据属性，至少在真实性方面做到无懈可击；否则必须首先进行补强，不然就要考虑另辟他径。

（三）证据搜集及整理

当案件交到律师手中之时，往往证据既不充分，而且还显得十分凌乱。零散的证据好比单个积木，搭建成何种形状全在律师的妙思。作为整个庭审准备的核心，证据篇排展示了律师对整个案件思考的视角和深度，是至关重要的律师基本功。"打官司就是打证据"，这句话一方面强调了证据对于诉讼、庭审的重要性，另一方面也表明在证据组织和运用上，是具有可操作性的。

1．证据的组织和运用，应当结合诉讼的不同阶段特性

立案时，只要能证明原告与被告之间存在利害关系和原告、被告的主体身份就足够了。这个阶段可以不必一次性提交全部证据。可以给己方留足必要的时间，进一步组织和考虑证据的运用。

在一审受理，收到法院的举证通知后，应当考虑一审中，法官审理的重点是全面查清案件事实。证据篇排也应围绕此重点，尽可能还原案件事实原貌。此时证据篇排应讲究

"全面"和"完整"：凡是能够支持己方诉讼主张的证据,都应入册提交;凡是提交的证据,都应尽量保持完整。即使只涉及某个文件中一小段文字表述,也应将此份文件全部提交,以便法官对证据真实性和关联性形成内心确认。此阶段,法官没有归纳争议焦点,证据篇排的整体思路是根据己方诉讼请求,向法官讲述一个有利于己方的故事。当然因为诉讼当事人各方搜集整理、消化证据都需要一定的时间,虽然不能搞证据突袭,但是对于时间点的掌握,仍然不失为一种技巧。

在二审或再审中,案件事实基本已查明,如果需要提交证据,那么必须是法律规定的,并且能够被法院认可的新证据。新证据篇排应"以新为主"且"重点突出",如出现新证据,需强调新证据对本案一审判决认定事实和法律判断的影响。证据篇排亦应围绕一审法庭总结的争议焦点,通过重组回应法庭重点关注的问题,形成各个击破的效果。不过可以利用一审证据,对案件事实是否有遗漏认定事实是否清楚及一审法院是否采信等问题,提出己方意见。

2. 证据安排应以证明力大小和与待证事实的关联度大小,呈梯度篇排

用证据说话,这是常常听到的,对摆事实、讲道理的概述。其实在诉讼中,律师也是利用证据支持的事实,根据己方的需要,向法官讲述一个利于己方的故事。这个时候不是证据越多越好,而是证据越精越好,应当做到优先使用证明力大的、关联度好的证据,简要地让法官在印象中喜欢听这个故事,并且力求使法官听懂这个故事,起到一个先入为主的作用。可以作出如下考虑:

(1)依诉讼主张进行证据区分。

在诉讼中,至关重要的是诉讼请求。对于原告方,诉讼请求就是其诉讼目的;对于被告方,原告的诉讼请求,就是被告需要否定或者反击的诉讼目的。围绕诉讼请求,各自主张事实和法律依据,以期达成己方的诉讼目的。

将证据初步地分类,即根据是否有利于己方进行分类,有利证据留待进一步整理,不利证据用来帮助律师全面了解案情、洞悉对手策略,进而准备应对方案。因为连刑事诉讼中也不能要求被告人自证其罪,何况严格不及刑事诉讼的民事诉讼中,更不能要求当事人提供对自己不利的证据。除非法律有特别的规定。

在此过程中,律师不仅要完成证据初步筛选,更重要的是通过二分方法,洞察整个案件诉讼双方的力量配比,对案件态势作出一个基本判断。如果我方在理由上有利但支持主张的证据不足,律师要及时告知当事人并协助补充证据。

对不利证据保持和有利证据同等的重视,甚至更加重视。一个好律师应该知己知彼,并能料敌于先。要做到此点,必须深入研究不利证据,对对手可能的诉讼策略作出全面预估。因为不利证据,往往也是对方非常重视的证据。通过对不利证据的梳理,律师能够及时调整诉讼主张、发现新的待证事实、完成必要的证据补充并为开庭做更充足的准备。

（2）依诉讼策略做证据处理。

对于一个案件，即使诉讼请求是预定的，仍然有不同的诉讼策略。例如某一诉讼，当事人既可以提起违约之诉，也可以提起侵权之诉。显然，两种策略需要的证据是不一样的。因为违约之诉主要是合同和合同约定以及对方违约的事实；而侵权之诉，除了必须是法律规定的侵权行为之外，证明对方侵权行为、行为与结果是否存在因果关系，则是证明的要点。当遇到这样的选择时，首先是要对已有证据进行分离梳理，查看现有证据更加有利于诉讼的选择。确定以后，对于暂时不用的证据可以放置一边，以备后用。对于已经选定好的诉讼策略，还应查看现有证据是否足够，否则还应补充和补强。

（3）依待证事实进行证据篇排。

按上述办法初步选定好证据以后，应将证据按照待证事实进行分类篇排。比如说：有的证据只是证明己方主体资格的，这组证据放到一起成一组，不能用它们去证明违约或者侵权，否则因为缺乏关联性，失去其价值。待证事项应尽可能细分，以避免某些证据证明力不足影响整个待证事项的确认。独立成组的证据必须能够达到举证责任的最低证明标准，低于此限度则应想办法补强。各组待证事项应满足叙述一个值得信服的故事的所有要素，否则就应切换论证角度。

（4）依证明效力进行证据前后排序。

对同一组内的不同证据，应将具有最高证明力的证据作为核心证据，排在同组证据的首位，其他的作为辅助证据位列其后。证明力判断标准具体如下：①国家机关、社会团体依职权制作的公文书证的证明力一般大于其他书证；②档案、鉴定意见、勘验笔录或者经过公证、登记的书证，其证明力一般大于其他书证；③证人提供的对与其有亲属或者其他密切关系的当事人有利的证言，证明力一般小于其他证人证言；④原始证据的证明力一般大于传来证据；⑤直接证据的证明力一般大于间接证据。

3. 用证据清单将证据有序篇排

如果读者拿到一本没有目录的书，会是什么样的感觉？哪怕是小说，也有章回之分。一堆证据不分前后、轻重摆到法官面前，法官又会是什么感觉呢？可想而知，合理的篇排加上一目了然的清单，对于证据是十分重要的。

证据清单好比骨骼，具体证据好比肌肉，骨骼架构了整个案件的轮廓。法官会通过浏览证据清单了解案件大致情况，再带着具体问题核实单个证据，某种程度上，证据清单同起诉状、代理意见等文件一样重要。作为衔接主张和事实的桥梁，证据清单的优劣直接左右法庭的事实认定，进而影响案件的处理结果。

一份证据清单的基本指标是"易查找、易阅读"。易查找强调证据清单包含的元素应齐备，证据的篇排顺序科学合理。证据清单应包含以下必备要素：标题、案号、证据篇号、证据名称、证明对象、证据页码、证据类型、提供人及提供时间。证据组的篇排方法可以参照以下方法：①为尽可能还原事实原貌，采用时间顺序篇排证据组；②为引导法官关注重

点事实,将证明最重要事实的证据组排在最前面;③为帮助法官厘清复杂事实,根据涉及的法律关系排列证据组。

有时会遇到一份证据可支撑多项待证事实,这类复合型证据如何篇排就成了一个棘手问题,需要根据案件情况随机应变。可以采用在其他证据证明对象中引用该证据的篇号的方式予以强调,也可以视情况采取重复篇号,或者在二次使用该证据时只节录与待证事实有关部分的方法。

在诉讼双方从对立立场提出不同观点时,法官总是想尽可能详细知道支持双方各自论点的全部理由,所以,律师只有把支持某个观点的事实和法律依据都摆在法庭面前,才算尽到了自己的责任。要做到这一点,就需要篇排一本能有效传递案件信息的证据册,既代表当事人明确表达诉讼主张,又协助法庭准确查明事实,从而获得一个满意的案件结果。

四、代理文书

律师参加民事诉讼的法律文书较多,包括民事起诉状、民事答辩状、第三人参加诉讼申请书、民事反诉状、民事上诉状、民事再审申请书、民事撤诉申诉书、民事授权委托书、诉讼财产保全申请书、诉前财产保全申请书、诉讼财产保全担保书、证据保全申请书、先予执行申请书、认定财产无主申请书、认定公民无民事行为能力或限制民事行为能力申请书、宣告失踪申请书、宣告死亡申请书、支付令申请书、支付令异议申请书、公示催告申请书、企业法人破产还债申请书、强制执行申请书、复议申请书、管辖异议申请书、回避申请书等。

以上众多文书,都是在律师代理民事诉讼中可能遇到的。当然不可能每一个案件都需要为数众多的文书,而且多数文书格式从工具书和网页中都可以查到。本书前面章节也详细讨论了民事起诉状、民事答辩状、民事反诉状、民事上诉状、民事授权委托书等。本小节主要从文书起草的依据、要点及技巧方面进行讨论,并且以代理词作为范文进行阐述。

撰写重要的法律文书,不能仅仅依格式填写,更重要的是让它具有充实的内容、充分的说理,让其具有说服力。在起草代理词时,可以根据"三段论"的思路展开。任何一个三段论都包含着三个不同的判断,即大前提、小前提和结论。其中,包含着大项的前提叫"大前提",包含有小项的前提叫"小前提",包含有大项和小项的判断叫"结论"。在民事诉讼中包含着这样的逻辑:事实认定正确,法律适用正确,裁判结果必定正确。

前文谈到律师接手案件后,通过分析应尽可能地归纳案件的诉争焦点。它使当事人从起诉、答辩、罗列证据的所有一切指向和围绕诉争焦点问题进行举证、质证,辩论,以便法官查清案件的事实真相,即在无限接近客观真实的情况下确认法律真实,从而明确责任,适用法律。每一个民商事案件都有一个或几个诉争焦点,但是争议焦点也有轻重之分。对庭审焦点问题不能简单地对双方当事人诉争的问题进行语言上的归纳,不能将"原告的起诉是否符合法律规定""是否有依据""是否有证据支持"等纯粹语言上的修饰作为归纳的焦点问题,而应当从法律关系方面、客观事实方面、适用法律方面进行归纳,一定要在当事人复杂的诉讼材料中正确归纳提炼出当事人的诉争焦点。在答辩和代理中,应当突出以上分析和演绎的结论,引起法官的注意,进而争取法官在判决中采信己方的事实与理由,支持己方的主张。

(一)围绕焦点查找法理依据(查明大前提)

原告的诉讼请求并不一定是争议的焦点,只是原告希望通过诉讼欲达到的目的。但是诉讼请求应当是法律规定的结果,是否该出现这样的结果? 需要反向演绎,因为一个法律规则,必然包含有假定条件、行为模式和法律后果。虽然说当事人的民事行为,包括交互关系,多数遵循意思自治,可以由当事人协商约定;但是这些约定在履行中是否有改变,如果发生了与约定不一致的行为,又该承担什么样的法律后果等,则是可以从法律规则中得以演绎推理的。

实际上查找大前提,就是从结果反观行为模式是否符合法律规则规定的模式,然后再查看规则假设的条件,从而查找与纠纷最为切合的法律规定,也就是查找个案适用的大前提。这是一个循环往返的过程,不能局限于查找大前提,同时要环顾小前提,观察大小前提的切合度。因为同一个结果,可能从不同的法律规则得出,那么寻找最为适用的法律规则,就是这个阶段说理的要点。

比如说当事人在小区丢失了一辆轿车,起诉要求物业公司赔偿。那么就这个赔偿请求,既可以从合同法的规则,也就是违约方将承担赔偿损失的责任。也可以从侵权责任的法律规则中查找相应的规则,如果行为人(物业公司)没有尽到合理注意义务,也需要承担相应的责任。

在查找大前提时,如果主张违约赔偿,首先需要看在小前题中,也就是事实部分,物业公司有没有违约行为,因而需要查看当事人与物业公司之间是否存在合同关系,合同中是否约定车辆保管关系等。如果小前提的事实没有相应的证据予以证明,那么违约责任这个大前提就不适用。这时需要另辟他径,从侵权责任规定中去查找。同时反观物业公司是否实施了侵权行为,也就是对事实进行查找,在查找中,发现了一个证据,就是该小区使用了车辆进出的通行卡。具体做法是,车辆进小区,物业公司人员发卡给车主;出门时,物业公司人员需要查看确认后,收回通行卡放行车辆。在此案中,车辆丢失后,通过卡仍然在车主手中。这就是一个证据,因为它证明了一个事实,就是物业公司人员没有尽到相应的注意义务。因为查找到了被告实施了侵权行为(不作为),而且该行为与丢失车辆的这一结果存在因果关系。最后,律师经过分析查找,适用了侵权责任的法律规则,从而得到了法官的支持。

（二）依据证据叙明案件事实（查找小前提）

在查找到了与个案最为切合的、最为有利的大前提后，则应当对该大前提也就是法律规则规定的行为模式进行分析。法律规则规定的行为模式可能是可为模式、应为模式、勿为模式。如果要得到法律规则规定的正向结果，应当与法律规则规定行为模式一致，否则就不能得到法律规则规定的法律后果。从分析中可以得出，对于此部分的论证，无论是原告企图得到的正向结果，还是被告希望否定原告的诉求，否定其得出法律规则的正向结果，都需要将行为模式与个案事实进行比较。除非直接否定法律规则的假定的条件不成立。因此对于个案事实的证明，在此阶段至关重要。

在法院审理案件中，没有证据予以证明的事实不会被认定为法律事实，没有经过举证质证的证据也不能做认定事实的证据，这是一个基本的规则。当事人及律师，就是要围绕法律规则规定的行为模式，用证据证明个案中最为有利的事实，但不是全部事实。

比如在上述案例中，车辆停在小区内和车辆被盗这两个事实，只要是对方当事人自认或者是现有证据能够证明即可。这也许并不是本案争议的焦点问题。但是车辆进出小区使用通行卡和通行卡在车辆丢失以后还在车主手中，则是本案争议焦点——是否构成侵权这一事实行为所需的证据就是本案的关键证据。

在本案中，查找到物业公司实施了侵权行为的事实和证据以后，对于其他的关联度不大的证据，暂时可以放置在一边，以免形成累证。比如物业服务合同，再比如车主取得的发现物业公司保安有睡觉等行为的照片等。这就是对于证据的处理和运用。在起诉和代理词中，只要简要叙明个案需要的事实和证据即可。

（三）用逻辑推理比较事实是否符合法律规定的情形，因而推论是否适用法律规定的结果（得出结论）

在查找到了大前提和小前提，也就是选择到了最为有利和适用的法律规则条文以及与法律规则规定行为模式相一致（或相反）的事实以后，并非完结，而是需要进一步将大小前提进行比对，正方的辩论围绕拉近两者的符合度，反方的辩论则围绕大小前提不相符合而展开。通过推理和辩论，得出肯定或者否定的结论。

在此部分，必须紧紧围绕法律规定逐层展开，必要时应当运用其他相关的法律规定对大前提进行解释。然后再引入个案中可以证明的事实，紧扣法律规则规定的行为模式进行说理，最后得出一个正向的或者反向的结果，当然这一结果应当是己方当事人所需要的。

比如在一民间借贷担保合同纠纷案件中，由于一审法院没有采信被告方之一也就是担保人的事实与理由主张，判决认定担保责任成立。因担保人不服一审判决，提起上诉。之后在庭审中，律师发表的代理词有一段是这样写的：

××区人民法院(2016)川0×××民初×××号判决书第八页"关于被告吴××的担保责任,被告吴××在《借款协议》中作为担保人签名,虽原、被告提供的《借款协议》中约定的支付方式不同,但未改变《借款协议》的主要条款,支付方式的不同只是当事人对履行义务行为的改变,且借款人对收到被上诉人借款200万元并无异议,此种情形不符合《中华人民共和国担保法》第二十四条……的规定,故被告吴××对本案借款200万元及相应利息应当承担担保责任。"对于此部分,**实际上是对《担保法》"第二十四条 债权人与债务人协议变更主合同的,应当取得保证人书面同意,未经保证人书面同意的,保证人不再承担保证责任。"中的"变更主合同"的这一法律规则假定条件的错误判断。**

一、本案的主合同是《借款协议》中除担保条款以外的其他主要条款,其中包含的主要内容,按照《合同法》"第十二条 合同的内容由当事人约定,一般包括以下条款:

(一)当事人的名称或者姓名和住所;

(二)标的;

(三)数量;

(四)质量;

第一百九十七条:"借款合同采用书面形式,但自然人之间借款另有约定的除外。借款合同的内容包括借款种类、币种、用途、数额、利率、期限和还款方式等条款"。可做如下理解:

从《合同法》以上条款中,**当事人和借款的用途,无疑是借款合同的主要条款**;如果改变其中任何一项,则符合《担保法》第二十四条"变更主合同"的情形。

二、本案涉及的《借款协议》约定的当事人是出借人郭××,借款人陈××;而担保人吴××则是承担担保责任的当事人。

本《借款协议》第一条就是借款的用途,约定为"**合作经营煤炭生意**";第二条是对借款数额、利息支付方式的约定,上诉人提交《借款协议》第二条为"**借款金额￥2000000.00元,(大写:贰佰万元整人民币);月息和融资服务费等共计5%;每月5日按月支付利息。**

(在签订合同前,甲方已向乙方出借50万元(按乙方要求银行转账到中国工商银行股份有限公司××××支行,陈××,账号:62208230700034××××);现再借150万元给乙方(银行转账到中国农业银行自贡××××分理处,陈××,建行账号:622848050827503××××);以划款的银行票据为准;签订合同后3日全部到账。"

而被上诉人提交的《借款协议》第二条有陈××手书并签字、捺手印的添加内容为:"**因银行原因,应乙方要求转给张××,中国建设银行账号为621700357000062××××。**"

毫无疑问,两份《借款协议》是不一致的。被上诉人提供的《借款协议》是改变过的,而且是在未经上诉人同意的情况下改变的,并且改变了《借款协议》的主要条款。被上诉人也没有任何证据能够证明上诉人同意了《借款协议》的改变。

首先,张××不是该《借款协议》的当事人,把其中的150万元支付给张××,无疑是改变

了的当事人；

其次，将其中的150万元支付给张××，是对该《借款协议》约定的支付方式的改变；

再者，该《借款协议》第二条明确约定"以划款的银行票据为准"，而被上诉人提供的银行划款票据，明确显示**收款人是张××，账号也是张××的**，与此条款的约定是不一致的。**根本不能作为履行此条款的证据。**

最后，这笔借款被张××用于购买宝马×5了，并没有用于经营煤炭生意，自然是对该《借款协议》第一条明确约定"合作经营煤炭生意"的借款用途的改变。被上诉人按照改变后的约定支付到"张××建行账号621700357000062××××"。这150万元借款，实际是并没有归一审被告陈××所用，更没有用于《借款协议》约定的借款用途"经营煤炭生意"，而是张××实际借用了此款，归张××个人使用，用于购买一辆宝马×5，在一审法院调取的"（2015）自流邢初第3××号刑事案件中的相关证据"中有陈××和张××的供述。实际上这是一个出借人许可借款人转让部分借款未经保证人书面同意的行为。法律依据《担保法》"**第二十三条保证期间，债权人许可债务人转让债务的，应当取得保证人书面同意，保证人对未经其同意转让的债务，不再承担保证责任。**"在司法实践中，"**出借人许可借款人转让部分借款未经保证人书面同意的，对转让部分保证人不承担保证责任**"是常规性判例。

很明显，张××并非该《借款协议》的当事人，陈××经与被上诉人协商一致将150万元支付给张××，无疑是向非当事人支付借款，实际上构成了**新的借贷关系**；也就是转借行为。此情形符合《担保法》第二十三条的规定。因此按照此条规定，因上诉人未经其同意转让的债务，因此上诉人不再承担保证责任。

一审判决书对借款人手书的借款收据认定为"且借款人对收到被上诉人借款200万元并无异议"的事实，并且作为出借人已经全部履行出借义务的判断是与《借款协议》约定的**"以划款的银行票据为准"**不相符合的。出借人是否全部履行了出借义务，必须与《借款协议》约定指定账户一致，才能成为履行合同的依据。

综上，被上诉人和陈××协商改变了主合同，也改变了主合同的主要条款，这是不争的事实；这一事实，无论放到哪里，都是成立的。

而一审法院却认为"此种情形不符合《中华人民共和国担保法》第二十四条……的规定"，这不仅是与事实不符，而且是曲解法律。因此一审法院认定事实错误，适用法律不当，据此作出的判决是错误的。

五、文体与用语

上一小节谈到了写作文书的思路，具体书写法律文书，还应选择于个案最为有利的说服方式，相互配合，相得益彰。法律人常常说法言法语，实际上就是一些比较规范的法律文书用语，在此做一些简单的讨论。

（一）法律文书说明的形式

法律文书说明的方法灵活多样，主要有以下几种形式：

1. 事实论证法

这是法律文书说明的最基本、最重要的方法。即将经过查证属实的事实列举出来，运用铁的事实说话，从而具有不可辩驳的说服力。

2. 法理论证法

这是运用法律规定和法学理论作为论据，以证实论点正确的一种立论方法。这种方法在抗诉案件、上诉案件、申诉案件等案件中使用相当普遍。

3. 因果论证法

这是利用因果的辩证关系进行论证的方法。在侵权类诉讼中使用较多。

4. 反驳论点法

即针对对方错误的论点进行批驳，指出它是错误的、虚假的、不符合实际的，从而将它驳倒。

5. 反驳论据法

即利用驳倒论据来推倒对方论点的方法。如各类判决书理由的批驳部分，抗诉书、上诉书、答辩状、申诉状、辩诉词等文书的理由，都常用反驳论据法，或反驳其论据虚假，或批驳其论据不足。

6. 反驳论证法

即分析对方论证方法中存在的逻辑错误，达到证实对方论点错误的目的。

需要注意的是，以上各种说理方法并不是孤立使用的，往往是交错使用、相辅相成的。不破不立、立中有破、破中有立。反驳论点势必涉及反驳论据，反驳论点和论据又势必涉及反驳论证，而反驳论据和论证的目的都是为了反驳论点。法律文书的说理往往是多种说明方法的综合运用。

总之，法律文书的说理要求做到：事实证据确凿无疑；公平严肃、依法说理；就事论事，针锋相对；逻辑严密，无懈可击。

（二）法律文书的语言

1. 明确：明白、准确

指法律文书遣词造句要准确，语义要单一。显然，任何语体都讲究用词准确，但法律文书写作中对字、词、句的准确性要求更为严格。因为法律文书是依法处理诉讼纠纷的重要凭证，它往往关系到当事人的荣辱福祸。法律文书中使用的每个字、每个词、每句话都应意思明确，恰如其分。既不能模糊不清，也不能模棱两可，更不能产生歧义。应当准确无误，因为词语的失之毫厘，带来的可能将是对当事人处理结果的差之千里。

2. 规范：标准

法律语言的规范性主要体现在以下几个方面：一是指法律文书的遣词造句、表情达意要遵守汉民族的共同语言——普通话的词语含义及语法规则；二是使用规范正确的法律术语；三是不使用方言、土语，不滥用外来词语；四是不生造词语，不使用已废用的古语词；五是不乱用异体字、繁体字及未经国家批准公布的简化字。

3. 简朴：简要、质朴

一是指语言要简明扼要，言简意赅，在表意明确的前提下，不重复、不啰唆，不写废话、空话、套话，做到惜墨如金。二是指语言要质朴平易，朴实无华，通俗易懂；力戒华丽辞藻。不用过分的修辞、描写和抒情；不搞弦外之音；不事渲染铺陈夸张；不故作高深。对于案件中的一切事实、情节都恰如其分、实事求是地反映，不作人为的夸大或缩小，尤其是归纳概括表述时，不能改变案件的性质，必须完全符合法律要求，无懈可击。

4. 庄严：庄重、严肃

指法律文书的语体特色必须与法律的权威性和庄严性一致。言必有据，不言过其实，不带个人情感色彩，不引用秽语、黑话、行话。法律文书常常涉及社会的阴暗面，语言应着力克服叙述可能给社会带来的负面影响，最好概括叙述，切忌细节描写。

第六章　保全措施与先予执行

诉讼保全也叫"财产保全",主要是指人民法院在利害关系人起诉前或者当事人起诉后,为保障将来的生效判决能够得到执行或者避免财产遭受损失,对当事人的财产或者争议的标的物,采取限制当事人处分的强制措施。

本章所讨论的诉讼保全,还包括证据保全和行为保全,并且将仲裁程序中的保全也在这章一起讨论。证据保全主要依据是《民事诉讼法》第八十一条和《仲裁法》第四十六条与第六十八条的规定。

仲裁证据保全和财产保全主要依据是《仲裁法》第四十六条、第六十八条和第二十八条的规定。

诉讼中和仲裁中的证据保全制度,主要是在发生"证据可能灭失或者以后难以取得"的情形时,通过法院的强制措施,将这部分证据首先固定下来。

而行为保全是人民法院在诉前或诉中,根据利害关系人或当事人的申请,裁定相对人为一定行为或不为一定行为的强制性措施。《民事诉讼法》第一百条规定:"根据对方当事人的申请,可以裁定对其财产进行保全、责令其作出一定行为或者禁止其作出一定行为。"因为保全制度作为对当事人权利的临时性救济措施,行为保全是其应有之义。加多宝和王老吉商标权诉讼中,王老吉就成功地申请了诉讼中行为保全。

然而,财产保全仍是诉讼和仲裁程序中主要的保全措施,因此本章仍然以财产保全为主题。因为在司法实践中,执行一直是一个难题,而法院强制执行生效判决的力度不足。在漫长的诉讼期间,债务人恶意转移财产、逃避判决执行的情况较为普遍。一些审理周期长,涉案金额大的案件,如果不及时采取财产保全措施,债务人一方就可能利用审限等有利条件通过转移财产、增加债务等手段逃避将来的执行责任,而作为债权人的当事人就可能要承担执行不能的风险。

保全是一个程序性的权利,如果财产保全申请被法院支持,那么作为原告一方在诉讼中就处于一个十分有利的地位。从财产流动性上讲,因为被告一方的财产被法院裁定保全,会影响其实际的经营(例如资金账户被保全时)或者影响其融资能力(例如土地使用权、房产等被保全时)。因为这只是一个程序性的权利,在实体法上原告是否能胜诉,必须经过庭审判决以后才能得出结果。因此,为了公平和平等,也为防止这一程序性权利被滥用,法院在裁定保全措施之时,一般会要申请人提供相应的担保,甚至是对等担保。

当然原告申请财产保全这项程序性权利,在给被告(债务人)带来负面影响的同时,有时也会促成被告提出通过和解等快捷办法尽快解决纠纷,以便恢复正常的生产经营,从而提高解决纠纷的效率。

通过财产保全措施的实施,有利于配合将来生效裁决的执行。《最高人民法院关于人民法院民事执行中查封、扣押、冻结财产的规定》第四条之规定:"诉讼前、诉讼中及仲裁中采取财产保全措施的,进入执行程序后,自动转为执行中的查封、扣押、冻结措施,并适用本规定第二十九条关于查封、扣押、冻结期限的规定。"这样就实现了诉讼中财产保全与执行财产保全的衔接,更好地为生效判决/裁决执行创造了条件。

通过诉讼财产保全措施的采取,申请人既实现了预防、防止债务人转移财产、逃避执行的风险,又为诉讼中达成和解、调解缩短纠纷解决期限创造了有利条件,同时还为生效判决的执行、权利的落实奠定了基础。因此诉讼保全越来越成为债权人在诉讼中首先考虑的一种减少诉讼和执行风险的措施。由于电子数据证据的出现,证据保全也变得更加重要。

第一节　证据保全

证据保全的法律依据为《民事诉讼法》。

"**第八十一条**:在证据可能灭失或者以后难以取得的情况下,当事人可以在诉讼过程中向人民法院申请保全证据,人民法院也可以主动采取保全措施。

因情况紧急,在证据可能灭失或者以后难以取得的情况下,利害关系人可以在提起诉讼或者申请仲裁前向证据所在地、被申请人住所地或者对案件有管辖权的人民法院申请保全证据。

证据保全的其他程序,参照适用本法第九章保全的有关规定。"

仲裁证据保全和财产保全主要依据是《仲裁法》。

"**第四十六条**　在证据可能灭失或者以后难以取得的情况下,当事人可能申请证据保全。当事人申请证据保全的,仲裁委员会应当将当事人的申请提交证据所在地的基层人民法院。"

"**第六十八条**　涉外仲裁的当事人申请证据保全的,涉外仲裁委员会应当将当事人的申请提交证据所在地的中级人民法院。"

一、证据保全的申请

(1)**证据保全提出的时间**:按照《民事诉讼法》第八十一条规定,以起诉为基准点,将证据保全分为诉讼中证据保全和诉讼前证据保全。

(2)**诉讼中启动证据保全有两种**:一是由一方当事人提出申请,由法院作出裁定;二是当事人未提出申请,法院依职权裁定采取保全措施。不过诉讼中证据保全程序的启动,以当事人申请为原则,以法院依职权启动为例外。法院依职权采取证据保全应限于确有必要之情形,主要针对处于紧急状态、来不及通知当事人提出申请的证据,或涉及社会公共利益、他人合法权益的证据等。

（3）**诉讼中证据保全的申请人为"当事人"**：不是诉讼代理人而只是当事人才可以作为证据保全的申请人。诉前证据保全的启动方式限定为依利害关系人申请。因诉前证据保全尚未进入诉讼程序，故申请人限定为利害关系人，应指民事权益可能受到损害或者与他人发生民事权益纠纷的主体。

（4）**证据保全申请的形式**：以申请人提交书面申请为原则，申请书应载明：申请人、被申请人的基本情况；申请保全的证据内容；请求保全证据的证明对象；证据可能灭失或者以后难以取得的理由说明；等等。但如果情况紧急，申请人也可以口头提出保全申请，由法院制成笔录。

（5）**证据保全的申请**：参照《最高人民法院关于诉前停止侵犯注册商标专用权行为和保全证据适用法律问题的解释》第三条和第四条规定：

1）商标注册人或者利害关系人向人民法院提出诉前停止侵犯注册商标专用权行为的申请，应当递交书面申请状。申请状应当载明：

①当事人及其基本情况；

②申请的具体内容、范围；

③申请的理由，包括有关行为如不及时制止，将会使商标注册人或者利害关系人的合法权益受到难以弥补的损害的具体说明。

2）商标注册人或者利害关系人向人民法院提出诉前保全证据的申请，应当递交书面申请状。申请状应当载明：

①当事人及其基本情况；

②申请保全证据的具体内容、范围、所在地点；

③请求保全的证据能够证明的对象；

④申请的理由，包括证据可能灭失或者以后难以取得，且当事人及其诉讼代理人因客观原因不能自行收集的具体说明。

3）申请人提出诉前停止侵犯注册商标专用权行为的申请时，应当提交下列证据：

①商标注册人应当提交商标注册证，利害关系人应当提交商标使用许可合同、在商标局备案的材料及商标注册证复印件；排他使用许可合同的被许可人单独提出申请的，应当提交商标注册人放弃申请的证据材料；注册商标财产权利的继承人应当提交已经继承或者正在继承的证据材料。

②证明被申请人正在实施或者即将实施侵犯注册商标专用权的行为的证据，包括被控侵权商品。

二、证据保全的实质性要件

诉讼中证据保全的基础性要件为"证据可能灭失或者以后难以取得的情况"。证据可

能灭失,既可能是客观原因造成的,比如作为证据的物品由于自身原因可能腐烂、变质等,也可能是主观原因造成的,比如被申请人可能故意毁损证据材料等;证据以后难以取得,是指证据虽然不至于灭失,但如果不采取保全措施,将来获取它会遇到相当大的困难或者成本过高,比如证人即将出国定居,很长一段时间都不会回国等。诉前证据保全在此基础上增加了"情况紧急"的要件,系强调因情势紧急,不立即申请证据保全,证据就有可能灭失的情形下,利害关系人可在提起诉讼前向法院申请证据保全。

申请书中需不需要证明"证据可能灭失或者以后难以取得的情况",法院对申请人的申请书只做程序性审查还是需要做实质性审查? 这是证据保全应当达到怎样的实质性要件的关键所在。

从《民事诉讼法》第八十一条规定的文义来理解:在证据可能灭失或者以后难以取得的情况下,当事人可以在诉讼过程中向人民法院申请保全证据。申请人对于该基础性要件无须达到证明的标准,只要能够释明即可。同时从**《民事诉讼法》第八十一条规定的"因情况紧急,在证据可能灭失或者以后难以取得的情况下,利害关系人可以在提起诉讼或者申请仲裁前向证据所在地、被申请人住所地或者对案件有管辖权的人民法院申请保全证据"**的情形来看,既然申请可以向"证据所在地、被申请人住所地或者对案件有管辖权的人民法院申请保全证据",那么法律列举的这些法院,并不一定是最终案件的受理法院;如果让接受申请的法院对申请做实质性审查操作性不强。因此笔者认为:法院对申请人的申请只做程序性审查是比较合理的。

再查看《民事诉讼法》第九章,也并没有规定法院对于申请人的申请,必须做实质性审查。而且《证据规定》第二十四条第二款仅规定"法院进行证据保全,可以要求当事人或者诉讼代理人到场"。

当然,不做实质性审查,并不等于法院不会考虑申请人胜诉的可能性、申请证据的关联性、申请保全的证据是否是当事人因客观原因不能自行收集证据的情形。因此,申请证据保全利害关系人或者当事人,对此应当谨慎。因为《民事诉讼法》第九章的规定,法院是可以要求申请人提供担保的。

三、证据保全中的担保

《民事诉讼法》对于当事人申请证据保全是否需要提供担保未予明确,审判实践中应否参照第九章诉讼保全的相关规定,即**"对于诉讼中保全措施,法院可以责令申请人提供担保,对于诉前保全措施,当事人应当提供担保"**,这也是法官在裁定是否需要申请人提供担保的依据之一。海事诉讼等特别程序法、商标法、著作权法及《民事证据规定》等均规定,当事人申请证据保全的,法院可以要求其提供相应的担保。不过证据保全是否需要担保,笔者认为主要应依申请的证据保全措施是否可能给被申请人带来财产风险而定。同时也可以督促申请人在申请保全时更加慎重,避免权利滥用。至于担保金额的确定,应以保全可能给被申请人造成的损失为基础。如申请保全的证据为书证、证人证言等,则不需要提供担保;如申请保全的证据为具有财产价值的物证等,则可以要求申请人提供担保。

四、保全证据的使用和复议

证据保全的实践一般认定证据保全程序所保全的证据与诉讼程序中法院调查收集的证据具有同等效力。关于保全证据的使用,亦可参照《证据规定》第五十一条关于法院调查取证的规定,即法院依照当事人申请保全的证据,作为提出申请的一方当事人提供的证据。法院依照职权保全的证据应当在庭审时出示,听取当事人意见,并可就保全该证据的情况予以说明。

证据保全是一种保全措施,可依利害关系人或者当事人申请,经法院裁定;或者法院依职权决定。对于法院的裁定,依照《民事诉讼法》第一百零八条规定:当事人对保全或者先予执行的裁定不服的,可以申请复议一次。复议期间不停止裁定的执行。因此被申请人对法院的裁定,可以提出复议。同时参照《最高人民法院关于诉前停止侵犯注册商标专用权行为和保全证据适用法律问题的解释》。

第十条 当事人对诉前责令停止侵犯注册商标专用权行为裁定不服的,可以在收到裁定之日起10日内申请复议一次。复议期间不停止裁定的执行。

第十一条 人民法院对当事人提出的复议申请应当从以下方面进行审查:

(1)被申请人正在实施或者即将实施的行为是否侵犯注册商标专用权;

(2)不采取有关措施,是否会给申请人合法权益造成难以弥补的损害;

(3)申请人提供担保的情况;

(4)责令被申请人停止有关行为是否损害社会公共利益。

第十二条 商标注册人或者利害关系人在人民法院采取停止有关行为或者保全证据的措施后15日内不起诉的,人民法院应当解除裁定采取的措施。

第十三条 申请人不起诉或者申请错误造成被申请人损失的,被申请人可以向有管辖权的人民法院起诉请求申请人赔偿,也可以在商标注册人或者利害关系人提起的侵犯注册商标专用权的诉讼中提出损害赔偿请求,人民法院可以一并处理。

五、证据保全的解除

证据保全的解除能否参照适用《民事诉讼法》第九章关于诉讼保全的有关规定,主要涉及两个问题:其一,诉前证据保全是否因利害关系人在一定期限内不起诉而得以解除?笔者认为,为督促利害关系人慎重启动诉前证据保全程序、保障诉前证据保全程序与本案诉讼程序的有效衔接,诉前证据保全可以参照适用《民事诉讼法》第一百零一条第三款之规定,申请人在法院采取保全措施后30日内不依法提起诉讼或者申请仲裁的,法院应当解除保全。其二,证据保全是否因被申请人提供担保而解除? 笔者认为,《民事诉讼法》第一

百零四条之规定主要适用于财产保全程序,因为财产保全的目的在于保全被申请人的责任财产以保障最终判决的执行,而被申请人提供担保亦可保障最终判决的执行,故可以解除相应的保全。但证据保全之目的在于保护证据,确定事实,保障申请人的程序性权利,故除非有例外情形,如申请人同意等,否则证据保全不因被申请人提供担保而解除。

第二节 财产保全

财产保全分为诉讼前财产保全和诉讼财产保全。主要依据为《民事诉讼法》。

第一百零一条 利害关系人因情况紧急,不立即申请保全将会使其合法权益受到难以弥补的损害的,可以在提起诉讼或者申请仲裁前向被保全财产所在地、被申请人住所地或者对案件有管辖权的人民法院申请采取保全措施。申请人应当提供担保,不提供担保的,裁定驳回申请。

人民法院接受申请后,必须在48小时内作出裁定;裁定采取保全措施的,应当立即开始执行。

申请人在人民法院采取保全措施后30日内不依法提起诉讼或者申请仲裁的,人民法院应当解除保全。

第一百零二条 保全限于请求的范围,或者与本案有关的财物。

第一百零三条 财产保全采取查封、扣押、冻结或者法律规定的其他方法。人民法院保全财产后,应当立即通知被保全财产的人。

财产已被查封、冻结的,不得重复查封、冻结。

第一百零四条 财产纠纷案件,被申请人提供担保的,人民法院应当裁定解除保全。

第一百零五条 申请有错误的,申请人应当赔偿被申请人因保全所遭受的损失。

一、诉讼财产保全的申请

(一)申请的方式

申请诉讼财产保全的当事人一般采用书面方式提交申请书。但特殊情况如书写确有困难的当事人可以口头方式提出,由人民法院记录附卷,并由申请人签名、盖章。

(二)申请的时间

诉讼保全一般是由当事人在起诉以后判决执行以前或者在起诉的同时,通常必须向人民法院采用书面方式提交书面申请。申请书应当载明请求诉讼保全的原因,保全的标的物或者有关财产的种类、数量、价额及所在地。当事人不服一审判决提出上诉的案件,在第二审人民法院接到报送的案件之前,当事人有转移、隐匿、出卖或者毁损财产等行为,必须采取诉讼措施的,由第一审人民法院制作财产保全的裁定,应及时报送第二审人民法院。此外,在判决生效后至该判决执行前,当事人有转移、隐匿、出卖或毁财产的行为,必须采取保全措施的,人民法院也可以依职权作出财产保全的裁定。

（三）请求的对象和范围必须明确

诉讼保全的范围应当限于当事人争议的财产,或者被申请人的财产。对被申请人财产的保全,应当要求申请人提供有关的财产所有权凭证,如汽车要提供车户证明、房屋要提供房屋产权证明书等,以防错将他人的财产查封、扣押。对案外的财产不得采取保全措施,对案外人善意取得的与本案有关的财产一般也不能采取保全措施。诉讼保全的对象界定应以法人、公民合法所有,且能够自由处分为原则。不是合法所有,如土地、淫秽物品,或非自己所有,如保管、租借他人之物,或自己所有,但受管制的物品,均不能进行财产保全。有两种情况例外,一是自己所有,但是法律禁止予以财产保全的,例如《民事诉讼法》第一百零三条规定“财产已被查封、冻结的,不得重复查封、冻结”。军队的战备、军需物质、款项以及公益事业和慈善机构办公场所、救灾扶贫专户也禁止进行财产保全;二是非自己所有,但法律允许予以财产保全,则必须严格依法律的规定范围,例如国有企业经营管理权下可以处分的财物应严格进行财产保全,法律规定被申请人的到期应得收益或债权,必须在有充分的证据和第三人就自己与被申请人享有的债权没有争议的前提下适用。

（四）申请保全的措施必须具体

财产保全的措施有查封、扣押、冻结、提取、扣留等,当事人要求法院采取哪种措施必须肯定、具体,不能含糊其词。否则法院可以不予受理。

（五）申请的条件必须符合法律规定

司法实践中,并不是所有的民事案件都可以采取诉讼保全措施。要申请诉讼保全,必须具备以下条件:

(1)提出诉讼保全的案件必须是给付之诉,或者包含给付之诉的合并,即提起诉讼必须具有给付内容。因为诉讼保全的对象是双方争执的标的物,或者与争议有关的财物,采取诉讼保全措施的目的,是为了保证案件在判决后能得到切实执行。而民事执行必须是给付之诉,即必须有给付内容。因此,如果申请人将不具有财产给付内容采取保全措施,也就失去了意义。单纯的确认之诉、变更之诉,都不具有给付内容,不适用诉讼保全。

(2)必须具备诉讼保全的前提。必须是有可能因为一方当事人的行为或者其他原因,使判决不能执行或难以执行,或者造成国家、人民财产的进一步损失,使权利人的合法权益受到难以弥补的损失和造成无法挽回的遗患后果。

（六）诉讼财产保全的担保

诉讼财产保全申请人是否必须提供担保,不可一概而论。根据《民事诉讼法》之规定,诉前提出诉讼财产保全时,应当同时提供担保。但是诉讼中当事人提出的财产保全,以提供担保为常态,不需要提供担保为例外。法院依职权决定的诉讼财产保全,不需要

提供担保。

诉讼保全是人民法院根据申请人的申请采取的一种紧急的强制性措施。申请人申请诉讼保全是为了在法院作出判决之前使财物完好地保存下来,待胜诉后实现自己的权利。对于申请人提出的保全理由,人民法院应当认真审查,但由于当事人在起诉时就提出保全,案件尚未审理,无法查明案件事实,即使查明了申请保全理由充分,应予保全,也不能保证申请人一定胜诉,因此人民法院从保护双方当事人合法权益的角度出发,避免申请人败诉后,被申请人因诉讼保全所遭受的损失得不到赔偿的情况发生,申请人在提出诉讼保全时,应当同时提供担保,拒绝提供担保或担保不符合要求的,人民法院可以驳回申请。担保必须以人民法院易于控制和可供执行为限,可以由申请人提供实物、现金或有价证券,也可以由申请人在银行账户上的存款作担保,由资信良好的个人作担保,还可以由银行等金融机构或资信较好的大型企业出具担保。以财产担保的,担保财产的价值应不低于保全财产的价额。

二、诉讼保全裁定的执行

人民法院根据当事人的申请,认为符合诉讼保全的条件,或者认为有必要依职权决定诉讼保全的,都必须及时作出裁定。对于情况紧急的,必须在四十八小时内作出裁定,并立即执行。所谓情况紧急,是指如不立即采取诉讼保全措施,诉讼标的物或有关财产就会被变卖、隐匿、转移、毁损、挥霍或因自然原因灭失,从而造成无法挽回的损失。人民法院在执行财产保全的裁定时,应当根据裁定保全的措施种类如查封、扣押、冻结或法律规定的其他方法执行。查封是将需要进行财产保全的财物清点后,加贴封条,就地封存,或者易地封存;查封被申请人的财物,是为了防止财物被隐藏、转移、变卖、毁损所采取的强制措施。扣押是将财物送到一定场所予以扣留,或者就地扣留,在一定期限内不准被申请人处分和动用。冻结是依法通知有关银行、信用合作社、邮政储蓄单位,不准被申请人提取或者处分其银行存款。法律规定的其他方法如扣留、提被申请人劳动收入、禁止被申请人为一定行为等。

在诉讼保全的执行过程中,往往有一些当事人以被保全的财产已设定抵押、财产不是其所有等为由对抗诉讼保全裁定的执行。在司法实践过程中,遇有下列情形,人民法院是可以依法采取保全措施的。

（一）虚假抵押协议设定的抵押物,人民法院可以依法采取保全措施

抵押协议关系是以其担保的主债权债务关系为基础的,但审判实践中却有一部分当事人由于债务较多,为了逃避债务,事先与第三人串通签订虚假的抵押协议,以防败诉后财产被依法查封或扣押。这种抵押关系,行为人之间根本没有债权债务关系,或者即使有少量的债权债务关系,只是作为挡箭牌。这种民事行为,不仅侵犯了其他债权人的利益,同时也违反了法律规定,法院会认定为无效协议。实践中还有一种情况,抵押协议与担保

债权债务关系均系真实的,只是因为债权人到期没有履行付款协议,如抵押贷款中的贷款方没有履行付款义务,这样的债权债务没有实际发生,因此,为其设定的抵押协议,对双方就不产生应有的法律效力,亦视为无效。

(二)超价值部分的抵押物,人民法院可以依法采取保全措施

抵押权是以保证债权实现为目的而设定的。从抵押权所起的这种保证作用来讲,设定抵押关系时,抵押物的价值高于其担保的债权数额,应当是允许的,但也应当保持基本一致。有些当事人签订的抵押协议抵押物的价值远远超过了其担保的债权数额,有的甚至是债权数的数倍,这样设定的抵押协议的意图,有时候难以确定。但无论出于哪种意图,在客观上都会影响其他债权人权利的实现。因此,应认定超出价值部分的抵押无效。对于超过了其担保的债权数额抵押物,仍然可以实施保全。

(三)多个债权人的债务人,将全部的财产抵押给其中一个债权人的抵押协议所设定的抵押物,人民法院可以依法采取保全措施

1994年3月26日《最高人民法院关于债务人有多个债权人而将其全部财产抵押给其中一个债权人是否有效问题的批复》中指出:"在债务人有多个债权人的情况下,债务人将其全部财产抵押给其中一个债权人,因而使该债务人丧失了履行其他债务的能力,侵犯了其他债权人的合法权益,根据《中华人民共和国民法通则》第四条、第五条的规定,应当认定抵押协议无效。"

(四)抵押期限超过抵押物保质期限的抵押协议所设定的抵押物,人民法院可以依法采取保全措施

有些当事人以保质期较短的商品作抵押,如食品、饮料、药品等;有的在债务清偿期限届满时,因超过保质期限而失去价值,这不仅达不到设定抵押的目的,而且也影响其他债务的及时清偿,同时这种抵押协议还会造成一定的危害,一方面会造成社会资产的浪费,另一方面过期商品流入社会直接危害人民健康。这种抵押违反了《民法通则》关于民事行为不得损害社会公共利益的规定。因此,抵押期限超过抵押物保质期限的抵押协议应认定为无效协议。

(五)将自己所有的财产以他人名义登记的,或事实上已实际占有并取得财物所有权的,只是未办理产权过户手续的财产,人民法院可以依法采取保全措施

有些当事人为躲避债务,防止自己的财产被人民法院扣押,将自己的财产以他人名义登记,如某公司负债累累,仍购买一辆轿车,以该公司驾驶员的名义报牌登记,而该购车的发票却入财务账,该车的所有权应属该公司所有。有些当事人惧怕财产被查封,向他人购置的财产,迟迟不过户,仍以原业主名义使用该财产,如蔡某有多笔到期债务要偿还,其向

李某购买一套房屋,并长期居住,但仍以原业主李某的名义使用该房屋,而不办理过户手续。对这些车子、房屋,人民法院是可以依法查封、扣押的。

（六）单位或其他组织公款以个人名义私存的,经审查属实的,人民法院可以对其个人账户予以冻结

有的单位和组织为防止银行账户被冻结采取公款不入账,搞账外循环,公款私存。法院查实后,仍然依法作出保全的裁定,冻结该个人账户。

（七）财产保全仅为查封、扣押、冻结、提取、扣留等措施,并不代表申请人具有优先受偿权

《最高人民法院关于使用〈中华人民共和国民事诉讼法〉若干问题的意见》"第一百五十七条 人民法院对抵押物、质押物、留置物可以采取财产保全措施,但不影响抵押权人、质权人、留置权人的优先受偿权。"根据此规定,首先财产保全并不因为申请保全所涉财产已经处于"抵押物、质押物、留置物"的状态而受到阻碍。其次,财产保全仅仅是为了防止诉讼标的物或有关财产,如果不采取保全措施就会被变卖、隐匿、转移、毁损、挥霍或因自然原因灭失,从而造成无法挽回的损失的措施,并不是一种担保行为;因此并不具备优先受偿的法定条件。简而言之:保全就是暂时固定下来,防止逃逸和扩大损失,与是否能够优先受偿无直接关系。倘如被申请人所有财产已经被其他担保行为设定为抵押物、质押物、留置物,如果担保物权得以实现,并无剩余价值可言。此时申请人继续采取财权保全措施,并被要求提供对等担保,笔者认为对于最终实现其债权并无实际意义,反而会增加申请人的负担。

三、诉讼保全的解除

诉讼保全的效力一般应维持到生效的法律文书执行时止。在诉讼过程中,需要解除保全措施的,人民法院应当及时作出裁定,解除保全措施。实践中,遇有下列情形之一的,应当依法及时解除财产保全。

（一）因申请人的原因解除

申请人自愿申请解除保全措施,或申请人在诉讼过程中申请撤诉并经人民法院裁定准许的,则采取保全措施的目的和意义已不复存在,人民法院会及时解除诉前保全。

（二）因被申请人提供担保解除

被申请人提供了相应数额的可供执行的财产担保,应当解除财产保全。对被申请人提供的担保,人民法院应当严格审查,被申请人提供的担保可以是现金担保、实物担保,也可以是资信可靠的保证人出具的保证书。无论何种担保,要以人民法院易于控制和便于执行为标准。担保金额要与保全财产的价值或申请人请求的价值相当。实践中,担保一

般是现金或银行等金融机构及资信很好的大型企业出具的担保。另外,向人民法院提供的担保应是无条件、无期限、不可撤销的,否则不予接受。若担保人提供了金额不足的担保,可以接受,但仅对相应价值解除保全,而对与不足部分相当的财物,继续实施保全措施。

(三)因履行义务等原因解除

有其他应当解除保全措施情况发生的,如当事人已自觉履行了调解书或判决书所确定的给付义务,或作出财产保全裁定的人民法院或上级法院发现采取保全措施明显错误的等,均应依法及时解除财产保全。

第三节　先予执行

先予执行,是指人民法院在审理民事案件的过程中,因当事人一方生产或生活上的迫切需要,根据其申请,在作出判决前,裁定一方当事人给付另一方当事人一定的财物,或者立即实施或停止某种行为,并立即执行的措施。先予执行是一项对部分特殊对象在出现了特殊情形时,在诉讼过程中采取特殊保护的制度。先予执行并不适用大部分的民事诉讼,在劳动争议调解仲裁中运用稍微多一些。

《民事诉讼法》:"第一百零六条　人民法院对下列案件,根据当事人的申请,可以裁定先予执行:

(一)追索赡养费、扶养费、抚育费、抚恤金、医疗费用的;

(二)追索劳动报酬的;

(三)因情况紧急需要先予执行的。

第一百零七条　人民法院裁定先予执行的,应当符合下列条件:

(一)当事人之间权利义务关系明确,不先予执行将严重影响申请人的生活或者生产经营的;

(二)被申请人有履行能力。

人民法院可以责令申请人提供担保,申请人不提供担保的,驳回申请。申请人败诉的,应当赔偿被申请人因先予执行遭受的财产损失。

第一百零八条　当事人对保全或者先予执行的裁定不服的,可以申请复议一次。复议期间不停止裁定的执行。"

《民诉法司法解释》:"第一百六十九条　民事诉讼法规定的先予执行,人民法院应当在受理案件后终审判决作出前采取。先予执行应当限于当事人诉讼请求的范围,并以当事人的生活、生产经营的急需为限。

第一百七十条　民事诉讼法第一百零六条第三项规定的情况紧急,包括:

(一)需要立即停止侵害、排除妨碍的;

（二）需要立即制止某项行为的；

（三）追索恢复生产、经营急需的保险理赔费的；

（四）需要立即返还社会保险金、社会救助资金的；

（五）不立即返还款项，将严重影响权利人生活和生产经营的。

第一百七十一条　当事人对保全或者先予执行裁定不服的，可以自收到裁定书之日起5日内向作出裁定的人民法院申请复议。人民法院应当在收到复议申请后10日内审查。裁定正确的，驳回当事人的申请；裁定不当的，变更或者撤销原裁定。

第一百七十二条　利害关系人对保全或者先予执行的裁定不服申请复议的，由作出裁定的人民法院依照民事诉讼法第一百零八条规定处理。

第一百七十三条　人民法院先予执行后，根据发生法律效力的判决，申请人应当返还因先予执行所取得的利益的，适用民事诉讼法第二百三十三条的规定。"

《劳动争议调解仲裁法》"第四十四条　仲裁庭对追索劳动报酬、工伤医疗费、经济补偿或者赔偿金的案件，根据当事人的申请，可以裁决先予执行，移送人民法院执行。

仲裁庭裁决先予执行的，应当符合下列条件：

（一）当事人之间权利义务关系明确；

（二）不先予执行将严重影响申请人的生活。

劳动者申请先予执行的，可以不提供担保。"

一、先予执行的申请范围和条件

《民事诉讼法》规定的先予执行适用的案件范围是：第一，追索赡养费、扶养费、抚育费、抚恤金、医疗费用的案件；第二，追索劳动报酬的案件；第三，因情况紧急需要先予执行的案件。根据最高人民法院的有关司法解释，所谓的情况紧急，主要是指下列情况：需要立即停止侵害，排除妨碍的；需要立即制止某项行为的；需要立即返还用于购置生产原料、生产工具款的；追索恢复生产、经营急需的保险理赔费的。上述类型的案件，需要先予执行的，还应当满足下列条件：

（一）当事人之间事实基本清楚、权利义务关系明确，不先予执行将严重影响申请人的生活或生产经营的

即当事人之间谁享有权利谁负有义务是明确的。先予执行是预先实现权利人的权利，如果当事人之间谁享有权利谁承担义务不明确，也就无所谓预先实现权利的问题。在司法实践中要求案件的基本事实是清楚的，人民法院根据案情能够判断出谁是权利人及权利人享有什么性质的权利。就被申请人承担的义务的性质而言，通常是属于给付、返还或赔偿义务的性质。

（二）申请人有实现权利的迫切需要

即如果申请人不预先实现有关的权利,则其生活或生产就会遇到极大的困难。

（三）当事人向人民法院提出了申请,案件的诉讼请求属于给付之诉

当事人是否因生活或生产的急需而要立即实现有关的权利,当事人自己最清楚,因此,先予执行的要求应当由当事人主动向法院提出,法院不能主动依职权裁定采取先予执行的措施。

（四）被申请人有履行的能力

因为只有被申请人具有履行的能力,申请人的申请才有可能实现,法院作出的先予执行的裁定才有实际意义。

（五）先予执行必须依当事人申请

先予执行的申请由权利人向受诉法院以书面的形式提出,法院不能在没有权利人提出申请的情况下依职权主动采取措施。当事人申请先予执行,法院认为有必要让申请人提供担保的,可以责令申请人提供担保,当事人不提供担保的驳回申请。

（六）劳动争议仲裁的先予执行由劳动争议仲裁委员会裁定,移送法院执行

劳动争议仲裁的先予执行的申请和裁定属于例外规定。根据《劳动仲裁法》第四十四条规定:仲裁庭对追索劳动报酬、工伤医疗费、经济补偿或者赔偿金的案件,根据当事人的申请,可以裁决先予执行,移送人民法院执行。对于劳动争议仲裁的先予执行的申请,是由申请人向劳动争议仲裁委员会提出,经其裁定准予先予执行的;由作出裁定的劳动争议仲裁委员会负责移送被执行人住所地或财产所在地的基层人民法院执行,并且应当提供以下材料:

（1）移送执行函;

（2）先予执行裁决书;

（3）裁决书的送达回执。

二、先予执行裁定及执行

（一）法院的裁定与执行

法院对当事人提出的先予执行的申请应当进行审查,审查的内容主要是两个方面:一是申请先予执行的案件是否属于先予执行的范围;二是申请是否符合先予执行的条件。法院对符合先予执行条件的申请,应当及时作出先予执行的裁定。裁定送达后即发生法律效力,义务人不服可以申请复议一次,但复议期间,不停止先予执行裁定的效力。义务

人应当依裁定履行义务,拒不履行义务的,人民法院可以根据权利人的申请或依职权决定采取执行措施强制执行。义务人申请复议理由成立的,法院应当裁定撤销原裁定。若原裁定已执行的,人民法院应当采取执行回转措施。

（二）裁定的最终处理

根据《民事诉讼法》的规定,人民法院在案件审理终结时,应当在裁判中对先予执行的裁定及该裁定的执行情况予以说明及提出处理意见。权利人胜诉,先予执行正确的,人民法院应在判决中说明权利人应享有的权利在先予执行中已得到全部或部分的实现;权利人败诉,先予执行错误的,人民法院应在判决中指出先予执行是错误的,责令申请人返还因先予执行所取得的利益或裁定采取执行回转措施强制执行,被申请人因先予执行遭受损失的,申请人应当赔偿。

第四节　仲裁中的保全

仲裁证据保全和财产保全主要依据:《民事诉讼法》第一百零一条和《仲裁法》"第四十六条　在证据可能灭失或者以后难以取得的情况下,当事人可能申请证据保全。当事人申请证据保全的,仲裁委员会应当将当事人的申请提交证据所在地的基层人民法院。第六十八条　涉外仲裁的当事人申请证据保全的,涉外仲裁委员会应当将当事人的申请提交证据所在地的中级人民法院。第二十八条　一方当事人因另一方当事人的行为或者其他原因,可能使裁决不能执行或者难以执行的,可以申请财产保全。

当事人申请财产保全的,仲裁委员会应当将当事人的申请依照民事诉讼法的有关规定提交人民法院。

申请有错误的,申请人应当赔偿被申请人因财产保全所遭受的损失。"

一、仲裁中的证据保全

（一）当事人不能直接向法院申请证据保全

当事人申请证据保全的,仲裁委员会应当将当事人的申请提交证据所在地的基层人民法院。涉外仲裁的当事人申请证据保全的,涉外仲裁委员会应当将当事人的申请提交证据所在地的中级人民法院。

（二）仲裁证据保全由作出裁定的法院采取保全措施

人民法院在作出证据保全的裁定后,应当及时采取保全措施。人民法院进行证据保全时,可以要求当事人或者诉讼代理人到场。

（三）仲裁机构或者法院不依职权财权采取证据保全措施

按照现行法律的规定及国际通行的做法,证据保全必须由仲裁当事人申请,不论仲裁机构还是法院都无权直接采取证据保全措施。

（四）仲裁中证据保全的具体操作程序可以参照诉讼证据保全进行。在此不再累述。

二、仲裁中的财产保全

财产保全在仲裁案件中也可以适用。仲裁财产保全可以按诉讼时间点划分,可分为仲裁前和仲裁中的财产保全。仲裁财产保全由仲裁机构依申请人的申请,向法律规定的法院提出申请后的程序,可以参照诉讼财产保全。下文只介绍仲裁中财产保全的一些特点。

（一）仲裁财产保全的概念和条件

仲裁中的财产保全是指仲裁机构在受理当事人仲裁申请后,对案件作出仲裁裁决前,为保证将来仲裁裁决得以实现,而由法院对当事人的财产或争执标的物采取强制措施的制度。仲裁财产保全具有临时性和强制性的特点。

《仲裁法》第二十八条规定:"一方当事人因另一方当事人的行为或者其他原因,可能使裁决不能执行或者难以执行的,可以申请财产保全。"根据法律的规定,仲裁中的财产保全应当符合下列条件:

(1)仲裁案件必须具有给付内容。

(2)确有保全的必要。所谓确有保全的必要,即指如果不采取保全措施,将来的仲裁裁决会面临不能执行或者难以执行的情形。因此,在仲裁程序中因一方当事人的行为或者其他原因,有可能使将来的裁决不能执行或者难以执行的,即成为仲裁中财产保全的必要条件。

(3)仲裁当事人申请财产保全必须符合法定程序。

（二）仲裁财产保全的程序

(1)仲裁当事人提出书面申请。仲裁中的财产保全,必须由仲裁当事人提出书面申请,而且应当根据法律的规定在仲裁机构受理仲裁申请后,对仲裁案件作出仲裁裁决前,提出财产保全申请。按照仲裁程序,仲裁当事人不能直接向人民法院递交财产保全申请书,而必须将财产保全申请书递交仲裁委员会。

(2)仲裁委员会应将当事人的财产保全申请按照民事诉讼法的有关规定提交人民法院。根据法律的规定,仲裁委员会应将当事人的财产保全申请提交被申请人住所地或者财产所在地的基层人民法院。

(3)人民法院依照民事诉讼法的规定对财产保全申请进行审查,并决定是否采取财产保全措施及采取何种措施。

(4)仲裁当事人对人民法院财产保全的裁定不服,可以向人民法院申请复议一次,复

议期间不停止裁定的执行。

（三）申请人的责任

《仲裁法》第二十八条第三款规定："申请有错误的，申请人应当赔偿被申请人因财产保全所遭受的损失。"即当事人申请财产保全有错误的，应当赔偿被申请人因财产保全所遭受的财产损失。仲裁委员会不承担赔偿责任。

第七章　举证、质证与辩论

前面的大部分章节都是为这一章做准备的。当事人真正的对阵交锋至此正式开始。因为在现代的审判实践中,要求采用的是直接言词规则。直接言词规则是指法官亲自听取双方当事人、证人及其他诉讼参与人的当庭口头陈述和法庭辩论,从而形成案件事实真实性的内心确认,并据以对案件作出裁判。

《民事诉讼法》第一百四十一条规定了法庭辩论的程序;第六十八条规定规定了证据应当在法庭上出示,并由当事人互相质证。

《民诉法司法解释》第一百零三条规定:"证据应当在法庭上出示,由当事人互相质证。未经当事人质证的证据,不得作为认定案件事实的根据。"

《民诉法司法解释》第一百零四条规定:"人民法院应当组织当事人围绕证据的真实性、合法性及与待证事实的关联性进行质证,并针对证据有无证明力和证明力大小进行说明和辩论。"

能够反映案件真实情况、与待证事实相关联、来源和形式符合法律规定的证据,应当作为认定案件事实的根据。

这都是庭审中要求当事人直接陈述、辩论、举证和质证的法律依据。整个庭审程序都将围绕法律规定程序展开。当然当事人拒不出庭,或者出庭后拒不陈述、不辩论、不举证、不质证等不作为行为,并不影响法庭的审理和判决。相反,如果当事人和诉讼参与人实施了《民事诉讼法》第十章规定的妨害民事诉讼的行为,还将受到《民事诉讼法》第十章规定的惩戒和处罚。

本书前面章节阐述了法院是否支持当事人的诉讼主张,关键是这些主张能否被作为认定的法律事实的证据和理由所支持。因为法院认定的是法律事实,而法律事实必须得到证据的证明,而且据以陈述事实的理由必须充分。因此结合直接言辞规则,当事人和诉讼参加人在法庭的陈述和辩论、举证和质证,便成了整个诉讼程序的关键。虽然法律最终追求的是实体公正,但是程序公正是实体公正的保证。公正的程序不仅能保证实体公正,而且提高效率,使公正和效率得以共同实现。

第一节　法庭纪律与庭审参与人

一、民事诉讼规则及违反规则的处罚规定

根据《民事诉讼法》第十章对妨害民事诉讼的强制措施的规定,归纳为:

（一）人民法院对必须到庭的被告，经两次传票传唤，无正当理由拒不到庭的，可以拘传。

（二）诉讼参与人和其他人应当遵守法庭规则。

（1）人民法院对违反法庭规则的人，可以予以训诫，责令退出法庭或者予以罚款、拘留。

（2）人民法院对哄闹、冲击法庭，侮辱、诽谤、威胁、殴打审判人员，严重扰乱法庭秩序的人，依法追究刑事责任；情节较轻的，予以罚款、拘留。

（三）诉讼参与人或者其他人有下列行为之一的，人民法院可以根据情节轻重予以罚款、拘留；构成犯罪的，依法追究刑事责任。

（1）伪造、毁灭重要证据，妨碍人民法院审理案件的；

（2）以暴力、威胁、贿买方法阻止证人做证或者指使、贿买、胁迫他人作伪证的；

（3）隐藏、转移、变卖、毁损已被查封、扣押的财产，或者已被清点并责令其保管的财产，转移已被冻结的财产的。

（四）人民法院对有下列规定的行为之一的个人和单位，可以对责任人或者单位主要负责人或者直接责任人员予以罚款、拘留；构成犯罪的，依法追究刑事责任。

（1）对司法工作人员、诉讼参加人、证人、翻译人员、鉴定人、勘验人、协助执行的人，进行侮辱、诽谤、诬陷、殴打或者打击报复的；

（2）以暴力、威胁或者其他方法阻碍司法工作人员执行公务的；

（3）拒不履行人民法院已经发生法律效力的判决、裁定的。

（五）当事人之间恶意串通，企图通过诉讼、调解等方式侵害他人合法权益的，人民法院应当驳回其请求，并根据情节轻重予以罚款、拘留；构成犯罪的，依法追究刑事责任。

（六）被执行人与他人恶意串通，通过诉讼、仲裁、调解等方式逃避履行法律文书确定的义务的，人民法院应当根据情节轻重予以罚款、拘留；构成犯罪的，依法追究刑事责任。

（七）有义务协助调查、执行的单位有下列行为之一的，人民法院除责令其履行协助义务外，并可以予以罚款；如果是单位，可以对其主要负责人或者直接责任人员予以罚款；对仍不履行协助义务的，可以予以拘留；并可以向监察机关或者有关机关提出予以纪律处分的司法建议。

（1）有关单位拒绝或者妨碍人民法院调查取证的。

（2）有关单位接到人民法院协助执行通知书后，拒不协助查询、扣押、冻结、划拨、变价财产的。

（3）有关单位接到人民法院协助执行通知书后，拒不协助扣留被执行人的收入、办理有关财产权证照转移手续、转交有关票证、证照或者其他财产的。

（4）其他拒绝协助执行的。

（八）对个人的罚款金额，为人民币10万元以下。对单位的罚款金额，为人民币5万元以上100万元以下。

(1)拘留的期限,为15日以下。

(2)被拘留的人,由人民法院交公安机关看管。在拘留期间,被拘留人承认并改正错误的,人民法院可以决定提前解除拘留。

(3)拘传、罚款、拘留必须经院长批准。拘传应当发拘传票。

(4)罚款、拘留应当用决定书。对决定不服的,可以向上一级人民法院申请复议一次。复议期间不停止裁定的执行。

(九)采取对妨害民事诉讼的强制措施必须由人民法院决定。任何单位和个人采取非法拘禁他人或者非法私自扣押他人财产追索债务的,应当依法追究刑事责任,或者予以拘留、罚款。

二、法庭纪律

人民法庭是一个非常庄严的地方。不仅有严格的法庭纪律,而且有规定的座次安排。凡是民事诉讼的参与人,必须遵守民事诉讼法庭的纪律。否则将会受到法律的制裁。

(一)民事法庭的座次

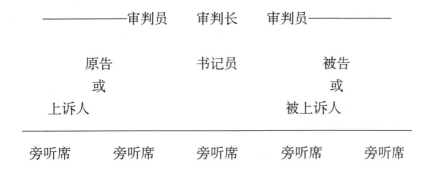

(二)法庭纪律

(1)当事人及其诉讼代理人和旁听人员必须听从审判长的指挥。

(2)审判人员进入法庭和审判长或独任审判员宣告法院裁判时,全体人员应当起立。

(3)开庭时,当事人与代理人及旁听人员须关闭手提电话、传呼机及其他通信用具。

(4)审判庭内所有台面不准摆放饮料;法庭内不得抽烟,不得乱扔垃圾。

(5)旁听人员必须遵守下列纪律:

1)不得录音、录像和摄影;

2)不得随意走动和进入审判区;

3)不得发言、提问;

4)不得鼓掌、喧哗、哄闹和实施其他妨害审判活动的行为。

(6)新闻记者旁听应遵守本规则,未经审判长或独任审判员许可,不得在庭审过程中

录音、录像和摄影。

（7）对于违反法庭纪律的人，审判长或独任审判员可以口头警告、训诫，也可以没收录音、录像和摄影器材，责令退出法庭或者经院长批准予以罚款、拘留。对于严重扰乱法庭秩序，构成犯罪的，依法追究刑事责任。

三、庭审程序和诉讼参与人

庭审是法官在当事人及其他诉讼参与人的参加下，依法查明案件事实，运用法律、解决纠纷的活动。庭审的成与败直接关系到发生纠纷的当事人的合法权益能否得以保护、当事人之间的矛盾能否得以彻底解决、庭审的案结事了、定争止纷的目的能否得以实现。

（一）庭审程序

民事诉讼第一审普通程序庭审程序（示范）

第一部分

书记员：原告入庭，被告入庭（书记员核对诉讼参与人身份）。

书记员：现在宣布法庭纪律。

全体起立，请合议庭成员入庭。

报告审判长，原告×××诉被告×××纠纷一案，双方当事人均已到庭，法庭准备工作已经就绪，可以开庭。

审判长：请坐下，"××市×××人民法院，今天公开开庭审理原告×××诉被告×××纠纷一案"。

请原告向法庭陈述单位的全称、地址、法定代表人姓名，委托代理人的姓名、工作单位、职务及代理权限。

请被告向法庭陈述相应内容（单位全称、地址、法定代表人姓名，委托代理人的姓名、工作单位、职务及代理权限）。

原告对对方出庭人员有无异议？

被告对对方出庭人员有无异议？

经审查上述当事人的手续，符合有关法律规定，准予参加本案诉讼。

本案受理后，依法由本院法官××担任审判长并主审，与法官×××、×××组成合议庭，适用《中华人民共和国民事诉讼法》第一审普通程序，共同负责对案件的审判，由书记员×××担任法庭记录。当事人如认为上述人员不能公正审理本案，可以提出理由申请他们回避。

原告是否申请回避？

被告是否申请回避？

原告在诉讼中的其他权利义务是否清楚？

被告在诉讼中的其他权利义务是否清楚？

如当事人称不清楚，告知当事人依法享有下列诉讼权利：

1. 提出证据、申请调查、申请鉴定的权利;

2. 进行辩论和请求调解的权利;

3. 原告有放弃、变更、增加诉讼请求的权利;被告有承认、反驳对方诉讼请求、反诉的权利;

4. 反对对方陈述与本案无关事实的权利;

5. 最后陈述的权利;

6. 有请求回避的权利,即当事人如果认为本合议庭组成人员、书记员与本案有利害关系或与本案当事人有其他关系,可能影响对案件公正处理的,有权申请更换上述人员。

当事人必须履行下列诉讼义务:

1. 对自己提出的主张负有举证义务,能够提交原件、原物的应提交原件,提交原件、原物有困难的,可以提交复印件或复制品;

2. 遵守法庭秩序,不得妨碍民事诉讼,否则要承担法律责任;

3. 如实陈述事实,不得做虚假陈述;

4. 双方当事人应围绕诉讼请求能否成立进行陈述;

5. 自觉履行生效裁判文书规定的义务。

原告是否携带有证人、鉴定人出庭?

被告是否携带有证人、鉴定人出庭?

审判长:原告×××诉被告×××纠纷一案,现在正式开庭。

第二部分

现在开始法庭调查。

1. 请原告向法庭陈述诉讼请求及理由。

被告是否同意原告的诉讼请求(逐一询问每一诉讼请求的意见)? 有无其他答辩意见?

(视情况)根据诉辩双方的陈述,法庭认为,本案的争议焦点是:

原告对法庭归纳的争议焦点有无异议?

被告对法庭归纳的争议焦点有无异议?

2. 下面,法庭对当事人的争议焦点和案件的相关事实进行调查。

在本院规定的举证期限内,原告向法庭提交了以下证据(直接宣读证据清单的证据名称),除此之外,原告还提交了其他证据吗? 请原告按证据清单的顺序,陈述每一证据需要证明的内容。

开庭以前,本院已将原告提交的上述证据向被告进行了送达,被告收到了吗? 对原告提交的证据的真实性有无异议? 对这些证据证明的内容有无异议?

开庭以前,被告是否向本院提交证据?

对当事人提交的证据,经合议庭评议后再作认定。

根据诉辩双方刚才的陈述,法庭认为有几个问题还需要向双方当事人进行调查。(提出调查问题)

1. 提出调查问题。

2. 提出调查问题。

3. 提出调查问题。

(询问合议庭成员有无其他问题)

法庭调查即将结束,原告是否还有其他证据需要向法庭提交?有无向法庭主张的其他事实?有无向对方当事人发问的问题?

被告是否还有其他证据需要向法庭提交?有无向法庭主张的其他事实?有无向对方当事人发问的问题?

法庭调查结束。

第三部分

下面进行法庭辩论。

1. 原告有无辩论意见?

被告有无辩论意见?

如无新的辩论观点,法庭辩论将终结。

2. 原告有无新的辩论观点?

被告有无新的辩论观点?

3. 法庭辩论将终结。

原告有无最后陈述意见?

被告有无最后陈述意见?

4. 根据法律规定本案可以通过调解的方式解决。

原告是否同意调解?

被告是否同意调解?

第四部分

下面休庭××分钟,合议庭对本案进行评议。休庭期间,当诉讼参与人和旁听的同志可以自由进出法庭。休庭。

现在继续开庭。

原告×××诉被告×××纠纷一案,本院依照《中华人民共和国民事诉讼法》第一审普通程序进行了公开开庭审理。审理经过了法庭调查、法庭辩论,双方当事也作了最后陈述。休庭以后,合议庭三位法官根据本案当事人提交的证据以及当事人对证据的质证意见和法律的相关规定,对本案的事实、原告的诉讼请求、被告的答辩意见,进行了认真的评议。现在宣布评议结果。

1. 关于对本案证据的认定(或合议庭决定,对证据的认定,在判决书中进行表述)。

2. 关于本案合同的效力。

3. 关于原告的诉讼请求。

4. 关于被告的答辩意见。

下面,我代表××市×××人民法院,对原告诉被告纠纷一案进行口头宣判。全体起立。

依照《中华人民共和国民事诉讼法》第××××条、《中华人民共和国合同法》之规定,判决如下:(宣读判决书)

刚才的宣判,原告听清没有? 被告听清没有?

如不服本判决,可在判决书送达之日起15内,向本院递交上诉状,并按对方当事人的人数提出副本,上诉于××市高级人民法院。

本案的庭审笔录请双方当事人在闭庭后立即核对,也可以闭庭后5日内来本院核对。诉讼参与人如认为记录有遗漏或错误,可以申请补正,如没有就请逐页签字,并请留下联系电话。

××市×××人民法院现在闭庭。

书记员:全体起立。请合议庭成员退庭。

请旁听的同志退庭。

请原告签字。

请被告签字。

请双方当事人退庭。

法庭开庭审理程序大同小异。简易程序略有删减。因为法庭开庭程序非本书笔者能及,所以抄录查阅的示范文档以飨读者,目的只是为了让读者对此有一个初步的了解。

判决既可以当庭宣判,也可以择日宣判。但是按照法律规定,即便庭审分为公开审理和不公开审理,法院的判决一律公开宣判。

一审判决必须等待至宣判之日后15日,如无当事人上诉,则发生效力。如果有当事人上诉,则暂未生效。二审判决自宣判之日生效。

（二）民事诉讼参与人

(1)民事诉讼当事人指原告、被告。注意民事诉讼的被告不同于刑事诉讼的被告人,两者相比相差一个"人"字,意义非同一般。

(2)诉讼参加人既包括当事人,还包括诉讼代理人。

(3)诉讼参与人既包括诉讼参加人,还包括证人、鉴定人、勘验人、专家辅助人和翻译人员等。

(4)当事人、诉讼代理人和证人、鉴定人、勘验人、翻译人员在诉讼中的作用各不相同。当事人的诉讼行为对于诉讼程序的发生、发展或者消灭具有很大影响,与诉讼结果有利害关系。诉讼代理人的代理行为虽然在某种程度上也影响诉讼进程,但是委托代理人对于

涉及当事人实体权利的诉讼行为,没有当事人特别授权不能进行,而且同诉讼结果没有利害关系。证人、鉴定人、勘验人、专家证人和翻译人员等参与诉讼只是协助人民法院和当事人查明案件事实或者进行诉讼,虽然为履行参与诉讼的职责也享有某些诉讼权利,承担某些诉讼义务,但是他们的诉讼行为,对于诉讼的发生、发展或者消灭不产生任何影响。

第二节　举证

按照《证据规定》第二条规定:当事人对自己提出的诉讼请求所依据的事实或者反驳对方诉讼请求所依据的事实有责任提供证据加以证明。

没有证据或者证据不足以证明当事人的事实主张的,由负有举证责任的当事人承担不利后果。

在诉讼过程中,当事人不论是提出某项诉讼请求,还是反驳某项诉讼请求,都应当提出相应的事实主张,并且需要用足够的证据证明其主张的事实;否则将承担举证不能的不利后果。简而言之就是"谁主张、谁举证"。然而这也并非是绝对的,因为法律还在举证责任分配中规定了"举证倒置"和"公平责任"的例外情形。

由此可以看出,证据事关诉讼成败。因为法律事实依赖于证据的证明,说理辩论也离不开事实。

一、举证责任分配

(一)举证责任分配的概念及意义

民事诉讼中的举证责任分配是举证责任的核心。民事诉讼中的举证责任是指在民事诉讼中,一方当事人按照法律规定和法院的举证责任分配,对自己的主张或者与对方当事人的诉讼请求密切相关的某事项负有提供证据来证明自己主张成立或者某事项的事实存在与否的诉讼义务。如果举证成功,就能使法院支持自己的诉讼请求或者免除自己的民事法律责任;如果举证不能或者举证不充分,自己的主张就不能成立或者承担不利的法律后果。

民事举证责任的对象是特定的,在一个具体的民事案件中,由具体的民事诉讼当事人来承担举证责任。对某一主张或者某一事实需要提供证据证明的,只能由一方当事人来承担,不可能对同一主张或者同一事实要由双方当事人或者所有的当事人来同时承担举证责任。

民事举证责任是按照法律规定,除法律直接规定以外,也有法院(法官)进行分配确定的,但不是由民事诉讼当事人自己确定的。民事诉讼当事人不能互相约定谁承担举证责任,也不能约定免除谁的举证责任。法律规定了分配举证责任的三个原则:第一个是一般原则,就是谁主张谁举证;第二个是特殊原则,也就是举证责任倒置原则,就是法律对具体的侵权诉讼、合同纠纷案件和劳动争议纠纷案件等规定了举证责任的当事人,而不是按照谁主张谁举证的原则来分配举证责任;第三个原则是法官的自由裁量规则,就是在法律和司法解释没有具体明确规定时,由法官根据公平原则和诚实信用原则,综合当事人举证能力等因素确定举证责任的承担。

在一个民事案件的诉讼中,民事举证责任一旦分配确定,就会固定化,贯穿于整个诉讼过程中,一直到该民事案件的诉讼结束,不存在也不应该发生举证责任在双方当事人之间转移的事情。除非举证责任的分配是错误的,在民事诉讼中改正举证责任的分配,才会发生举证责任在双方当事人之间转移的事情。

民事诉讼中的举证责任的分配确定,一般是由一方当事人来承担的,即一方当事人承担举证责任,相应另一方当事人不承担举证责任。但是也不绝对,在有的民事案件中,也许会存在一方当事人承担主要的举证责任,另一方当事人承担次要的举证责任,就是双方当事人都承担一定的举证责任。

(二)举证责任分配的原则

根据《民法通则》《民事诉讼法》《证据规定》及其他法律法规的有关规定,从案件责任性质对举证责任的分类如下:

1. 谁主张、谁举证原则

这是我国民事诉讼法规定的举证责任分配的一般规则,即原告对自己提出的诉讼请求及有关事实负举证责任;被告反驳原告的诉讼请求、提出反诉也要举证加以证明;第三人对自己提出的主张或请求,同样应承担举证责任。《证据规定》规定:"当事人对自己提出的诉讼请求所依据的事实或者反驳对方诉讼请求所依据的事实有责任提供证据加以证明。没有证据或者证据不足以证明当事人的事实主张的,由负有举证责任的当事人承担不利后果。"此举证责任的分配适用于过错责任原则。

2. 无过错责任原则

对于实行无过错责任的高危作业致人损害的侵权诉讼、劳动事故等诉讼,原告方或反诉方只需要举证实际发生了侵权后果即可,被告方必须证明对方是故意的或者不可抗力造成的,以及是犯罪行为造成的,并提供充分的证据,否则就要承当民事责任。《证据规定》规定:"高度危险作业致人损害的侵权诉讼,由加害人就受害人故意造成损害的事实承担举证责任。"《工伤保险条例》第十九条第二款规定:"职工或者其直系亲属认为是工伤,用人单位不认为是工伤的,由用人单位承担举证责任。"在此列举的只是典型的无过错责任举证责任分配。

3. 推定过错责任原则

原告方或反诉方的责任是证明自己因为对方实施的某一种行为而受到了伤害或损失;被告则必须承担举证证实自己已经尽到了法定责任。《侵权责任法》第九十一条规定:

"在公共场所或者道路上挖坑、修缮安装地下设施等,没有设置明显标志和采取安全措施造成他人损害的,施工人应当承担侵权责任。"

在这种情况下,原告方或反诉方一要证明自己因为对方的失误给自己造成了人财损失,二要自己受到的伤害与被告方的行为有因果关系;而被告方则要举证证明自己确实履行了法律规定的警示和安全义务。

4. 公平原则

在民事诉讼中有一种特殊的情形,在原、被告双方都不能举出足够的证据来证实自己的主张时;如果不对原告方或反诉方予以赔偿或补偿,或者要求被告方承担一定责任,就不足以体现法律的公平、公正,不足以安慰受害方。如《侵权责任法》第八十七条规定的:从建筑物中抛掷物品或者从建筑物上坠落的物品造成他人损害,难以确定具体侵权人的,除能够证明自己不是侵权人的外,由可能加害的建筑物使用人给予补偿。

(三)法律规定的举证责任规则

案件的举证责任,主要为依照《证据规定》规定;因此根据该规定,将举证责任划分为:

1. 举证责任分配的一般规则

根据《证据规定》第二条规定:当事人对自己提出的诉讼请求所依据的事实或者反驳对方诉讼请求所依据的事实有责任提供证据加以证明。

没有证据或者证据不足以证明当事人的事实主张的,由负有举证责任的当事人承担不利后果。

第五条规定:在合同纠纷案件中,主张合同关系成立并生效的一方当事人对合同订立和生效的事实承担举证责任;

主张合同关系变更、解除、终止、撤销的一方当事人对引起合同关系变动的事实承担举证责任。

对合同是否履行发生争议的,由负有履行义务的当事人承担举证责任。

对代理权发生争议的,由主张有代理权一方当事人承担举证责任。

第六条规定:在劳动争议纠纷案件中,因用人单位作出开除、除名、辞退、解除劳动合同、减少劳动报酬、计算劳动者工作年限等决定而发生劳动争议的,由用人单位负举证责任。

第七条规定:在法律没有具体规定,依本规定及其他司法解释无法确定举证责任承担时,人民法院可以根据公平原则和诚实信用原则,综合当事人举证能力等因素确定举证责任的承担。

2. 举证责任分配的倒置规则

《民诉法司法解释》第七十四条对举证责任倒置规定了六种情形。《证据规定》第四条对侵权诉讼中举证责任倒置作出明确的规定:

（1）因新产品制造方法发明专利引起的专利侵权诉讼,由制造同样产品的单位或者个人对其产品制造方法不同于专利方法承担举证责任;

（2）高度危险作业致人损害的侵权诉讼,由加害人就受害人故意造成损害的事实承担举证责任;

（3）因环境污染引起的损害赔偿诉讼,由加害人就法律规定的免责事由及其行为与损害结果之间不存在因果关系承担举证责任;

（4）建筑物或者其他设施及建筑物上的搁置物、悬挂物发生倒塌、脱落、坠落致人损害的侵权诉讼,由所有人或者管理人对其无过错承担举证责任;

（5）饲养动物致人损害的侵权诉讼,由动物饲养人或者管理人就受害人有过错或者第三人有过错承担举证责任;

（6）因缺陷产品致人损害的侵权诉讼,由产品的生产者就法律规定的免责事由承担举证责任;

（7）因共同危险行为致人损害的侵权诉讼,由实施危险行为的人就其行为与损害结果之间不存在因果关系承担举证责任;

（8）因医疗行为引起的侵权诉讼,由医疗机构就医疗行为与损害结果之间不存在因果关系及不存在医疗过错承担举证责任;

（9）有关法律对侵权诉讼的举证责任有特殊规定的,从其规定。

3. 公平责任分配

以上规则并不能完全解决诉讼中所有的举证责任问题,在实践中的一些特殊情况下,存在着不属于法律和司法解释规定的举证责任倒置,依照举证责任分配的一般规则又无法确定举证责任负担的情况。因此,《证据规定》第七条规定:"在法律没有具体规定,依本规定及其他司法解释无法确定举证责任承担时,人民法院可以根据公平原则和诚实信用原则,综合当事人举证能力等因素确定举证责任的承担。"此规定是确定在无法律规定的某些情况下,由人民法院根据公平原则和诚实信用原则,综合当事人举证能力等因素确定举证责任的承担。

4. 无须举证的规定

《证据规定》对诉讼当事人自认的事实和公知的事实,作出了无须举证的规定。如《证据规定》第八条规定:诉讼过程中,一方当事人对另一方当事人陈述的案件事实明确表示承认的,另一方当事人无须举证。但涉及身份关系的案件除外。

对一方当事人陈述的事实,另一方当事人既未表示承认也未否认,经审判人员充分说明并询问后,其仍不明确表示肯定或者否定的,视为对该项事实的承认。

当事人委托代理人参加诉讼的,代理人的承认视为当事人的承认。但未经特别授权的代理人对事实的承认直接导致承认对方诉讼请求的除外;当事人在场但对其代理人的承认不作否认表示的,视为当事人的承认。

当事人在法庭辩论终结前撤回承认并经对方当事人同意,或者有充分证据证明其承认行为是在受胁迫或者重大误解情况下作出且与事实不符的,不能免除对方当事人的举证责任。

具体的无须举证证明的事实有以下几种:

(1)众所周知的事实;

(2)自然规律及定理;

(3)根据法律规定或者已知事实和日常生活经验法则能推定出的另一事实;

(4)已为人民法院发生法律效力的裁判所确认的事实;

(5)已为仲裁机构的生效裁决所确认的事实;

(6)已为有效公证文书所证明的事实。

(7)但当事人有相反证据足以推翻的除外。

二、举证

举证就是根据《民事诉讼法》的要求,当事人应当在法庭上当庭举示证据;当事人在庭前证据交换过程中没有争议并记录在卷的证据,经审判人员在庭审中说明后,可以直接作为认定案件事实的依据的除外。举示证据对于证据有着基本的要求,同时举示证据本身也具有技巧。

(一)证据的要求

(1)举证方在向法庭提出证据材料时,应向法庭说明该证据材料的来源、种类及欲证明之事实。

(2)证据材料为物证的,一般应提供原物。对于不宜直接提取的物证,或者易损坏、消失、变质、易燃、易爆物品等,可以提供该物证的照片、录像,或对该物证的检查笔录等。

(3)证据材料为书证的,应当提供原件。提供原件确有困难的,可以提交复制件、影印件、副本、节录本等。

(4)证据材料为检查笔录及鉴定意见的,应当提供原件。

(5)证据材料为视听资料的,应当提交未被剪辑、加工过的原始资料。

(6)证据材料为证人证言的,提供该证言的证人应当出庭做证。证人必须具有做证资格。下列人员不得作为证人:因生理或精神原因不能辨别是非,不能正确表达意志的人,但有证据表明间歇性精神病人做证时所被证明的事实发生当时其精神状态正常的除外;本案的检察人员、审判人员、书记员、翻译人员,不能同时充当本案的证人;本案的代理人,不能同时充当本案的证人;法律规定其他不得作为证人的人员。

(7)证据材料有使用外国语言文字的,应由提供该证据材料的一方翻译成我国通用的语言文字。证据材料的翻译,应由专门的翻译机构进行。

(8)举证应当及时。民事诉讼的当事人应当在人民法院指定的举证期限内提交证据材料。当事人在举证期限内举证确有困难的,应在举证期限内以书面形式向人民法院申请延期举证,经人民法院准许,可以适当延长举证期限。当事人在延长的举证期限内提交证据材料仍有困难的,可以再次提出延期申请,是否准许由人民法院决定。

（二）举证要求

（1）向人民法院提供证据,应当提供原件或原物,或经人民法院核对无异的复制件或复制品。当事人提交证据时,应当按提交证据事实的顺序进行分类、篇号、装订成册,并填写"证据目录",对证据材料的来源、证明对象和内容作简要说明,依照对方当事人人数提出副本。

（2）当事人从有关单位、部门摘录证明材料,应说明材料的名称、出处并有提供证明材料的单位、部门加盖公章。

当事人以某一文件、材料的部分内容作为证据时,应提交该文件、材料的全部,以便全面审查。

（3）当事人提交在域外形成的证据,应当经所在国公证机关予以证明,并经我国驻该国领事馆认证,或者履行我国与该国相关条约规定的证明手续。

当事人提供外文书证或者外文说明资料,应当附有中文译文。对方当事人提出异议的,应提交该中文译本的公证文书。

（4）当事人申请证人出庭做证的,应提交证人的身份情况并应协助法院通知证人参加庭审。

（5）当事人申请鉴定、审计的、可由双方自行协商确定鉴定、审计机构及鉴定、审计人员,协商不成的,由法院予以指定。当事人申请勘验、评估的,由法院依职权指定有关的机关进行。

（6）当事人申请重新鉴定、审计、评估、勘验的,一般不会被准许,除非提供证据证明存在以下情形:

1）鉴定人、审计人、评估人、勘验人不具有相关执业资格;

2）鉴定、审计、评估、勘验程序严重违法或有失公正;

3）鉴定、审计、评估、勘验结论明显有误或者明显依据不足。

（三）举证期限

（1）当事人提交证据应当在举证期限内完成。例外规定请查阅本书有关证据的章节。

（2）当事人在举证期限内未能提交证据材料的,视为放弃举证权利。逾期提交的证据,不符合《证据规定》第四十一条、第四十三条第二款、第四十四条关于"新证据"的规定,人民法院不会组织质证,但对方当事人同意的除外。

（3）当事人增加、变更诉讼请求或者提出反诉的,应当在举证期限届满前提出。

（4）当事人申请人民法院调查收集证据、证据保全的,应当在举证期限届满前7日以书面形式提出。

（5）申请证人出庭做证,应当在举证期限届满前10日以书面形式提出,并附证人的身份证明材料。

（6）申请鉴定、审计、评估、勘验,应当在举证期限内提出。

（四）举证的技巧

1. 及时举证

要在法庭调查阶段及时举证,切忌"留一手"搞"证据突袭",企图在法庭辩论时用此证据作为驳倒对方的"秘密武器",这样做非常危险。

2. 疑证不举

收集的"似是而非"的证据,这些证据有利于己方的证明价值,又有利于对方的证明价值,甚至对对方的证明价值高于己方。对于这类证据在诉讼中应尽量少举或不举。不要举出对己方不利的证据。

3. 巧用对方证据

根据《证据规定》第七十五条规定:有证据证明一方当事人持有证据无正当理由拒不提供,如果对方当事人主张该证据的内容不利于证据持有人,可以推定该主张成立。

个案中由于各种原因己方当事人将重要证据灭失,或原始证据在对方保存。不能正确处理,将使己方当事人处于举证不能。这时应采取以下措施;

（1）通过对方的起诉或答辩时的疏忽和遗漏以及申请时法庭要求对方举出相应的证据,为己方所用。

（2）通过对对方当事人证据的质证,发现并提出利于己方的证据。

（3）提供证据证明证据在对方,因为"证明一方当事人持有证据无正当理由拒不提供"的,应承担相应的不利后果,制造举证责任倒置的效果。

4. 以攻为守

如果处在举证不能或无证可举时,最好的防守是主动进攻,设法找出陈述或者对方证据瑕疵或者缺陷:

（1）从对方陈述的事实中发现对方举证缺陷,因为**《证据规定》第七十六条规定:当事人对自己的主张只有本人陈述而不能提出其他相关证据的,其主张不予支持。但对方当事人认可的除外。**对于对方陈述的事实,即便己方无证据反驳,但是只要指出对方没有足够的证据证明其陈述的事实即可达到异曲同工之效果。因为仅仅是陈述,而无证据,实际等于没有陈述,除非己方承认对方陈述的事实。

（2）从对方提交的证据的客观性、关联性、合法性入手,否定或者减弱对方证据的证明力。因为《证据规定》第七十二条规定:

①一方当事人提出的证据,另一方当事人认可或者提出的相反证据不足以反驳的,人民法院可以确认其证明力。

②一方当事人提出的证据,另一方当事人有异议并提出反驳证据,对方当事人对反驳证据认可的,可以确认反驳证据的证明力。

该规定第七十三条又规定:双方当事人对同一事实分别举出相反的证据但都没有足够的依据否定对方证据的,人民法院应当结合案件情况,判断一方提供证据的证明力是否明显大于另一方提供证据的证明力,并对证明力较大的证据予以确认。

(3)通过向对方和对方证人发问,否定或者减弱对方及其证人不利于己方的陈述或证据。比如通过常识性认知发问,找出疑点,否定其陈述或者证言的真实性。通过确认证人与对方存在亲友、上下级关系等,减弱对方证人证言的证明力。

5. 举证应有计划、有提纲式准备

(五)必须注意的问题

(1)当事人或其他诉讼参与人不得伪造、毁灭证据,组织证人出庭做证,指使、贿买、胁迫他人做伪证的,对证人、鉴定人、勘验人打击报复;否则,将依据《民事诉讼法》第一百一十一条的规定予以处理。在民事诉讼中,即便不能,也不能违法犯罪。因为该条规定的责任是:人民法院可以根据情节轻重予以罚款、拘留,构成犯罪的,依法追究刑事责任,主要针对以下情形:

1)伪造、毁灭重要证据,妨碍人民法院审理案件的;

2)以暴力、威胁、贿买方法阻止证人做证或者指使、贿买、胁迫他人做伪证的。

(2)当事人将证据提交法院时应向法院具体承办该案的法官或书记员索要收据,收据上应注明证据的名称、份数、页数、收到的时间,并由法官或书记员签名或盖章,以免遗失,对己不利。对于提交的原始证据、证据原件等,应特别注意,因为这些证据一旦遗失毁损,将不可挽回。可行的做法是,如无法院特别要求,庭审前最好只提交复印件或者原物照片等,在庭审时再举示原始证据、证据原件等。即使非提交原始证据、证据原件等,也应事前做好复制件并妥善保存。

第三节 质证

根据《证据规定》第五十条规定,质证就是在法庭的组织下,当事人各方对举证人举示的证据,围绕证据的真实性、关联性、合法性,针对证据证明力有无及证明力大小进行质疑、说明与辩驳的过程。

《民事诉讼》规定了八类证据。每一类证据有其不同的属性和特点;法律法规对其有不同的要求,质证过程中,当事人应当根据其属性和特点,就证据的真实性、关联性、合法性,针对证据证明力有无及证明力大小进行质疑、说明与辩驳。举证有技巧,质证更有技巧。笔者在参加诉讼中,经常遇到部分当事人,在法庭上举示了一大堆证据,诸如一叠照片,几个甚至十几个小时的录音,等等,但是经过举证质证以后,在判决书中可以看到这一

大堆证据并没有被法院采信。其实这其中不乏有价值的证据,只是因为对于证据的属性和特性不清楚,而且证据"三性"上存在缺陷。每当此时,笔者无不惋惜!

一、质证的目的及意义

1. 质证的目的

质证是为了就证据的可采性和证明力对法官的心证产生影响,使法院正确认定证据的效力。法官对证据是否认证,取决于质证的质量与结果,因此对质证环节需要引起足够的重视。

2. 质证的意义

①经过质证的证据可作为定案依据。

②质证是查明案件事实真相的决定性步骤。

③质证是直接原则、言词原则的具体体现。

④质证是当事人的法定诉讼权利。

⑤质证是庭审活动的核心:当事人在庭上举证、质证及法官认证的过程。

二、质证步骤

(1)在庭审中,举证质证都发生于法庭调查阶段。首先在法庭主持下一方出示证据。庭前交换证据时,对方无异议,并经法庭记录在案的除外。

(2)一方举证完成后,另一方开始辨认证据;举证质证一般可以经过一次至两次循环。

辨认的意义在于了解另一方当事人对所出示证据的态度,以便决定是否需要进行质证。辨认的结果分为认可和不予认可两种。如承认对方出示的证据的真实性和证明力,法官可以当庭确认其证明力,无须作进一步质证。对可以确认的证据,质证方可以明确表示无异议。否则应当针对有异议的证据发表质证意见。

(3)对证据质询和辩驳

一方出示的证据为另一方否认其真实性、关联性或合法性的,否认一方需要向法庭说明否认的理由。质证方陈述完否认的理由后,出示方还可以针对否认的理由进行反驳。然后再由质证方对反驳的理由进行辩驳,直至法庭认为该证据已审查核实清楚。

在质证过程中,质证方经法庭许可可以向出示方提出各种问题,除非所提问题与质证目的无关。

审判人员在必要时,也可以向当事人发问。如果在当事人的陈述中,法官认为有些事实还没有说清查清,可以主动询问当事人(法官就举证质证所提问题带有明显目的性,当事人一定要重视,想好后再回答,不能过于草率)。

(4)质证的顺序

1)原告出示证据,被告、第三人与原告进行质证;

2）被告出示证据，原告、第三人与被告进行质证；

3）第三人出示证据，原告、被告与第三人进行质证；

4）人民法院依照当事人申请调查收集的证据，作为提出申请的一方当事人提供的证据；

5）人民法院依照职权调查收集的证据应当在庭审时出示，听取当事人意见，并可就调查收集该证据的情况予以说明。对此项证据不是质证，而是对该证据如果有不同意见，要针对证据与当事人辩驳，而不要同法官争执与辩驳。

（5）不公开质证的证据（并不是所有质证都采用公开质证）

1）涉及国家秘密的证据；

2）涉及商业秘密的证据；

3）涉及个人隐私的证据；

4）法律规定的其他应当保密的证据。

三、质证的关键点

作为定案依据的证据的特性，表现在证据的证据能力和证明力两个方面。质证时，应当围绕这两个方面来进行质疑、说明和辩驳。

（一）质证应当审查证据的证据能力

证据能力，即证据资格。证据必须具有真实性、关联性、合法性的特征，因而质证要围绕这"三性"，并针对证据证明力有无及证明力大小进行质疑、说明与辩驳。任何一个具体事实，要成为定案的根据，必须符合以下三个特征。

1. 证据的真实性

真实性，主要是指证据的内容是否真实。比如，为证明当事人通过银行支付了款项提供的银行回单，上面因为没有银行的盖章，因此，对于单据的真实性，在一方提出异议的情况下，法院就很难予以采纳。对证据真实性的要求，主要在于庭审时，需要当事人将证据原件一并带上，准备接受对方质证，切不可将关键证据的原件遗忘，造成诉讼中的被动。

2. 证据的关联性

关联性，主要是要求出示的证据与本案争议焦点有关联，而不是与本案无关。例如某物业服务合同纠纷案，原告方举示了一张购买笔记本电脑的发票，欲证明曾经拥有此物后又被盗窃。本案的焦点是被告有没有违约行为，不是审理原告的买卖合同纠纷，因此，该份证据就可能因缺乏证据的"关联性"而不被法院采纳。

3. 证据的合法性

合法性，主要是证据的来源是否合法。

（1）证据必须是由具有合法身份的人员收集的。

（2）证据必须具备合法的形式。

（3）证据必须有合法的来源；没有违反法律禁止性规定的情形。

比如，某案件中，某女欲证明某男有婚外情，请私人侦探利用针孔摄像头拍摄的录像就存在合法性问题。因为根据法律规定，针孔摄像头是国家明令非侦察部门禁止使用的专用设备，用非法设备获取的证据，自然不能被法院认定。

4. 质证应当审查证据的证明力

当事人针对证据的证明力有无及证明力大小进行质疑、说明与辩驳的过程，这也是法官心证的形成过程。

（1）要根据每个证据本身所具有的不同特点，具体问题具体分析，进行必要的查证核实。

（2）要综合全案证据，审查所有的证据之间是否协调一致。

（3）在庭审质证时，不仅要从证据本身出发对证据进行质证，而且也要从程序上对证据进行质证。比如，对方是否在指定的期限内向法院提交证据。如果一方的举证不是在举证期限内的举证，或者不属于"新的证据"的范围，另一方当事人有权拒绝质证。

5. 质证需要注意的问题

（1）合法：要根据法律规定进行，做到言出法随，严禁用威胁、欺骗、引诱等非法手段逼取、套取证言进行质证。

（2）求疑：质证的对象，必须是有疑问的证据。质证要言之有据，不能信口开河。更不能任何理由不说，仅仅是对对方的证据全盘否定。这种不诚信、不负责任的态度会给法官留下极为不好的印象。何况在整个庭审活动中，当事人实际上不需要直接对话，所有的言辞均是向审判人员陈述；哪怕是辩论、问询也是如此；获得准许向证人发问除外。因为所有证据是否能被采信，或者证据证明力的大小，不是当事人能够决定的，而是由法庭审判人员认定的。

（3）有利：必须有利于实现诉讼目的，有利于获取反映案件真实情况的证言，有利于查明案件事实，为诉讼活动确立充分确实的证据。一句话，要有利于己方当事人。

（二）质证方法

（1）单一质证：一事一证一质，即将对方当事人所举的证据和法院调取的证据逐一加以质证，并提出反驳证据或意见。

（2）一组一质证：阶段质证，即一事一证，一证一质。

（3）分类质证，即对证据或诉讼请求依据一定的标准先进行分类，确定几条线索，再加以质证。

（4）综合质证，即对全案待证事实和所有证据进行集中认证。

以上四种质证方式，在审判实践中可以单独运用，也可以交叉运用。

四、质证的技巧

（一）听、看、问

（1）聚精会神。边听、边记，做到不遗漏、不误解。

（2）不被对方情绪性词语所干扰。

（3）注意对方的语气、语调、语速等。要善于听音辨调，注意对方的言外之意。

（4）对出示的书证、物证、视听资料等证据材料，要仔细辨别。

（5）证人、鉴定人、勘验人的做证资格是否存疑。

（6）证人证言和鉴定意见及勘验结果是否真实。

（7）证人、鉴定人、勘验人是否在程序上违法。

（8）证人、鉴定人、勘验人的证明是否与案件相关等。

已经清楚的问题，不必再质问。比较清楚的但还有些不足的问题，要变换角度发问，以免有"重复发问"之嫌。对根本未涉及的或不够清楚的问题应有计划地发问。

（二）书证、物证、视听资料质证要点

1. 出示证据的原件或者原物

一般情况下，应掌握原件、原物优先规则，坚决要求对方出示原件、原物，并认真辨认和审查对方当事人出具的书证、物证、视听资料原件、原物，判断其复印件、复制品与原件、原物是否相符。

2. 审查内容

（1）证据与本案事实是否相关。除证明当事人主体身份的证据以外，其他证据是否与争议焦点具有关联性。

（2）证据的形式、来源是否符合法律规定。物证是否是原物。不是原物，仅为影像的理由。原物是否还存有。

（3）证据的内容是否真实，是否有违背常理的内容，是否有改动或者不一致的内容。

（4）证人或者提供证据的人与当事人有无利害关系。尤其注意试听资料，在哪里取得，谁录制。

3. 对书证的质证要点

（1）书证的来源是否可靠，谁提供，如非当事人，为何保有，为什么提供。

（2）书证的形成是否合法。书证不是以书的物体为证，而以其作为载体的记录的信息为证。

（3）书证的制笔者是谁。制笔者是在什么情况下制作的。如为合同，签约情形；笔迹和盖章或纳印可辨认否。

（4）书证的内容与案件事实有无内在联系以及有哪些方面的联系。

(5)书证的内容是否有错误,是否与国家法律相抵触,关键是有无违反法律之强制性效力规定。

(6)书证的形式是否符合要求,合同、字据、票据有不同的格式。

(7)书证是否伪造或者变造,是否可与原件比对一致,与己方书证有无差异。

(8)书证与其他证据之间的关系。

(9)公证书质证应注意:**公证是有地域管辖的。**

《公证法》第二十五条规定:自然人、法人或者其他组织申请办理公证,可以向住所地、经常居住地、行为地或者事实发生地的公证机构提出。因此超出管辖的公证书效力是有问题的。公证只能证明签字行为是真实的,不能证明行为是真实意思表示,也不能证明待证行为是合法的。待证事实与行为是否合法有效,应当依据法律判断。公证书中如证明待证事实合法有效或双方的真实意思表示等内容,应当是违法的。公正一般是证明程序性的。

4. 对物证的质证要点

要通过辨认、对比、鉴定等方法,鉴别真伪,作出判断。主要从以下几个方面质证:

(1)物证的来源是否可靠。

(2)应查清该物证是否属于涉及本案事实的物品。物证是否与案件事实有联系及有哪些方面的联系。

(3)物证的类型,动产,不动产,活物,固定物,自然物,衍生物。

(4)物证是否伪造或者变造。

(5)物证与其他证据之间的关系。

5. 对视听资料的质证要点

在正常情况下制作的视听资料,是可以采信的。但录音、录像及电子技术资料,存在剪辑、加工、伪造的可能性,所以举示此类证据须谨慎。质证此类证据,需要一定的专业知识。

(1)视听资料的来源,谁提供,谁提取,为什么。

(2)视听资料的版本,原版,有无剪接篇辑痕迹,时间上是否连续,声音、画面是否连续,为什么。

(3)视听资料形成的原因和条件,制作人、时间、地点、事由、旁证人,载体形式。

(4)视听资料的真实性,可否辨认,是否需要鉴定,申请鉴定有何不可,会不会影响诉讼时长。

(5)与案内其他证据进行对照、比较,如果有矛盾,应进一步查证核实。

(6)必要时,应进行科学技术鉴定,以验证是否原版,是否有伪造、涂改或剪接等情况。

(7)要求将视听资料当庭播放,让有关人员对其形式和内容进行质证,并可要求提供相应的文字资料。

因为《证据规定》第二十二条规定:调查人员调查收集计算机数据或者录音、录像等视听资料的,应当要求被调查人提供有关资料的原始载体。提供原始载体确有困难的,可以提供复制件。提供复制件的,调查人员应当在调查笔录中说明其来源和制作经过。

（三）人证（证人证言、鉴定意见、勘验笔录、当事人陈述）质证要点

1. 当事人向证人、鉴定人、勘验人发问,须经法庭许可

接受法庭安排,或者向法庭申请获准后方可。

2. 询问证人、鉴定人、勘验人不得使用威胁、侮辱性的言语和方式

3. 询问证人、鉴定人、勘验人不得使用不适当引导证人的言语和方式

《证据规定》第五十八条规定:"审判人员和当事人可以对证人进行询问。证人不得旁听法庭审理;询问证人时,其他证人不得在场。人民法院认为有必要的,可以让证人进行对质。"

该规定第五十九条规定:"鉴定人应当出庭接受当事人质询。鉴定人确因特殊原因无法出庭的,经人民法院准许,可以书面答复当事人的质询。"

该规定第六十条规定:"经法庭许可,当事人可以向证人、鉴定人、勘验人发问。询问证人、鉴定人、勘验人不得使用威胁、侮辱及不适当引导证人的言语和方式。"

该规定第五十三条（证人的适格性）规定:"不能正确表达意志的人,不能作为证人。待证事实与其年龄、智力状况或者精神健康状况相适应的无民事行为能力人和限制民事行为能力人,可以作为证人。"

4. 向证人证言质询要点

（1）只有证人证言,而无证人出庭做证,其证人证言证明力减弱,而且证人证言必须结合其他证据认定其证明力。

证人应当出庭做证,接受当事人的质询。

证人确有困难不能出庭,必须符合《民事诉讼法》第七十三条规定的情形,即经人民法院通知,证人应当出庭做证。有下列情形之一的,经人民法院许可,可以通过书面证言、视听传输技术或者视听资料等方式做证:

①因健康原因不能出庭的;

②因路途遥远,交通不便不能出庭的;

③因自然灾害等不可抗力不能出庭的;

④其他有正当理由不能出庭的。

（2）对证人及证人证言的质询。

①证人与当事人之间的关系。

②证人的基本情况、理解力、记忆力、表达能力、感觉能力等。

③来源及合法性,直接经历、听信他人传言、主观感受、纯粹为证人意见。

④证人感知案件事实时的环境和条件。证人是否受到欺骗、引诱、指使、贿赂、收买、

威胁等行为的干预。

⑤证言的内容及要证明的问题。

⑥证人前后的证言是否矛盾。

⑦证言与其他证据的相互印证及其因果关系。

特别注意证人与案件和当事人的关系,尤其是与当事人有利害关系的证人,更要通过查明他做证的思想动机来判断其证言的可靠性,对于与案件或当事人没有利害关系的证人,主要是审查证人提供证据的准确程度,例如考虑案件发生时证人所处的周围环境如何,辨别是非的能力,记忆力情况及再度重述的能力怎样,等等。

⑧证人的觉悟高低、思想品质好坏等也是影响证人证言真实性的重要因素。

⑨对宣读的证词有疑问的,一定要亲自辨认。

⑩证人未出庭的原因不属于法定情形的,则可向法庭表示要求证人出庭做证,否则,不认可该证据。

5. 鉴定意见质证

《证据规定》第五十九条规定:"鉴定人应当出庭接受当事人质询。鉴定人确因特殊原因无法出庭的,经人民法院准许,可以书面答复当事人的质询。"

第六十条规定:"经法庭许可,当事人可以向证人、鉴定人、勘验人发问。询问证人、鉴定人、勘验人不得使用威胁、侮辱及不适当引导证人的言语和方式。"

(1)对鉴定意见的质证。

①供鉴定的材料是否充分可靠。

②鉴定机构和鉴定人的资格。

③鉴定所采用的方法和操作程序是否科学。

④鉴定人在鉴定过程中是否受到外界的干扰。

⑤鉴定意见与有关证据是否一致。

⑥鉴定意见与有关证据有矛盾,或者对鉴定意见有异议,应请求鉴定人出庭接受当事人询问。

⑦鉴定人与本案当事人有无利害关系,鉴定人有无受到同犯当事人的威胁、利诱而作虚假鉴定的可能性。

(2)需注意的问题。

①鉴定意见被用来证明案情时,同其他证据一样,同样要质证才能作为认定案件事实的根据。

②由于鉴定在广义上属于人证的一种,在司法实践中,对于鉴定人的质证遵循与证人、勘验人同样的规则和程序。

③如果对鉴定意见有异议,而鉴定人又未出庭,向法庭申请,请求鉴定人出庭接受当事人的询问。

6. 对当事人陈述进行质证

《民事诉讼法》第七十五条规定："人民法院对当事人的陈述，应当结合本案的其他证据，审查确定能否作为认定事实的根据。当事人拒绝陈述的，不影响人民法院根据证据认定案件事实。"

当事人陈述具有"真实性"和"虚假性"两方面的特点，并不能作为当然的证据使用。但是一方当事人陈述得到对方当事人认可就构成一项自认。对于该方当事人而言，其陈述的事实就构成免证事实。而且，在实践中，那些缺乏参加庭审经验的又没有委托代理人的当事人，往往忽略了这一点！质证方法为：

（1）当事人的征信如何，有无隐瞒或虚构的可能，可以事前查询公布的当事人征信信息。

（2）当事人的行为能力、理解能力、表达能力如何，当时的环境是否会对其如实陈述产生影响。

（3）陈述的内容，各个情节之间有无矛盾，各个事实之间的逻辑关系如何，与其他证据之间是否协调一致。

（4）当事人陈述、辩解有无反复，如有反复，反复的原因和目的是什么。

（四）对电子证据的质证要点

电子证据有三个基本特征：①数字化的存在形式；②不固定依附特定的载体；③可以多次原样复制。作为电子证据的"电子数据"指基于电子信息技术形成的，以数字化形式独立存在，存储于软件或硬件中，可多次复制的数据信息。当这些数据信息在诉讼中用于证明一些案件事实时，就是电子数据证据。电子数据的范围极广，常见的包括电话的通话记录，电子邮件、即时通信软件（QQ、MSN、微信等）的聊天记录，电子签名、电子合同、电子注册信息，网络登录浏览记录、程序代码等。

电子证据由于其特殊属性，使其在作为证据使用时，无论举证还是质证均具有其难度。但根据最新发展的计算机技术，任何被删除、篡改的电子邮件证据都能够通过技术手段找到痕迹并加以分析认定和恢复，这无疑极大地增强了它的证据效力，而且随着电子商务、网络支付的盛行，电子证据的重要性越来越突出。

因此采取电子证据的公正保全、诉讼保全手段，将电子证据先行固定，是最为有效的手段之一。

1. 电子证据特点

（1）科技性：电子证据的产生、储存和传输，都必须以计算机技术、存储技术、多媒体技术、网络技术等高技术为依托，并使其能在没有外界蓄意篡改或差错的影响下准确地储存和反映有关案件的真实情况。

（2）无形性：在计算机内部，所有信息都被数字化了。信息在进行存储、处理的过程中，必须用特定的二进制篇码表示。计算机通过把二进制篇码转换为一系列的电脉冲，来

民事诉讼一本通

实现某种功能。在进行电子商务交易的过程中，一切信息都由这些不可见的无形的篇码来传递。因此电子证据也具有这样的无形性。

（3）外在表现形式的多样性：因为多媒体技术的应用，使电子证据综合了文本、图形、图像、动画、音频及视频等多种媒体信息，几乎涵盖了所有传统证据类型。

（4）易破坏性：计算机信息是用二进制数据表示的，以数字信号的方式存在，而数字信号是非连续性的，因此如果有人故意或因为差错对电子证据进行截收、监听、窃听、删节、剪接，从技术上讲无法查清，不像录音、录像资料记录的是连续的模拟信号，发生变化可以用技术手段查明。而且计算机操作人员的差错或供电系统、通信网络的故障等环境和技术方面的原因都会使电子证据无法反映真实的情况。计算机登记、处理、传输的资料均以电磁浓缩的形式储存，体积极小，携带方便，而行为人往往具有各种便利条件，极易变更软件资料，随时可以毁灭证据。行为人对电子证据的修改或伪造过程在几分钟甚至几秒钟内就可以完成，不易被察觉。

此外，电子证据还具有收集迅速、易于保存、占用空间少、传送和运输方便、可以反复重现、易于使用、审查、核实、便于操作的特点。而且电子证据能够避免其他证据的一些弊端，如证言的误传、书证的误记等，相对来说比较准确，比较接近事实情况。

2. 电子证据质证要点

（1）真实性。

电子证据的真实性，即用于证明案件事实的电子证据必须在形式上或表面上是真实的，如果是完全虚假的或是伪造的，不能被采纳。由于电子证据具有数据性、虚拟性、易于复制性等特点，导致电子证据在生成、存储、传输、识别等运行的各个环节容易出现错误，且其本身所依赖的计算机系统容易受到攻击、篡改，这些因素都对电子证据真实性的判断造成很大的困难。

对电子证据的真实性的审查判断，一方面必须结合相关当事人，另一方面还要依赖于专家的鉴定意见以及计算机的数据分析报告。在审查时应从电子证据的生成环节、存储环节、传送环节、收集环节、是否已经被修改等环节着重把握。其中在电子证据的生成环节，重点审查作为电子证据是怎样形成的。在电子证据的传送与接收环节，要重点审查从电子证据存在形式看，电子数据是以电磁、光盘等物理形式存在于半导体芯片、磁盘等载体上。

目前，电子证据检验的方法主要有：

①利用专门的仪器、设备，通过运行特定的程序对电子证据的形成过程进行检查及验证。包括对形成和存储电子文件的技术设备的质量和性能的可靠性检查，对电子证据的形成过程进行技术检验。

②利用技术设备对电子证据所反映的内容真伪进行鉴别。

如果遇到仅仅提供电子证据，而没有其他（如支付凭证、运输凭证）辅助证明的。质证

184

方可以直接提出真实性异议。因为证明其真实的手段一是公正保全或者诉讼保全,二是申请鉴定。可让对方知难而退。

(2)关联性。

电子证据的关联性是指"作为证据的事实必须与案件中的待证事实有客观的联系,能够证明案件中的有关待证事实"。在民事诉讼中,判断电子证据与待证事实有无关联性时,应从以下三个问题分析:第一,电子证据在案件中能够证明怎样的事实;第二,该证据所证明的事实对案件的裁决有无影响;第三,法律对这种证据的关联性有什么具体要求。质证可以从此处入手。

(3)合法性。

证据的合法性要求证据必须是按照法律的规定和法定程序取得的事实材料。合法性是证据的本质属性之一,没有合法性,证据材料便不能转换为证明案件事实的证据。

(五)补强证据质证要点

根据法律规定,因某一证据的证明力较弱,不能将其单独作为认定案件事实的依据,只有在其他证据以佐证方式对其证明力给予补充、加强的情况下,法院才能将该证据作为认定案件事实的依据的规则。《证据规定》第六十九条明确了补强证据规则的适用范围,即只有在下列五种情况下才能适用该规则:

(1)未成年人所作的与其年龄和智力状况不相当的证言。

(2)与一方当事人或者代理人有利害关系的证人出具的证言。

(3)存有疑点的视听资料。

(4)无法与原件、原物核对的复印件、复制品。

(5)无正当理由未出庭做证的证人证言。

如果对方提出此外的所谓补强证据,可以予以否认。

第四节 法庭辩论

辩论,指彼此用一定的理由来说明自己对事物或问题的见解,揭露对方的矛盾,以便最后得到共同的认识和意见。

辩论有其自身的特点:辩论是双边活动,最少两人参加,单一方面只能是议论而已。而且双方观点是对立的,或是或非,这样才有辩论的可能,否则就是谈判,并且只有合乎思维逻辑的辩论才可能获胜,否则只能是诡辩。依其特点而言,辩论必须有理有据,辩论方法是辩论者必需的,而辩论技巧不过只是为辩论服务而已。

民事诉讼辩论,特指在法庭的组织下,当事人双方就己方诉讼主张的事实和理由的论证,对对方的论点进行的辩驳以及对争议焦点的论证和说理的过程。民事诉讼辩论贯穿于诉讼过程,既有书面的辩论形式,如起诉状、反诉状、答辩状、代理词,也有庭审过程中直

接言辞辩论。民事诉讼辩论和举证质证共同组成民事诉讼的核心。

《民事诉讼法》第十二条规定：人民法院审理民事案件时，当事人有权进行辩论。《民事诉讼法》第一百四十一条规定了在法庭审理中有专门的法庭辩论程序。《民事诉讼法》第四十九条规定了当事人的权利和义务，规定了当事人有"进行辩论"的权利。由此可见，辩论是一项民事诉讼当事人的权利，在诉讼中，如果当事人此项权利受到了阻碍，将可能导致诉讼程序违法。

时下有一种倾向，认为作为律师的委托人，只要掌握了高深的法庭辩论技巧，就能起到翻云覆雨之效。笔者对此持不赞同意见。辩论技巧固然重要，但却不是辩论的根本所在，其作用不过在于增强辩论效果而已。当然，那些不讲方法，不论技巧的随意之辩论，甚至成为骂街式的、咆哮的，更不可取。俗话说，有理不在言高，也许就是这个道理。本书对于法庭辩论，主要从辩论注意事项、辩论方法和辩论技巧进行讨论。

一、法庭辩论注意事项

(1)民事诉讼的辩论，不仅仅是法庭辩论。起诉状、反诉状、答辩状、代理词都是辩论意见。

(2)法庭辩论应遵从直接言辞原则，起诉状、反诉状、答辩状、代理词的主要内容，应当在法庭直接向审判人员和对方直接陈述。这不是重复，而是直接言辞的需要。

(3)法庭辩论的听众不仅仅是对方，而更重要的是审判人员和书记员。真正对案件作出判断和判决的是审判人员，把你的言辞记录下来的是书记员。因此向谁诉说辩论人应当清楚；同时必须控制语速、正确发音、突出重点，便于书记员记录，并且在庭审笔录签字前，应查看清楚，又不遗漏或者笔误。

(4)法庭辩论是争论，而不是争吵。对方发言，不论有无过激之处和不当之处，均不可直接打断，如欲打断对方的辩解而与其辩论，应经审判长许可。

(5)辩论的语言应简单明了并富有逻辑，不得有对对方进行侮辱、谩骂等人身攻击性的语言。

(6)辩论应紧紧围绕案件争议焦点，不可对一些旁枝末节纠缠不清而忽略主题。

(7)下一轮的发言不得重复上一轮发言的观点与内容。

(8)询问证人、鉴定人、专家辅助人也是辩论之一种形式，应纳入辩论思维综合考虑。

(9)答辩状、代理词为不可缺少的辩论文书，即便你有精彩的当场辩论，也别忘了在答辩期间提供答辩状。同时，作为代理律师，应当准备好代理词，庭审之中可以提交。如果法庭允许，开庭后代理律师应及时补充或者重新整理代理词并及时提交。因为只有你自己的文字最能表述你的推理逻辑，而且能够形成一个体系。审判人员在判决时，会充分考虑你的意见，而最为有效的就是答辩状和代理词。

二、法庭辩论方法

《民事诉讼法》第一百五十二条:"判决书应当写明判决结果和作出该判决的理由。判决书内容包括:

(1)案由、诉讼请求、争议的事实和理由;

(2)判决认定的事实和理由、适用的法律和理由;

(3)判决结果和诉讼费用的负担;

(4)上诉期间和上诉的法院。"

诉讼辩论的最终目的就是要得到判决书中出现有利于辩论人的判决结果。从对《民事诉讼法》第一百五十二条的理解,不难得出这样一个结论:想要得到这样的结果的唯一办法就是"判决认定的事实和理由、适用的法律和理由"采信了辩论人的辩论意见的"事实和理由、适用的法律和理由"。得到这样一个理解结论后,如何辩论自然就可以做到了然于心了。

笔者写这本书的目的,就是为了读者能够通过阅读理解,将其中有用的知识运用到诉讼实践中去,达到帮助和便利诉讼的目的。因此,本书就不会采用法学研究、法学教育的方法,而是采用实用法学的方法,只谈怎么做,怎么才能做得更好;这就是方法应当服务于目的。

从《民事诉讼法》第一百五十二条规定中可以看出:首先诉讼中,原告的诉讼请求,或者被告的反诉请求(如果被告提起反诉),当事人争议的事实和陈述的理由、辩论意见,都属于法庭审理的范围。对于诉讼请求既不能减少,也不能增加。如若减少了,如果任何一方提起上诉,倘若协商不成,全案将发回重审。

《民诉法司法解释》第三百二十六条规定:"对当事人在第一审程序中已经提出的诉讼请求,原审人民法院未作审理、判决的,第二审人民法院可以根据当事人自愿的原则进行调解;调解不成的,发回重审。"

第三百二十七条规定:"必须参加诉讼的当事人或者有独立请求权的第三人,在第一审程序中未参加诉讼,第二审人民法院可以根据当事人自愿的原则予以调解;调解不成的,发回重审。"

其次,从《民事诉讼法》第一百五十二条第二款和第三款之规定不难看出:我国民事诉讼已经采纳了"三段论"的推理模式。"认定的事实和理由"其实就是法庭认定的小前提;"适用的法律和理由"也就是法庭采用的大前提;"判决结果"也就是一个逻辑推演和小前提符合大前提后,作为大前提法律规定的结果的适用。既然作为民事诉讼程序法明文规定了在我国的法院判决应当采用"三段论"的推理模式,那么作为当事人和代理律师如果继续沿用"三阶层""四要件"的推理模式,从形式上而言,胜算何在?

说到"三段论",有的读者就会说了:笔者不是只讲实用法学吗,怎么引入了这么难懂

的内部证成和外部证成的理论？显然,对于"内部证成"和"外部证成"这样的词语,在传统的汉语语系中是没有的,是按照意译而来的外来语,就如"期待可能性""外部不经济"等,如果就字面理解而言,确实晦涩难懂。但是在运用"三段论"推理时,"证成"又是绕不过去的坎! 笔者尝试用简单的语句解释一下:

所谓"内部证成",其实就是将大前提规定的结果,适用于小前提,得出小前提需要的结果。这个逻辑推理,只考虑了大前提是否包含小前提,并不考虑结论是否正确。也就是只在乎逻辑学的推演正确性。比如本书列举的小轿车丢失案。小前提是小轿车停在小区丢失了,而且小区车辆进出物业公司是采取了识别的。大前提可以找到两个:第一个大前提是合同法规定的违约责任规定,第二个大前提是侵权责任法规定的侵权责任。如果按照第一个大前提,合同法规定的普遍规则是违约责任,在此案件中,物业公司没有违约,在小区丢失小轿车,不构成物业公司违约,所以不需要赔偿丢失小轿车的损失。从大前提推演出的结论,至于这个结论是否正确,在所不论。

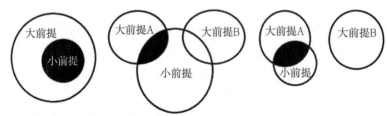

图1　外部证成图示说明

在第一组中,小前提查找到的大前提完全包含小前提,如果只找到这个大前提,那么通过内部证成推演的结果为真,也就是正确的。

在第二组中,大前提A和大前提B都与小前提相交,如果通过内部证成,从大前提A或者大前提B推演的结果都可能为真,都可能是正确的。但此时可能得到完全不同的结果。此时就会出现选择适用法律。

在第三组中,大前提A与小前提相交(或者大前提包含小前提),但大前提B与小前提不相交;此时如果通过内部证成,从大前提A推演出的结果为真,可能(必定)是正确的。但是如果从大前提B推演出的结果则为假,应当是不正确的。此时就会出现适用法律错误。

所谓外部证成,就是要证明,依着小前提找到的这个大前提是否正确、是否找对了。这里当事人的主观因素影响就很大了。这就是案由存在的必要性和重要性所在。也是当事人提出的事实和理由具有极其重要的作用的原因。法官断案,站在中间立场,居中断案,也称之为"被动司法"。当事人你举示什么,请求什么,法官就判断什么。那么就上面说到的小区丢失小车案而言，如果车主作为原告，在诉求中要求追究物业公司违约责任，这个指向就是只能找到合同法规定的规则，也就是只有这个大前提可循。那么得出结论，从逻辑上说，是正确的。问题在于，如果车主作为原告，在诉求中要求追究物业公司侵权责任，这个指向就是只能找到侵权责任法规定的规则，这个大前提就是行为人实施了侵权行为（作为或者不作为），发生了结果损害，而且之间存在较强的原因力——因果关系；那么侵权行为人，就应当承担侵权责任。

为什么会得到不同的结论——结果呢？这个外部证成，也就是找法律规则的过程，就显得非常重要了。如果，我们这样去理解，内部证成和外部证成，就会变得非常容易懂了。

归结到《民事诉讼法》第一百五十二条规定中，就是对事实的判断是否得到了一个答案、什么答案、为什么。比如判决书中说：经过审理认定，原告主张的事实因为没有相应的证据证明，因此不能认定该事实存在，并且原告陈述的理由于法无据，认定不成立。这个为什么就是刚才说到的两点：一是没有相应的证据予以证明，所以不能认定该事实存在。这里再举例说明，本书列举的业主财物被盗案，该业主赖××主张家庭财产被盗的有笔记本电脑、金银首饰、现金；但是举证中出示证据是购买笔记本电脑和金银首饰的发票，而现金数量及存放方式，无任何证据证明。那么判决书中认定事实时就会这样写：原告举示的证据，经被告质证提出异议，购买笔记本电脑和金银首饰的发票与原告主张笔记本和金银首饰被盗事实没有关联性，并且原告主张的现金被盗事实，因为没有相关的证据予以证明。因此，本院经过审理，认定原告主张的财物被盗事实不成立。这就是认定的事实和理由。

那么大前提呢？《民事诉讼法》第一百五十二条规定，也就是"适用的法律和理由"。比如，小轿区小车丢失案，因为第一审原告主张的物业服务合同纠纷，并且根据车辆在小区丢失的事实，确实也可以查到物业服务合同纠纷适用的法律《合同法》的规定和《物业管理条例》的规定。因为合同责任主要是违约责任，而且是约定优先。而《物业管理条例》并没有规定禁止性效力性的合同责任以外的规则。因此，本案适用《合同法》规定的违约责任规则，这既是一个查找大前提的过程，也是一个适用法律说理的过程。

《民事诉讼法》第一百五十二条规定的"判决结果"，实际上也是从法律逻辑推论和法官自由心证得出的一个结果。这一个结果也是从大前提——结果，小前提——大前提，小前提——结果的过程，也是内部证成得到的结果。同时也是从小前提是否找到正确的大前提，大前提是否包含小前提，大前提规定的结果选择上是否恰当（如果作为大前提的法律规则规定不同的几种结果选择），这样一个外部证成的过程的描述。

这里似乎出现了一个问题。也就是如果原告起诉状中写明了"案由"，那么法庭审理适用法律，也就是查找大前提，可以说出现问题的机会大大降低。出现的问题可能性主要在不同法律有着不同规定时，或者同一法律有几种选择性适用时，容易出现定量的错误，基本上不会出现定性的错误。

但是，如果原告起诉书中，没有写明"案由"，也就是原告并没有写明追责的适用法律

指向时,并且在事实与理由部分,原告使用的只是一句话"请依据相关法律规定作出判决"。这时,如果审判人员在法庭辩论前,归纳争议焦点还没有说明清楚适用法律的指向,并且得到当事人的认可的话,就可能在适用法律规则或者原则时,出现定性上的错误。也就是查找大前提错误。这个时候按照外部证成的推演,就可能出现"适用法律错误"的结论。

本书之所以在此再次讨论"三段论"和"证成",因为这是《民事诉讼法》规定的判决书应当使用的逻辑推理方法。若想做好庭审辩论(包括诉讼辩论),掌握此推理方法,能够收到事半功倍之效果。

(一)事实辩论方法

1. 民事诉讼认定的事实只是法律事实

辩论者首先不是考虑案件事实是否真实,而是考虑案件事实是否可以被证据证实,除非得到对方当事人承认(自认)或者是公知的事实,也就是《民事诉讼法》规定免证事实除外。否则,案件事实欲成为定案的法律事实,必须依赖于证据。因此事实辩论,也就是举证辩论。

证据辩论依赖于举证和质证。

举证方应做到举示的证据真实可靠,并符合"证据三性"规则,而且是围绕争论焦点组织的证据。因此,正方辩论应围绕证据的真实性开始。下面以照片证据为例进行说明。其一,照片作为证据,如果反映的是原物的影像,那么原物不能举示必有法定的充分理由。其二,拍摄时间、地点、拍摄人、旁证人等是否已确定。因为如果时间不适当,今天拍摄的照片,难以确定是过去的原物的物理特征。其三,地点不能辨认,也不一定能够确定必定是原物原貌,比如仅仅拍摄小区一个单元门,而没有其他固定的定位的照片显示其确定的位置,那么对方很可能辩称这是其他类似单元的原物原貌。如果没有拍摄人,那么照片作为证据的来源存疑。如果没有旁证人证实,以上三点有可能处于不确定状态。

作为对方当事人(含代理人),第一严格控制自认的范围是第一位的,因为自认很可能免去对方的举证负担。第二应当从"证据三性"找问题,是否真实,是否合法,是否关联,特别是是否与案件争议焦点有关联性。质证本身就是一种辩论形式,但此时的辩论不宜发挥,仅仅就"证据三性"发表意见即可。

举证方应当严格掌握是否举示证人证言和是否申请证人出庭做证。

对方当事人应清楚,证人出庭做证具有很大的变数,因为证人做证的心态本身不稳定,加之居于法庭如此庄严的地方,证人心理压力较大,如果稍微引导,证人因为反应不及,可能作出不利于举证方的回答。

正方辩论人应当根据已经质证的事实,主张支持其诉讼主张的理由,作出正面的辩论。

反方辩论人,可以从否定对方证据进而否定对方主张的事实依据,反驳对方的主张。

例如:郭××诉陈××、吴××民间借贷纠纷一案中,关于《借款协议》证明的事实辩论:

本案涉及的《借款协议》约定的当事人是出借人郭××,借款人陈××,而担保人吴××则是承担担保责任的当事人。

本《借款协议》第一条就是借款的用途,约定为"**合作经营煤炭生意**";第二条是对借款数额、利息支付方式的约定,上诉人提交《借款协议》第二条为"**借款金额￥2000000.00元,（大写:贰佰万元整人民币）;月息和融资服务费等共计5%;每月5日按月支付利息。**

（在签订合同前,甲方已向乙方出借50万元（按乙方要求银行转账到中国工商银行股份有限公司××××支行,陈××,账号:62208230700034××××）;现再借150万元给乙方（银行转账到中国农业银行自贡××××分理处,陈××,账号:622848050827503××××）;以划款的银行票据为准;签订合同后三日全部到账"。

而被上诉人提交的《借款协议》第二条有陈××手书并签字捺印的添加内容为:"**因银行原因,应乙方要求转入张××,建行账号621700357000062××××。**"

毫无疑问,两份《借款协议》是不一致的。被上诉人提供的《借款协议》是改变过的,而且是在未经上诉人同意的情况下改变的,并且改变了《借款协议》的主要条款。被上诉人也没有任何证据能够证明上诉人同意了《借款协议》的改变。

首先,张××不是该《借款协议》的当事人,把其中的150万元支付给张××,无疑是改变了的当事人;

其次,将其中的150万元支付给张××,是对该《借款协议》约定的支付方式的改变;

最后,该《借款协议》第二条明确约定"以划款的银行票据为准",而被上诉人提供的银行划款票据明确显示收款人是张××,账号也是张××,与此条款的约定是不一致的。根本不能作为履行此条款的证据。

2. 法律事实能够被证据所证实

没有被证据所证实的事实,不能认定为法律事实。即便主张事实的当事人,举示了证据,但是证据存在是否"证据三性"规则的问题。即使符合"证据三性",同样存在证明力大小的区别。

《民诉法司法解释》第一百零八条规定:对负有举证证明责任的当事人提供的证据,人民法院经审查并结合相关事实,确信待证事实的存在具有高度可能性的,应当认定该事实存在。

对一方当事人为反驳负有举证证明责任的当事人所主张事实而提供的证据,人民法院经审查并结合相关事实,认为待证事实真伪不明的,应当认定该事实不存在。

法律对于待证事实所应达到的证明标准另有规定的,从其规定。

正方辩论人,有证据时,根据证据说理辩论。无证据时,如果与争论焦点有关的,则应力求寻找机会让对方自认,或者将待证事实引述为公知事实。

反方辩论人,对方有证据,己方无证据时,应攻击对方证据的"三性"瑕疵,减损其证明

力。如果己方有相反证据,则应通过辩论,用己方证据让对方主张的事实真伪不明。因为"具有高度可能性"就是证据的高度概然性。但是这个盖然的几率是多少呢?60%?70%?80%?这就是法官的自由心证的问题了。

例如:郭××诉陈××、吴××民间借贷纠纷一案中,在二审中出现一个细节:就是关于从2014年4月至2014年11月,被告陈××归还了郭××本息一共多少?因为按约定是每月归还10万元,在原告起诉书中叙明被告是从11月后开始没有还款的,但是郭××称只记得这期间归还了50万元,而在一审中吴××申请调取的刑事调查笔录中,陈××和吴××均陈述这期间归还了70万~80万元。但一审法院只采信了郭××的陈述,认定这期间还款额为50万元,且没有说明更多理由。

二审中,吴××代理律师提出,这是对证据的证明力认定不适当,违反了《证据规定》第一百零八条的规定。二审法官当庭重新询问了郭××,郭××仍然说只记得归还了50万元,并且承认此期间收到还款从来没有开具过收据。法官再次询问陈××,陈××仍然坚持已归还70万~80万元。二审法官再次查看了在一审中吴××申请调取的刑事调查笔录中,陈××、吴××均陈述这期间归还了70万~80万元这一部分的证据。

在此一个结论,二审法官最终采信了已经还款70万元的事实。因为《证据规定》规定当事人陈述,应当有其他证据应证。

3. 否定证据就意味着否定事实

辩论方不可在辩论开始直接否认对方主张的事实,而是应当沉着冷静,心平气和地辨认对方举示的证据,针对性地发表对证据的意见,因为否定"证据"三性,就意味着否定了对方主张的事实。

(二)适用法律辩论方法

1. 法律是可以选择适用的

对于每一争论的事实,即便证明事实成立。但是在适用法律时,仍然可能出现错误。因为法律并不会主动适应事实,而是需要当事人在说理中,首先通过查找选择适用。然后再是审判人员在认定判断时适用。

作为正方辩论人,在选择适用法律时,也就是说理依据的法律时,应当选择正确、有利于己方主张的事实和诉求的法律规则,加以适用。否则,将可能因为选择适用法律不当,造成不利于己方的后果。典型案例,本书列举的小区车辆丢失案,该案选择适用法律时,就有《合同法》的违约规则和《侵权责任法》的侵权责任规则可供选择适用,但是个案中,原则上不能既追究违约责任,又追究侵权责任,必需作出选择。

作为反方辩论人,在发现对方选择适用法律出现错误时,有两个选择:如果对方适用法律不当,对己方有利,此时可以将错就错,保持沉默;如果对己方不利,则应立即回应,直接指出对方适用法律错误。

2. 法律规定的假定条件应当与诉讼案件相适应

每个法律规则都应当有假定的条件,比如在本书列举的××小区诉××物业公司及黄×勋物业服务合同纠纷案。此时按照《物业管理条例》关于物业服务合同关系成立的规则,只有业主大会授权的业主委员会与业主大会选聘的物业服务企业签订物业服务合同,该合同方能具有效力,并且规定签订该合同时,业主委员会是以代表人的身份,合同权利义务相对人是物业服务企业和业主,而不是业主委员会。在此案中,假定模式是物业服务合同关系,如果发生违约行为,结果是只有合同当事人物业服务企业和业主可以追究违约方的违约责任。在此案件中,原告方如果要选择适用物业服务合同纠纷这样一种法律规则,那么处于该纠纷中的原告以业主委员会的身份、被告之一以物业服务企业员工黄×勋,不能作为合同当事人参加诉讼。这就是因为诉讼案件与法律规则假设的条件不适应的不利后果。

正方辩护人如果发现了这一错误,可以选择变更诉讼请求或者撤回诉讼。

而反方辩护人发现这一情况,为了不至于纠缠于一个不该发生的诉讼,可以直接根据正方选择适用的法律规则,提出诉讼主体身份问题,也就是实体法上的当事人不适格的反驳意见。

此案最后处理结果是原告方撤回本诉,被告方撤回反诉。

是否符合法律规则的假定条件,直接关系到是否选择适用法律规则规定的结果。如郭××诉陈××、吴××民间借贷纠纷一案中,在一审判决中判决书这样写道:"关于被告吴××的担保责任,被告吴××在《借款协议》中作为担保人签名,虽原、被告提供的《借款协议》中约定的支付方式不同,但未改变《借款协议》的主要条款,支付方式的不同只是当事人对履行义务行为的改变,且借款人对收到被上诉人借款200万元并无异议,此种情形不符合《中华人民共和国担保法》第二十四条……的规定,故被告吴××对本案借款200万元及相应利息应当承担担保责任。"

法院认定了这样一个事实"原、被告提供的《借款协议》中约定的支付方式不同";然而接着认定为"但未改变《借款协议》的主要条款,支付方式的不同只是当事人对履行义务行为的改变,且借款人对收到被上诉人借款200万元并无异议,此种情形不符合《中华人民共和国担保法》第二十四条……的规定,故被告吴××对本案借款200万元及相应利息应当承担担保责任"。

对协议书中内容有改变这一事实,法院给予了认定。《担保法》"**第二十四条　债权人与债务人协议变更主合同的,应当取得保证人书面同意,未经保证人书面同意的,保证人不再承担保证责任。**"协议书中的内容改变是否符合"变更主合同"这一法律规则假定条件呢?此时如果仅仅从《担保法》第二十四条很难得出结论。因为借款合同也是合同,合同应当适用合同法的普遍性法律规则;如果是有名合同,同时还可以使用有名合同的法律规则。对于本案,不妨查看合同法关于合同主要条款的规定:

《合同法》第十二条　合同的内容由当事人约定，一般包括以下条款：

（一）当事人的名称或者姓名和住所；

（二）标的；

（三）数量；

（四）质量；

（有名合同规则）第一百九十七条　借款合同采用书面形式，但自然人之间借款另有约定的除外。借款合同的内容包括借款种类、币种、用途、数额、利率、期限和还款方式等条款。

从《合同法》以上规则中，**当事人和借款的用途**，无疑是借款合同的主要条款；如果改变其中任何一项，则符合《担保法》第二十四条**"变更主合同"**的情形。

一审法院此处出现了适用法律规则的假定模式不当。从本案中可以看出，适用法律时，不仅仅需要看已经查找到的法律规则内容，当出现需要解释法律时，还需要查看相关的其他法律条文。

3. 法律规定的行为模式应当包含诉讼案件的法律事实

法律规则的行为模式包含应为模式和勿为模式。在诉讼中认定的事实与法律规定规定的行为模式是否一致，有时会成为争议的焦点。

应为模式比较好理解，因为应为而不为，就需要承担相应的法律后果。如郭××诉陈××、吴××民间借贷纠纷一案中，一审法院适用的法律规则是《担保法》"第二十四条　债权人与债务人协议变更主合同的，应当取得保证人书面同意，未经保证人书面同意的，保证人不再承担保证责任。"此条规则假定条件是："债权人与债务人协议变更主合同"，行为模式是"应当取得保证人书面同意"，这是一种应为模式，规定的结果是"未经保证人书面同意的，保证人不再承担保证责任"，很明显，如果取得了保证人书面同意，保证人应当承担保证责任。反过来说"未经保证人书面同意的，保证人不再承担保证责任"。此案中是否出现了此条法律规则规定假定条件，是争议的焦点。是否取得了保证人的书面同意，也是需要查明的事实。

勿为模式，有的时候不太好理解。《物权法》"第九十一条　不动产权利人挖掘土地、建造建筑物、铺设管线及安装设备等，不得危及相邻不动产的安全。"这一法律规则规定的行为模式，就是一种勿为模式，其中的"不得危及相邻不动产的安全"，如果发生了因此引起的诉讼，是否出现了危及相邻不动产的安全的事实，也许就是诉讼中的一个焦点问题。此条法规的规定的结果是省略的，因为侵害不动产权益的，应当承担排除妨害、恢复原状、赔偿损失是在总的规则中规定的，直接适用就可以了。

辩论中应当紧扣法律规则的规定，层层比对，找出其与法律规则的规定情形有何异同，这种不一致，是否是根本性的不同。如果出现根本不同，则不能适用此条法律规则的规定，或者得出相反的结果。

(三)法律后果辩论方法

1.　法律规定结果是一定的

《担保法》"**第二十四条　债权人与债务人协议变更主合同的,应当取得保证人书面同意,未经保证人书面同意的,保证人不再承担保证责任。**"此规则规定结果时,运用了一个假设,就是如果"未经保证人书面同意的",那么"保证人不再承担保证责任"。虽然这个结果是在假定条件下作出的,但是其规定的结果却是确定的。因为,如果这个假定条件不成立,也就是如果"经保证人书面同意的",那么"保证人应当承担保证责任"。

在辩论中,应注意案件中出现的结果事实或者结果行为,是否和辩论人希望得到的结果一致,如果不一致,则需要重新考虑,查找大前提,目的就是希望得到辩方所想得到的结果。

2.　法律后果是由内部证成得出的

内部证成的作用就是从大前提——法律规则中,推论出结果。如著名的亚里士多德推论:动物都会死的,这是一个大前提,而且这个大前提是不需要证明的。小前提是:人是动物。结论是:人也会死。这个推论就是一个大前提包含了小前提,人是动物的一种。推理过程是:动物——人——死亡。

在辩论中应当知道这个推演逻辑。正方如果希望得到正向的结果,就应该极力证明小前提包含在大前提之中,至少是相交、有交集,这样才能得出正向的结果。

反方的辩论,则应当找出小前提不在大前提之中,或者是不相交、没有交集,这样根据具体情况,可以得出反向的结果,甚至找出适用法律错误的结论。

3.　法律后果需要外部证成判断

外部证成就是查看小前提是否包含在大前提之中,是否相交、是否有交集。如果得出否定的结论,那么从大前提推演出的结果,就不适用于小前提,这个结果就是错误的。或者判断,不适用这个法律规则作为大前提。

如郭××诉陈××、吴××民间借贷纠纷一案中,一审法院适用的法律规则是《担保法》"**第二十四条　债权人与债务人协议变更主合同的,应当取得保证人书面同意,未经保证人书面同意的,保证人不再承担保证责任。**"此条规则假定条件是:"债权人与债务人协议变更主合同。"法院在认定事实时认为,"被告吴××在《借款协议》中作为担保人签名,虽原、被告提供的《借款协议》中约定的支付方式不同,但未改变《借款协议》的主要条款,支付方式的不同,只是当事人对履行义务行为的改变",得出结论是,案件事实不符合此条法律规则规则规的假定条件,因此选择不适用该法律规则进行逻辑推演。

那么究竟一审法院的认定事实是否发生了错误,这就是二审中,作为吴××的代理律师应当辩论的主要论题,也必将是此案争论的焦点。

(四)一审、二审辩论各有择重

一审中,辩方应当运用当事人陈述的事实和理由、提交的证据、适用法律,围绕案件争议的焦点展开辩论。二审中,因为在一审中各方的当事人陈述的事实和理由、提交的证据和辩论意见,已随卷宗提交到了二审法庭,因此不宜对一审中的辩论进行简单的重复。况且,二审对新证据的要求较高,一般当事人提交的新证据较少,即便有,也会遭到对方当事人的质疑。所以,二审应当围绕一审法院认定事实和适用法律进行辩论。

一般情况下,二审法官会在庭审中作出提示。询问当事人对于一审法院认定事实和适用法律有无意见。上诉方当然会针对性地提出意见。被上诉方希望维护一审判决,应当表示没有异议,并且应当针对上诉方的异议进行辩论。辩论的具体方法和策略,与一审辩论大同小异。不再累述。

三、法庭辩论技巧

法庭辩论技巧是技术,更是一种经验的积累。作为一种技巧,也是因人而异的。辩论技巧应当为辩论的主题服务,切不可弄巧成拙。笔者归纳了一些常用的辩论技巧,供读者体会。

(一)直接反击法

直接反击,也就是正面提出反对、反驳、否定意见的一种方法。适用于辩方证据理由充分的案件,也适用于对法律适用不当、当事人主体资格错误、时效抗辩、管辖权异议等程序性辩论。

(1)当起诉方确有足够的证据支持其事实主张,并且其诉求完全符合法律规定时,可以采取正面、直接的陈述,理直气壮地提出己方的请求,而不要与对方纠缠。

(2)应诉后,发现本诉已超过法律规定的诉讼时效,应在举证期限内将相关证据和抗辩意见送交法院。如果法院没有驳回原告诉讼,而是照常进行开庭审理时。一定要在庭审中首轮发言时,直接提出诉讼时效抗辩。因为,只要时效抗辩被法庭认定成立,就直接结束了本案诉讼。

(3)如果出现与专属管辖、约定管辖等不符时,应在举证期限内将相关证据和抗辩意见送交法院。如果法院没有驳回原告诉讼,而是照常进行开庭审理时。一定要在庭审中首轮发言时,直接提出相应的抗辩。虽然可能不被法院认定,但是为上诉或者申请再审,埋下伏笔。

(4)发现并确认诉讼当事人不是实体法上的当事人时,应直接提出当事人不适格的抗辩意见。如果发现当事人缺乏法律规定的资格要素时,也应当直接依法说明理由。

(5)如果发现对方代理人存在授权文书方面的瑕疵,也应直接向法庭提出。

(6)如果发现对方提出的诉求超出了本案的审理范围,应直接向法庭提出对方诉求超过本案范围,建议对方另案再诉。

这样做可以达到先入为主,争取辩论中主动权的目的。实践中,应用此法须在庭审前做好充分准备,且在庭审调查阶段对己方有利的事实、证据逐一认定。然后根据事实和证据,针对对方不正确的观点主动出击进行反驳,以期掌握辩论主动权,夺取制高点,促使对方陷入被动。

（二）避实就虚法

庭审辩论中,对方的弱点往往是对方力求回避的地方,甚至对方会采用偷换论题、偷换概念、答非所问的方式,企图达到转移己方视线,扰乱视听的目的。因此,运用此法首先应善于抓住对方之"虚",选择其薄弱环节连连进攻,一攻到底,直到把问题辩论清楚为止。

（三）设问否定法

辩方在设问时要把辩论的目的深藏不露,绝不能让对方察觉设问的真正意图。尤其是第一问,一定要让对方在尚未了解发问意图的情况下予以回答,只要回答了第一个问题,下个问题就由不得他不回答了。

此种方法,特别适用于询问证人、鉴定人和专家辅助人。等到对方察觉难以自圆其说时,后悔也来不及了。这种使对方处处被动、自打嘴巴的战术,不失为一种极有效的辩论手段。其结果只能让对方在不自觉中接受己方的观点,出其不意而辩胜。

（四）间接否定法

指在辩论中不直接把矛头指向对方,而是若无其事地将辩论对手的错误观点搁在一旁"置之不理",郑重地从正面提出自己的独特见解,并充分论证。运用此法应注意两点：

（1）己方所持观点应与对方所持观点势不两立。

（2）己方观点应有理有据,绝不能牵强附会,哗众取宠。

（五）以退为进法

这是形式逻辑的归谬法在法庭辩论中的运用。己方先将对方提出的论题（或观点）假设为真,然后从这个假设为真的命题推导出一个或一系列荒谬的结论,从而得出原论题为假的辩论方法。此法是一种辩论性、反驳性很强的法庭辩论方法,因而推导得出的必然性结论,容易被接受,从而获得较好的辩论效果。

（六）后发制人法

先发制人可以产生优势;后发制人则可以变被动为主动。由于后发,己方可以知道对方的基本观点,发现矛盾和弱点,然后以自己掌握的材料有针对性地集中进行反驳,有时可以导致对方措手不及而险象丛生。运用时应掌握：第一,暂避锐气,不仓促应战;第二,精听细解,等待时机;第三,抓住破绽,全力反攻。

辩论中的方法和技巧还有很多,笔者认为,最适用自己的,最适合案件的就是最好的

技巧。

四、法庭审理的中断和终结

（一）法庭审理的中断和终结

法庭审理的中断，是因为在审理过程中出现了法律规定的事由，暂时中止法庭审理；一旦中止情形消除，即可恢复审理。

法庭审理的终结，是因为在审理过程中出现了法律规定的事由，法院决定终止法庭审理并就此结案；法庭审理一经终结，便不可恢复审理。按照《民事诉讼法》的规定当事人死亡或者终止的，其权利义务承继者可以根据《民事诉讼法》第一百九十九条、第二百零一条的规定申请再审。

根据《民事诉讼法》和《民诉法司法解释》的规定，庭审中断或终止的有以下情形：

1. 中止法庭审理的事由

（1）一方当事人死亡，需要等待继承人表明是否参加诉讼的；

（2）一方当事人丧失诉讼行为能力，尚未确定法定代理人的；

（3）作为一方当事人的法人或者其他组织终止，尚未确定权利义务承受人的；

（4）一方当事人因不可抗拒的事由，不能参加诉讼的；

（5）本案必须以另一案的审理结果为依据，而另一案尚未审结的；

（6）其他应当中止诉讼的情形。

2. 法庭审理终结事由

（1）原告死亡，没有继承人，或者继承人放弃诉讼权利的；

（2）被告死亡，没有遗产，也没有应当承担义务的人的；

（3）离婚案件一方当事人死亡的；

（4）追索赡养费、扶养费、抚育费及解除收养关系案件的一方当事人死亡的。

第五节　判决与判决书

《民事诉讼法》第一百四十一条第五款规定：法庭辩论终结，由审判长按照原告、被告、第三人的先后顺序征询各方最后意见。

《民事诉讼法》第一百四十二条规定：法庭辩论终结，应当依法作出判决。判决前能够调解的，还可以进行调解，调解不成的，应当及时判决。

庭审经过法庭调查、法庭辩论后，在法庭辩论结束前，审判长（简易程序的审判员）按照原告、被告、第三人的先后顺序对法庭辩论做总结性发言，然后再由各方最后陈述。

因此，法庭辩论究竟可以进行几轮，不是固定的；诉讼当事人、代理人应当根据庭审争议的焦点多少，争论的激烈程度判断，尽可能合理安排辩论顺序，如果估计辩论可能只会经过一轮,那么在第一轮中就要把需要阐述的问题一次性讲完;否则可能因为辩论程序终结,失去发言的机会。

如果一方当事人、代理人,根据对有利己方的安排,希望尽快结束法庭辩论,则可以对对方还在继续争辩的一些细节、不关大局甚至超过审理范围的问题,直接表示这些问题已经清楚或者与本案无直接关联,己方不愿再行争论;从而促使尽快终结法庭辩论。运用得当,可以让对方措手不及。

当事人、代理人对法庭安排的法庭辩论的总结性发言应当足够重视。在实践中,往往出现,在辩论中争论得非常激烈;但是总结性发言时,却抓不住要点,不知道说什么。

此时,当事人或者代理人,应根据法庭调查、法庭辩论的情况,将对己方有利的事实和理由,进行归纳性总结。不妨这样说:尊敬的审判长、审判员、书记员:经过刚才的法庭调查和法庭辩论,本案事实已经非常清楚,被告的行为已经构成违约(侵权),并且给我方造成了损失,根据法定规定,被告应当承担违约(侵权)责任,同时赔偿我方因此而遭受的损失。据此,请法庭支持我方的诉讼请求,维护我方的合法权益。陈述完毕。

对方当事人或者代理人,可以根据己方的情况,按照上述文字进行适当的修改,陈述己方总结意见。

发言应当简明扼要,条理清楚,有理有据。但最重要的不能做长篇大论,否则事倍功半,适得其反。

法庭辩论终结,当法庭征询各方最后陈述时,主要是将己方的实质主张讲明即可。如是否支持诉讼请求之类的就可以了。简而言之,就是最后表明态度的意思。

一、是否同意调解,应根据案情和法庭审理情况而定

《民事诉讼法》第一百四十二条规定:判决前能够调解的,还可以进行调解,调解不成的,应当及时判决。

因此辩论终结后,庭审结束前,法庭会征求当事人各方意见,试探调解的可能性。是否同意调解,取决于各方当事人,只要有一方不同意,法庭就不能进行判决前的调解。对此可以做以下选择:

(1)案情简单、争议不大,估计对方能够同意当庭履行的,原告方可以试探性地同意调解;并附加当庭履行的要求。目的是通过适当让步,尽快结案;因为调解协议达成后,如果以调解结案;各方当事人同意并签字,或者签收法庭制作的调解书;调解协议即可生效。各方当事人不得反悔,也不得上诉。确有新证据、新情形出现,当事人也只能申请再审。

(2)当事人各方争议较大,原告方或者被告方证据充分、理由充足,且对方当事人不是对争议本身有异议,仅仅是希望己方在调解中作出比较大的让步。此时己方不宜同意调解结案,应表示请求法庭判决。

(3)被告方处于明显劣势时,被告方可以争取调解结案;以换取原告方的适当让步。

二、判决分为一审判决和终审判决

（一）判决

1. 按照《民事诉讼法》规定，二审判决为终审判决。判决一经作出，即产生法律效力。

2. 一审判决一般情况下是可以上诉的，按照我国民事诉讼采取的二审终审制度，一审判决是可以上诉的。因此如果当事人均在国内的，收到一审判决后，当事人可以在15日之内向一审法院提起或者直接向二审法院提起上诉。因此一审判决并不当然生效；而是需要等待最后一名当事人签收判决书后15日后，如果没有当事人上诉的，方才发生法律效力。因此宣告离婚判决时，必须告知当事人在判决发生法律效力前不得另行结婚。

3. 按照《民事诉讼法》规定，"小额诉讼"一审判决可以是终审判决。

（二）裁定

法院对于程序性请求，采用裁定。裁定适用于下列范围：

（1）不予受理；

（2）对管辖权有异议的；

（3）驳回起诉；

（4）保全和先予执行；

（5）准许或者不准许撤诉；

（6）中止或者终结诉讼；

（7）补正判决书中的笔误；

（8）中止或者终结执行；

（9）撤销或者不予执行仲裁裁决；

（10）不予执行公证机关赋予强制执行效力的债权文书；

（11）其他需要裁定解决的事项。

除对不予受理、对管辖权有异议的、驳回起诉的裁定，可以上诉外。其余裁定不得上诉，裁定一经作出即产生法律效力。

相对于可以上诉的裁定，当事人不服地方人民法院第一审裁定的，有权在裁定书送达之日起10日内向上一级人民法院提起上诉。

（三）最高人民法院的判决、裁定以及依法不准上诉或者超过上诉期没有上诉的判决、裁定，是发生法律效力的判决、裁定

（四）小额诉讼的规定

《民事诉讼法》规定的适用一审终审案件，又称为小额诉讼，这是新修订的《民事诉讼法》增加的规定。《民诉法司法解释》作出了更加具体的规定：人民法院审理小额诉讼案件，适用民事诉讼法第一百六十二条的规定，实行一审终审。

(1)《民事诉讼法》第一百六十二条规定的各省、自治区、直辖市上年度就业人员年平均工资,是指已经公布的各省、自治区、直辖市上一年度就业人员年平均工资。在上一年度就业人员年平均工资公布前,以已经公布的最近年度就业人员年平均工资为准。

(2)海事法院可以审理海事、海商小额诉讼案件。案件标的额应当以实际受理案件的海事法院或者其派出法庭所在的省、自治区、直辖市上年度就业人员年平均工资百分之三十为限。

(3)下列金钱给付的案件,适用小额诉讼程序审理:

1)买卖合同、借款合同、租赁合同纠纷;

2)身份关系清楚,仅在给付的数额、时间、方式上存在争议的赡养费、抚育费、扶养费纠纷;

3)责任明确,仅在给付的数额、时间、方式上存在争议的交通事故损害赔偿和其他人身损害赔偿纠纷;

4)供用水、电、气、热力合同纠纷;

5)银行卡纠纷;

6)劳动关系清楚,仅在劳动报酬、工伤医疗费、经济补偿金或者赔偿金给付数额、时间、方式上存在争议的劳动合同纠纷;

7)劳务关系清楚,仅在劳务报酬给付数额、时间、方式上存在争议的劳务合同纠纷;

8)物业、电信等服务合同纠纷;

9)其他金钱给付纠纷。

(4)下列案件,不适用小额诉讼程序审理:

1)人身关系、财产确权纠纷;

2)涉外民事纠纷;

3)知识产权纠纷;

4)需要评估、鉴定或者对诉前评估、鉴定结果有异议的纠纷;

5)其他不宜适用一审终审的纠纷。

三、如何读懂判决书

有的读者反映,拿到一纸判决书,左看看,右看看,总觉得晦涩难懂。其实这主要是对判决书的文体不太熟悉的原因造成的。案件当事人拿到判决书后,不论胜诉还是败诉,都要认真地读一读。胜诉方,看看法院是如何定事实的,理由何在? 适用法律又是如何的? 理由何在? 当事人的哪些诉请被法院支持了? 哪些诉请被驳回了? 为什么? 即便胜诉了,也要自己衡量一下,被告是否会上诉? 拿到一份一审判决并不等于纠纷就解决了。因为对方当事人有可能上诉,而且纠纷的解决并不等于拿到判决书就了结了;这还依赖于败诉方履行判决后,一案诉讼方为了结。否则,胜诉方可能还需要申请强制执行。

败诉方更不能不看判决书的内容,只看到判决结果就立即表示要上诉。同样应该仔细阅读判决书,找出上诉的理由;虽然上诉时,仍然须得以案件对方当事人为被上诉人;但是上诉的理由存在于一审判决书中;哪怕是终审判决,如果打算申请再审,或者向检察院申请抗诉,也必须首先读懂判决书。

一份民事判决书一般包含以下几个部分:①首部,写明民事案件的当事人、诉讼代理人的基本情况及案由;②主文,是民事判决书的核心,要求对该案所涉及的事实和证据作明确的概述,特别是判决认定的事实和理由、适用的法律和理由;③判决结果,即法院根据什么决定原告的请求是否应予支持,哪些支持,哪些不予支持要写清楚,及案件受理费的承担;④尾部,写明审判庭的组成、人民法院名称等内容。

看不懂法官的判决书,主要是指判决的主文部分,即经审理查明和本院认为部分。这两个部分也是法官判决的核心所在,也是法官在下笔的时候要反复推敲的部分。经审理查明部分是法官对案件事实作出的最终认定及对原、被告双方证据的取舍,是法官判决思维的体现。

法官在对一件争议案件作出裁判前,首先必须对整个案件的来龙去脉有一个清晰的了解,搞清楚最基本的“五W”理论,什么时间(when),什么人(who),在什么地方(where),发生了什么事(what),为什么(why)。只有了解了整个事件的全貌,才可能对下一步动作作出判断:是否在有效期内? 主体资格是否合法? 法律行为发生地有无特殊情形? 法律行为是否完整,有无瑕疵? 该法律行为的诱因为何? 有无阻却事由? 这也与我们平时处理事情的逻辑是一致的,我们如果想对一件事作出判断,总要先弄清楚这究竟是怎样一回事,弄清楚了基本事实,我们才可能得出下一步的思考。法官判案也是如此,搞清楚基本事实之后,再看法律适用,这个情形在法律上有无规定? 应该适用哪部法律? 哪个法条? 如果法律没有明确规定,该怎么判决? 因为,在我国法律体系里,法官是不可以拒绝裁判的。

法官想对整个案情清楚明白,只有通过庭审(就一审而言);通过在庭审中直接听当事人的陈述、分析证据,听取当事人的辩解等。这里就有一个问题,因为受居中裁判的规制,法官认识事物只能通过证据和辩论。因此有的当事人会不解地反问:明明我说的事实,为何法官就是不相信呢? 这个时候,当事人应当想想,你陈述的事实和理由确实清楚和充分? 你举示的证据是否达到了证明的标准? 如果没有,你怎么能责怪法官呢? 法律规定,当事人在举证不能或者举证不足时,应当承担由此带来的不利后果。

虽然法官判案以事实为依据,以法律为准绳。但是,与其说法官裁判的依据是事实,不如说法官的裁判依据是证据。虽然事实并不等于证据,但是事实需要证据证明。打官司其实就是打证据,这个道理大家都懂,但是怎么达到法律上的证明要求,证据的高度盖然性要求,这个不是每个当事人都能掌握的。这涉及法官办案过程中一个重要的规则,尤其是在疑难复杂案件中,虽然不会在判决书中明确用这样的字眼,其实法官在对复杂事实的取舍认定上往往会运用这个规则,即高度盖然性规则。

《民诉法司法解释》第一百零八条规定:对负有举证证明责任的当事人提供的证据,人民法院经审查并结合相关事实,确信待证事实的存在具有高度可能性的,应当认定该事实存在。对一方当事人为反驳负有举证证明责任的当事人所主张事实而提供的证据,人民法院经审查并结合相关事实,认为待证事实真伪不明的,应当认定该事实不存在。法律对于待证事实所应达到的证明标准,另有规定的,从其规定。

这与三段论的方法有些相似,这也是《民事诉讼法》明文规定的判决书载明认定事实和理由以及适用法律和理由是应当使用的一种方法,当然法官办案并不单单是简单的三段论,背后有复杂严谨的逻辑思维过程。

法官裁判思维的整个过程是围绕着裁判对象来进行的,准确地讲,应该是诉讼标的。因为诉讼标的由诉讼请求和原因事实加以特定,其中任一要素为多数时,则诉讼标的为多数。所谓诉讼请求是用来准确又简洁地表达请求审判的原告的主张;原因事实,又称为诉讼理由,是指原告向人民法院请求司法保护所依据的案件事实。

除了高度盖然性规则,法官思维在审理案件作出判决的过程中还受到另一个重要原则的影响,即诚实信用原则。诚实信用原则被法律人称为帝王条款,足可见它在法律体系中的重要作用。在《民法通则》和《合同法》在条文中多次强调诚实信用原则,因为法律最终指向还是公平正义、诚实信用,特别是疑难复杂案件中,法官很少能直接依据现有的证据和法律作出最佳的判断,这就需要借助法律背后的理念、价值。公平正义、诚实信用这些理念肯定是法官要考虑的,而且也是法官经过多年的培训学习灌输贯穿办案始终的。

当事人如果能够读懂法官判决背后的法官思维,那么在代理诉讼案件时就可以以法官的视角来审视整个案件的事实问题和法律适用问题,进而以审判的思维来准备所有的证据收集工作和法庭辩论工作。在庭审过程中,让自己的思维与裁判者的思维完美地契合,最终自己所写、所说的东西能被法官采纳,甚至完全用于最后输出的裁判文书中。那么当事人的工作就能收到事半功倍的结果,就不会出现这样的局面:当事人的思维与法官思维相去甚远,法官需要的证据当事人根本没有提供,当事人纠结关注的重点却不是法官关心的案件关键点,最终法官作出的判决自然与当事人自己的期望大相径庭。

第六节 第三人撤销之诉

撤销之诉的规定见于《民事诉讼法》第五十六条新增加的第三款规定"前两款规定之第三人,因不能归责于本人的事由未参加诉讼,但有证据证明发生法律效力的判决、裁定、调解书的部分或者全部内容错误,损害其民事权益的,可以自知道或者应当知道其民事权益受到损害之日起六个月内,向作出该判决、裁定、调解书的人民法院提起诉讼。人民法院经审理,诉讼请求成立的,应当改变或者撤销原判决、裁定、调解书;诉讼请求不成立的,

驳回诉讼请求"。这是《民事诉讼法》中正式确立了第三人撤销之诉的诉讼制度。为了遏制恶意诉讼、虚假诉讼的发生,同时也为未能参加诉讼而没有获得程序保障,却可能受到判决既判力扩张效果拘束的第三人提供救济途径。从而使第三人能够通过该制度撤销他人进行诉讼所形成的错误生效判决、裁定、调解书,实现权利的救济。

一、撤销之诉的主体、客体

(一)第三人撤销之诉的条件

第三人撤销之诉的适格主体,按照《民诉法司法解释》第二百九十二条规定:**第三人对已经发生法律效力的判决、裁定、调解书提起撤销之诉的,应当自知道或者应当知道其民事权益受到损害之日起六个月内,向作出生效判决、裁定、调解书的人民法院提出**。但是提起第三人撤销之诉的当事人必须提供以下证据材料证明其主体资格:

(1)因不能归责于本人的事由未参加诉讼;

(2)发生法律效力的判决、裁定、调解书的全部或者部分内容错误;

(3)发生法律效力的判决、裁定、调解书内容错误损害其民事权益。

因为第三人撤销之诉,虽然法律在保护第三人因利益受到损害时的一种司法救济,但是如果处置不当,必将影响法院生效判决的既定力和权威性;因此法律规定对其审查相对而言比其他诉讼的提起诉讼的条件要严格。提起第三人撤销之诉的,法院应当在收到起诉状和证据材料之日起五日内送交对方当事人,对方当事人可以自收到起诉状之日起十日内提出书面意见。法院应当对第三人提交的起诉状、证据材料及对方当事人的书面意见进行审查。必要时,可以询问双方当事人。经审查,符合起诉条件的,法院应当在收到起诉状之日起三十日内立案。不符合起诉条件的,应当在收到起诉状之日起三十日内裁定不予受理。

(二)原告主体必须适格

法院在组成的合议庭审查中,还必须审查:民事诉讼法第五十六条第三款规定的因不能归责于本人的事由未参加诉讼,是指没有被列为生效判决、裁定、调解书当事人,且无过错或者无明显过错的情形。包括:

(1)不知道诉讼而未参加的;

(2)申请参加未获准许的;

(3)知道诉讼,但因客观原因无法参加的;

(4)因其他不能归责于本人的事由未参加诉讼的。

因此第三人撤销之诉的适格原告仅限于因不能归责于本人的事由未参加诉讼,但有证据证明发生法律效力的判决、裁定、调解书的部分或者全部内容错误,损害其民事权益的有独立请求权第三人和无独立请求权第三人。这条规定首先排除了可归责于本人的事由而未参加诉讼的第三人,如果由于自己的过错未能行使权利或怠于行使权利,所产生的法律后果都需自己承担。因而不能提起第三人撤销之诉。

（三）被告主体的适格

第三人撤销之诉的适格被告应当是原判决、裁定、调解书中的原告和被告当事人,也就是作出生效裁决的原诉讼的原告、被告当事人及有独立请求权和无独立请求权第三人都是第三人撤销之诉的适格被告。

（四）第三人撤销之诉的客体

第三人撤销之诉的客体即第三人撤销之诉中原告请求法院撤销的对象。可作为第三人撤销之诉客体的是已经发生法律效力的,且能够证明存在部分或者全部内容错误,损害作为原告的第三人的民事权益的判决、裁定、调解书。

（五）第三人撤销之诉不同于当事人申请补正法律文书的笔误

法院自行发现,或者以当事人申请查实已经作出的法院判决书有笔误,法院应当采用裁定予以补正。法院判决书中的笔误,不能理解为错误;仅是书写或者记载的错误,且不能影响当事人实体权利。否则按照《民事诉讼法》的规定,除当事人申请上诉或者再审外,本院院长可以决定提起再审。而第三人撤销之诉是因为已经发生法律效力的判决、裁定、调解书损害了其合法权益,且其能证明并非自己的过错造成的;而提起的撤销已经发生法律效力的判决、裁定、调解书的一种诉讼行为。

二、第三人撤销之诉的审理程序

（一）第三人撤销之诉的管辖法院问题

第三人撤销之诉是对发生法律效力的判决、裁定、调解书不服而提起的非常规救济程序,应由作出发生法律效力的判决、裁定、调解书的法院管辖。若需要撤销的是一审法院的裁判,则由一审法院受理。若要撤销的是二审法院的裁判,则由二审法院受理。这样的规定最主要的考虑是基于便利原则。

《民诉法司法解释》第二百九十七条规定:对下列情形提起第三人撤销之诉的,人民法院不予受理:

(1)适用特别程序、督促程序、公示催告程序、破产程序等非讼程序处理的案件;

(2)婚姻无效、撤销或者解除婚姻关系等判决、裁定、调解书中涉及身份关系的内容;

(3)"不特定多数人代表之诉"的未参加登记的权利人对代表人诉讼案件的生效裁判;

(4)污染环境、侵害众多消费者合法权益等损害社会公共利益行为的受害人对公益诉讼案件的生效裁判。

（二）第三人撤销之诉提起的期限

依《民事诉讼法》规定，第三人可以自知道或者应当知道其民事权益受到损害之日起六个月内提起第三人撤销之诉。此规定所设期限与当事人申请再审的期限一样，都是不变期间，不适用延长、中止、中断的规定。对于知道或者应当知道的界定，是以第三人知悉生效判决、裁定、调解书损害其民事权益事实为标准，应当根据生效判决、裁定、调解书是否送达第三人以及第三人与案件当事人之间的关系等具体情形判断。撤销之诉期间的起算，可能晚于法院判决、裁定、调解书生效时间，但不能早于生效时间。超过六个月期间，第三人提起撤销之诉的，人民法院应当不予受理。

（三）第三人撤销之诉审理的程序

根据《民诉法司法解释》的规定，第三人提起撤销之诉，人民法院应当将该第三人列为原告，生效判决、裁定、调解书的当事人列为被告，生效判决、裁定、调解书中没有承担责任的无独立请求权的第三人列为第三人。

受理第三人撤销之诉案件后，原告提供相应担保，请求中止执行的，人民法院可以准许。

（1）对第三人撤销或者部分撤销发生法律效力的判决、裁定、调解书内容的请求，人民法院经审理，按下列情形分别处理：

1）请求成立且确认其民事权利的主张全部或部分成立的，改变原判决、裁定、调解书内容的错误部分；

2）请求成立，但确认其全部或部分民事权利的主张不成立，或者未提出确认其民事权利请求的，撤销原判决、裁定、调解书内容的错误部分；

3）请求不成立的，驳回诉讼请求。

对前款规定裁判不服的，当事人可以上诉。原判决、裁定、调解书的内容未改变或者未撤销的部分继续有效。

（2）第三人撤销之诉案件审理期间，人民法院对生效判决、裁定、调解书裁定再审的，受理第三人撤销之诉的人民法院应当裁定将第三人的诉讼请求并入再审程序。但有证据证明原审当事人之间恶意串通损害第三人合法权益的，人民法院应当先行审理第三人撤销之诉案件，裁定中止再审诉讼。

（3）第三人诉讼请求并入再审程序审理的，按照下列情形分别处理：

1）按照第一审程序审理的，人民法院应当对第三人的诉讼请求一并审理，所作的判决可以上诉；

2）按照第二审程序审理的，人民法院可以调解，调解达不成协议的，应当裁定撤销原判决、裁定、调解书，发回一审法院重审，重审时应当列明第三人。

（4）第三人提起撤销之诉后，未中止生效判决、裁定、调解书执行的，执行法院对第三人依照民事诉讼法第二百二十七条规定提出的执行异议，应予审查。第三人不服驳回执行异议裁定,申请对原判决、裁定、调解书再审的,人民法院不予受理。

案外人对人民法院驳回其执行异议裁定不服,认为原判决、裁定、调解书内容错误损害其合法权益的,应当根据民事诉讼法第二百二十七条规定申请再审,提起第三人撤销之诉的,人民法院不予受理。

第八章　上诉、再审与执行

第一节　上诉

上诉,是指当事人对人民法院所作的尚未发生法律效力的,法律规定允许上诉的一审判决、裁定,在法定期限内,依法声明不服,提请上一级人民法院重新审判的活动。上诉必须符合以下条件:

(1)必须有合格上诉人和被上诉人;

(2)必须是依法允许上诉的判决或者裁定;

(3)符合法定的上诉期限。

一、不能上诉的法院判决和裁定

哪些判决和裁定不可以上诉?《民事诉讼法》第一百五十五条规定:最高人民法院的判决、裁定以及依法不准上诉或者超过上诉期没有上诉的判决、裁定,是发生法律效力的判决、裁定。

也就是该法律条文规定的判决和裁定不能上诉。具体为:

(1)最高人民法院的判决、裁定;

(2)《民事诉讼法》第一百六十二条和《民诉法司法解释》第二百七十四条规定的实行一审终审的小额诉讼;

(3)《民事诉讼法》第一百五十四条规定的法院作出的除"不予受理、对管辖权有异议的、驳回起诉"以外的裁定。

除此之外,当事人不服地方人民法院第一审判决的和当事人不服地方人民法院第一审裁定的均可以在法律规定时间内,向上一级人民法院提起上诉。上诉是法律规定的当事人的诉权。

二、上诉的时限

在规定时间范围内,当事人不服一审法院作出的可以上诉的判决和裁定,必须在法律规定的期限内向上一级人民法院提起上诉。超过规定时限,视为放弃上诉权利,一审判决和裁定产生法律效力。具体规定为:

《民事诉讼法》第一百六十四条规定:当事人不服地方人民法院第一审判决的,有权在判决书送达之日起十五日内向上一级人民法院提起上诉。

当事人不服地方人民法院第一审裁定的,有权在裁定书送达之日起十日内向上一级人民法院提起上诉。

该法第一百六十五条还规定:诉应当递交上诉状。上诉状的内容,应当包括当事人的姓名,法人的名称及其法定代表人的姓名或者其他组织的名称及其主要负责人的姓名;原审人民法院名称、案件的篇号和案由;上诉的请求和理由。

对于同一案件不同当事人上诉期限的规定,《民诉法司法解释》第二百四十四条规定:可以上诉的判决书、裁定书不能同时送达双方当事人的,上诉期从各自收到判决书、裁定书之日计算。

如果超过了法律规定的可以上诉的时间,当事人可以寻求的司法救济途径只能申请再审和向人民检察院申请抗诉。此规定见于《民事诉讼法》第一百九十九条:当事人对已经发生法律效力的判决、裁定,认为有错误的,可以向上一级人民法院申请再审;当事人一方人数众多或者当事人双方为公民的案件,也可以向原审人民法院申请再审。当事人申请再审的,不停止判决、裁定的执行。

《民事诉讼法》第二百零九条规定:有下列情形之一的,当事人可以向人民检察院申请检察建议或者抗诉:

(1)人民法院驳回再审申请的;

(2)人民法院逾期未对再审申请作出裁定的;

(3)再审判决、裁定有明显错误的。

人民检察院对当事人的申请应当在三个月内进行审查,作出提出或者不予提出检察建议或者抗诉的决定。当事人不得再次向人民检察院申请检察建议或者抗诉。

三、上诉程序

1. 上诉必须递交书面的上诉状,并且按照规定预缴上诉费

《民事诉讼法》第一百六十六条规定:上诉状应当通过原审人民法院提出,并按照对方当事人或者代表人的人数提出副本。

当事人直接向第二审人民法院上诉的,第二审人民法院应当在五日内将上诉状移交原审人民法院。

《民诉法司法解释》在第三百二十条进一步规定:一审宣判时或者判决书、裁定书送达时,当事人口头表示上诉的,人民法院应告知其必须在法定上诉期间内递交上诉状。未在法定上诉期间内递交上诉状的,视为未提起上诉。虽递交上诉状,但未在指定的期限内交纳上诉费的,按自动撤回上诉处理。

上诉可以向一审法院提出,也可以直接向第二审人民法院上诉。但必须提交书面的上诉状,虽然可以口头提出,但是随后必须提交书面的上诉状;且应当按规定并且在规定时限内缴纳上诉费。

2．上诉人应当是案件的当事人，特殊情况应遵照法律规定办理

上诉人必须是案件当事人，包括一审的原告、被告、"有独三"和与判决书判令承担责任有关的"无独三"；有其他规定的除外。法律根据《民诉法司法解释》第三百二十一条和第三百二十二条规定：**无民事行为能力人、限制民事行为能力人的法定代理人，可以代理当事人提起上诉。**

上诉案件的当事人死亡或者终止的，人民法院依法通知其权利义务承继者参加诉讼。需要终结诉讼的，适用民事诉讼法第一百五十一条规定。

3．上诉如何确定被上诉人

上诉状中应按法律规定确定被上诉人，并且写明诉讼请求；因为第二审人民法院应当围绕当事人的上诉请求进行审理。当事人没有提出请求的，不予审理，但一审判决违反法律禁止性规定，或者损害国家利益、社会公共利益、他人合法权益的除外。

如何确定被上诉人？《民诉法司法解释》第三百一十九条规定：必要共同诉讼人的一人或者部分人提起上诉的，按下列情形分别处理：

（1）上诉仅对与对方当事人之间权利义务分担有意见，不涉及其他共同诉讼人利益的，对方当事人为被上诉人，未上诉的同一方当事人依原审诉讼地位列明；

（2）上诉仅对共同诉讼人之间权利义务分担有意见，不涉及对方当事人利益的，未上诉的同一方当事人为被上诉人，对方当事人依原审诉讼地位列明；

（3）上诉对双方当事人之间及共同诉讼人之间权利义务承担有意见的，未提起上诉的其他当事人均为被上诉人。

部分案件的一审当事人因为不服一审判决或裁定，均提起上诉；此时将上诉人或者共同上诉人以外其他当事人作为被上诉人。

4．上诉可以撤回，但需经过二审法院审查同意

根据《民诉法司法解释》规定：

（1）在第二审程序中，当事人申请撤回上诉，人民法院经审查认为一审判决确有错误，或者当事人之间恶意串通损害国家利益、社会公共利益、他人合法权益的，不应准许。

（2）在第二审程序中，原审原告申请撤回起诉，经其他当事人同意，且不损害国家利益、社会公共利益、他人合法权益的，人民法院可以准许。准许撤诉的，应当一并裁定撤销一审裁判。

（3）原审原告在第二审程序中撤回起诉后重复起诉的，人民法院不予受理。

当事人在第二审程序中达成和解协议的，人民法院可以根据当事人的请求，对双方达成的和解协议进行审查并制作调解书送达当事人；因和解而申请撤诉，经审查符合撤诉条件的，人民法院应予准许。

第二节 二审裁判

二审裁判与一审有许多不同之处,因为二审不是直接针对案件的事实和理由审理;而是针对一审判决的当否,进行的审理。所以二审法庭的组成也有别于一审,首先二审没有简易程序,只有开庭审理和不开庭审理之分;并不像一审都应当开庭审理。其次,二审法庭的法审判员组成也和一审的普通程序不一样,因为二审是全部由法官组成的合议庭,合议庭最少为3名法官。再次,二审针对一审判决的错误,即便出现上诉人撤诉,也应当启动审判监督程序予以更正。最后,二审的判决和裁定都是终审的,当事人不得再行提起上诉。《民诉法司法解释》第二百四十二条规定:一审宣判后,原审人民法院发现判决有错误,当事人在上诉期内提出上诉的,原审人民法院可以提出原判决有错误的意见,报送第二审人民法院,由第二审人民法院按照第二审程序进行审理;当事人不上诉的,按照审判监督程序处理。

二审与一审相比,在采用开庭审理时,和一审普通程序并无大的差别,而且直接援用一审程序。

一、二审法院判决处理程序

二审法院根据上诉案件,对一审中不同的判决错误,采取了不同的处理方式。并且对一审中的"漏审"及当事人提出的新的诉讼请求或者二审中当事人提起的反诉,采取的做法是,首先尊重当事人的意见,如果能够调解的,就采用调解结案。如不调解不成,为保证当事人具有两次审理的诉权;对于"漏审",采用发回重审;对于新的诉讼请求和新增加的反诉,则告诉当事人可以另案再诉。

(1)对漏审的处理:对当事人在第一审程序中已经提出的诉讼请求,原审人民法院未作审理、判决的,第二审人民法院可以根据当事人自愿的原则进行调解;调解不成的,发回重审。

(2)对遗漏一审当事人的处理:必须参加诉讼的当事人或者有独立请求权的第三人,在第一审程序中未参加诉讼,第二审人民法院可以根据当事人自愿的原则予以调解;调解不成的,发回重审。

(3)对第二审程序中,原审原告增加独立的诉讼请求或者原审被告提出反诉的处理:第二审人民法院可以根据当事人自愿的原则就新增加的诉讼请求或者反诉进行调解;调解不成的,告知当事人另行起诉。双方当事人同意由第二审人民法院一并审理的,第二审人民法院可以一并裁判。

(4)一审判决不准离婚的案件上诉的处理:第二审人民法院认为应当判决离婚的,可以根据当事人自愿的原则,与子女抚养、财产问题一并调解;调解不成的,发回重审。

双方当事人同意由第二审人民法院一并审理的,第二审人民法院可以一并裁判。

(5)对应由法院受理案件的处理:人民法院依照第二审程序审理案件,认为依法不应由人民法院受理的,可以由第二审人民法院直接裁定撤销原裁判,驳回起诉。

(6)对违反专属管辖案件的处理:人民法院依照第二审程序审理案件,认为第一审人民法院受理案件违反专属管辖规定的,应当裁定撤销原裁判并移送有管辖权的人民法院。

(7)对不予受理裁定的处理:第二审人民法院查明第一审人民法院作出的不予受理裁定有错误的,应当在撤销原裁定的同时,指令第一审人民法院立案受理;查明第一审人民法院作出的驳回起诉裁定有错误的,应当在撤销原裁定的同时,指令第一审人民法院审理。

二、二审相关问题探讨

二审毕竟不同于一审,二审不应当是一审的重复审;二审的作用应当是纠枉补错,监督裁判。根据《民事诉讼法》立法精神理解,二审应当是针对一审判决和裁定的审理;但是实践中存在的一些问题,却有违这样的立法精神。

当事人提起二审是法律规定的当事人的诉讼权利,但是这种权利如果不设置一定限制条件;难免会造成滥诉行为,影响司法效率,使本可以通过一审就能实现的定争止纷和尽快实现稳定状态的争议,反而趋于不稳定。更有甚者,极少部分当事人,并不是因为有充分的理由提起上诉,而是故意拖延审限;实现个人转移财产,逃避债务的目的。

(一)二审新证据认定问题

如果抛开新证据,即便在二审中发现一审漏审,或者当事人提出新的诉讼请求,或者当事人提起反诉;二审一般也不会重复一审的审理。因为对于漏审,不能调解,就是发回重审;对于新的诉请和反诉,不能调解,就是告诉另行起诉。实际上是没有进行实质性的审理。

但是,如果出现足以推翻一审认定事实的新证据,就相当于将一审推倒,重新审理。因此,二审对于新证据的认定,相对来说,会比一审严格一些。同时,作为另一方当事人,在庭审中,也会根据《民事诉讼法》对新证据的规定,在庭审中提出异议。

(1)根据《民诉法司法解释》《证据规定》的规定新证据如下:

1)一审程序中的新的证据包括:当事人在一审举证期限届满后新发现的证据;当事人确因客观原因无法在举证期限内提供,经人民法院准许,在延长的期限内仍无法提供的证据。

2)二审程序中的新的证据包括:一审庭审结束后新发现的证据;当事人在一审举证期限届满前申请人民法院调查取证未获准许,二审法院经审查认为应当准许并依当事人申请调取的证据。

(2)再审申请人证明其提交的新的证据符合下列情形之一的,可以认定逾期提供证据的理由成立:

1)在原审庭审结束前已经存在,因客观原因于庭审结束后才发现的;

2)在原审庭审结束前已经发现,但因客观原因无法取得或者在规定的期限内不能提供的;

3)在原审庭审结束后形成,无法据此另行提起诉讼的;

4)再审申请人提交的证据在原审中已经提供,原审人民法院未组织质证且未作为裁判根据的,视为逾期提供证据的理由成立,但原审人民法院依照民事诉讼法第六十五条规定不予采纳的除外。

(3)当事人在二审程序中提供新的证据的,应当在二审开庭前或者开庭审理时提出;二审不需要开庭审理的,应当在人民法院指定的期限内提出。

(4)当事人举证期限届满后提供的证据不是新的证据的,人民法院不予采纳。

当事人经人民法院准许延期举证但因客观原因未能在准许的期限内提供,且不审理该证据可能导致裁判明显不公的,其提供的证据可视为新的证据。

(5)由于当事人的原因未能在指定期限内举证,致使案件在二审或者再审期间因提出新的证据被人民法院发回重审或者改判的,原审裁判不属于错误裁判案件。一方当事人请求提出新的证据的另一方当事人负担由此增加的差旅、误工、证人出庭做证、诉讼等合理费用及由此扩大的直接损失,人民法院应予支持。

综上,法律法规规定的"新证据",必须是超过相对应审级规定的举证期限后,非当事人主观原因未能发现或者未能取得、未被组织质证,甚至当时还未形成的证据。这样的规定是十分必要的。一方面可以防止少数当事人搞"证据突袭";另一方面也能使诉讼审理更加公平、更高效。

对于当事人而言,举示新证据,应当审查新证据是否符合法律法规规定;并考察新证据对案件裁判的价值和意义。

对方当事人,也应当熟悉法律法规关于新证据的规定,以及时提出异议;更好地维护己方合法权益。

(二)二审辩论应针对一审判决或者裁定展开

本书的观点是:二审不是直接针对案件的事实和理由的审理;而是针对一审判决的当否进行的审理。二审不应当是一审的重复审;二审的作用应当是纠枉补错,监督裁判。当事人提起上诉,并不是因为对方当事人过错,而是因为不服一审裁判。

因此当事人应将辩论的重点放在一审判决书中认定的事实和理由、适用法律和理由这一部分。具体内容请参看本书关于答辩状、代理词和庭审辩论的章节。

(三)二审上诉状和答辩状、代理词的特点

在一审中,因为当事人诉讼技巧方面的安排,起诉状往往写得十分简要。答辩状或者代理词也有出现闪烁其词的安排。因为一审中,以开庭审理为原则;当事人完全有机会在庭审中予以补充和补救。二审是否开庭审理,完全根据案情及一审裁判及二审法院的安

排决定,不开庭审理也是一种常态。

如果上诉状过于简要,可能造成二审法官难以完全了解上诉人的诉求和理由所在。如果出现不开庭审理的情况,必将使上诉人处于被动。因此笔者认为,相对于一审而言,上诉状可以写得更加充分充实,应当达到事实清楚、说理充分的要求。

同样,被上诉人的答辩状,也应当针对一审判决,根据相关法律法规之规定;分析查找出一审判决的正确和错误,予以充分的说理。说理可以从直接引用法律法规的条文开始,逐层展开,结合案件事实,一审判决书、裁定书,阐述答辩人的理由。争取二审法官通过答辩状,对整个案情更加了解;有时还能起到先入为主的效果。

代理人的代理词,在二审中更加不可缺少。因为二审是针对一审裁判而展开的。一审法院的裁判文书,一般情况下比一审当事人的诉讼文书更加专业,更加严密。如果不做认真、深入的分析和说理,难以达到当事人辩论的目的。

具体文书写作方法和技巧,可以查看本书关于答辩状、代理词和庭审辩论的章节。

第三节　再审

一、再审的特点

再审是为纠正已经发生法律效力的错误判决、裁定,依照审判监督程序,对案件重新进行的审理。法院对已经审理终结的案件,依照再审程序对案件的再行审理,其目的是纠正已经发生法律效力但确属错误的判决或裁定。再审的特点是:

(1)提起再审的主体必须是最高人民法院或上级人民法院;最高人民检察院或上级人民检察院或本院院长。不同的启动再审的部门也反映了当事人有不同的申诉救济途径。当事人只能向上述规定的机关提出再审申请,但不能决定是否能够启动再审。作出判决的法院院长发现已经生效的判决有程序违法或者根本性的错误,认为需要再审的,应当提交审判委员会讨论决定。

最高人民法院对地方各级人民法院已经发生法律效力的判决、裁定、调解书,上级人民法院对下级人民法院已经发生法律效力的判决、裁定、调解书,发现确有错误的,有权提审或者指令下级人民法院再审。

(2)提起再审的客体是已经发生法律效力的第一审或第二审案件的判决或裁定

(3)提起再审的时间是判决或裁定生效以后六个月内提出;据以作出原判决、裁定的法律文书被撤销或者变更以及发现审判人员在审理该案件时有贪污受贿,徇私舞弊,枉法裁判行为的,自知道或者应当知道之日起六个月内提出。

再审是一项重要的诉讼程序制度,也是各国刑事诉讼法和民事诉讼法的重要组成部分。再审制度的规定大致可分为两类:一类是规定审判监督程序,即法定的机关和公职人员,基于法律赋予的审判监督权,对有错误的已经发生法律效力的裁判,提起再行审理。

作为监督程序时,提起再审的期限和理由较为原则性。

另一类是基于当事人诉权的再审,即当事人不服已经生效的裁判,向再审法院提起再审之诉,再审法院对案件再行审理。当事人申请再审的,一般对再审的条件和理由、再审的范围及提起再审的期限都作了具体的规定。

再审程序是法院对于已经发生法律效力的、有重大瑕疵的判决或裁定进行再次审理的一种非常途径。再审属于"非常程序",再审程序只能用于例外情况的救济,不应常态化;否则有损司法程序的严肃性和司法判决的权威性。通常情况遵循"一事不二理"的原则,再审仅仅是一种例外。再审程序审理的对象是确定的生效判决,因而再审程序一旦启动,就是对司法终局性的怀疑。正因为如此,启动再审程序必须慎之又慎。

启动再审程序较之诉讼和上诉程序,更加严格。《民事诉讼法》第二百条规定:当事人的申请符合下列情形之一的,人民法院应当再审:

(1)有新的证据,足以推翻原判决、裁定的;

(2)原判决、裁定认定的基本事实缺乏证据证明的;

(3)原判决、裁定认定事实的主要证据是伪造的;

(4)原判决、裁定认定事实的主要证据未经质证的;

(5)对审理案件需要的主要证据,当事人因客观原因不能自行收集,书面申请人民法院调查收集,人民法院未调查收集的;

(6)原判决、裁定适用法律确有错误的;

(7)审判组织的组成不合法或者依法应当回避的审判人员没有回避的;

(8)无诉讼行为能力人未经法定代理人代为诉讼或者应当参加诉讼的当事人,因不能归责于本人或者其诉讼代理人的事由,未参加诉讼的;

(9)违反法律规定,剥夺当事人辩论权利的;

(10)未经传票传唤,缺席判决的;

(11)原判决、裁定遗漏或者超出诉讼请求的;

(12)据以作出原判决、裁定的法律文书被撤销或者变更的;

(13)审判人员审理该案件时有贪污受贿,徇私舞弊,枉法裁判行为的。

《民事诉讼法》第二百零一条规定:当事人对已经发生法律效力的调解书,提出证据证明调解违反自愿原则或者调解协议的内容违反法律的,可以申请再审。经人民法院审查属实的,应当再审。

二、再审的启动

(一)法院基于审判监督权的再审

原审人民法院对本院、上级人民法院对下级人民法院、最高人民法院对各级法院作出的已经发生法律效力的判决书、裁定书、调解书发现确有错误可以依审判监督程序再审。

最高人民法院对各级人民法院已经发生法律效力的判决和裁定,上级人民法院对下级人民法院已经发生法律效力的判决和裁定,如果发现确有错误,有权提审或者指令下级人民法院再审。

（二）检察院基于检察监督权抗诉的再审

上级人民检察院对下级人民法院、最高人民检察院对各级法院作出的已经发生法律效力的判决书、裁定书、调解书发现确有错误可以依检察监督权抗诉再审。

根据《民事诉讼法》的规定:地方各级人民检察院对同级人民法院已经发生法律效力的判决、裁定,发现有本法第二百条规定情形之一的,或者发现调解书损害国家利益、社会公共利益的,可以向同级人民法院提出检察建议,并报上级人民检察院备案;也可以提请上级人民检察院向同级人民法院提出抗诉。

各级人民检察院对审判监督程序以外的其他审判程序中审判人员的违法行为,有权向同级人民法院提出检察建议。有下列情形之一的,当事人可以向人民检察院申请检察建议或者抗诉:

(1)人民法院驳回再审申请的;

(2)人民法院逾期未对再审申请作出裁定的;

(3)再审判决、裁定有明显错误的;

(4)人民检察院对当事人的申请应当在三个月内进行审查,作出提出或者不予提出检察建议或者抗诉的决定。当事人不得再次向人民检察院申请检察建议或者抗诉。

（三）当事人申请再审

如果当事人对人民法院作出的已经生效的判决书、裁定书、调解书认为有错误可以向上一级法院申请再审,也可向同级人民法院申请再审。当事人申请再审的,不停止判决、裁定的执行。

（四）再审申请

(1)当事人不服高级人民法院已经发生法律效力的一审、二审民事判决、裁定、调解书,可以向最高人民法院申请再审。

当事人一方人数众多或者当事人双方为公民的案件,可以向原高级人民法院申请再审;向最高人民法院申请再审的,应当通过原高级人民法院提交申请再审材料。

(2)申请再审的当事人为再审申请人,其对方当事人为被申请人。

(3)申请再审的民事判决、裁定、调解书应当属于法律和司法解释允许申请再审的生效法律文书。

(4)申请再审应当依据民事诉讼法第二百条列举的事由提出;对生效调解书申请再审的,依据民事诉讼法第二百零一条的规定提出。

再审申请人申请再审应不超过民事诉讼法第二百零五条所规定的六个月(特殊情况

为自知道或者应当知道之日起六个月内)的申请再审期限。

(5)再审申请人应当提交再审申请书一式两份,并按照被申请人及原审其他当事人人数提交再审申请书副本。

(6)再审申请书应当载明下列事项:

1)再审申请人、被申请人及原审其他当事人的基本情况。可按生效判决文书载明的信息填写清楚;

2)作出判决、裁定、调解书的人民法院名称,判决、裁定、调解文书案号;

3)具体的再审请求;

4)申请再审所依据的法定情形(须列明所依据的民事诉讼法的具体条、款、项)及具体事实、理由;

5)向最高人民法院申请再审的明确表述;

6)再审申请人的签名或者盖章,并写明提交法院的日期。

(7)再审申请人除应提交符合前条规定的再审申请书外,还应当提交以下材料:

1)再审申请人的身份信息及联系方式与民事起诉状相同;

2)申请再审的判决、裁定、调解书原件,或者经核对无误的复印件;判决、裁定、调解书系二审裁判的,应同时提交一审裁判文书原件,或者经核对无误的复印件;

3)在原审诉讼过程中提交的主要证据复印件;

4)支持申请再审所依据的法定情形和再审请求的证据材料;

5)再审申请人对生效已超过六个月的裁判,依据民事诉讼法第二百条第一项、第三项、第十二项、第十三项规定申请再审的,应提供相应证据材料。

(五)不能申请再审的规定

1. 不能申请再审的

当事人对已经发生法律效力的解除婚姻关系的判决、调解书,不得申请再审。

另外,《民诉法司法解释》第三百七十五条第二款规定:判决、调解书生效后,当事人将判决、调解书确认的债权转让,债权受让人对该判决、调解书不服申请再审的,人民法院不予受理。

2. 应当终止再审审查的

《民诉法司法解释》第四百零二条规定:再审申请审查期间,有下列情形之一的,裁定终结审查:

(1)再审申请人死亡或者终止,无权利义务承继者或者权利义务承继者声明放弃再审申请的;

(2)在给付之诉中,负有给付义务的被申请人死亡或者终止,无可供执行的财产,也没有应当承担义务的人的;

(3)当事人达成和解协议且已履行完毕的,但当事人在和解协议中声明不放弃申请再

审权利的除外；

(4)他人未经授权以当事人名义申请再审的；

(5)原审或者上一级人民法院已经裁定再审的；

(6)再审申请被驳回后再次提出申请的；

(7)对再审判决、裁定提出申请的；

(8)在人民检察院对当事人的申请作出不予提出再审检察建议或者抗诉决定后又提出申请的。

其中(6)(7)项当事人可以向人民检察院申请再审检察建议或者抗诉，但因人民检察院提出再审检察建议或者抗诉而再审作出的判决、裁定除外。

三、再审审理规定

如果作出已经生效裁判或者经调解结案的审级是一审的，就按一审程序重新审理；如果是二审的，就按二审程序重新审理。对于通过再审生效的判决，不得再提请再审。具体为：

(1)人民法院审理再审案件，应当另行组成合议庭。

(2)当事人以不应按小额诉讼案件审理为由向原审人民法院申请再审的，人民法院应当受理。理由成立的，应当裁定再审，组成合议庭审理。作出的再审判决、裁定，当事人可以上诉。

(3)人民法院审理再审案件应当组成合议庭开庭审理，但按照第二审程序审理，有特殊情况或者双方当事人已经通过其他方式充分表达意见，且书面同意不开庭审理的除外。符合缺席判决条件的，可以缺席判决。

（一）人民法院开庭审理再审案件，应当按照下列情形分别进行

(1)因当事人申请再审的，先由再审申请人陈述再审请求及理由，后由被申请人答辩、其他原审当事人发表意见；

(2)因抗诉再审的，先由抗诉机关宣读抗诉书，再由申请抗诉的当事人陈述，后由被申请人答辩、其他原审当事人发表意见；

(3)人民法院依职权再审，有申诉人的，先由申诉人陈述再审请求及理由，后由被申诉人答辩、其他原审当事人发表意见；

按以上情形再审的情形，人民法院应当要求当事人明确其再审请求；

(4)人民法院依职权再审，没有申诉人的，先由原审原告或者原审上诉人陈述，后由原审其他当事人发表意见；

(5)人民法院审理再审案件应当围绕再审请求进行。当事人的再审请求超出原审诉讼请求的，不予审理；符合另案诉讼条件的，告知当事人可以另行起诉。

被申请人及原审其他当事人在庭审辩论结束前提出的再审请求，符合民事诉讼法第

二百零五条规定的,人民法院应当一并审理。

人民法院经再审,发现已经发生法律效力的判决、裁定损害国家利益、社会公共利益、他人合法权益的,应当一并审理。

(二)再审审理期间,有下列情形之一的,可以裁定终结再审程序

(1)再审申请人在再审期间撤回再审请求,人民法院准许的;

(2)再审申请人经传票传唤,无正当理由拒不到庭的,或者未经法庭许可中途退庭,按撤回再审请求处理的;

(3)人民检察院撤回抗诉的;

(4)其他符合法律规定情形的。

再审程序终结后,人民法院裁定中止执行的原生效判决自动恢复执行。

人民法院经再审审理认为,原判决、裁定认定事实清楚、适用法律正确的,应予维持;原判决、裁定认定事实、适用法律虽有瑕疵,但裁判结果正确的,应当在再审判决、裁定中纠正瑕疵后予以维持。

原判决、裁定认定事实、适用法律错误,导致裁判结果错误的,应当依法改判、撤销或者变更。

按照第二审程序再审的案件,人民法院经审理认为不符合民事诉讼法规定的起诉条件或者符合民事诉讼法第一百二十四条规定不予受理情形的,应当裁定撤销一、二审判决,驳回起诉。

(三)对调解书裁定再审后,按照下列情形分别处理

(1)当事人提出的调解违反自愿原则的事由不成立,且调解书的内容不违反法律强制性规定的,裁定驳回再审申请;

(2)人民检察院抗诉或者再审检察建议所主张的损害国家利益、社会公共利益的理由不成立的,裁定终结再审程序;

(3)一审原告在再审审理程序中申请撤回起诉,经其他当事人同意,且不损害国家利益、社会公共利益、他人合法权益的,人民法院可以准许。裁定准许撤诉的,应当一并撤销原判决;

一审原告在再审审理程序中撤回起诉后重复起诉的,人民法院不予受理。

(4)部分当事人到庭并达成调解协议,其他当事人未作出书面表示的,人民法院应当在判决中对该事实作出表述;调解协议内容不违反法律规定,且不损害其他当事人合法权益的,可以在判决主文中予以确认。

四、申请再审、举证与辩论

（一）再审诉讼请求不要变更或者多于原审诉讼请求

当事人申请再审，必须符合《民事诉讼法》第二百条和第二百零一条的规定，并且有充分的证据证明出现了《民事诉讼法》第二百条和第二百零一条的规定的情形。当事人在再审诉讼中可以放弃或部分放弃诉讼请求，但是不得增加或变更诉讼请求，也不得提出反诉。但原审违反法定程序影响再审申请人在再审时依法行使反诉权利的除外。如果不能调解，法庭会告知另案再诉。

（二）举证质证要点

（1）"新的证据"是指原审庭审结束后新发现的证据，包括在原审庭审结束后新出现或新形成的证据；或在原审庭审结束前已经存在，但再审申请人因客观原因无法知道或无法取得的证据。

（2）再审申请人提交"新的证据"的举证期限截止至法院再审民事裁定书送达之日；被申请人可针对再审申请人提交的"新的证据"提出反证，指定的举证期限不少于30日。

（3）因原审违反法定程序，影响再审申请人依法行使举证权利的民事案件，再审申请人可以在申请再审时提交证据，举证期限同上。

（4）在指定举证期限届满后出现对案件的再审审理结果有影响的新的证据的，当事人可申请重新指定举证期限，重新指定的举证期限可少于30日。

（5）举证期限可以由当事人协商一致，并经法院认可。当事人约定的举证期限明显过长以至影响案件在审限内审结的，法院可责令当事人重新约定举证期限；当事人协商不成的，由法院指定举证期限。

（6）当事人确有困难无法在举证期限内提交证据的，应当在举证期限内向法院提出延期举证的书面申请，法院视具体情况决定是否准许；当事人在延长的举证期限内提交证据材料仍有困难的，可以再次提出延期申请，是否准许由法院决定。

（7）当事人申请法院调查取证、证据保全及申请鉴定的，按《证据规定》办理。

（8）一方当事人在庭审中以对方当事人提供的证据不属"新的证据"为由不同意质证的，该当事人仍应对该证据发表意见，由合议庭庭后评议认定是否属于"新的证据"，如认定属于"新的证据"的，则该证据视为已经过质证。

（9）当事人有权申请证据交换，但应经本院审查认为确有必要。证据交换的方式包括同时到庭交换和分别送达等方式。证据交换一般不超过两次，但重大、疑难和案情特别复杂的案件，人民法院认为确有必要再次进行证据交换的除外。

（10）当事人应当在法庭辩论结束前发表质证意见，否则视为放弃质证权利。当事人举证和质证应当以新证据为要点；原审证据经法庭提示后举证和质证。

（三）辩论要点

再审辩论程序基本同于原审辩论；但在再审辩论中，应突出围绕"新证据"是否成立和新证据的"三性"展开。其他辩论要点，详见本书答辩状、代理词、法庭辩论相关章节。

第四节　履行与申请执行

一个完整的诉讼程序至此已经介绍并讨论完毕，在实践中，以一审结束讼争的案件居于多数，特别是一些标的额不大的案件。但由于各种因素的相互影响，发生二审的案件，总体而言呈上升趋势；再审案件相对较少。相对于当事人而言，通过诉讼解决纷争，是一种最后的合法的解决方式。不过诉讼会使实现债权的费用增加，同时当事人还会花费一定的时间成本；甚至在当事人的心理上造成一定的压力。诉讼不是解决冲突的唯一方式，并且一个案件从被法院受理（立案）到通过法院审理结案（审理），仅仅是程序上走完了诉讼的过程。纷争是否能够真正地解决，还有赖于当事人对于法院判决的全面履行。

部分当事人虽然被法院判令必须在规定时限内，履行判决书判令的义务；但是，由于主观上或者客观上的原因，仍然会出现拒绝履行或者履行不能的情形。

通过法院作出的民事判决、裁定，仲裁机构的裁决，政府职能部门依法作出行政裁决，依法赋予强制执行效力的债权公证文书以及其他具有强制执行力的法律文书（以下简称"具有强制执行力的法律文书"），都具有强制执行力。这是国家机器维护具有强制执行力的法律文书权威性的一种形式；也是当事人寻求国家权利救济的坚强后盾。因此，当出现当事人拒绝履行或者履行不能时，债权人可以根据具有强制执行力的法律文书，向法院申请强制执行；法律规定应由具有执行权力的行政执法部门执行行政裁决的除外。

本节主要讨论当事人对法院判决的履行和当事人申请法院强制执行的有关问题（国外、港澳台地区法院判决和仲裁裁决的申请承认和执行，在本书后续章节专门介绍）。

一、履行生效法律文书是当事人的法定义务

（一）履行生效法律文书是当事人的法定义务，拒不履行将承担不利后果

全面履行人民法院发生法律效力的具有强制执行力的法律文书的法定义务。当事人必须履行，而且必须全面履行，并且必须在规定的时间内履行。

如果当事人拒不履行发生法律效力的具有强制执行力的法律文书，当事人应当加倍支付迟延履行期间的债务利息或者应当支付迟延履行金；同时如果债权人申请法院强制执行，被申请人将变身为被执行人，还将承担法律法规规定的更加严厉的不利的后果。

（1）发生法律效力的民事判决、裁定，当事人必须履行。一方拒绝履行的，对方当事人可以向人民法院申请执行。调解书和其他可以由人民法院执行的法律文书，一方拒绝履行的，对方当事人可以向人民法院申请执行。

（2）对依法设立的仲裁机构的裁决，一方当事人不履行的，对方当事人可以向有管辖权的人民法院申请执行，受申请的人民法院应当执行。

（3）对公证机关依法赋予强制执行效力的债权文书，一方当事人不履行的，对方当事人可以向有管辖权的人民法院申请执行，受申请的人民法院应当执行。

（4）因履行不能中止执行的，债务人仍应当继续履行义务。债权人发现被执行人有其他财产的，可以随时请求人民法院执行。

（5）被执行人不履行发生法律效力的具有强制执行力的法律文书确定的义务的，人民法院可以对其采取或者通知有关单位协助采取限制出境，在征信系统记录、通过媒体公布不履行义务信息及法律规定的其他措施。也就是降低其社会信用等级，限制其高消费，甚至限制其出境。

（二）拒不履行和履行不能

拒不履行生效法律文书是指当事人，拒绝履行发生法律效力的具有强制执行力的法律文书，依法被赋予强制执行效力的债权公正文书等，主观上当事人明知应当履行生效的法律文书中载明的义务；但是却拒不承认或者拒绝履行。至于当事人是否具有履行的财产和履行能力，只是客观范畴。拒绝履行，是主观上的故意，甚至是恶意的；对此法律规定了较为严格的强制措施。

履行不能，是指不管行为人主观上是否愿意履行发生法律效力的具有强制执行力的法律文书，依法被赋予强制执行效力的债权公正文书等；然而客观上行为人确实没有足够的财产和能力完全履行。此种行为属于客观不能。对于履行不能，按照法律规定，如果债权人申请法院执行的，可以由法院依职权裁定中止执行，或者经协商，由申请人申请暂时中止执行。但无论何时只要发现被执行人有可供执行的财产或恢复了履行能力，申请人可以申请恢复执行，法院应当恢复执行。

（三）申请执行的时效

当事人申请法院执行的，同申请法院受理诉讼裁判一样，具有时效限制。只不过此处的时效被称为"申请执行时效"或者"执行时效"。按照《民事诉讼法》规定，申请执行的期间为二年。申请执行时效的中止、中断，适用法律有关诉讼时效中止、中断的规定。申请执行时效从法律文书规定履行期间的最后一日起计算；法律文书规定分期履行的，从规定的每次履行期间的最后一日起计算；法律文书未规定履行期间的，从法律文书生效之日起计算。

申请执行时效，仅仅具有程序法上的意义，目的是促使纷争尽快恢复到稳定状态。申请执行时效消灭的只是程序法上的当事人申请国家强制的执行权，并不因此消灭实体法上的债权。如果债务人后续自行履行先前债务，债权人并不构成不当得利。

实践中，当事人法律意识淡薄，并且缺乏诚信；在与他人发生债权债务纠纷后，不按约定和诚实信用原则自觉履行义务。经常以自己的义务对抗他人权利，不仅诱发冲突和纷争,而且引发诉争,浪费有限的司法资源。在诉讼中,无视法律规定,拒不应诉,拒不到庭参加诉讼,拒不接受法院判决和裁定,拒不履行人民法院发生法律效力的民事判决、裁定,视法律、法院判决为儿戏,会造成不良后果。随着法律制度的健全和当事人维权意识的增强,这帮"老赖"会越来越无路可走。

二、申请法院执行

人民法院按照法定程序,运用国家强制力量,根据发生法律效力的具有强制执行力的法律文书明确具体的执行内容,强制民事义务人完成其所承担的义务,以保证权利人的权利得以实现。发生法律效力的具有强制执行力的法律文书包括但不限于以下几种:民事判决、裁定,仲裁机构的裁决、实现担保物权裁定、确认调解协议裁定、支付令等。它们一经生效,义务人即应自动履行。如拒不履行,权利人可申请人民法院强制执行。提出申请的权利人称申请人,被申请履行义务的人称被执行人。

（一）执行管辖

执行管辖即执行案件的管辖,是指根据法律规定,在人民法院系统内部,划分各级人民法院和同级人民法院之间强制执行案件的分工和权限。根据《民事诉讼法》的规定:民事判决、裁定,裁机构的裁决的财产部分,由第一审人民法院或者与第一审人民法院同级的被执行的财产所在地人民法院执行。法律规定由人民法院执行的其他法律文书,由被执行人住所地或者被执行的财产所在地人民法院执行。

根据《最高人民法院关于人民法院执行工作若干问题的规定(试行)》(以下简称《执行规定》)

（1）仲裁机构作出的国内仲裁裁决、公证机关依法赋予强制执行效力的公证债权文书,由被执行人住所地或被执行的财产所在地人民法院执行。

前款案件的级别管辖,参照各地法院受理诉讼案件的级别管辖的规定确定。

（2）在国内仲裁过程中,当事人申请财产保全,经仲裁机构提交人民法院的,由被申请人住所地或被申请保全的财产所在地的基层人民法院裁定并执行;申请证据保全的,由证据所在地的基层人民法院裁定并执行。

（3）在涉外仲裁过程中,当事人申请财产保全,经仲裁机构提交人民法院的,由被申请人住所地或被申请保全的财产所在地的中级人民法院裁定并执行;申请证据保全的,由证据所在地的中级人民法院裁定并执行。

（4）专利管理机关依法作出的处理决定和处罚决定,由被执行人住所地或财产所在地的省、自治区、直辖市有权受理专利纠纷案件的中级人民法院执行。

（5）两个以上人民法院都有管辖权的,当事人可以向其中一个人民法院申请执行;当事人向两个以上人民法院申请执行的,由最先立案的人民法院管辖。

（6）人民法院之间因执行管辖权发生争议的,由双方协商解决;协商不成的,报请双方

共同的上级人民法院指定管辖。

（7）基层人民法院和中级人民法院管辖的执行案件,因特殊情况需要由上级人民法院执行的,可以报请上级人民法院执行。

（二）执行申请

（1）根据《最高人民法院关于执行案件立案、结案若干问题的意见》的规定。

执行案件统一由人民法院立案机构进行审查立案,人民法庭经授权执行自审案件的,可以自行审查立案,法律、司法解释规定可以移送执行的,相关审判机构可以移送立案机构办理立案登记手续。

立案机构立案后,应当依照法律、司法解释的规定向申请人发出执行案件受理通知书。人民法院不得有审判和执行案件统一管理体系之外的执行案件。任何案件不得以任何理由未经立案即进入执行程序。

该规定确定了除法院审结的案件外,除非法律、司法解释规定可以移送执行的,其他的执行案件,法院不再立案受理。这一最新的规定,实际上就是规定具有执法权的其他执行部门,应当自行执行法律法规规定有其执行的案件。

（2）人民法院受理执行案件应当符合下列条件。

1）申请或移送执行的法律文书已经生效;

2）申请执行人是生效法律文书确定的权利人或其继承人、权利承受人;

3）申请执行人在法定期限内提出申请;

4）申请执行的法律文书有给付内容,且执行标的和被执行人明确;

5）义务人在生效法律文书确定的期限内未履行义务;

6）属于受申请执行的人民法院管辖。

人民法院对符合上述条件的申请,应当在七日内予以立案;不符合上述条件之一的,应当在七日内裁定不予受理。

发生法律效力的具有给付赡养费、扶养费、抚育费内容的法律文书、民事制裁决定书以及刑事附带民事判决、裁定、调解书,由审判庭移送执行机构执行。

（三）执行的规定

（1）申请执行,应向人民法院提交下列文件和证件。

1）申请执行书。申请执行书中应当写明申请执行的理由、事项、执行标的以及申请执行人所了解的被执行人的财产状况。

申请执行人书写申请执行书确有困难的,可以口头提出申请。人民法院接待人员对口头申请应当制作笔录,由申请执行人签字或盖章。

外国一方当事人申请执行的,应当提交中文申请执行书。当事人所在国与我国缔结或共同参加的司法协助条约有特别规定的,按照条约规定办理。

2）生效法律文书副本。

3）申请执行人的身份证明。公民个人申请的,应当出示居民身份证;法人申请的,应当提交法人营业执照副本和法定代表人身份证明;其他组织申请的,应当提交营业执照副本和主要负责人身份证明。

4）继承人或权利承受人申请执行的,应当提交继承或承受权利的证明文件。

5）其他应当提交的文件或证件。

6）申请执行仲裁机构的仲裁裁决,应当向人民法院提交有仲裁条款的合同书或仲裁协议书。

7）申请执行国外仲裁机构的仲裁裁决的,应当提交经我国驻外使领馆认证或我国公证机关公证的仲裁裁决书中文本。

（2）申请执行人可以委托代理人代为申请执行。委托代理的,应当向人民法院提交经委托人签字或盖章的授权委托书,写明委托事项和代理人的权限。

委托代理人代为放弃、变更民事权利,或代为进行执行和解,或代为收取执行款项的,应当有委托人的特别授权。

（3）申请人民法院强制执行,应当按照人民法院诉讼收费办法的规定缴纳申请执行的费用。

第五节　执行

一、执行程序

法院决定受理执行案件后,应当在三日内向被执行人发出执行通知书,责令其在指定的期间内履行生效法律文书确定的义务,并承担法律规定的迟延履行期间的债务利息或迟延履行金。在执行通知书指定的期限内,被执行人转移、隐匿、变卖、毁损财产的,应当立即采取执行措施。

（一）被执行人报告财产

人民法院有权查询被执行人的身份信息与财产信息,掌握相关信息的单位和个人必须按照协助执行通知书办理。

如果被执行人未按执行通知履行法律文书确定的义务,应当报告当前及收到执行通知之日前一年的财产情况。被执行人拒绝报告或者虚假报告的,人民法院可以根据情节轻重对被执行人或者其法定代理人、有关单位的主要负责人或者直接责任人员予以罚款、拘留。

（二）询问被执行人

如果被执行人未按执行通知履行法律文书确定的义务,人民法院有权向有关单位查询被执行人的存款、债券、股票、基金份额等财产情况。人民法院有权根据不同情形扣押、

冻结、划拨、变价被执行人的财产。人民法院查询、扣押、冻结、划拨、变价的财产不得超出被执行人应当履行义务的范围。

（三）申请人协助义务

申请执行人应当提供被执行人财产状况或财产线索，可以书面申请执行法官及时核查。执行法官应当在接到申请的5日内进行核查。被执行人有转移、隐匿、变卖、毁损财产等情形的，应当立即核查。

申请执行人无法提供被执行人财产状况或财产线索的，可以书面申请执行法官依职权调查。执行法官应当在接到申请的10日内启动调查程序。

根据案件具体情况，执行法官一般应当在1个月内完成被执行人不动产、车辆、证券、对外投资权益等资产状况的调查。

执行法官经查证财产或线索不属实，或者没有可供执行的财产的，应当书面通知申请执行人，并由其承担执行不能的法律后果。这一规定无疑加重了申请执行人的负担，也许今后的立法中会得以改善。

（四）悬赏执行

申请执行人如果无法提供被执行人财产状况、被执行人下落不明或者有转移、隐匿财产的，申请执行人可以向法院提出悬赏执行的书面申请。经审查符合规定的，执行合议庭应当作出悬赏执行决定书。

悬赏公告必须在当地主要报纸等主要媒体的适当位置刊登。公告费应当由申请执行人预交。悬赏金由申请执行人支付，具体比例由申请执行人确定，但是最高不得超过举报财产变现所得的50%。

（五）执行保全

作为民事执行依据的法律文书生效后至申请执行前，可能因债务人的行为或者其他原因，使法律文书不能执行或者难以执行，债权人可以向有执行管辖权的人民法院申请保全债务人的财产。是否裁定采取财产保全措施，由人民法院审查决定。申请执行前财产保全的，人民法院裁定申请人提供担保的，申请人应当提供担保。

按照《民事诉讼法》的规定，应执行的诉前财产保全、诉讼财产保全、仲裁财产保全，在当事人申请执行时，直接转为执行财产保全。

（六）执行担保

执行担保是在执行中，被执行人或第三人以财产向人民法院提供担保，并经申请执行人同意的，人民法院可以决定暂缓执行及暂缓执行的期限。被执行人逾期仍不履行的，人民法院有权执行被执行人的担保财产或者担保人的财产。

人民法院依照民事诉讼法的规定决定暂缓执行的，如果担保有期限的，暂缓执行的期限应与担保期限一致，但最长不得超过一年。被执行人或担保人对担保的财产在暂缓执行期间有转移、隐藏、变卖、毁损等行为的,人民法院可以恢复强制执行。进行执行担保,可以由被执行人向人民法院提供财产担保,也可以由第三人出面作担保。担保人应当具有代为履行或者代为承担赔偿责任的能力。被执行人在人民法院决定暂缓执行的期限届满后仍不履行义务的,人民法院可以直接执行担保财产,或者裁定执行担保人的财产,但执行担保人的财产以担保人应履行义务部分的财产为限。如果权利人不同意被执行人提供担保,仍要求按法律文书执行的执行担保就不能成立。

（七）执行和解

执行和解是在法院执行过程中,双方当事人经过自愿协商,达成协议,结束执行程序的活动。和解的内容,可以是一方自愿放弃一部分或全部权利,也可以是一方满足另一方的要求,还可以是双方都作一些让步。和解虽然发生在双方当事人之间,是双方自己的事,但也要符合一定的条件,即这种和解必须基于双方当事人达成的和解协议,人民法院执行员应当将协议内容记入笔录,由双方签名或盖章。

对双方已达成和解协议,但一方又反悔执行和解,不履行协议的,人民法院可针对不同情况进行处理:如果和解的内容已全部实现,或申请执行期已过,不予恢复执行;如和解的内容只实现一部分,一方当事人反悔不履行和解协议的,根据对方当事人的申请,人民法院可恢复对原生效判决的执行,但要扣除已履行的部分。

（八）执行异议

（1）执行异议是执行过程中,案外人对执行标的提出书面异议的,人民法院应当自收到书面异议之日起十五日内审查,理由成立的,裁定中止对该标的的执行,理由不成立的,裁定驳回。案外人、当事人对裁定不服,认为原判决、裁定错误的,依照审判监督程序办理;与原判决、裁定无关的,可以自裁定送达之日起十五日内向人民法院提起执行异议诉讼。

（2）当事人、利害关系人认为执行行为违反法律规定的,可以向负责执行的人民法院提出书面异议。当事人、利害关系人提出书面异议的,人民法院应当自收到书面异议之日起十五日内审查,理由成立的,裁定撤销或者改正;理由不成立的,裁定驳回。当事人、利害关系人对裁定不服的,可以自裁定送达之日起十日内向上一级人民法院申请复议。

（3）除案外人可对执行标的提出异议外,执行员在执行本院或上级法院的判决、裁定和调解书时,发现确有错误的应提出书面意见,报请院长审查处理或经院长批准,函请上级法院批准。

（4）有下列情形之一的,当事人以外的公民、法人和其他组织,可以作为利害关系人提出执行行为异议:

1）认为人民法院的执行行为违法,妨碍其轮候查封、扣押、冻结的债权受偿的;

2）认为人民法院的拍卖措施违法,妨碍其参与公平竞价的;

3）认为人民法院的拍卖、变卖或者以物抵债措施违法,侵害其对执行标的的优先购买

权的；

4)认为人民法院要求协助执行的事项超出其协助范围或者违反法律规定的；

5)认为其他合法权益受到人民法院违法执行行为侵害的。

（九）执行异议之诉

1. 起诉及管辖法院

案外人、当事人对执行异议裁定不服,向人民法院提起执行异议之诉的,由执行法院管辖。

案外人提起执行异议之诉,除符合民事诉讼法规定的起诉条件外,还应当具备下列条件：

(1)案外人的执行异议申请已经被人民法院裁定驳回；

(2)有明确的排除对执行标的执行的诉讼请求,且诉讼请求与原判决、裁定无关；

(3)自执行异议裁定送达之日起十五日内提起。

人民法院应当在收到起诉状之日起十五日内决定是否立案。

2. 原告与被告

案外人提起执行异议之诉的,以申请执行人为被告。被执行人反对案外人异议的,被执行人为共同被告；被执行人不反对案外人异议的,可以被执行人列为第三人。

申请执行人提起执行异议之诉的,以案外人为被告。被执行人反对申请执行人主张的,以案外人和被执行人为共同被告；被执行人不反对申请执行人主张的,可以被执行人列为第三人。

申请执行人对中止执行裁定未提起执行异议之诉,被执行人提起执行异议之诉的,人民法院告知其另行起诉。人民法院审理执行异议之诉案件,适用普通程序。

3. 审理

(1)案外人或者申请执行人提起执行异议之诉的,案外人应当就其对执行标的享有足以排除强制执行的民事权益承担举证证明责任。

(2)对案外人提起的执行异议之诉,人民法院经审理,按照下列情形分别处理：

①案外人就执行标的享有足以排除强制执行的民事权益的,判决不得执行该执行标的；

②案外人就执行标的不享有足以排除强制执行的民事权益的,判决驳回诉讼请求。

案外人同时提出确认其权利的诉讼请求的,人民法院可以在判决中一并作出裁判。

(3)对申请执行人提起的执行异议之诉,人民法院经审理,按照下列情形分别处理：

①案外人就执行标的不享有足以排除强制执行的民事权益的,判决准许执行该执行标的；

②案外人就执行标的享有足以排除强制执行的民事权益的,判决驳回诉讼请求。

(4)对案外人执行异议之诉,人民法院判决不得对执行标的执行的,执行异议裁定失效。

(5)对申请执行人执行异议之诉,人民法院判决准许对该执行标的执行的,执行异议裁定失效,执行法院可以根据申请执行人的申请或者依职权恢复执行。

(6)案外人执行异议之诉审理期间,人民法院不得对执行标的进行处分。申请执行人请求人民法院继续执行并提供相应担保的,人民法院可以准许。

(7)被执行人与案外人恶意串通,通过执行异议、执行异议之诉妨害执行的,人民法院应当依照民事诉讼法第一百一十三条规定处罚。申请执行人因此受到损害的,可以提起诉讼,要求被执行人、案外人赔偿。

(8)人民法院对执行标的裁定中止执行后,申请执行人在法律规定的期间内未提起执行异议之诉的,人民法院应当自起诉期限届满之日起七日内解除对该执行标的采取的执行措施。

（十）执行中止

执行中止是执行过程中,因为某种特殊情况的发生而使执行程序暂时停止,待这种情况消失后,再行恢复执行程序。依据法律规定,申请人认为可以延期执行的,即可以向人民法院提出申请中止执行,法院应当裁定许可。若因以下事由,法院应当自行或依当事人申请裁定中止执行:

(1)案外人对执行标的提出确有理由的异议的;

(2)作为一方当事人的公民死亡,需要等待继承人继承权利或者承担义务的;

(3)作为一方当事人的法人或者其他组织终止,尚未确定权利义务承受人的;

(4)人民法院认为应当中止执行的其他情形。

（十一）执行终结

执行终结是人民法院在执行过程中,由于出现了某种特殊情况,使执行程序无法或无须继续进行,从而结束执行程序。

实践中,不是所有的生效法律文书所确定的权利都能得以实现,也就是说,不是所有的案件都能执行完毕,这并非法律或司法的缺陷,而是正常的风险。为了更好地完成民事执行工作的目标,有必要对那些不能继续进行或没有必要继续执行的案件,裁定终结执行。

(1)根据我国民事诉讼法及最高院司法解释的相关规定,执行终结有以下几种情形:

1)申请执行人撤销申请;

2)据以执行的法律文书被撤销;

3)作为被执行人的公民死亡,无遗产可供执行,又无义务承担人的;

4)追索赡养费、扶养费、抚养费案件的权利人死亡;

5)作为被执行人的公民因生活困难无力偿还借款,无收入来源,又丧失劳动能力;

6)在执行中,被执行人被人民法院裁定宣告破产的;

7)人民法院认为应当终结执行的其他情形。

(2)中止和终结执行的裁定,送达当事人后立即生效。另外,在执行过程中如果有协助执行人的,终结的裁定也应对其送达。执行终结的效力表现在两个方面:

1)程序上的效力。执行终结的裁定一经生效,执行程序就宣告结束,以后也不再恢复。

2)实体上的效力。执行终结后,法院不再以司法强制力迫使被执行人履行义务,也不以执行程序保证权利人实现法律文书所确定的权利。但这并不意味着否认或推翻了法律文书对权利人所应享有的权利的确认,只是法律不再对其实施保障而已。

（十二）执行回转

执行回转又称再执行,是指在案件执行中或者执行完毕后,据以执行的法律文书被法院或其他有关机关撤销或者变更的,执行机关对已被执行的财产重新采取执行措施,恢复到执行程序开始时的状况的一种救济制度。执行回转制度是针对执行发生的错误而采取的一种补救措施。执行回转须有以下条件:

(1)原执行依据正在执行或已经执行完毕。

原法律文书已为法院全部或者部分执行完毕,才发生执行回转的问题。

(2)执行依据被依法撤销或者变更。

只有当据以执行的判决、裁定和其他法律文书确有错误,被人民法院撤销或者变更的,才发生执行回转。

(3)新的执行依据是其必备条件。

法院要责成原债权人返还财产,应根据执行回转裁定进行。由人民法院裁定执行回转,应以此裁定为新的执行依据,责令取得财产的原申请人返还财产或强制执行。

(4)只适用于原申请执行人取得财产的情况。

二、执行措施

（一）查封、扣押、冻结强制措施

当被执行人未按执行通知履行法律文书确定的义务,人民法院有权查封、扣押、冻结、拍卖、变卖被执行人应当履行义务部分的财产。但应当保留被执行人及其所扶养家属的生活必需品。采取前款措施,人民法院应当作出裁定。

所谓查封:对涉案人员的财物或场所就地封存的强制措施。

所谓冻结:为防止违法行为人转移资金、抽逃资金而对涉案财产采取的限制其流动的一种强制措施。

所谓扣押:执行机关为防止案件当事人处分、转移财产而对涉案财产采取的扣留、保管的强制措施。

采取查封、扣押、冻结措施需要有关单位或者个人协助的,人民法院应当制作协助执行通知书,连同裁定书副本一并送达协助执行人。查封、扣押、冻结裁定书和协助执行通知书送达时发生法律效力。

人民法院可以查封、扣押、冻结被执行人占有的动产、登记在被执行人名下的不动产、特定动产及其他财产权。

未登记的建筑物和土地使用权,依据土地使用权的审批文件和其他相关证据确定权属。

对于第三人占有的动产或者登记在第三人名下的不动产、特定动产及其他财产权,第三人书面确认该财产属于被执行人的,人民法院可以查封、扣押、冻结。

人民法院冻结被执行人的银行存款的期限不得超过一年,查封、扣押动产的期限不得超过两年,查封不动产、冻结其他财产权的期限不得超过三年。

申请执行人申请延长期限的,人民法院应当在查封、扣押、冻结期限届满前办理续行查封、扣押、冻结手续,续行期限不得超过前款规定的期限。人民法院也可以依职权办理续行查封、扣押、冻结手续。

人民法院对被执行人的下列财产不得查封、扣押、冻结:

(1)被执行人及其所扶养家属生活所必需的衣服、家具、炊具、餐具及其他家庭生活必需的物品;

(2)被执行人及其所扶养家属所必需的生活费用。当地有最低生活保障标准的,必需的生活费用依照该标准确定;

(3)被执行人及其所扶养家属完成义务教育所必需的物品;

(4)未公开的发明或者未发表的著作;

(5)被执行人及其所扶养家属用于身体缺陷所必需的辅助工具、医疗物品;

(6)被执行人所得的勋章及其他荣誉表彰的物品;

(7)根据《中华人民共和国缔结条约程序法》,以中华人民共和国、中华人民共和国政府或者中华人民共和国政府部门名义同外国、国际组织缔结的条约、协定和其他具有条约、协定性质的文件中规定免予查封、扣押、冻结的财产;

(8)法律或者司法解释规定的其他不得查封、扣押、冻结的财产。

(二)拍卖、变卖和以物抵债

对银行存款等各类可以直接扣划的财产,人民法院的扣划裁定同时具有冻结的法律效力。

1. 拍卖

人民法院在执行中需要拍卖被执行人财产的,可以由人民法院自行组织拍卖,也可以交由具备相应资质的拍卖机构拍卖。交拍卖机构拍卖的,人民法院应当对拍卖活动进行

监督。

2. 变卖

人民法院在执行中需要变卖被执行人财产的,可以交有关单位变卖,也可以由人民法院直接变卖。

3. 以物抵债

(1)经申请执行人和被执行人同意,且不损害其他债权人合法权益和社会公共利益的,人民法院可以不经拍卖、变卖,直接将被执行人的财产作价交付申请执行人抵偿债务。对剩余债务,被执行人应当继续清偿。

(2)被执行人的财产无法拍卖或者变卖的,经申请执行人同意,且不损害其他债权人合法权益和社会公共利益的,人民法院可以将该项财产作价后交付申请执行人抵偿债务,或者交付申请执行人管理;申请执行人拒绝接收或者管理的,退回被执行人。

4. 物权转移的规定

拍卖成交或者依法定程序裁定以物抵债的,标的物所有权自拍卖成交裁定或者抵债裁定送达买受人或者接受抵债物的债权人时转移。但不动产未经变更登记,不产生物权效力。

5. 票据的处理

他人持有法律文书指定交付的财物或者票证,人民法院依照民事诉讼法按规定发出协助执行通知后,拒不转交的,可以强制执行,并可依照《民事诉讼法》规定处理。

(三)间接执行与限制高消费

(1)间接执行指通过对被执行人采取一定强制措施,促使其履行生效法律文书的措施。在强制执行过程中被申请人以暴力进行反抗,妨碍执行员执行职务时,才可以依法对他的人身采取强制措施,予以拘留;如果情节恶劣、后果严重的,还可以依法追究刑事责任。但这种强制措施,并不是民事强制执行的手段。

(2)限制高消费是指被执行人不得有以下消费行为:

1)乘坐交通工具时,选择飞机、列车软卧、轮船二等以上舱位;

2)在星级以上宾馆、酒店、夜总会、高尔夫球场等场所进行高消费;

3)购买不动产或者新建、扩建、高档装修房屋;

4)租赁高档写字楼、宾馆、公寓等场所办公;

5)购买非经营必需车辆;

6)旅游、度假;

7)子女就读高收费私立学校;

8)支付高额保费购买保险理财产品;

9)其他非生活和工作必需的高消费行为。

被执行人为单位的,被限制高消费后,禁止被执行人及其法定代表人、主要负责人、影响债务履行的直接责任人员以单位财产实施上述消费行为。

（四）协助执行

协助执行是依照《民事诉讼法》和《民诉法司法解释》规定,有义务帮助、配合、协助人民法院采取财产保全措施和依申请人申请对生效法律文书执行的自然人、法人及其他组织的行为。如果拒不履行协助义务将按《民事诉讼法》第一百一十一条规定:人民法院可以根据情节轻重予以罚款、拘留;构成犯罪的,依法追究刑事责任。

（1）协助义务规定如下。

1）人民法院对债务人到期应得的收益,可以采取财产保全措施,限制其支取,通知有关单位协助执行。解除以登记方式实施的保全措施的,应当向登记机关发出协助执行通知书。

2）被拘留人不在本辖区的,作出拘留决定的人民法院应当派员到被拘留人所在地的人民法院,请该院协助执行,受委托的人民法院应当及时派员协助执行。

3）人民法院在本辖区以外采取拘传措施时,可以将被拘传人拘传到当地人民法院,当地人民法院应予协助。

4）人民法院有权查询被执行人的身份信息与财产信息,掌握相关信息的单位和个人必须按照协助执行通知书以办理。

5）拍卖评估需要对现场进行检查、勘验的,人民法院应当责令被执行人、协助义务人予以配合。被执行人、协助义务人不予配合的,人民法院可以强制进行。

（2）拒不履行协助义务将按《民事诉讼法》第一百一十一条或者第一百一十四条规定处罚。

1）有义务协助执行的个人接到人民法院协助执行通知书后,拒不协助执行的。

2）接到人民法院协助执行通知书后,给当事人通风报信,协助其转移、隐匿财产的。

3）有关单位接到人民法院协助执行通知书后,有下列行为之一的,人民法院可以适用《民事诉讼法》第一百一十四条规定处理:

①允许被执行人高消费的;

②允许被执行人出境的;

③拒不停止办理有关财产权证照转移手续、权属变更登记、规划审批等手续的;

④以需要内部请示、内部审批、有内部规定等为由拖延办理的。

（五）代位执行

当被执行人的财产不足以清偿债务,且对第三人享有到期债权时,人民法院可以依据申请执行人或被执行人的申请,强制执行第三人应当履行的债务。执行被执行人到期的债权涉及案外人的权益,适用代位申请执行。

申请代位执行的人是申请执行人。人民法院不能依职权代位执行,因为被执行人是

案外人,即原义务人的到期债务人。执行的标的既不是财产也不是行为,而是被执行人对案外人享有的到期债权。人民法院只有在案外人在指定的期限内未履行义务,又未提出书面异议的情况下才可以采取执行措施,如果案外人提出异议,人民法院不能强制执行。被执行人虽然对案外人享有到期债权,但其尚有其他财产足以供执行的,即便申请执行人提出申请,人民法院也不能对案外人采取执行措施。如果被执行人享有到期债权,其财产不足以供执行的,但被执行人提供了担保,经申请执行人同意后,人民法院可裁定暂缓执行。第三人收到人民法院要求其履行到期债务的通知后,擅自向被执行人履行造成已向被执行人履行的财产不能追回的,除在已履行的财产范围内与被执行人承担连带责任外,可以追究其妨害执行的责任。被执行人收到人民法院的履行通知书后,放弃其对第三人的债权或延缓第三人履行期限的行为无效,人民法院仍可在第三人无异议又不履行的情况下予以强制执行。在对第三人作出强制执行裁定后,第三人确无财产可供执行的,不得就第三人对他人享有的到期债权强制执行。

（六）代履行

被执行人不履行生效法律文书确定的行为义务,该义务可由他人完成的,人民法院可以选定代履行人;法律、行政法规对履行该行为义务有资格限制的,应当从有资格的人中选定。必要时,可以通过招标的方式确定代履行人。

申请执行人可以在符合条件的人中推荐代履行人,也可以申请自己代为履行,是否准许,由人民法院决定。

代履行费用的数额由人民法院根据案件具体情况确定,并由被执行人在指定期限内预先支付。被执行人未预付的,人民法院可以对该费用强制执行。

代履行结束后,被执行人可以查阅、复制费用清单及主要凭证。

被执行人不履行法律文书指定的行为,且该项行为只能由被执行人完成的。也就是其他人不能代其履行,多为与身份权有关的履行义务。如果被执行人不履行,将按《民事诉讼法》第一百一十一条规定处罚。

三、执行申请人的权利和义务

（一）执行申请人的权利

（1）申请执行权:人民法院的判决书、裁定书、调解书及其他应当由人民法院执行的法律文书生效后,对方当事人拒绝履行的,权利人有权在二年期间内向法院申请执行。

（2）申请保全权:法律文书生效后,进入执行程序前,债权人因对方当事人转移财产等紧急情况,不申请保全将可能导致法律文书不能执行或难以执行的,可以向执行法院申请采取保全措施。

（3）申请回避:申请执行人认为执行人员、书记员与本案当事人或者诉讼代理人有法律上或事实上的利害关系,可能影响案件公正执行的,有权申请其回避。

(4)执行进展知情权:立案之日起7个工作日内,申请执行人有权获得查询码,通过法院触摸屏、法院执行公开网等平台查询案件执行进展情况。申请执行人有权申请查阅、复制执行正卷中的有关材料。

申请执行人有权了解执行法院调查控制被执行人及其财产的情况;有权了解执行法院采取查封、冻结、扣划、扣押、评估、拍卖、变卖等强制措施情况,并有权了解财产拍卖时间、地点,到场见证、监督拍卖活动。

申请执行人有权了解执行法院对被执行人采取纳入失信被执行人名单库、纳入银行征信系统、向政府相关职能部门通报等惩戒措施情况。

(5)采取惩戒措施权:被执行人未按执行通知书履行生效法律文书确定的给付义务的,申请执行人有权向执行法院书面申请限制被执行人高消费、限制出境、纳入失信被执行人名单。

(6)变更、追加被执行主体权:在案件执行过程中,申请执行人有权依法向执行法院申请变更、追加被执行人。

(7)申请代位执行权:申请执行被执行人对第三人的到期债权。

(8)执行到期债权:在案件执行过程中,被执行人对第三人享有到期债权,申请执行人有权申请执行该到期债权。

(9)案款兑付权:申请执行人有权要求执行法院在案款转入法院账户后15个工作日内支付。

(10)以物抵债权:经被执行人同意,且不损害其他债权人合法权益和社会公共利益的,申请执行人有权申请直接将被执行人的财产作价抵偿债务。

被执行人的财产无法拍卖或者变卖的,且不损害其他债权人合法权益和社会公共利益的,申请执行人有权申请将该项财产作价抵偿债务。

(11)执行异议权:申请执行人认为执行行为违反法律规定的,有权向负责执行的法院提出书面异议。

对财产分配方案不服的,有权向主持分配的法院提出书面异议。

(12)执行复议权:申请执行人对执行法院的异议裁定不服的,有权依法向上一级人民法院申请复议。

(13)提起许可执行之诉权:执行法院认为案外人提出的执行标的异议成立,裁定中止执行该标的,申请执行人对该裁定不服的,有权向执行法院另行提起诉讼。

(14)恢复执行权:法院裁定中止、暂缓执行的案件,在相关情形消失后,申请执行人有权申请恢复执行。

因受欺诈、胁迫与被执行人达成和解协议的以及对方当事人不履行或者不完全履行和解协议的,申请执行人有权申请恢复原生效法律文书的执行。

(15)再次申请执行权:因撤销申请而终结执行的案件,申请执行人可以在申请执行时效期间内再次申请执行。

执行法院裁定终结本次执行程序的案件,申请执行人发现被执行人有可供执行财产的,有权再次申请执行。再次申请不受申请执行时效期间的限制。

(16)执行监督权:有条件执行的案件,超过六个月未执行的,申请执行人有权申请上一级法院责令执行法院限期执行或变更执行法院;对执行人员在案件执行中的违法违纪行为,有权向人民法院的纪检部门或其他有关部门举报或控告。

(17)提供被执行人的财产状况(线索)、下落(相对于被申请人)。

(18)其他法定权:申请执行人享有法律规定的其他权利。

（二）执行申请人的义务

(1)向执行法院提供被执行人的财产状况(线索)、下落;

(2)案件执行期间,发现由法院冻结、查封的财产被非法隐匿、转移、变卖、毁损或者有其他紧急情况的,应及时与法院联系,告知有关情况;

(3)保管被查封、扣押财产的义务。被查封、扣押、冻结的财产,人民法院可以指令由申请执行人负责保管。申请执行人不得使用、处分已被查封、扣押、冻结的财产;

(4)经人民法院通知应按时到场积极配合执行工作。

第九章 典型诉讼

在讨论了诉讼整个程序后,相信读者更希望了解更多的实际操作方法和技巧;丰富"实战"的经验。对此笔者将实践中经常遇到的比较典型诉讼,在本章逐一简要介绍。以期有所帮助。

第一节 合同纠纷

合同纠纷,是指因合同的生效、解释、履行、变更、终止等行为而引起的合同当事人的所有争议。合同纠纷的内容主要表现在争议主体对于导致合同法律关系产生、变更与消灭的法律事实及法律关系的内容有着不同的观点与看法。合同纠纷的范围涵盖了一项合同从成立到终止的整个过程。

合同纠纷分为:合同效力争议、合同文义争议、合同履行争议、合同违约责任争议、合同解除争议等。合同当事人签订合同之后,理想的状态是当事人各自分别按照合同规定之内容完成应履行之义务,直至合同圆满终止。在实践中,由于各种各样的原因,既有合同当事人主观的原因,也有情势变迁方面的客观原因,导致合同在签订之后的履行过程中会出现各种各样的,或大或小的纠纷。对于合同纠纷,有些当事人经过协商解决,有些却协商不了,就可能会使一方当事人提请仲裁或诉讼,一旦纠纷得不到解决,就会影响合同的正常履行,甚至扰乱社会经济秩序。

合同纠纷和侵权纠纷,是民事纠纷中的主要表现形式。合同之诉(又称违约之诉)和侵权之诉,在民事诉讼中占有相当大的比重;同时也是最为典型的民事诉讼。《合同法》中仅有名合同就有15种之多,还有更多的无名合同。尽管合同之诉,个案中存在不同的个性,但是因为合同纠纷属于违约之诉,因此也具有其共同性。本章主要研究合同之诉(违约之诉)的主要特点和诉讼方法及技巧。

一、合同纠纷管辖权及诉讼时效

(一)合同纠纷之诉的法院管辖

当事人约定管辖的,在不违反法院级别管辖和专属管辖的情况下可以在书面合同中协议选择被告住所地、合同履行地、合同签订地、原告住所地、标的物所在地人民法院管辖。读者也许过去很少注意这个问题,但是许多大公司,特别是上市公司,打个市场准入的旗号(实则是设定市场壁垒),强行约定合同签约地为其住所地,其实这就是彻头彻尾的管辖霸权主义。

为什么管辖权如此重要,笔者前面已经诉说了。因合同纠纷提起的诉讼,当事人已经约定管辖的,以约定的为准。恰恰就是这个管辖权,因为地方保护和熟人面孔,使当事人难以实现平等对待。

如果当事人没有约定管辖的,通常由被告住所地或者合同履行地人民法院管辖。合同履行地规定如下:

1. 买卖合同履行地问题

在合同中明确约定了履行地点的,以约定的履行地点为合同履行地;仅约定了交货地点的,交货地点为合同履行地。

对履行地点、交货地点未作约定或约定不明确的,或者虽有约定但未实际交付货物,且当事人双方住所地均不在合同约定的履行地以及口头购销合同纠纷案件,均不依履行地确定案件管辖。而依被告所在地法院管辖为常态。买卖合同的实际履行地点与合同中约定的交货地点不一致的,以实际履行地点为合同履行地。

2. 承揽合同履行地为承揽方所在地;

3. 租赁合同、融资租赁合同以租赁物使用地为合同履行地;

4. 补偿贸易合同,以接受投资一方主要义务履行地为合同履行地;

5. 证券回购纠纷合同履行地

(1)凡在交易场所内进行的证券回购业务,交易场所所在地应为合同履行地;

(2)在上述交易场所之外进行的证券回购业务,最初付款一方(返售方)所在地应为合同履行地。

(二)合同纠纷的专属管辖规定

(1)因保险合同纠纷提起的诉讼,由被告住所地或者保险标的物所在地人民法院管辖。如果保险标的物是运输工具或者运输中的货物,由被告住所地或者运输工具登记注册地、运输目的地、保险事故发生地的人民法院管辖。

(2)因票据纠纷提起的诉讼,由票据支付地或者被告住所地人民法院管辖。票据支付地,是指票据上载明的付款地。票据未载明付款地的,票据付款人(包括代理付款人)的住所地或主营业所所在地为票据付款地。

(3)因铁路、公路、水上、航空运输和联合运输合同纠纷提起的诉讼,由运输始发地、目的地或者被告住所地人民法院管辖。

(4)因不动产纠纷提起的诉讼,由不动产所在地人民法院管辖。

(三)合同纠纷的诉讼时效

一般的合同纠纷诉讼时效为三年。特殊的诉讼时效除外,如租赁合同中延付或拒付租金的争议,保管合同中寄存物丢失或损毁的争议的,出售质量不合格的商品未声明的诉讼时效为一年。由于合同的复杂性、地域性,因国际货物买卖合同和技术进出口合同争议提起诉讼或者申请仲裁的期限为四年。其他法律规定了特别时效的,依照其规定,如海商法规定的货运赔偿请求权的时效为一年。

诉讼时效的起算时间,自当事人知道或者当应知道其权利受到侵害之日起计算。

合同发生纠纷时,合同当事人或者选择诉讼解决或者选择仲裁机构仲裁,这两者都是解决纠纷的途径。不管选择诉讼还是选择仲裁,都有一个时效的问题。诉讼或者仲裁时效是权利人请求法院或者仲裁机构解决争议,保护其权益而提起诉讼或者申请仲裁的法定期限。

合同纠纷最长时效为20年;20年为不可延长期间,届时当事人是否知道和应当知道在所不问。

二、合同纠纷的当事人

合同纠纷的主体是指合同当事人,合同纠纷涉及第三人的情况也存在,但并不多见,主要是发生在订立合同的双方或多方当事人之间。出现第三人的,多见于协助履行人、代履行人等。这是合同的相对性所决定的。

三、合同纠纷的分类

（一）有效和无效合同纠纷

这是从合同的效力角度来对合同纠纷进行的划分。

1. 无效合同纠纷

是指因合同的无效而引起的合同当事人之间的争议。如合同无效后,合同当事人因各自返还因合同而取得的财产发生的纠纷,合同无效责任应由何方承担,承担多少之纠纷,等等。

2. 有效合同纠纷

是指在合同生效的前提下,合同当事人因履行合同而发生的争议。包括合同订立后合同当事人对合同内容的解释,合同的履行及违约责任,合同的变更、中止、转让、解除、终止等所发生的一切争议,绝大多数合同纠纷为有效合同纠纷。

（二）口头和书面合同纠纷

这是从合同的形式角度来对合同进行的划分。

1. 口头合同纠纷

是指合同当事人因履行口头合同而发生的所有争议。口头合同虽然简便易行,但因为没有书面的证据,所以,一旦发生纠纷是不易获得解决的。口头合同多是即时清结的合

同,一般来说,发生纠纷的情况较少。

2. 书面合同纠纷

是指合同当事人因履行书面合同而发生的所有争议。在实践中,绝大多数合同纠纷是书面合同纠纷。解决书面合同纠纷的依据是双方当事人签订的书面合同书或确认书以及双方当事人协商一致的所有与合同有关的来往函件等;商品买卖过程中的票据、小票也能作为合同的一种凭据。故要求合同当事人注意保存所有的与合同有关的书面证据,以便在发生纠纷时可以举证,此外,有时在一项合同履行过程中,既有因书面协议引起的纠纷,也有因口头协议引起的纠纷,口头协议除非有证据证明,否则法律是不承认其效力的。

(三)国内和涉外合同纠纷

这是从合同是否具有涉外因素来划分的。

1. 国内合同纠纷

是指合同当事人因履行国内合同而发生的所有争议,国内合同纠份不具有涉外因素,解决此类纠纷从程序上来比较,比涉外合同更为简单。

2. 涉外合同纠纷

是指合同当事人因履行涉外合同而发生的所有争议。涉外合同纠纷因为具有涉外因素,解决纠纷时要比国内合同困难得多。所谓涉外因素,是指合同主体一方是外国的公民、法人或其他组织,合同法律关系发生在国外,合同标的位于国外等。解决涉外合同纠纷时,往往会涉及法律适用问题、送达法院文书问题、合同语言问题,解决纠纷地点问题,等等。甚至纠纷解决后的执行问题也很复杂,所以,应尽量避免在涉外合同上发生纠纷。

(四)有名和无名合同纠纷

这是从合同名称是否法定角度来对合同进行划分。合同法具体规定名称的合同为有名合同,其他合同则为无名合同。

1. 有名合同纠纷

从合同法规定来看,有名合同纠纷主要有15种,具体可以查阅《合同法》。

①买卖合同纠纷;②供用电合同纠纷;③赠予合同纠纷;④借款合同纠纷;⑤租赁合同纠纷;⑥融资租赁合同纠纷;⑦承揽合同纠纷;⑧建设工程合同纠纷;⑨运输合同纠纷;⑩技术合同纠纷;⑪保管合同纠纷;⑫仓储合同纠纷;⑬委托合同纠纷;⑭行纪合同纠纷;⑮居间合同纠纷。

2. 无名合同纠纷

除了《合同法》规定的15种合同外,现实生活中大量存在着各种各样的合同,它们分别受到不同的法律、法规所调整。这些合同争议也属于合同纠纷之列。具体说来,主要有以下合同纠纷:

(1)保险合同纠纷,包括财产保险合同纠纷、人寿保险合同纠纷等。

(2)担保合同纠纷,包括保证合同纠纷、抵押合同纠纷、质押合同纠纷、留置合同纠纷等。

(3)房地产合同纠纷,包括房地产买卖、租赁合同纠纷,土地使用权转让合同纠纷等。

(4)承包经营合同纠纷,包括农村承包经营合同。

(5)劳动合同纠纷,包括雇佣合同纠纷、集体劳动合同纠纷、涉外劳务合同纠纷等。

(6)知识产权合同纠纷,包括专利合同纠纷、商标合同纠纷、著作权合同纠纷等。

(7)中外合资经营企业合同纠纷,中外合作企业合同纠纷、中外合作勘探开发自然资源合同纠纷等。

(8)合伙合同纠纷,含隐名合伙合同纠纷。

(9)其他合同纠纷,如由培训合同、票据贴现合同、储蓄合同、影视合同、广告合同等引起的合同纠纷。

（五）格式和非格式合同纠纷

这是从合同条款是否标准化的角度来划分合同纠纷的。

1. 格式合同纠纷

是指由合同中的格式条款而引起的争议。格式条款,根据《合同法》的规定,是指当事人为了重复使用而预先拟定,并在订立合同时与对方协商的条款。对于因对格式条款的理解发生争议的,应当作出不利于提供格式条款一方的解释。法律对因格式合同纠纷的解决的规定主要从保护被动接受格式合同一方的角度出发。

2. 非格式合同纠纷

除格式合同之外的所有合同纠纷均为非格式合同纠纷。

除上述五种划分合同纠纷的方法外,还有从其他角度进行划分的,如可划分为合同订立(缔约)纠纷、合同履行纠纷、合同变更纠纷、合同转让纠纷、合同终止纠纷等。

四、合同纠纷举证责任分配

按照《民事诉讼法》规定的基本原则"谁主张、谁举证",具体为:当事人对自己提出的主张,有责任提供证据。

（一）合同权利义务争议的举证责任分配

1. 合同订立

合同订立,即当事人就合同主要条款协商一致的过程,在法律上表现为要约与承诺。

(1)要约是否附保留条件,发生争执时的举证责任。

附有保留条件的要约,不是要约,而是要约邀请。一般而言,要约与要约邀请的界限是相当清楚的,不容易混淆和发生争执,但实践中有时会对要约是否附保留条件发生争

执。例如,原告主张自己已对被告发出的要约作出承诺,故合同已经成立;被告则主张要约中附有保留条件,如在要约中注明"以未出售为条件"等,因而自己的提议仅是要约邀请,故合同并未成立。发生上述争执时,应由被告对附有保留条件的事实负举证责任。因为提议中包括订立该合同最基本条款的事实是构成要约的事实,该事实应由主张要约的原告负举证责任。存在保留条件的事实是妨碍要约成立的事实,应由否认要约的被告负举证责任。

(2)要约、承诺是否撤回发生争执时的举证责任。

要约或承诺发出后,行为人有权将它们撤回,但撤回的通知必须同时或先于要约或承诺到达对方。当撤回与否发生争执时,应由主张已将要约或承诺撤回的一方负举证责任,他不仅要证明发出撤回通知的事实,而且应证明该通知同时或先于要约或承诺到达。他可以通过证明以比要约或承诺更为快捷的方式发出撤回通知来证明这一问题。

(3)承诺是否在要约有效期限内到达发生争执时的举证责任。

承诺在要约的有效期限内到达要约人,是构成承诺的必要条件。对此发生争执时,主张合同已成立的原告应对他在要约有效期内发出承诺的事实负举证责任。该事实被证明后,被告主张未收到承诺或承诺迟到时,则应对所主张的事实负举证责任。因为承诺的信件、电报发出后,在绝大多数情况下都能够在合理期限内送达受件人,遗失、误送等意外情况极为罕见。相对于邮件在合理期限内送达来说,遗失、误送等属例外情形,故原告无须就不存在例外情形负举证责任。要使因投递工作的失误而迟到的承诺失去效力,要约人必须在接到承诺后立即将承诺已迟到的情况通知受要约人。因此,当原告证明他已在要约有效期限内发出承诺的邮件后,主张承诺迟到的被告,不仅应证明该邮件因邮局方面送达失误而逾期到达,而且应证明他已采用适当的方式将迟到的情况通知了受要约人。

(4)合同是否成立发生争议的举证责任。

一般来说,在原告根据合同请求被告履行义务的诉讼中,如果被告否认双方曾订立合同,应由原告对产生合同权利义务关系的事实,即与被告订立合同的事实负举证责任。由于合同的性质不同,法律对合同形式的要求不同,原告负举证责任的范围也会有所不同。对于诺成性合同,原告应对他与被告已就该合同最基本的条款协商一致的事实负举证责任。应当强调指出的是,合同最基本的条款与合同主要条款并非完全等同的概念,它比主要条款的范围更小,是指成立某种合同必不可少的条款。合同法中规定的主要条款是一个条款齐全的合同应具备的条款,而现实生活中相当一部分合同条款并不那么齐备,但双方只要就足以引起合同权利义务发生的最基本条款协商一致,仍不失为该合同已经成立。例如,在买卖合同中,标的物和价金是合同最基本的条款;在租赁合同中,租赁物与租金是合同最基本的条款。至于其他条款,如合同的履行期限、履行方式和地点、违约责任,虽然是合同的主要条款,但它们的欠缺,并不影响合同的成立。对于实践合同,原告除证明双方已就最基本条款协商一致外,还应证明交付合同标的物的事实。对非要式合同,原告只需证明与被告就最基本条款协商一致的事实;对于要式合同,则应当证明协商一致(要约与承诺)是依照法律规定的形式进行的,有的还需要进一步证明已履行了法律要求的审批或登记手续。

2. 合同生效

如果被告承认与原告订立合同的事实,但主张该合同为无效合同,此时的争议便集中在合同有效的构成要件上。如原告主张订立合同时双方皆有相应的民事行为能力,被告则主张一方无行为能力。原告主张合同为双方真实意思表示,被告则主张原告订约时有欺诈、胁迫等行为。由于导致合同无效的诸事实属妨碍合同权利义务产生的事实,故按照举证责任分担的原则,主张合同有效的原告对此不负举证责任,应由主张存在这类事实的被告负举证责任。

(1)关于合同的变更权和撤销权争议的举证责任。

对于因重大误解订立的合同、显失公平的合同、因欺诈、胁迫或者乘人之危订立的合同,当事人一方有权请求撤销或者变更。以重大误解为由撤销或者变更合同时,当事人就以下要件事实负举证责任:表意人因误解作出了意思表示;误解是合同当事人自己的误解;表意人无主观上的故意;误解必须是重大的而非轻微的。以显失公平为由撤销或者变更合同时,当事人负举证责任的要件事实有:该合同为有偿合同,或者是双务合同;合同内容明显背离公平原则;该不公平系一方利用优势或对方没有经验所致。以乘人之危为由撤销或者变更合同时,当事人就以下要件事实负举证责任:一方当事人陷入危难处境,迫切需要某种救助;有乘人之危的行为,即有利用他人危难处境使之接受不利条件的行为;行为人具有主观上的故意;受害人的意思表示内容对自己严重不利。

(2)关于合同无效宣告请求权争议的举证责任。

根据《合同法》规定合同无效的事由有五项:①一方以欺诈、胁迫的手段订立合同,损害国家利益;②恶意串通,损害国家、集体或者第三人利益;③以合法形式掩盖非法目的;④损害社会公共利益;⑤违反法律、行政法规的强制性规定。

以欺诈为由请求宣告合同无效的,当事人就以下要件事实负举证责任:欺诈方具有欺诈的故意;欺诈方实施了欺诈行为,故意告知虚假情况(如把赝品说成是真迹,把劣质品说成是优等品等),或者故意隐瞒真实情况(如有义务以行为或语言告知产品的瑕疵却不向对方履行告知义务);相对人因欺诈而陷入错误;受欺诈人因错误而作出意思表示。以胁迫为由请求宣告合同无效的,当事人负举证责任的要件事实有:有实施压力的胁迫行为,如以给公民及其亲友的生命健康、荣誉、名誉、财产等造成损害,或者以给法人的荣誉、名誉、财产等造成损害为要挟之行为;胁迫行为须是非法的;有胁迫的故意;相对人因胁迫而产生恐惧,因恐惧而订立了合同。

以恶意串通为由请求宣告合同无效的,当事人就以下要件事实负举证责任:行为人的意思表示欠缺效果意思,即表示行为与内心真实意思不一致;非真意表示系与相对人通谋

实施；行为人有主观上的恶意，即明知或应知其行为会造成国家、集体或第三人利益的损害，而故意为之。

以合法形式掩盖非法目的的行为，是一种内容违法的虚假行为，又称伪装行为。当事人以行为虚假为由请求宣告合同无效的，应当证明的要件事实是：行为人故意表现出来的形式或故意实施的行为并非其真正要达到的目的，而只是借助合法的合同外表达到非法的目的。

以违反法律、行政法规的禁止性效力性规定为由请求宣告合同无效的，应当就订约目的、合同内容和形式违反民法中的强行性效力性规范或者其他部门法中的禁止性效力性规范等事实负举证责任。比如证明对方通过订立合同，从事诈骗、行贿受贿等触犯刑律的行为，或者有偷税、漏税、逃汇、套汇等违反税收征管、外汇管理的情形。而且此处的法律、行政法规的强制性规定应当是禁止性效力性规定。

3. 债权人撤销权和债权人代位权争议的举证责任

债权人撤销权发生争议时，债权人欲行使其撤销权，撤销债务人所实施的行为，必须以证据证明下列要件事实：①债务人实施了一定的处分财产的行为，如放弃其到期债权或者无偿转让财产，或者以明显不合理的低价转让财产；②债务人处分财产的行为已经发生法律效力；③债务人处分财产的行为已经或将要对债权人造成损害。以上要件事实，债权人须提供证据证明。对于债务人以明显不合理的低价转让财产行为的撤销，债权人还必须同时证明受让人行为时的主观恶意。受让人的恶意，虽一般要求由债权人举证，但债权人能证明债务人有害于债权的事实，依当时具体情形应为受让人所能知晓的，可推定受让人为恶意。不过，这里的推定为事实推定，由法官依据个案情形酌定。

债权人代位权发生争议时，债权人欲行使其代位权，代替债务人向第三债务人主张权利，必须就下列要件事实负举证责任：债权人与债务人之间有合法的债权债务关系；债务人对第三债务人有到期债权存在；债务人怠于行使其对第三债务人的权利；债务人怠于行使权利的行为有害于债权人的债权。

4. 合同解除权争议的举证责任

（1）约定解除争议的举证责任。

合同可以由当事人双方协商一致解除，当事人也可在合同中约定一方行使解除权的条件，待条件成就时单方解除合同。

合同成立以后，未履行或未完全履行之前，当事人双方通过协商而解除合同，使合同效力消灭的行为，称为协议解除合同。双方当事人事后协商达成的解除原合同的协议，构成一个新的合同，其主要内容是解除原合同关系，所以协议解除是以第二个合同解除第一个合同。当事人对于协议解除合同有争议的，主张协议解除的一方应就达成解除合同协议的事实负举证责任。

当事人双方在合同中约定，在合同成立以后，未履行或未完全履行之前，由当事人一方在出现某种情况后通过行使解除权,使合同关系消灭,称为约定解除权。解除权的约定也是一种合同,约定解除的内容及行使方式应由当事人自行决定,但是必须符合民事法律行为的生效要件,否则约定解除权的条款无效。当事人就约定解除权发生争议的,应由主张行使约定解除权的一方举证证明解除权的约定之事实。

(2)法定解除权争议的举证责任。

合同成立后,未履行或未履行完毕之前,当事人直接依据法律规定的解除条件,通过行使法定解除权而使合同效力消灭的行为。法定解除的事由,主要是因不可抗力、预期违约、迟延履行及其他致使合同履行成为不必要、不可能的违约行为。当事人行使法定解除权时,应证明具有下述情形之一:因不可抗力致使不能实现合同目的的;在履行期限届满之前,当事人一方明确表示或者以自己的行为表明不履行主要债务的;当事人一方迟延履行主要债务,经催告后在合理期限内仍未履行的;当事人一方迟延履行债务或者有其他违约行为致使不能实现合同目的的。

5. 抵销权纠纷的举证责任

(1)法定抵销权争议的举证责任。

法定抵销是指二人互负同种类的债务,且债务均已届清偿期的,为使相互间所负相当额之债务同归于消灭的一方的意思表示。抵销权为形成权的一种,发生于双方当事人之间的债权债务在可以抵销的情况下,当事人双方都取得抵销权。欲发生抵销的后果,当事人一方或双方必须行使抵销权。在诉讼上主张法定抵销权时,必须就下列要件事实负举证责任:当事人双方互负债务,互享债权;抵销的债务必须标的物种类、品质相同;当事人双方的债权均届清偿期。对方当事人可以以双方债务均为按照合同性质或者依照法律规定不得抵销的债务(例如不作为债务、提供劳务的债务及以智慧成果为给付标的的债权、劳动报酬、抚恤金等债权、因侵权行为所负的债务、强制执行时被执行人及其所供养人的生活必需品和生活必需费用)为由否认其法定抵销权的存在。但必须就其否认的事实负举证责任。

(2)合意抵销争议的举证责任。

当事人互负债务,标的物种类、品质不相同的,经双方协商一致,也可以抵销。主张合意抵销者,应就达成抵销协议之事实负举证责任。

6. 合同权利变更或消灭的举证责任

就他人所主张的合同权利,认为有阻碍、变更或消灭权利的事实的,由主张权利人的相对人负责证明。合同法规定合同权利受到阻碍、变更或消灭的情形主要有:要约不得撤销的抗辩事由,要约失效的事由,格式条款无效的事由,合同无效的情形,合同中的免责条款无效的事由,撤销权消灭的事由,债权人代位权的例外,债权人撤销权的除斥期间,合同的变更,双务合同中的先履行抗辩权、同时履行抗辩权、不安抗辩权等。在诉讼中,一方当事人可以上述事由进行抗辩,但必须以证据证明合同权利受到阻碍、变更或消灭的事实。

如《合同法》第五十五条规定：有下列情形之一的，撤销权消灭：①具有撤销权的当事人自知道或者应当知道撤销事由之日起1年内没有行使撤销权；②具有撤销权的当事人知道撤销事由后明确表示或者以自己的行为放弃撤销权。撤销权人有上述情形之一的，相对方即可在诉讼中以之为抗辩事由，抗辩事由的存在由相对方负责证明。

当然，对于合同法规定的事实，如不易确定其为权利设立的事实还是权利存有阻碍、变更或消灭的事实时，应当视为权利设立的事实，由主张权利者负责证明。

（二）合同是否履行发生争议的举证责任

合同是否履行发生的争议，是指一方当事人主张合同尚未履行，要求对方当事人履行合同上的义务，而对方则抗辩说合同义务已经履行，或者认为合同已不具有履行效力。

根据《合同法》第九十一条的规定：合同权利的消灭有绝对消灭和合同履行效力的消灭两种。其中，绝对消灭的法律事实有清偿、抵销、提存、免除和混同，合同履行效力的消灭的法律事实有解除合同、履行期届至等。具体而言，负有履行义务的当事人只要证明了下列事实之一，就表明他人的履行请求权不复存在了：

（1）债务已经按照约定履行，即清偿：合同当事人按照合同的约定的时间、地点和方式完全履行了自己的义务，权利人实现了自己的全部合同权利。

（2）合同解除：合同的解除分广义和狭义两种。广义的合同解除包括单方解除和双方解除，而狭义的合同解除仅指单方解除。双方解除是当事人双方为了消灭原有的合同而订立的新合同即解除合同，而单方解除是指当事人一方通过行使法定解除权或约定解除权而使合同的效力溯及消灭的意思表示。

（3）债务相互抵销。二人互负债务时，各以其债权充当债务之清偿，而使其债务与对方的债务在对等额内相互消灭。抵销既消灭了当事人互负的合同债务，也消灭了当事人互享的合同债权，所以抵销是合同权利义务终止的原因。

（4）债务人依法将标的物提存。在某些不可归责于债务人的情形下，会出现债务履行受阻的现象。如债权人无正当理由而拒绝受领，债权人受领不能，债务人不能确知何人为债权人，或者债权人去向不明等。在上述情况下，债务人将该标的物交给提存部门保存，即可消灭合同权利义务。

（5）债权人免除债务。债权人抛弃债权，从而消灭合同关系，债务人得以免除其清偿义务，所以免除是使合同的权利义务绝对终止的一种方法。

（6）债权债务同归于一人，即混同。债的关系须有债权人和债务人同时存在时方能成立，当债权人和债务人合为一人时，债权债务就当然消灭。所以混同也是合同的权利义务绝对终止的原因之一。

（三）代理权纠纷的举证责任

1. 双方就是否存在代理关系发生争执的举证责任

双方就是否存在代理关系发生争执，即一方主张另一方为自己的代理人，故民事活动的后果应由自己承担，另一方则予以否认。在上述争执中，应由主张对方为自己代理人的一方就代理关系的存在负举证责任，以证明代理权存在的事实。

2. 越权代理或代理权终止争议的举证责任

行为人虽然有代理权，但擅自超越代理权限的范围签订合同（即越权代理）的，或者行为人本来有代理权，但代理权终止后仍以被代理人名义签订合同（代理权终止）的，均属于无权代理。

当事人双方对有无代理权发生争议时，应由主张有代理权的一方负举证责任。但对于超越代理权或者代理权终止后以被代理人名义订立的合同，举证责任分配则截然不同。

当原告要求作为被代理人的被告履行合同时，被告主张代理人订立合同时超越了代理权限或者合同是在代理权终止后订立的，此时便应由被告对超越代理权限或代理权已终止的事实负举证责任。如果越权代理或代理权终止的事实已得到证明，双方对被代理人是否追认存在着争议，被告已追认的举证责任就应由原告负担。

主张有代理权的一方如认为被代理人已经对无权代理行为进行了追认，则应证明追认的事实。主张有代理权的善意一方也可申请撤销合同，但必须证明以下要件事实：①撤销发生在被代理人未予追认之前；②申请人在与超越代理权或者代理权终止之人订立合同时，不知道其不具有代理权；③以通知的方式作出了撤销合同的意思表示。

3. 代理权是否滥用发生争议的举证责任

滥用代理权，是指代理人违背代理权的设定宗旨，损害被代理人利益的代理行为。滥用代理权不同于超越代理权或代理权已经终止而从事代理行为，滥用代理权以代理人具有代理权为前提。在实践中，滥用代理权主要包括自己代理及双方代理两种情况。

自己代理是指代理人以被代理人的名义同自己签订合同。在这种情况下，代理人与被代理人是合同双方当事人，而代理人与相对人则为同一人，合同的内容实际上由代理人一人决定，很容易造成对被代理人利益的损害。

双方代理是指代理人以被代理人的名义同自己代理的其他人签订合同。在这种情况下，合同的内容实际上也是由一人决定，不能反映双方协商一致的真实意思表示。此外，滥用代理权还表现为代理人和第三人恶意串通损害被代理人利益的情况。

当代理人与被代理人之间对是否滥用代理权发生争议时，应由主张滥用代理权的一方就代理权滥用的事实负举证责任。如当被代理人要求第三人和代理人对其受到的损害负连带责任时，应就双方恶意串通的事实负举证责任。

4. 表见代理发生争议的举证责任

表见代理是指行为人虽无代理权,但因被代理人的行为造成了足以使善意相对人客观上有充分理由相信行为人具有代理权的表征,被代理人须对之负授权人责任的代理。简言之,即本无代理权,表面上却足以令人信其有代理权而按有权代理对待的行为。因表见代理而订立的合同为有效合同,对被代理人发生预期的法律效果。

表见代理有三种构成类型:

(1)授权表示型表见代理,即以自己的行为表示授予他人代理权,或者他人表示为其代理人而不作反对表示,从而须对之负授权人责任的表见代理。但是,相对人明知其无代理权,或者应当知道的,不在此限。比如在委托代理中,委托人(被代理人)应当有明确的授权范围,若授权代理时未指明代理权限,或者其指明的权限未在代理证书上写明以及把有关证明文书(包括合同章和盖有印章的空白合同书等)交给行为人,均可使相对人善意无过失地相信代理人为有权代理,而与之签订合同。一般认为:合同签订人用委托单位的合同专用章或者加盖公章的空白合同书签订合同的,应视为委托单位授予合同签订人以代理权。委托单位对合同签订人签订的合同,应当承担责任。合同签订人持有委托单位出具的介绍信签订合同的,应视为委托单位授予代理权。介绍信中对代理事项、授权范围表达不明的,委托单位对该项合同应当承担责任,合同签订人应负连带责任。合同签订人未持有委托单位出具的任何授权委托证明签订合同的,如果委托单位未予盖章,合同不能成立,责任由签订人自负;如果委托单位已开始履行,应视为对合同签订人的行为已予以追认。对借用其他单位的业务介绍信、合同专用章或者盖有公章的空白合同书签订的经济合同,借用人与出借单位有隶属关系,且借用人签订经济合同是进行正常的经营活动,出借单位与借用人对合同的不履行或者不完全履行负连带赔偿责任。

(2)权限逾越型表见代理,即代理权嗣后被限缩,但因被代理人的行为造成足以令人信其未被限缩的假象而发生的表见代理。

(3)权限延续型表见代理,即代理关系终止后,因被代理人的行为造成足以令人信其代理权存续的假象而发生的表见代理。此情形多发生在外部授权而内部撤回的场合。代理权终止后,为防止原代理人继续为代理行为,被代理人一般应当采用与授权相同的方法实施撤销权行为,如通知相对人、公告、收回代理证书等,以防止发生不利于自己的后果。如因被代理人未采取必要措施或因其某种行为致使存在足以使人相信代理人仍具有代理权的假象,相对人不知代理关系终止而仍与其订立合同的,可构成表见代理。

一般情况下,主张某无权代理行为属于表见代理者,应就下列事实负举证责任:

(1)行为人实施了无权代理行为,即行为人没有代理权、超越代理权或者代理权终止后仍以被代理人名义订立合同;

(2)相对人依据一定事实,相信或认为行为人具有代理权,在此认识基础上与行为人签订合同。相对人应证明其所依据的事实,包括被代理人的行为(如被代理人知道行为人以本人名义订立合同而不作否认表示)以及正当的客观理由(如行为人持有某单位的业务介绍信、合同专用章或者盖有公章的空白合同书等)。在合同是由合同签订人持单位出具的介绍信订立的情况下,原告要求该单位履行合同义务时,只需证明该介绍信存在的事实,无须进一步对介绍信是合法取得的事实负举证责任。如果被告主张合同签订人盗用了单位的介绍信,则应由被告对此负举证责任。行为人可以通过证明相对人主观上为非善意、有过失,比如明知行为人为无权代理人仍与其订立合同,或者证明该合同具有无效的情形,都能够否定表见代理的成立。

五、合同纠纷辩论要点

在庭审中,虽然说以事实为依据,但是事实本身并不会说话;因此需要当事人将证据证明的事实,根据法律规定,与当事人的诉讼主张联系起来。法官认定事实需要理由,适用法律更需理由。当事人的辩论也是说出的理由。因而法庭的辩论显得十分重要。

(一)以合同约定为依据

(1)合同自由是《合同法》重要原则之一,合同是当事人的合意。合意一经完成,合同宣告成立,当事人就受到合同的拘束。合同本质上就是当事人通过自由协商,决定其相互间权利义务关系,并根据其意志调整他们相互间的关系。因此,判断当事人是否违约,承担什么责任;应当首先以合同约定为辩论的基础,结合案件事实,说明违约责任和责任的承担。

(2)以合同为依据的例外,如果合同约定违反了法律、行政法规的禁止性效力性的规定,合同约定无效。需要注意的是,必须是法律、行政法规的禁止性效力性的规定,这意味着既不是强制的指导性规定,也不是地方法规、行政规章的禁止性效力性的规定。而且合同约定的无效不等于合同无效,常见的是部分条款无效。此种无效合同或者无效条款,是自始无效,归于不存在。

(3)合同约定优先的原则体现了合同自由的原则。解决合同当事人的争议,应本着有约定从约定;无约定时有相应的法律规定则适用法律规定;如果既无约定,又无法律规定,则适用当地的交易习惯、行业通行做法。本着鼓励交易的原则,不能轻言合同无效。对待合同无效的主张,辩论者必须慎之又慎。

(二)合同的相对性原则决定合同责任的相对性

合同相对性,就是指合同只对缔约当事人具有法律约束力,对合同关系以外的第三人不产生法律约束力。该原则包含两层含义:其一是,除合同当事人以外的任何其他人不得请求享有合同上的权利;其二是,除合同当事人外,任何人不必承担合同上的责任。

(1)合同相对原则使合同当事人之间互负债务(单务合同除外),通常情况下当事人之间的权利和义务是对等的,并且是相互的。如果合同当事人之一方,以自己的权利对抗对

方的权利,是不会被支持的。因为当事人即便放弃自己的权利,也不能免除自己的义务;而自己的义务对应对方的权利;简言之,也就是一般情况下,当事人不能以自己的义务对抗对方的权利。

(2)合同的相对性还能阻却合同当事人,以他人过错(第三人的过错)推卸自己的责任。不仅除合同当事人外,任何人不必承担合同上的责任;而且也不能因为第三人的过错,免除合同当事人的责任。在实践中,经常出现由于第三人的影响,或者外力的介入(不可抗力除外),实质性影响了当事人履行合同义务;但是即便在此情况下,当事人也应当首先向合同的对方当事人承担合同责任;然后再依合同责任或者侵权责任等法律规定,向第三人追偿。

(3)合同相对性原则的例外,是指除合同当事人以外的第三人依法律规定或合同约定,享有合同产生的请求权,或承担合同产生的责任,即合同效力及于第三人。可见合同相对性原则的例外具有以下特点:首先,合同相对性原则的例外情形适用的主体一方为合同当事人,另一方为合同当事人以外的第三人,且此第三人在订立合同时可能是不确定的;其次,第三人享有请求权或承担责任的基础是合同,即第三人依据合同享有权利、承担责任。若第三人仅有接受履行的权利而无请求履行的权利,或仅有履行义务而不承担责任,则不属于合同相对性原则的例外。

具体表现如"买卖不破租赁"中的房屋后续买受人,属于在先前房屋所有权与房屋租赁人签订租赁合同时并不确定的第三人;但是房屋租赁人可以原租赁合同对抗房屋后续买受人。还有债权人的解除权、代为履行等,均是合同相对性的例外。为第三人设定利益合同、建筑施工合同的发包合同等都是合同相对性原则例外。

(三)不可抗力与合同免责条款的适用

(1)不可抗力应理解为签订合同后在一方所发生的特殊的,不可预见的和不可避免的事件所造成的情况。构成不可抗力一般应具备以下几个条件:

1)不可抗力事件应当是在合同订立后发生的,如在订立合同以前就已发生,则该事件就不能称为不可抗力;

2)不可抗力事件是在订立合同时,双方所不能预期或没有理由能肯定该事件的发生的,如订立合同时就已预期必然发生某种事件,则该事件就不能称为不可抗力;

3)不可抗力事件不是由任何一方当事人的过错或过失所引起,而是由客观的外在原因所引发;

4)不可抗力事件的发生及其所引发的后果是人力所不能控制、不可抗拒和不可避免的;

5)不可抗力事件可以通过列举约定,但较为严格。发生不可抗力事件,即便合同没有约定,仍然可以作为抗辩事由。不可抗力事件一般包括自然灾害,如台风、地震、洪水、冰雹;政府行为,如征收、征用;社会异常事件,如罢工、骚乱三方面。其中罢工和骚乱等,并不一定认定为不可抗力。

(2)不可抗力与意外事件的区别。

意外事故,是指由于非当事人故意或过失所引起的事故。即事故的发生是当事人所不能预见的,且当事人主观上没有任何过错。

不可抗力与意外事件之间截然不同,区别大致可分为:

1)两者的范围程度不同。不可抗力是指那些人力不可预见,或即使预见也无法避免的重大自然灾害或社会变故,比如大地震、飓风、战争、政变等。不可抗力具有范围广、程度重大等特点,它与人本身的活动没有任何联系;而意外事件则是指当事人难以预料的偶发事件,如突生疾患、交通事故、遭遇劫匪等。意外事件具有对象的特定性和后果的不确定性等特点,它与人的业务活动具有密切的联系;

2)两者的可抗拒性不同。不可抗力事件的发生具有不以人的意志为转移的必然性,在事件发生的区域内具有普遍性、广泛性和不可克服性,当事人的预见能力对事件发生本身不能产生任何实质性影响。即不可抗力具有人的意志的不可抗拒性,无论人能否预见,其发生都是必然的。而意外事件则具有当事人难以预见,事件发生出乎其预料的偶然性的特点,意外事件不具有普遍性,它只对遭遇事件的当事人产生影响;即意外事件是完全出乎人的意料之外发生的,它是指在当事人已经尽到合理的谨慎和注意的情形下,仍然发生了难以预料的事件。意外事件由于具有偶发性,它与人的不能预见存在着必然的联系。而如果人能够预见,则就不能构成意外事件,由意外事件所可能引发的后果也是能够因为人的预防和努力而得以避免和克服的。

3)两者的法律性质不同。不可抗力是为国际惯例和各国合同法所明确的法定免责事由,而意外事件则不是。根据《合同法》规定:因不可抗力不能履行合同的,根据不可抗力的影响,部分或全部免除责任,但法律另有规定的除外。但是当事人应当要在法律规定的条件下,履行告知等义务,并且以减轻可能给对方造成的损失,并应当在合理期限内提供证明。

(3)免责条款常被合同一方当事人写入合同或格式合同之中,作为明确或隐含的意思要约,以获得另一方当事人的承诺,使其发生法律效力。就其本意讲是指合同中双方当事人在订立合同或格式合同提供者提供格式合同时,为免除或限制一方或者双方当事人责任而设立的条款。免责条款以意思表示为要件,以限制或免除当事人未来责任为目的,属于民事法律行为。因此对于合同约定而言,设定免责条款比不设定免责条款更为有利;对于行使抗辩权而言,对待免责条款应当考虑约定的合法性。

确认免责条款的效力,如同确认其他民事法律行为一样,必须具备一定的法律要件。只要经当事人协商确定的免责条款,不违反法律的禁止性的效力性规定和社会公共利益,法律是不会责难的,这是合同当事人意思自治的表现。确认免责条款有效,应具备以下法律要件:

1）必须是双方当事人真实的意思表示；

2）必须经双方当事人协商同意；

3）必须合理分配双方当事人之间的权益与风险；

4）必须予以充分的注意和说明的格式合同免责条款，其提供者必须尽说明义务。

《合同法》规定：①显失公平的无效。②以各种方式、手段订立的免责条款，损害国家、集体或第三人利益的无效。③格式合同免责条款未向对方当事人提醒注意和详细说明的无效。④造成对方人身伤害的条款无效。

（三）合同抗辩权的适用

合同法中的抗辩权则是指专门对抗请求权的权利，亦即权利人行使其请求权时，义务人享有的拒绝其请求的权利。抗辩权很多，如同时履行抗辩权、后履行抗辩权、不安抗辩权、先诉抗辩权、时效消灭抗辩权等。在合同纠纷抗辩中，以抗辩权对抗请求权迅捷有利。以下是抗辩权的特性：

抗辩权的客体是请求权，而且该项请求权只能是具有财产内容的抗辩权。如果是具有人身内容的请求权（如人格权请求权）则不得成为抗辩权的客体，因为在民法上对人身权的保护优于对财产权的保护，人身权请求权一旦产生，任何法律都不得附加条件对其行使给予限制。

抗辩权是一种防御性而非攻击性的权利。只有一方当事人行使请求权，另一方当事人才可能对此进行抗辩，否则"对抗"就无从谈起。

抗辩权的有效行使权是对请求权效力的一种阻却。它并没有否认相对人的请求权，也没有变更或消灭相对人的权利。

有暂时阻止或者全部阻止请求权行使的多种形态。有先给付义务的一方当事人行使不安抗辩权后，相对方的请求权依然存在，只不过其效力暂时受到阻碍。因此，一旦相对方在合理期限内提出充分的担保，抗辩权立即消灭，有先给付义务的一方当事人应依合同履行自己的给付义务。同理，对同时履行抗辩权和保证人的先诉抗辩权的行使也只使请求权的效力延期发生。此外，即使时效抗辩权的行使也只能发生永久阻却对方请求权的效力，而不能直接导致请求权的消灭。《合同法》主要的几种抗辩权：

（1）同时履行抗辩权及行使条件。

1）在同一双务合同中互负对待给付义务。

2）互负的义务已到了清偿期。

同时履行抗辩权只能发生在同时给付的双务合同之中。双方当事人所负担的给付应当同时提出，相互交换。比如买卖合同，如当事人没有约定，买方的价金交付与卖方的转移财产权应当同时进行。一方在对方未为对等给付前，可以行使不履行合同的抗辩权，拒绝向对方给付，在对方履行不完全或有瑕疵时，也可以主张合同未完全履行的抗辩权。

（2）后履行抗辩权及行使条件

1）必须是双务合同。

2）合同债务的履行存在先后。履行先后可根据当事人约定、法律规定或交易习惯确定。

3）先履行义务一方不履行债务或履行债务不符合约定。

后履行抗辩权和不安抗辩权适用于有先为给付义务的双务合同。按照法律规定、合同性质或当事人的约定，合同的一方存在先为给付的义务，在其未为履行义务前，无权请求对方履行义务，而对方对其请求享有拒绝的权利。如果先履行一方的履行不符合约定条件，则后履行一方享有拒绝履行其相应履行请求的权利，这是后履行抗辩权的适用范围。

（3）不安抗辩权及行使条件

如果先为给付义务的一方在履行义务之前，发现对方的财产、商业信誉或其他与履行能力有关的事项发生明显恶化时，可以主动中止履行义务，此为不安抗辩权的适用范围。《合同法》规定不安抗辩权应有的附随义务为：

1）通知义务。当事人因行使不抗辩权而中止履行时，应当及时通知对方。这是对对方权利的必要保护，对方及时了解情况后，可以提出异议，或采取补救措施，等等。如果不尽及时通知义务，行使不安抗辩权的一方应当承担相应的违约责任。

2）对方提供担保时应及时恢复履行。法律赋予不安抗辩权的目的是保护先为履行义务一方的债权，如因相对方提出担保措施而使债权得到了保障，不安抗辩权的适用条件就不存在，此时应当恢复已中止的债务履行。这种法定附随义务也是对不安抗辩权的一种限制。

（4）先诉抗辩权则适用于承担一般保证责任的保证人对主债权人的抗辩。在主债权人未就主债务人的财产强制执行而无效果前，保证人可行使抗辩权。

合同纠纷抗辩较为复杂，本节主要讨论了一些常见的常用的，而且又是较易混淆的抗辩理由和原则、规则。具体到不同类型的合同以及在千差万别的合同中，一方面要根据合同约定的实际情况，另一方面要跳出具体的羁绊，找出其共性，比如合同自由、合同相对性等，利于解决问题。

第二节　劳动争议

劳动合同是一类特殊的合同，既具有合同的特性，更具有其独特的个性。劳动合同因受立法者保护劳动者的立法精神影响，因此劳动合同不仅仅具有合同的自由特性和相对性，更具政府主动干预的特性。劳动合同纠纷首先适用《劳动法》和《劳动合同法》的调节，当然也受《合同法》和《民法通则》的调节。发生劳动争议，一般情况下在诉讼前，受劳动仲裁前置的制约（法律另有特殊规定的除外）。且劳动仲裁有别于一般仲裁，一般情况下，劳

动仲裁非一裁终局(特殊情况除外);当事人不服劳动仲裁裁决,可以提起民事诉讼。

发生劳动争议,应本着协商优先的原则。因为劳动争议大多数形成于生产经营环节,发生争议的双方,在生产经营中实际上存在雇佣关系;且是管理和被管理的关系。今天的劳动者,也许就是明天的劳动争议的当事人,反之亦然。处理劳动争议,不仅要考虑维护社会秩序和稳定,维护弱者的权益;也要考虑不能过多地损伤经营者的生产经营积极性;否则会顾此失彼!

当事人不愿协商、协商不成或者达成和解协议后不履行的,可以向调解组织申请调解;不愿调解、调解不成或者达成调解协议后不履行的,可以向劳动争议仲裁委员会申请仲裁;对仲裁裁决不服的,除法律法规另有规定的外,可以向人民法院提起诉讼。劳动争议仲裁是劳动争议诉讼前的必经程序,简称"劳动争议仲裁前置"。未经劳动争议仲裁裁决,人民法院不予受理劳动争议诉讼。

劳动争议的处理,实行"一裁二审"制,即劳动争议当事人首先必须向劳动仲裁机构申请仲裁,对劳动仲裁机构的仲裁不服的,可以向人民法院起诉,对一审法院的判决不服的,可以向上一级人民法院上诉,二审法院的判决是劳动争议的最终判决。

所谓特殊规定,就是对于劳动争议涉及标的额不大,或者可以直接援用法律强制性规定查明劳动争议的事由的,采取一裁而终。以下争议经劳动仲裁作出裁决后,即发生法律效力,不能再诉:

第一类是追索劳动报酬、工伤医疗费、经济补偿或者赔偿金,不超过当地月最低工资标准十二个月金额的争议;第二类是因执行国家的劳动标准在工作时间、休息休假、社会保险等方面发生的争议。

一、劳动争议仲裁管辖和诉讼管辖

劳动争议(劳动纠纷)仲裁是一种特殊的仲裁制度,有别于通常意义的商事仲裁;由《劳动争议调解仲裁法》直接规定;劳动争议仲裁委员会按照统筹规划、合理布局和适应实际需要的原则设立。省、自治区人民政府可以决定在市、县设立;直辖市人民政府可以决定在区、县设立。直辖市、设区的市也可以设立一个或者若干个劳动争议仲裁委员会。劳动争议仲裁委员会虽然不按行政区划层层设立;但是劳动争议仲裁委员会具有行政区划管理的明显特征。相较于劳动争议诉讼,劳动仲裁管辖的确定要简单得多。

(一)劳动争议的仲裁管辖

劳动争议仲裁管辖不是当事人约定管辖,而是由《劳动争议调解仲裁法》直接规定。当事人只能向法律规定的一至二个仲裁机构申请仲裁。劳动争议仲裁实行以地域管辖为主,级别管辖为辅的原则。

1．劳动争议调解仲裁管辖的法律规定

《劳动争议调解仲裁法》第二十一条规定了劳动争议仲裁的管辖：

(1)劳动争议仲裁委员会负责管辖本区域内发生的劳动争议。这是劳动争议仲裁管辖的基本规则。这一规定说明，如果发生的劳动争议与劳动争议仲裁委员会所在区域不存在任何关联，那么它无权管辖。

(2)劳动争议由劳动合同履行地或者用人单位所在地的劳动争议仲裁委员会管辖。劳动合同履行地与用人单位所在地不一致的，两地的劳动争议仲裁委员会都有仲裁管辖权。这里的选择性管辖是有限的选择。

(3)如果劳动者和用人单位分别向劳动合同履行地和用人单位所在地的劳动争议仲裁委员会申请仲裁，则由劳动合同履行地的劳动争议仲裁委员会管辖。法律规定采取了劳动合同履行地优先的制度，主要是利于查明事实，另外从某一种角度而言，也更易便利劳动者。

其中用人单位不仅仅是与劳动者订立于书面劳动合同的用人单位，还是虽未订立书面劳动合同，但是与劳动者发生事实劳动关系的用人单位。

（二）劳动争议的法院管辖

劳动争议的诉讼管辖权与劳动争议仲裁管辖权相比，要复杂一些；主要是按照最高人民法院关于审理劳动争议案件适用法律若干问题的解释》(以下简称《劳动争议司法解释一》，其中的篇号不同代表不同的解释篇号)。用人单位的确定比劳动争议仲裁更加宽泛。

劳动争议当事人对于除一裁终局的争议以外的其他劳动争议案件的仲裁裁决不服的，可以自收到仲裁裁决书之日起十五日内向人民法院提起诉讼；期满不起诉的，裁决书发生法律效力。这是劳动争议提起诉讼的时间要件。

另外劳动争议案件的仲裁裁决在申请执行时，同样存在法院的执行管辖权。发生法律效力的调解书、裁决书，如果一方当事人逾期不履行的，另一方当事人可以依照民事诉讼法的有关规定向人民法院申请执行。

所以劳动争议的法院管辖，不仅包括诉讼管辖，还包括执行管辖。

(1)管辖的基本规定：按照**《劳动争议司法解释一》第八条规定，劳动争议案件由用人单位所在地或合同履行地的基层人民法院管辖。劳动合同履行地不明确的，由用人单位所在地的基层人民法院管辖。**

这一规定对于用人单位所在地或合同履行地相距较远，且劳动者又是从另一个较远省份外出务工的劳动者，有时起诉和应诉都会有极大的不便。

(2)按照《民事诉讼法》的规定：法律规定由人民法院执行的其他法律文书，由被执行人住所地或者被执行的财产所在地人民法院执行。虽然法律规定中没有再专门规定劳动争议仲裁裁决的执行法院管辖；但是由于劳动争议仲裁不同于商事仲裁，且为了便于法院执行，均衡基层法院和中级法院的业务；按照此条规定，笔者认为是比较妥当的。

二、劳动争议的当事人与代理人

劳动争议的当事人,分为劳动争议仲裁的当事人和劳动争议诉讼的当事人。

1. 劳动争议仲裁的当事人

发生劳动争议的劳动者和用人单位为劳动争议仲裁案件的双方当事人。劳务派遣单位或者用工单位与劳动者发生劳动争议的,劳务派遣单位和用工单位为共同当事人。

与劳动争议案件的处理结果有利害关系的第三人,可以申请参加仲裁活动或者由劳动争议仲裁委员会通知其参加仲裁活动。

2. 劳动争议仲裁的代理人

当事人可以委托代理人参加仲裁活动。委托他人参加仲裁活动,应当向劳动争议仲裁委员会提交有委托人签名或者盖章的委托书,委托书应当载明委托事项和权限。

丧失或者部分丧失民事行为能力的劳动者,由其法定代理人代为参加仲裁活动;无法确定代理人的,由劳动争议仲裁委员会为其指定代理人。劳动者死亡的,由其近亲属或者代理人参加仲裁活动。

3. 劳动争议诉讼的当事人

除上述劳动争议仲裁的当事人,也是劳动争议诉讼的当事人外,《劳动争议司法解释一》至《劳动争议司法解释四》,根据实际情况,还规定了更加细致的单位和个人是劳动争议诉讼的当事人的情形。

(1)用人单位与其他单位合并的,合并前发生的劳动争议,由合并后的单位为当事人;用人单位分立为若干单位的,其分立前发生的劳动争议,由分立后的实际用人单位为当事人。用人单位分立为若干单位后,对承受劳动权利义务的单位不明确的,分立后的单位均为当事人。

(2)用人单位招用尚未解除劳动合同的劳动者,原用人单位与劳动者发生的劳动争议,可以列新的用人单位为第三人。原用人单位以新的用人单位侵权为由向人民法院起诉的,可以列劳动者为第三人。原用人单位以新的用人单位和劳动者共同侵权为由向人民法院起诉的,新的用人单位和劳动者列为共同被告。

(3)劳动者在用人单位与其他平等主体之间的承包经营期间,与发包方和承包方双方或者一方发生劳动争议,依法向人民法院起诉的,应当将承包方和发包方作为当事人。

(4)劳动者因履行劳动力派遣合同产生劳动争议而起诉,以派遣单位为被告;争议内容涉及接受单位的,以派遣单位和接受单位为共同被告。

(5)劳动者与未办理营业执照、营业执照被吊销或者营业期限届满仍继续经营的用人单位发生争议的,应当将用人单位或者其出资人列为当事人。未办理营业执照、营业执照被吊销或者营业期限届满仍继续经营的用人单位,以挂靠等方式借用他人营业执照经营的,应当将用人单位和营业执照出借方列为当事人。

（6）当事人不服劳动人事争议仲裁委员会作出的仲裁裁决，依法向人民法院提起诉讼，人民法院审查认为仲裁裁决遗漏了必须共同参加仲裁的当事人的，应当依法追加遗漏的人为诉讼当事人。

被追加的当事人应当承担责任的，人民法院应当一并处理。

三、劳动争议仲裁

根据《中华人民共和国劳动争议调解仲裁法》第二十七条的规定，劳动争议申请仲裁的时效期间为一年。仲裁时效期间从当事人知道或者应当知道其权利被侵害之日起计算。

前款规定的仲裁时效，因当事人一方向对方当事人主张权利，或者向有关部门请求权利救济，或者对方当事人同意履行义务而中断。从中断时起，仲裁时效期间重新计算。

因不可抗力或者有其他正当理由，当事人不能在一年的仲裁时效期间申请仲裁的，仲裁时效中止。从中止时效的原因消除之日起，仲裁时效期间继续计算。

劳动关系存续期间因拖欠劳动报酬发生争议的，劳动者申请仲裁不受一年的仲裁时效期间的限制；但是，劳动关系终止的，应当自劳动关系终止之日起一年内提出。

（一）申请仲裁的程序

申请人应当向有管辖权的劳动争议仲裁委员会提交仲裁申请书，申请书应包含以下内容。

（1）申请人的基本情况。申请人为劳动者的，应写明姓名、性别、出生年月、民族、工作单位、职务、住所地、联系电话、居民身份证号码等；申请人为用人单位的，应写明单位名称、单位性质、单位地址、联系电话、单位法定代表人的姓名、职务、联系电话等。

（2）被申请人。此项内容应写明被申请人的基本情况。具体内容同上。

（3）请求事项。此项内容应简明扼要、明确具体。请求事项涉及时间的，要明确起始和终止的时间；涉及金额的，要列出具体的数额；涉及撤销某项处理决定的，写明该文件名称及文号；涉及多项请求事项的，分项列明。

（4）事实和理由。此项内容应写明申请人与被申请人之间的关系；争议发生的经过；认为被申请人违反法律法规、政策的事实和理由；请求事项依据的法律法规、政策；证据及证据的来源等。

（5）申请人亲笔签名，日期。

（6）劳动争议仲裁不收取受理费。

（二）举证责任分配

（1）一般规则是当事人对自己提出的主张有责任提供证据。如果与争议事项有关的证据属于用人单位掌握管理的，用人单位应当提供；用人单位不提供的，应当承担不

利后果。

（2）在法律没有具体规定,无法确定举证责任承担时,仲裁庭可以根据公平原则和诚实信用原则,综合当事人举证能力等因素确定举证责任的承担。

（3）承担举证责任的当事人应当在仲裁委员会指定的期限内提供有关证据。当事人在指定期限内不提供的,应当承担不利后果。当事人因客观原因不能自行收集的证据,仲裁委员会可以根据当事人的申请,参照《民事诉讼法》有关规定予以收集;仲裁委员会认为有必要的,也可以决定参照《民事诉讼法》有关规定予以收集。

（三）仲裁裁决

1. 劳动争议仲裁的受理

（1）劳动争议仲裁委员会收到仲裁申请之日起五日内,认为符合受理条件的,应当受理,并通知申请人;认为不符合受理条件的,应当书面通知申请人不予受理,并说明理由。对劳动争议仲裁委员会不予受理或者逾期未作出决定的,申请人可以就该劳动争议事项向人民法院提起诉讼。

（2）劳动争议仲裁委员会受理仲裁申请后,应当在五日内将仲裁申请书副本送达被申请人。被申请人收到仲裁申请书副本后,应当在十日内向劳动争议仲裁委员会提交答辩书。劳动争议仲裁委员会收到答辩书后,应当在五日内将答辩书副本送达申请人。被申请人未提交答辩书的,不影响仲裁程序的进行。

2. 开庭和裁决

（1）劳动争议仲裁委员会裁决劳动争议案件实行仲裁庭制。仲裁庭由三名仲裁员组成,设首席仲裁员。简单劳动争议案件可以由一名仲裁员独任仲裁。仲裁员适用回避制度。

（2）仲裁庭应当在开庭五日前,将开庭日期、地点书面通知双方当事人。当事人有正当理由的,可以在开庭三日前请求延期开庭。是否延期,由劳动争议仲裁委员会决定。申请人中途退庭的,可以视为撤回仲裁申请。被申请人收到书面通知,无正当理由拒不到庭或者未经仲裁庭同意中途退庭的,可以缺席裁决。

（3）仲裁庭对专门性问题认为需要鉴定的,可以交由当事人约定的鉴定机构鉴定;当事人没有约定或者无法达成约定的,由仲裁庭指定的鉴定机构鉴定。

根据当事人的请求或者仲裁庭的要求,鉴定机构应当派鉴定人参加开庭。当事人经仲裁庭许可,可以向鉴定人提问。

（4）当事人在仲裁过程中有权进行质证和辩论。质证和辩论终结时,首席仲裁员或者独任仲裁员应当征询当事人的最后意见。

当事人提供的证据经查证属实的,仲裁庭应当将其作为认定事实的根据。

仲裁庭应当将开庭情况记入笔录。当事人和其他仲裁参加人认为对自己陈述的记录有遗漏或者差错的,有权申请补正。如果不予补正,应当记录该申请。记录由仲裁员、记录人员、当事人和其他仲裁参加人签名或者盖章。

(5)当事人申请劳动争议仲裁后,可以自行和解。达成和解协议的,可以撤回仲裁申请。仲裁庭在作出裁决前,应当先行调解。调解达成协议的,仲裁庭应当制作调解书。

调解书应当写明仲裁请求和当事人协议的结果。调解书由仲裁员签名,加盖劳动争议仲裁委员会印章,送达双方当事人。调解书经双方当事人签收后,发生法律效力。调解不成或者调解书送达前,一方当事人反悔的,仲裁庭应当及时作出裁决。仲裁庭裁决劳动争议案件时,其中一部分事实已经清楚,可以就该部分先行裁决。

(6)仲裁庭对追索劳动报酬、工伤医疗费、经济补偿或者赔偿金的案件,根据当事人的申请,可以裁决先予执行,移送人民法院执行。仲裁庭裁决先予执行的,劳动者申请先予执行的,可以不提供担保。但应当符合下列条件。

①当事人之间权利义务关系明确;

②不先予执行将严重影响申请人的生活。

(7)裁决应当按照多数仲裁员的意见作出,少数仲裁员的不同意见应当记入笔录。仲裁庭不能形成多数意见时,裁决应当按照首席仲裁员的意见作出。裁决书应当载明仲裁请求、争议事实、裁决理由、裁决结果和裁决日期。裁决书由仲裁员签名,加盖劳动争议仲裁委员会印章。对裁决持不同意见的仲裁员,可以签名,也可以不签名。

(8)除终局仲裁裁决书外,当事人对其他劳动争议案件的仲裁裁决不服的,可以自收到仲裁裁决书之日起十五日内向人民法院提起诉讼;期满不起诉的,裁决书发生法律效力。

(9)当事人对发生法律效力的调解书、裁决书,应当依照规定的期限履行。一方当事人逾期不履行的,另一方当事人可以依照民事诉讼法的有关规定向人民法院申请执行。受理申请的人民法院应当依法执行。

四、劳动争议诉讼与执行

劳动争议的诉讼,是指劳动争议当事人不服劳动争议仲裁委员会的裁决,在规定的期限内向人民法院起诉,人民法院依法受理后,依法对劳动争议案件进行审理的活动。此外,劳动争议的执行,是当事人一方不履行仲裁委员会已发生法律效力的裁决书或调解书及法院的判决书,另一方当事人申请人民法院强制执行的活动。劳动争议的诉讼,是解决劳动争议的最终程序。人民法院审理劳动争议案件除适用《民事诉讼法》所规定的诉讼程序外。同时应依照《劳动争议司法解释一》至《劳动争议司法解释四》的规定进行。

劳动争议的诉讼是一类较为特殊的诉讼,最高人民法院从2001年至2013年,共作出四个《最高人民法院关于审理劳动争议案件适用法律若干问题的解释》,足以看得出来,劳动争议的诉讼既有其特殊性,也有其重要性。随着社会发展,各种新的劳动关系及各种新的劳动争议不断出现。相关司法解释也不断增加,另外各省市、地级市还依据法律授权

制定了各地方处理劳动争议的地方法规和处理规则。劳动争议仲裁和诉讼,有呈多样化的趋势;律师介入劳动争议的程度和深度不够,使得劳动争议的解决出现更多的差别化结果。

（一）法院受理劳动争议诉讼特别规定

（1）劳动争议仲裁委员会对多个劳动者的劳动争议作出仲裁裁决后,部分劳动者对仲裁裁决不服,依法向人民法院起诉的,仲裁裁决对提出起诉的劳动者不发生法律效力;对未提出起诉的部分劳动者,发生法律效力,如其申请执行的,人民法院应当受理。

（2）人民法院受理劳动争议案件后,当事人增加诉讼请求的,如该诉讼请求与讼争的劳动争议具有不可分性,应当合并审理;如属独立的劳动争议,应当告知当事人向劳动争议仲裁委员会申请仲裁。

（3）劳动人事争议仲裁委员会以无管辖权为由对劳动争议案件不予受理,当事人提起诉讼的,人民法院按照以下情形分别处理:

1）经审查认为该劳动人事争议仲裁委员会对案件确无管辖权的,应当告知当事人向有管辖权的劳动人事争议仲裁委员会申请仲裁;

2）经审查认为该劳动人事争议仲裁委员会有管辖权的,应当告知当事人申请仲裁,并将审查意见书面通知该劳动人事争议仲裁委员会,劳动人事争议仲裁委员会仍不受理,当事人就该劳动争议事项提起诉讼的,应予受理。

（4）仲裁裁决是否属于"一裁终局"以仲裁裁决书确定为准。

仲裁裁决书未载明该裁决为终局裁决或非终局裁决,用人单位不服该仲裁裁决向基层人民法院提起诉讼的,应当按照以下情形分别处理:

1）经审查认为该仲裁裁决为非终局裁决的,基层人民法院应予受理;

2）经审查认为该仲裁裁决为终局裁决的,基层人民法院不予受理;但应告知用人单位可以自收到不予受理裁定书之日起三十日内向劳动人事争议仲裁委员会所在地的中级人民法院申请撤销该仲裁裁决;已经受理的,裁定驳回起诉。

（5）劳动者和用人单位均不服劳动争议仲裁委员会的同一裁决,向同一人民法院起诉的,人民法院应当并案审理,双方当事人互为原告和被告。在诉讼过程中,一方当事人撤诉的,人民法院应当根据另一方当事人的诉讼请求继续审理。

（6）劳动者以用人单位的工资欠条为证据直接向人民法院起诉,诉讼请求不涉及劳动关系其他争议的,视为拖欠劳动报酬争议,按照普通民事纠纷受理。按以确定的债权债务纠纷处理,无须劳动仲裁前置。

（7）按照《劳动争议司法解释二》的规定,下列纠纷不属于劳动争议:

1）劳动者请求社会保险经办机构发放社会保险金的纠纷,两者之间不存在劳动关系。

2）劳动者与用人单位因住房制度改革产生的公有住房转让纠纷,不属于劳动报酬的范围。

3)劳动者对劳动能力鉴定委员会的伤残等级鉴定意见或者对职业病诊断鉴定委员会的职业病诊断鉴定意见的异议纠纷,属于委托合同关系,不属于劳动关系。

4)家庭或者个人与家政服务人员之间的纠纷,属于临时雇佣关系,不属于劳动关系。

5)个体工匠与帮工、学徒之间的纠纷,属于帮工关系,不属于劳动关系。

6)农村承包经营户与受雇人之间的纠纷。因为法律规定未承认农村承包经营户的用人单位主体资格。

(8)劳动者以用人单位未为其办理社会保险手续,且社会保险经办机构不能补办导致其无法享受社会保险待遇为由,要求用人单位赔偿损失而发生争议的,人民法院应予以受理。因企业自主进行改制引发的争议,人民法院应予以受理。

(9)用人单位与其招用的已经依法享受养老保险待遇或领取退休金的人员发生用工争议,向人民法院提起诉讼的,人民法院应当按劳务关系处理。

(10)劳动人事争议仲裁委员会作出的调解书已经发生法律效力,一方当事人反悔提起诉讼的,人民法院不予受理;已经受理的,裁定驳回起诉。

(11)当事人在人民调解委员会主持下仅就给付义务达成的调解协议,双方认为有必要的,可以共同向人民调解委员会所在地的基层人民法院申请司法确认。经过司法确认后,该调解协议具有等同于法院制作的调解书的法律效力。

(二)举证责任分配

(1)一般规则是当事人对自己提出的主张有责任提供证据。在法律无特别规定时,适用《民事诉讼法》及其相关的司法解释、《证据规定》关于举证责任分配的规定。

(2)如果与争议事项有关的证据属于用人单位掌握管理的,用人单位应当提供;用人单位不提供的,应当承担不利后果。

(3)因用人单位作出的开除、除名、辞退、解除劳动合同、减少劳动报酬、计算劳动者工作年限等决定而发生的劳动争议,用人单位负举证责任。

(4)劳动者主张加班费的,应当就加班事实的存在承担举证责任。但劳动者有证据证明用人单位掌握加班事实存在的证据,用人单位不提供的,由用人单位承担不利后果。

(三)财产保全

相对于其他的民事案件的申请执行财产保全,劳动争议案件申请执行财产保全后,申请执行的时间限定更为宽松。人民法院作出财产保全裁定后,应当告知当事人在劳动仲裁机构的裁决书或者在人民法院的裁判文书生效后三个月内申请强制执行。逾期不申请的,人民法院应当裁定解除保全措施。

(四)裁判规则

劳动争议诉讼除适用《民事诉讼法》及其相关的司法解释规定的裁判规则外,还对以

下争议规定特别的裁判规则：

(1)用人单位制定的内部规章制度与集体合同或者劳动合同约定的内容不一致,劳动者可以请求优先适用合同约定。当事人在劳动争议调解委员会主持下达成的具有劳动权利义务内容的调解协议,具有劳动合同的约束力,可以作为法院裁判的根据。

当事人在劳动争议调解委员会主持下仅就劳动报酬争议达成调解协议,用人单位不履行调解协议确定的给付义务的,劳动者可以直接向法院起诉,法院可以按照普通民事纠纷受理。此时该协议已成为债权债务确定的依据。

(2)承认双重劳动关系:企业停薪留职人员、未达到法定退休年龄的内退人员、下岗待岗人员及企业经营性停产放长假人员,因与新的用人单位发生用工争议,依法向法院提起诉讼的,应当按劳动关系处理。

(3)尊重当事人协商一致的约定:劳动者与用人单位就解除或者终止劳动合同办理相关手续、支付工资报酬、加班费、经济补偿或者赔偿金等达成的协议,不违反法律、行政法规的强制性规定,且不存在欺诈、胁迫或者乘人之危情形的,应当认定有效。但该协议如果存在重大误解或者显失公平情形,当事人请求法院撤销。

(4)生效的劳动争议仲裁裁决的撤销:中级人民法院审理用人单位申请撤销终局裁决的案件,应当组成合议庭开庭审理。经过阅卷、调查和询问当事人,对没有新的事实、证据或者理由,合议庭认为不需要开庭审理的,可以不开庭审理。中级人民法院可以组织双方当事人调解。达成调解协议的,可以制作调解书。一方当事人逾期不履行调解协议的,另一方可以申请人民法院强制执行。

(5)变相调动劳动者工作单位的处理

劳动者非因本人原因从原用人单位被安排到新用人单位工作,原用人单位未支付经济补偿,劳动者依照《劳动合同法》第三十八条规定与新用人单位解除劳动合同,或者新用人单位向劳动者提出解除、终止劳动合同,在计算支付经济补偿或赔偿金的工作年限时,劳动者可以请求法院把在原用人单位的工作年限合并计算为新用人单位工作年限的。

从原用人单位被安排到新用人单位工作属于以下情形的:

1)劳动者仍在原工作场所、工作岗位工作,劳动合同主体由原用人单位变更为新用人单位;只要劳动者没有离开,如果劳动者提出要求退职补偿,新的用人单位就得买单。

2)用人单位以组织委派或任命形式对劳动者进行工作调动,在单位内部调动和调整不能免除上述补偿。

3)因用人单位合并、分立等原因导致劳动者工作调动,同样不能免除上述补偿。

4)用人单位及其关联企业与劳动者轮流订立劳动合同,也不能免除上述补偿。

5)其他合理情形。视情况也同样不能免除上述补偿。

(6)竞业限制的处理

1)当事人在劳动合同或者保密协议中约定了竞业限制,但未约定解除或者终止劳动合同后给予劳动者经济补偿,劳动者履行了竞业限制义务,劳动者可以要求用人单位按照劳动者在劳动合同解除或者终止前十二个月平均工资的30%按月支付经济补偿。如果月平均工资的30%低于劳动合同履行地最低工资标准的,按照劳动合同履行地最低工资标准支付。

2)当事人在劳动合同或者保密协议中约定了竞业限制和经济补偿,劳动合同解除或者终止后,因用人单位的原因导致三个月未支付经济补偿,劳动者可以请求解除竞业限制约定。

3)劳动者违反竞业限制约定,向用人单位支付违约金后,用人单位可以要求劳动者按照约定继续履行竞业限制义务。这彰显了权利义务的对等。

(7)解除劳动合同的特殊规定

1)建立了工会组织的用人单位解除劳动合同符合《劳动合同法》第三十九条、第四十条规定,但未按照《劳动合同法》第四十三条规定事先通知工会,除起诉前用人单位已经补正有关程序外,劳动者可以用人单位违法解除劳动合同为由请求用人单位支付赔偿金。

2)《劳动合同法》施行后,因用人单位经营期限届满不再继续经营导致劳动合同不能继续履行,劳动者可以请求用人单位支付经济补偿。

(8)外国人等和港澳台居民未依法取得就业证件签订的劳动合同的处理。

外国人、无国籍人未依法取得就业证件即与中国境内的用人单位签订劳动合同以及香港特别行政区、澳门特别行政区和台湾地区居民未依法取得就业证件即与内地、大陆用人单位签订劳动合同,即便当事人请求确认与用人单位存在劳动关系的,也不能按照劳动关系处理。持有有效护照的专家除外。

五、工伤事故处理程序

工伤是职工在工作中或者从事有工作有关,或者为工作做准备、善后处理的过程中受到的伤害。所谓职工是指中华人民共和国境内的企业、事业单位、社会团体、民办非企业单位、基金会、律师事务所、会计师事务所等组织(以上组织简称"用人单位")的职工和个体工商户的雇工;用人单位应当为"职工"缴纳工伤保险费。工伤保险费由用人单位缴纳,"职工"不缴纳。社会保险经办机构为工伤保险的理赔人,如果上述单位未依法为"职工"缴纳工伤保险,将由用人单位依照社会保险经办机构应当理赔金额全额赔偿。

工伤的认定与工伤责任的性质有关。在我国,工伤责任采用的严格责任,简而言之就是无过错责任。

（一）工伤的认定和申报

1. 应当认定为工伤的情形

(1)在工作时间和工作场所内,因工作原因受到事故伤害的;

(2)工作时间前后在工作场所内,从事与工作有关的预备性或者收尾性工作受到事故

民事诉讼一本通

伤害的;

(3)在工作时间和工作场所内,因履行工作职责受到暴力等意外伤害的;

(4)患职业病的;

(5)因工外出期间,由于工作原因受到伤害或者发生事故下落不明的;

(6)在上下班途中,受到非本人主要责任的交通事故或者城市轨道交通、客运轮渡、火车事故伤害的;

(7)法律、行政法规规定应当认定为工伤的其他情形。

对于"在上下班途中,受到非本人主要责任的交通事故或者城市轨道交通、客运轮渡、火车事故伤害的"能够认定为工伤,从工伤的定义和与工作的关联性而言,是容易理解的。但是对"上下班途中"应作缩限解释,应当作"合理时间"和"合理路线"的限定。当然并不能解释为职工住所与工作地点的两点一线。"合理时间"应包括正常工作和加班工作时间;"合理线路"不能理解为唯一线路,否则这条线路为了不致歧义,每个职工上下班线路还须事前申告;比如顺路买一点小菜,顺路接一下小孩,也应当理解为合理。

"交通事故",是指车辆在道路上因过错或者意外造成的人身伤亡或者财产损失的事件。"车辆"包括机动车和非机动车。道路是指公路、城市道路和虽在单位管辖范围但允许社会机动车通行的地方,包括广场、公共停车场等用于公众通行的场所。"非本人主要责任"应主要由公安机关交通管理部门交通事故责任认定书;但并不能排除可以对此认定书的质疑。

工伤事故的保险责任,从本意上理解,应当是责任保险之一种;因此本着责任保险属于财产保险范畴的属性,工伤事故的保险也只能是对事故损失的补偿,也就是对损失的填补。哪怕这种损失是法律拟制的,也不能像寿险一样,在生命无价的前提下去认识和理解;否则将出现明显的不公正性。如果在交通事故中的职工的伤害被认定为工伤,那么负责赔付的社会保险机构或者用人单位,应当减除职工在交通事故中已经得到的赔偿金额。普通的人身损害赔偿和工伤事故赔偿,在计算基数上的差异主要的工亡事故的"丧葬补助金"和"供养亲属抚恤金"的计算基数不同。当然还包括停工留薪期间的待遇以及后续发生的职工死亡被认同于工伤时的赔付。因为,交通事故赔偿是一次性的,对于未来的情况,存在预计不足的可能。

2. 视同工伤的情形

(1)在工作时间和工作岗位,突发疾病死亡或者在48小时之内经抢救无效死亡的;

(2)在抢险救灾等维护国家利益、公共利益活动中受到伤害的;

(3)职工原在军队服役,因战、因公负伤致残,已取得革命伤残军人证,到用人单位后旧伤复发的。此种情形除不能享受一次性伤残补助金以外,其他工伤保险待遇都能享受。

对于"在工作时间和工作岗位,突发疾病死亡或者在48小时之内经抢救无效死亡的"

的规定,应作适当的缩限解释,否则会出现极大的不公平。因为这种法律拟制,并没有实践的调查依据;立法者更多的是参考了国外立法的经验。但是国情差异,往往会带来很多不同的结果。先就"突发疾病"中的"突发"做字面解释,应理解为突然发觉,也就是原来没有;并且是突然发生,原来从没有发生过。否则,如常年患病、慢性病、有长期病史的,也理解为"突发",则极为不妥。比如高血压病史,致使出现脑溢血死亡、心肌梗死病史,致突发死亡等;不仅对用工单位不公平,也会增加这部分职工就业的难度。因为如不这样解释,那么用工单位,对于此部分员工,如果经过入职前检查已发现,为了规避风险,自然可以不予招录;因为法律的规定,致使用工风险增加,此种情形,自然不能构成用工歧视。再者,如果出现此类视同工亡的事故,用工单位,自然可以要求死者亲属提供其生前无患病史或者无家族病史的证明,否则难以确定为"突发疾病"。

"在48小时之内经抢救无效死亡"所带来的困惑和不人道,更胜于前者。首先"48小时",是一个法律拟制的时间,并无确切的调查和统计依据。其次"经抢救无效","抢救"如何理解?抢救的实施者的技术条件、实施行为、实施效果、均存在个案的不同性;并无统一的标准,如果要求举证,则不是当事人可以为之的行为。"无效"则更具有不确定性,因为抢救者技术、条件、药物、医疗事故、送医时间的不同,结果自然不一样。加之"48"小时是一个定数;48小时多一秒,少一秒,会带来完全不同的结果。此规定,在实践中已经部分带来死者亲属,为了被视同为"工亡",采取的放弃治疗等有悖人伦的做法。虽然法律对于此类事件,无明确的规定;但是,人为地促使约定的条件提前发生的情形,在附条件的合同中,法律规定视其约定的条件不成立。

3. 不得认定为工伤或者视同工伤的情形

(1)故意犯罪的;

(2)醉酒或者吸毒的;

(3)自残或者自杀的。

4. 工伤事故申报及报告人

职工发生事故伤害或者按照职业病防治法规定被诊断、鉴定为职业病,所在单位应当自事故伤害发生之日或者被诊断、鉴定为职业病之日起30日内,向统筹地区社会保险行政部门提出工伤认定申请。遇有特殊情况,经报社会保险行政部门同意,申请时限可以适当延长。

用人单位未按前款规定提出工伤认定申请的,工伤职工或者其近亲属、工会组织在事故伤害发生之日或者被诊断、鉴定为职业病之日起1年内,可以直接向用人单位所在地统筹地区社会保险行政部门提出工伤认定申请。

用人单位未在本条第一款规定的时限内提交工伤认定申请,在此期间发生符合本条例规定的工伤待遇等有关费用由该用人单位负担。

提出工伤认定申请应当提交下列材料:

（1）工伤认定申请表；

（2）与用人单位存在劳动关系（包括事实劳动关系）的证明材料；

（3）医疗诊断证明或者职业病诊断证明书（或者职业病诊断鉴定书），

（4）工伤认定申请表应当包括事故发生的时间、地点、原因及职工伤害程度等基本情况。

对依法取得职业病诊断证明书或者职业病诊断鉴定书的，社会保险行政部门不再进行调查核实。

职工或者其近亲属认为是工伤，用人单位不认为是工伤的，由用人单位承担举证责任。

社会保险行政部门工作人员与工伤认定申请人有利害关系的，应当回避。

（二）劳动能力鉴定

职工发生工伤，经治疗伤情相对稳定后存在残疾、影响劳动能力的，应当进行劳动能力鉴定。劳动能力鉴定是指劳动功能障碍程度和生活自理障碍程度的等级鉴定。劳动功能障碍分为十个伤残等级，最重的为一级，最轻的为十级。生活自理障碍分为三个等级：生活完全不能自理、生活大部分不能自理和生活部分不能自理。劳动能力鉴定有专门的标准。

劳动能力鉴定由用人单位、工伤职工或者其近亲属向设区的市级劳动能力鉴定委员会提出申请，并提供工伤认定决定和职工工伤医疗的有关资料。设区的市级劳动能力鉴定委员会根据专家组的鉴定意见作出工伤职工劳动能力鉴定意见；必要时，可以委托具备资格的医疗机构协助进行有关的诊断。

申请鉴定的单位或者个人对设区的市级劳动能力鉴定委员会作出的鉴定意见不服的，可以在收到该鉴定意见之日起15日内向省、自治区、直辖市劳动能力鉴定委员会提出再次鉴定申请。省、自治区、直辖市劳动能力鉴定委员会作出的劳动能力鉴定意见为最终结论。

自劳动能力鉴定意见作出之日起1年后，工伤职工或者其近亲属、所在单位或者经办机构认为伤残情况发生变化的，可以申请劳动能力复查鉴定。

（三）工伤保险待遇

职工因工作遭受事故伤害或者患职业病进行治疗，享受工伤医疗待遇。职工治疗工伤应当在签订服务协议的医疗机构就医，情况紧急时可以先到就近的医疗机构急救。治疗工伤所需费用符合工伤保险诊疗项目目录、工伤保险药品目录、工伤保险住院服务标准的，从工伤保险基金支付。

职工住院治疗工伤的伙食补助费以及经医疗机构出具证明，报经办机构同意，工伤职工到统筹地区以外就医所需的交通、食宿费用从工伤保险基金支付，基金支付的具体标准由统筹地区人民政府规定。

工伤职工治疗非工伤引发的疾病,不享受工伤医疗待遇,按照基本医疗保险办法处理。

工伤职工到签订服务协议的医疗机构进行工伤康复的费用,符合规定的,从工伤保险基金支付。

工伤职工因日常生活或者就业需要,经劳动能力鉴定委员会确认,可以安装假肢、矫形器、假眼、假牙和配置轮椅等辅助器具,所需费用按照国家规定的标准从工伤保险基金支付。

职工因工作遭受事故伤害或者患职业病需要暂停工作接受工伤医疗的,在停工留薪期内,原工资福利待遇不变,由所在单位按月支付。停工留薪期一般不超过12个月。伤情严重或者情况特殊,经设区的市级劳动能力鉴定委员会确认,可以适当延长,但延长不得超过12个月。生活不能自理的工伤职工在停工留薪期需要护理的,由所在单位负责。

工伤职工已经评定伤残等级并经劳动能力鉴定委员会确认需要生活护理的,从工伤保险基金按月支付生活护理费。生活护理费按照生活完全不能自理、生活大部分不能自理或者生活部分不能自理3个不同等级支付,其标准分别为统筹地区上年度职工月平均工资的50%、40%和30%。

具体的工伤待遇按1~10个级别伤残等级标准计算;主要由工伤保险基金;部分由用人单位承担。现有规定在设定和计算工伤待遇的标准中,还存在不少问题。由于篇幅所限,本书不再讨论。集体标准可查阅《工伤保险条例》和具体的计算标准。

（四）职工因工死亡赔偿和补偿

职工因工死亡,其近亲属按照下列规定从工伤保险基金领取丧葬补助金、供养亲属抚恤金和一次性工亡补助金:

（1）丧葬补助金为6个月的统筹地区上年度职工月平均工资;

（2）供养亲属抚恤金按照职工本人工资的一定比例发给由因工死亡职工生前**提供主要生活来源、无劳动能力的亲属**（受益人应承担举证责任）。标准为:配偶每月40%,其他亲属每人每月30%,孤寡老人或者孤儿每人每月在上述标准的基础上增加10%。核定的各供养亲属的抚恤金之和不应高于因工死亡职工生前的工资;不论需要支付的抚恤计算的总金额为多少,最终支付的抚恤金不得超过死者生前工资。与人身损害赔偿的计算方法,只是计算的基数不同,且承担的比例是确定的。这一比例和金额,一经确定,一次性支付以后,不能因为被供养人口的变化而变化。也就是算到哪儿,哪儿就完了,不能相互补充。而且,小孩(因残障不能生活自理者除外)以供养至18岁为止。不足60岁的按20年计算;超过60岁的按80岁减实际年龄计算;75岁以上的按5年计算。

确定供养亲属抚恤金按照职工本人工资作为计算的依据,立法者是充分考虑工亡职工的死亡,对其亲属实际上带来的损失。因为工亡职工,如果生命延续,至少可以向被供养的亲属提供(法律假定其他因素不变的情形)其生前的工资性收入的财富(法律在此没

有考虑其自身的消耗,也是基于一种同情)。因此,在此可能出现不同的人,因为工亡,确定供养亲属抚恤金不相同;然而却不能理解为同命不同价。在计算时,相关司法解释规定,如果工亡职工,生前工资高于当地上一年公布的职工平均标准的三倍,只能按三倍计算;如不足当地上一年公布的职工平均标准,则按当地上一年公布的职工平均标准,这是合理的。

(3)一次性工亡补助金标准为上一年度全国城镇居民人均可支配收入的20倍。

伤残职工在停工留薪期内因工伤导致死亡的,其近亲属享受工亡待遇按工亡待遇标准计算。

一级至四级伤残职工在停工留薪期满后死亡的,其近亲属可以享受其近亲属享受工伤待遇按工亡待遇标准计算,只是不含一次性工亡补助金。

(4)职工因工外出期间发生事故或者在抢险救灾中下落不明的,从事故发生当月起3个月内照发工资,从第4个月起停发工资,由工伤保险基金向其供养亲属按月支付供养亲属抚恤金。生活有困难的,可以预支一次性工亡补助金的50%。职工被人民法院宣告死亡的,按照职工因工死亡的规定处理。

(5)工伤职工有下列情形之一的,停止享受工伤保险待遇:

1)丧失享受待遇条件的;

2)拒不接受劳动能力鉴定的;

3)拒绝治疗的。

(五)行政复议与行政诉讼

有下列情形之一的,有关单位或者个人可以依法申请行政复议,也可以依法向人民法院提起行政诉讼:

(1)申请工伤认定的职工或者其近亲属、该职工所在单位对工伤认定申请不予受理的决定不服的;

(2)申请工伤认定的职工或者其近亲属、该职工所在单位对工伤认定结论不服的;

(3)用人单位对经办机构确定的单位缴费费率不服的;

(4)签订服务协议的医疗机构、辅助器具配置机构认为经办机构未履行有关协议或者规定的;

(5)工伤职工或者其近亲属对经办机构核定的工伤保险待遇有异议的。

(六)工伤争议按劳动争议处理

职工与用人单位发生工伤待遇方面的争议,按照处理劳动争议的有关规定处理。前文已讨论,不再累述。

第三节　保险合同纠纷

所有保险业务都是被保险人将风险转嫁给保险人,接受保险人的条款并支付保险费。换句话说保险就是用今天准备着明天。保险已经涉及每个人的生活,保险对每一个人都很重要,不论你愿意不愿意。

除国家设立的社会保险机构外,其他经营保险业务的公司,基本上都是一些实力强大的公司。保险合同也基本上是格式合同。保险公司大多实行销售代理人制度,加之读者所见到的保险合同大部分都是5号字以下的印刷体,稍不注意,很难明白保险合同的全部内容。

保险合同不仅受基本的民事法律规制,更受《保险法》的规制。因此,凡出现保险合同纠纷,当事人之一的受益人、投保人等,往往会感到特别不适应;总觉得买保险和理赔受到了不同的待遇。

在保险中,除上一节讨论的工伤保险外;机动车交通事故责任强制保险,也就是常说的"交强险",是经常发生理赔的,也是发生保险合同争议最多的险种。并且"交强险"的诉讼审理,还有专门的司法解释可以援用。本节在介绍保险的基本概念之后,重点讨论"交强险"。

一、人寿保险与财产保险

（一）人寿保险

人寿保险是人身保险的一种,简称"寿险"。以被保险人的寿命为保险标的,且以被保险人的生存或死亡为给付条件的人身保险。与其他保险不同的是,人寿保险转嫁的是被保险人的生存或者死亡的风险。

其特点是通过订立保险合同、支付保险费、对参加保险的人提供保障,以便增强抵御风险的能力。

人寿保险假定生命是不能用价值计算的;因此它不同于财产保险的对损失的填补的特性。人寿保险存在发生重复保险、多次保险等,如果发生保险合同设定的理赔情形;则其所投保的每一份、每一种人寿保险,将会按照合同约定发生理赔。而不是像财产保险一样,由投保人投保的各种保险共同分摊理赔金额,且赔偿额以实际损失为限。除《保险法》强制规定外,人寿保险并无标的额限制和理赔额限制;仅仅受保险公司各种产品设定的保险标的最高额限制,也就是受保险合同的约定限制。

按不同的特点可分:定期人寿、终身人寿;生存保险、生死两全保险。人寿保险还包括健康险,健康险承保的主要内容有两大类:其一是由于疾病或意外事故而发生的医疗费用。其二是由于疾病或意外伤害事故所致的其他损失。

（二）财产保险

财产保险是指投保人根据合同约定,向保险人交付保险费,保险人按保险合同的约定对所承保的财产及其有关利益,因自然灾害或意外事故造成的损失承担赔偿责任的保险。

财产保险有广义与狭义之分。广义财产保险是指以财产及其有关的经济利益和损害赔偿责任为保险标的的保险;狭义财产保险则是指以物质财产为保险标的的保险。在保险实务中,后者一般称为财产损失保险。

按不同的特点可分为:财产损失保险、责任保险、信用保险、保证保险等。

（三）人身保险合同和财产保险合同的区别

根据我国保险法的规定,保险合同分为人身保险合同和财产保险合同,两种合同的根本区别在于保险标的的不同。不过对于人寿保险附加医疗险到底属于何种合同,还有争论。主张是人身保险合同的认为医疗附加险的保险标的同人寿险一样,是人的身体。主张是财产保险合同的认为,医疗附加险的保险标的是人身受到伤害所支付的医疗费。笔者倾向于后一种,实际上是一种附加于人寿保险中的财产保险,其目的是填补受益人因为医疗造成的财产损失。两类保险的主要区别为:

（1）人身保险的保险金具有定额给付性质,在发生保险事故时,保险人按照合同约定的金额给付保险金,而普通财产保险的保险金具有补偿性质,保险金额并不一定确定。

（2）人身保险的保险金额主要由双方当事人在订立保险合同时,根据被保险人的经济收入水平和危险发生后经济补偿的需求协商确定。而财产保险的保险金额则是根据保险标的的价值大小确定的。

（3）人身保险的期限具有长期性。保险有效期往往可以持续几年或几十年甚至终身,这主要是为了降低费用和保障老年人的利益。普通财产保险的保险期限大多为1年,不可能是长期。

（4）人身保险承保的危险具有稳定性和有规律的变动性。计算人身保险费率基础之一的人的生存和死亡或然率是以生命表为依据,它符合大多数法则的要求,因而呈现相对稳定性和有规律的变动性。

（5）人身保险合同只要求在合同订立时,投保人对被保险人有可保利益,但没有金额上的限制,因而不存在超额保险和重复保险问题,普通财产保险则禁止超额保险,即重复保险的赔付的保险金不能超过实际受到的损失。

（6）人身保险不仅是一种社会保障制度,还是一种强制性的储蓄。投保人所缴纳的保险费,保险人最终将以各种形式返还给被保险人或其受益人。人身保险合同是一种给付性质的保险合同,只要发生合同约定的事故或达到合同约定的期限,保险人都要给付保险金,而不管被保险人是否有损失或虽有损失但已从其他途径得到补偿。因此,对投保人来说,它是一种储蓄与投资手段。而普通财产保险则为单纯的营业性,限于补偿损失,目的是保障财产的安全。事实上财产保险不是每年都会发生赔偿事故,由于期限短,大部分保单因期满而失效,既不赔偿,也不退还保险费。

二、保险合同纠纷管辖

保险合同纠纷案件的管辖,《民事诉讼法》有原则的规定:因保险合同纠纷提起的诉讼,由被告住所地或者保险标的物所在地的人民法院管辖。《民诉法司法解释》详细规定:因保险合同纠纷提起的诉讼,如果保险标的物是运输工具或者运输中的货物,由被告住所地或者运输工具登记注册地、运输目的地、保险事故发生地的人民法院管辖。该解释还规定:保险公司在各地的分支机构是诉讼主体,具有诉讼当事人资格。

也就是说如果保险公司有依法成立的各级分支机构,其享有独立的诉讼主体资格。法院在审理保险纠纷案件时不得将签订保险合同的分支机构的上级公司或者总公司列为共同被告。当事人另有约定的除外,但不得违法律对级别管辖和专属管辖的规定。不过在一般的保险格式合同,对管辖约定并不多见。

三、保险合同当事人

（一）保险合同的当事人、保险合同的关系人、保险合同的辅助人

1. 保险合同的当事人

（1）保险人:也称承保人,是与投保人订立合同,收取保险费,在保险事故发生时,对被保险人承担赔偿损失责任的人;在我国专指保险公司。保险人经营保险业务除必须取得国家有关管理部门授予的资格外,还必须在规定的业务范围内,开展经营活动。

（2）投保人:是指与保险人订立保险合同,并负有交付保险费义务的人。投保人应具备下列两个要件:

①具备民事权利能力和民事行为能力。保险合同与一般合同一样,当事人应具有权利能力和行为能力。

②对保险标的须具有保险利益。投保人对保险标的须有保险利益,即投保人对保险标的的具有利害关系。

投保人对于保险标的如不具有利害关系,订立保险合同无效。保险合同中的投保人可以是一方,也可以是多方,再保险合同中的投保人必须由原保险人充当。

2. 保险合同的关系人

（1）被保险人:指保险事故或事件在其财产或在其身体上发生而受到损失时享有向保险人要求赔偿或给付的人。被保险人可以是自然人、法人,也可以是其他社会组织,但须具备下列条件:

①被保险人是保险事故发生时遭受损失的人。一旦发生保险事故,被保险人将遭受损害。但在财产保险与人身保险中,被保险人遭受损害的形式是不尽相同的。在财产

保险中,因保险事故直接遭受损失的是保险标的,被保险人则因保险标的的损害而遭受经济上的损失。在人身保险中,因保险事故直接遭受损害的是保险人本人的身体、生命或健康。

②被保险人是享有赔偿请求权的人。由于保险合同可以为他人的利益而订立,因而投保人没有保险赔偿金的请求权,只有请求保险人向被保险人或受益人给付保险赔偿金的权利。

(2)受益人:又称保险金领受人。受益人是指在人身保险合同中由被保险人或投保人指定的享有赔偿请求权的人。

受益人有以下特点:

①受益人是由被保险人或投保人所指定的人。被保险人或投保人应在保险合同中明确受益人。

②受益人是独立地享有保险金请求权的人。受益人在保险合同中,不负交付保费的义务,也不必具有保险利益,保险人不得向受益人追索保险费。

③以被保险人生命为保险标的的受益人的赔偿请求权并非自保险合同生效时开始,而只有在被保险人死亡时才产生。在被保险人生存期间,受益人的赔偿请求权只是一种期待权。受益人的受益权可因下列原因消灭:其一是受益人先于被保险人死亡或破产或解散;其二是受益人放弃受益权;其三是受益人有故意危害被保险人生命安全的行为,其受益权依法被取消。

在保险合同期间,受益人可以变更,但必须经被保险人的同意。受益人的变更无须保险人的同意,但应当将受益人的变更事宜及时通知保险人,否则变更受益人的法律效力不得对抗保险人。

3. 保险合同的辅助人

(1)保险代理人:保险人的代理人,指依保险代理合同或授权书向保险人收取报酬,并在规定范围内,以保险人名义代理经营保险业务的人。保险代理是一种特殊的代理制度,表现在:

①保险代理人与保险人在法律上视为一人;

②保险代理人所知道的事情,都假定为保险人所知的;

③保险代理必须采用书面形式。保险代理人既可以是单位也可以是个人,但须经国家主管机关核准具有代理人资格。

(2)保险经纪人:保险经纪人是基于投保人的利益,为投保人和保险人订立合同提供中介服务,收取劳务报酬的人。保险经纪人的劳务报酬由保险公司按保险费的一定比例支付。

四、保险利益

保险利益,是指投保人或者被保险人对保险标的具有的法律上承认的利益,又称可保利益。保险利益产生于投保人或被保险人与保险标的之间的经济联系,它是投保人或被保险人可以向保险公司投保的利益,体现了投保人或被保险人对保险标的所具有的法律上承认的利害关系。

对保险标的具有保险利益,是投保的前提条件;订立合同时,投保人对被保险人不具有保险利益的,合同无效。人身保险的投保人在保险合同订立时,对被保险人应当具有保险利益。财产保险的被保险人在保险事故发生时,对保险标的应当具有保险利益。在财产保险合同中,保险标的的毁损灭失直接影响投保人的经济利益视为投保人对该保险标的具有保险利益。规定保险利益原则的意义在于遏制赌博行为的发生,防止道德风险的发生。

按照《最高人民法院关于适用〈中华人民共和国保险法〉若干问题的解释(二)》(以下简称《保险法司法解释(二)》)规定:财产保险中,不同投保人就同一保险标的分别投保,保险事故发生后,被保险人可在其保险利益范围内依据保险合同主张保险赔偿。人身保险中,因投保人对被保险人不具有保险利益导致保险合同无效,投保人可以主张保险人退还扣减相应手续费后的保险费。

根据《保险法》第三十一条规定,**投保人对下列人员具有保险利益:本人、配偶、子女、父母;与投保人有抚养、赡养或者扶养关系的家庭其他成员、近亲属,与投保人有劳动关系的劳动者。**除此以外,被保险人同意投保人为其订立合同的,视为投保人对被保险人具有保险利益。

(一)保险利益的必要条件

1. 保险利益必须是合法的利益

保险利益必须是被法律认可并受到法律保护的利益,它必须符合法律规定,与社会公共利益相一致。凡是违法或损害社会公共利益而产生的利益都是非法利益,不能作为保险利益。

2. 保险利益必须是确定的利益

确定的利益是客观存在的、可实现的利益,而不是凭主观臆测、推断可能获得的利益,包括现有利益和期待利益。

3. 保险利益必须是经济利益

(二)保险利益的范围

1. 财产保险的保险利益

财产保险标的是财产及有关利益,因此,财产保险的保险利益产生于财产的不同关

系。根据民法债权和物权基本理论,这些不同关系依此产生不同利益:现有利益、预期利益、责任利益和合同利益。

(1)现有利益:现有利益是投保人或被保险人对财产已享有且继续可享有的利益。投保人对财产具有合法的所有权、抵押权、质权、留置权、典权等关系且继续存在者,均具有保险利益。现有利益随物权的存在而产生。

(2)预期利益:预期利益是因财产的现有利益而存在,依法律或合同产生的未来一定时期的利益。它包括利润利益、租金收入利益、运费收入利益等。

(3)责任利益:责任利益是被保险人因其对第三者的民事损害行为依法应承担的赔偿责任,它是基于法律上的民事赔偿责任而产生的保险利益,如职业责任、产品责任、公众责任、雇主责任等。

(4)合同利益:合同利益是基于有效合同而产生的保险利益。

2. 人寿保险的保险利益

人寿保险中投保人对被保险人的寿命和身体具有保险利益。人寿保险的保险利益虽然难以用货币估价,但同样要求投保人与保险标的(寿命或身体)之间具有经济利害关系,即投保人应具有保险利益。人寿保险可保利益有两类:

(1)为自己投保。投保人以自己的寿命或身体为保险标的投保,当然具有保险利益。

(2)为他人投保人寿保险。人寿保险利益有严格的限制规定,主要包括:血缘、婚姻及抚养关系;债权债务关系;业务关系;等等。

(三)保险利益时间限制

1. 财产保险保险利益的时间限制

财产保险的保险利益,一般要求从保险合同订立到保险事故发生时始终要有保险利益。如果合同订立时具有保险利益,而当保险事故发生时不具有保险利益,则保险合同无效。如某房屋的房主甲在投保险后,将该车辆出售给乙,如果没有办理转让登记,发生保险事故时,保险人因被保险人已没有保险利益而不需履行向甲赔偿责任。乙因为没有办理转让登记,缺少申请理赔的依据。

海上货物运输保险比较特殊,投保人在投保时可以不具有保险利益,但当损失发生时必须具有保险利益。

2. 人身保险保险利益的时间限制

人身保险的保险利益存在于保险合同订立时。在保险合同订立时要求投保人必须具有投保利益,而发生保险事故时,则不追究是否具有保险利益。如某投保人为其配偶投保人身险,即使在保险期限内该夫妻离婚,保险合同依然有效,保险公司按规定给付保险金。

五、保险合同纠纷举证责任分配

（一）保险索赔中举证责任的特殊性

无特殊规定时，保险索赔中举证责任适用民事举证责任的一般规则。然而保险作为分散风险、消减损失的制度，比一般民事法律制度有独特之处。

（1）由于保险事故本身的复杂性，应当按公平原则分配索赔方与保险公司的举证责任。由于保险金请求权人自身的专业素质有限和保险事故本身的复杂性，依《保险法》优先保护被保险人的原则。在保险合同诉讼案件中，被保险人或受益人仅需要就其对保险人支付保险金请求权所依据的事实提供证据加以证明；而保险人则对其拒付被保险人或者受益人保险金所依据的事实提供证据加以证明。

（2）保险的根本职能在于分散风险，填补损失。保险的根本任务在于将损失发生的风险从被保险人转移至保险人，如果给予索赔方过于严格的举证责任，就会使索赔方承担原因无法查明时的举证风险，无形中加重了索赔方的举证责任。保险索赔中，索赔方只要举证在保险责任期间发生保险事故且造成保险标的的损失，就初步完成了其应履行的举证责任。从举证责任的分配看，有关保险标的损失的证明，当然由被保险人承担。保险索赔方完成上述初步的举证责任，保险人对索赔请求权进行抗辩的，举证责任相应地转到保险人一方。

（二）保险事故发生后的当事人的义务

当事人签订的保险合同生效后，当事人应当按照合同约定，全面完成各自承担的约定义务，以满足他人权利的实现。被保险人的义务一般包括：交付保险费、防止或者避免出现保险事故、危险程度增加的通知、保险事故的通知和施救等。保险人的义务一般包括：积极防灾减损、支付保险金、保密等。

事故发生后，对于被保险人而言，其有责任尽力采取必要的措施，减少损失或者防止损失的进一步扩大，且应当在知悉保险事故后以及时通知保险人。被保险人积极履行保险事故的通知和施救义务，不仅可以使保险人迅速了解和调查事故真相，便于理赔，还便于保险人及时协助被保险人抢救保险标的，减轻损失。在保险事故发生后，被保险人为了防止或者减少保险标的的损失所支付的必要的、合理的费用，应由保险人承担。

在保险事故发生后，对于保险人而言，核实财产损失额是保险人应当承担的重点工作之一。保险事故发生后，保险人应当在第一时间赶赴现场，协助被保险人消除、减轻灾害损失，并及时采取有效措施保护事故现场，对保险事故作勘查、核定和定性，为下一步核实财产损失做好准备。保险人可以要求被保险人协助，并要求其对相关书面文件、照片、影像制品进行确认。为了保证勘验、调查的结果具有公信力，可及时通知公安、防洪、防震、气象、水利等专业机构人员进行实地勘察并出具书面证明。

（三）被保险人的举证责任

1. 被保险人的证明责任有其特殊性

保险事故发生后，按照保险合同请求保险人赔偿或者给付保险金时，投保人、被保险人或者受益人应当向保险人提供其所能提供的与确认保险事故的性质、原因、损失程度等有关的证明和资料。

保险人无权要求被保险人提供合同明确约定的范围以外的证明和资料。如果保险合同对被保险人应当提供的证据和资料范围未作明确约定，而是概括式地进行表述。此时，对这些概括式表述的理解也应当以有利于被保险人的方式进行解释。保险人不得要求被保险人提供超出其举证范围的证据。

2. 保险人对保险财产损失的确定负最终证明责任

按照《保险法》规定保险人收到被保险人的索赔请求及相关的证明和资料后以及时、最终核定损失是保险人的义务。那么怎么赔付、赔付多少是保险人对保险财产损失的最终证明责任。

保险公司如果拒绝承担保险责任，至少应当证明：

（1）该事故不属于保险事故；

（2）该事故虽然属于保险事故，但符合保险合同所约定的除外责任情形；

（3）该事故属于保险事故，但符合保险法规定的法定免除责任情形。

如果保险公司不能证明属于以上三种情形之一的，应当承担赔付责任。

另外在对保险合同条款解释发生争议时，应根据《中华人民共和国保险法》第三十一条规定，对于保险合同的条款，保险人与投保人，被保险人和受益人发生争议时，人民法院或者仲裁机关应作出有利于被保险人和受益人的解释。

六、交强险理赔

交强险的全称是"机动车交通事故责任强制保险"，是由保险公司对被保险机动车发生道路交通事故造成受害人（不包括本车人员和被保险人）的人身伤亡、财产损失，在责任限额内予以赔偿的强制性责任保险。属于"三者责任险"范畴。

交强险是由国家法律规定实行的强制保险制度。其保费是实行全国统一收费标准的，由国家统一规定的。根据《交强险条例》的规定，在中华人民共和国境内道路上行驶的机动车的所有人或者管理人都应当投保交强险，机动车所有人、管理人未按照规定投保交强险的，公安机关交通管理部门有权扣留机动车，通知机动车所有人、管理人依照规定投保，并处应缴纳的保险费的2倍罚款。

（一）交强险赔偿范围及赔偿程序

1. 理赔程序

交强险申请理赔如涉及第三者伤亡或财产损失的道路交通事故,被保险人应先联系120急救电话(如有人身伤亡),拨打122交警电话,并拨打保险公司的客户服务电话报案,配合保险公司查勘现场,可以根据情况要求保险公司支付或垫付抢救费。

保险公司应自收到赔偿申请之日起1日内,书面告知需要提供的与赔偿有关的证明和资料;自收到证明和资料之日起5日内,对是否属于保险责任作出核定,并将结果通知被保险人。对不属于保险责任的,应当书面说明理由。对属于保险责任的,在与被保险人达成赔偿保险金的协议后10日内,赔付保险金。

2. 免赔范围

根据相关法律规定,下列情形保险公司在交强险的保险责任限额内不负赔偿责任:

(1)受害人的故意行为导致的交通事故人身损害、财产损失,例如自杀、自残行为,碰瓷等;

(2)《交通事故责任强制保险条例》第三款中规定的保险车辆本车人员、被保险人;

(3)因发生交通事故而导致的仲裁或诉讼费及与之相关的其他费用;

(4)间接损失,例如车辆因碰撞而价值减损。

3. 特殊规定

《交强险条例》第二十二条规定,驾驶人无照驾驶、醉酒驾驶发生道路交通事故,造成受害人财产损失的,保险公司不承担责任;有人身伤害的只负责垫付抢救费用。

该条例第二十四条规定,驾驶人肇事后逃逸的,由社会救助基金垫付受害人丧葬费用、部分或全部抢救费用。

（二）交通事故责任纠纷诉讼中保险公司的当事人身份问题

在道路交通事故人身损害赔偿纠纷诉讼中,参诉的保险公司往往与肇事司机、肇事车主一起被列为共同被告;法院常常判决保险公司直接向受害人给付交强险保险金。虽然根据《中华人民共和国道路交通安全法》(以下简称《道交法》)第七十六条关于"机动车发生交通事故造成人身伤亡、财产损失的,由保险公司在机动车第三者责任强制保险责任限额范围内予以赔偿";但是并不能作为将保险公司列为共同被告的充分理由和依据。首先,在道路交通事故中,保险公司不是侵权责任人,也不是共同侵权人;因此将其列为共同被告并无法律依据。其次,依据合同的相对性,保险公司与道路交通事故中在交强险合同是合同的当事人;在道路交通事故中受害人不能直接享有合同当事人的请求权。如果将保险公司直接作为共同被告在法律和法理上并无依据,这样做反而会增加保险公司的诉讼成本。如果原告执意要诉保险公司,将其列为第三人,更为妥当。

虽然《保险法》第五十条规定了保险人对责任保险的被保险人给第三者造成的损害,

可以依照法律的规定或者合同的约定,直接向该第三者赔偿保险金。但也只是一种代偿行为而已。

第四节　侵权纠纷

一、侵权行为

(一)侵权行为概念

根据对《侵权责任法》第六条和第七条规定的理解,将侵权行为分为一般侵权行为和特殊侵权责任。

(1)一般侵权行为是指因行为人对因故意或过失侵害他人财产权和人身权,并造成损害的违法行为应当承担的民事责任。

(2)特殊侵权民事责任,是指当事人基于自己有关的行为、物件、事件或者其他特别原因致人损害,依照民法上的特别责任条款或者民事特别法的规定仍应对他人的人身、财产损失所应当承担的民事责任。其中还包括过错推定的侵权行为和无过错责任。特殊侵权民事责任的法律特征是:

1)特殊侵权行为适用过错推定责任或公平责任。

2)特殊侵权行为由法律直接规定。此处的法律包括民法的特别规定和民事特别法的规定。

3)特殊侵权行为在举证责任的分配上适用倒置原则,即由加害人就自己没有过错或者存在法定的抗辩事由承担举证责任。

4)法律对特殊侵权行为的免责事由作出严格规定。一般免责事由通常包括不可抗力和受害人故意。此外,受害人的过错、第三人的过错、加害人没有过错或者履行了法定义务也可能基于特别规定成为免责事由。

5)特殊侵权行为的责任主体和行为主体存在分离现象。如监护人对被监护人致人损害所承担的民事责任。

(二)侵权行为的客体是法律确认和保护的权益

1. 侵害的客体是属于法律绝对保护的权益

这种权益具有对世性,亦即世界上任何人都负有不得侵害的义务,其义务人具有不特定性。无论是什么人,凡是侵害了这种权益的,都属于侵权行为。如在一般情况下,民事主体的人身权和物权,均属于法律绝对保护的权益。

2. 某些特定条件下,侵害的客体属于法律"相对保护"的客体

"相对保护"即法律在一定范围或者一定的条件下,允许行为人对客体进行伤害,对这

种伤害,法律不禁止,也不谴责,甚至鼓励。只有在行为人违反这些条件时,法律才给予保护。如医生治病救人,不仅要切除病人身上的病患,而且为了病人的利益,在切除病患时,还必须连带地切除病人的一些好的器官或者机体。这是为了保住病人的生命,不得已而为之,这种行为当然不算侵权。如果超出这种情况或不符合这些条件,切除了病人身上不应该切除的其他器官或者机体,这就属于侵害了法律法规保护的合法权益,应当认定为侵权。

3. 某些情形下,被侵害的客体属于"法律不予确认和保护的客体"

如为了制止正在行凶杀人的犯罪嫌疑人,将其击毙或者击伤,属于"正当防卫",这自然不算侵权。

（三）侵权责任阻却事由概括

(1)不可抗力:是指不能预见,不能避免并不能克服的事件。

(2)受害人的过错:是指受害人对侵权行为的发生或者侵权损害后果扩大存在过错。

(3)正当防卫:是指为了使公共利益,本人或者他人的财产、人身或者其他合法权益免受正在进行的不法侵害,而对不法侵害人所实施的不超过必要限度的行为。

(4)紧急避险:是指为了公共利益,本人或者他人的财产、人身或者其他合法权益免受正在发生的危险,而不得已采取的致他人较小损害的行为。

(5)受害人的同意:是指受害人在侵权行为或者损害后果发生之前自愿作出的自己承担某种损害后果的明确的意思表示。但不得超过法律容忍的范围。

二、责任构成和责任方式

按照《侵权责任法》的规定,侵权责任构成和承担方式主要有下列几种。

(1)行为人因过错侵害他人民事权益,应当承担侵权责任。

这是过错责任形式。是过错责任的构成要件和承担责任的方式。构成过错责任,首先行为人须有某种行为或多种行为;而且此行为作用于他人的民事权益,发生他人的民事损害的结果;并且这个行为是这一损害结果的原因力,也就是相互之间具有因果关系。其次行为人须有过错,此种过错可能是故意的,也可能是过失造成的。如无过错则不承担侵权责任,哪怕前面几个要件都成立,也不需要承担侵权责任。比如法令行为。

(2)根据法律规定推定行为人有过错,行为人不能证明自己没有过错的,应当承担侵权责任。

这是推定过错责任形式。行为人实施的某个行为,也造成他人民事权益损害的结果;且此行为与此结果之间具有因果关系。但对于行为人是否有过错处于不确定状态,此时法律推定行为人有过错,除非行为人能够证明自己无过错;否则将承担侵权责任。这是一种较为严格的侵权责任形式,也是特殊侵权责任之一种。

(3)行为人损害他人民事权益,不论行为人有无过错,法律规定应当承担侵权责任的,

依照其规定。

这是无过错责任形式。这是有法律直接规定的。也许因为与行为人有关的行为、物件、事件或者其他特别原因,发生了他人的民事权益的损害,在这种情况下,不论行为人是否事实某种行为,只要致发生的损害结果与之有行为,或者由其管领的物件,或者与行为人利益有关的事件或者其他原因有牵连;那么行为人将同样承担民事责任。至于行为人是否有过错在所不论。比如前文说到的工伤事故中的用工单位责任。无过错责任的阻却事由只有不可抗力和受害人故意的情形。

(4)二人以上共同实施侵权行为,造成他人损害的,应当承担连带责任。

这是共同侵权行为。在共同侵权行为中,要求行为人之间有意思联络。其相互之间对损害结果承担连带责任。

(5)教唆、帮助他人实施侵权行为的,应当与行为人承担连带责任。

教唆、帮助无民事行为能力人、限制民事行为能力人实施侵权行为的,应当承担侵权责任;该无民事行为能力人、限制民事行为能力人的监护人未尽到监护责任的,应当承担相应的责任。

这是比照刑法中的教唆犯罪和帮助犯罪而确定侵权责任形式。教唆、帮助具有完全民事行为能力的人实施侵权行为,则与行为共同承担连带责任。如教唆、帮助无民事行为能力人、限制民事行为能力人实施侵权行为,这时实施教唆、帮助行为的人,就成了间接侵权人或者侵权人,被帮助的行为人则转为化为其实施侵权行为的工具。

该无民事行为能力人、限制民事行为能力人的监护人具有监护责任;如果监护得当,则会减少被实施教唆、帮助行为的人利用。基于此规定了监护人的过错责任。

(6)二人以上实施危及他人人身、财产安全的行为,其中一人或者数人的行为造成他人损害,能够确定具体侵权人的,由侵权人承担责任;不能确定具体侵权人的,行为人承担连带责任。

一般理解为无意思联络的多数人侵权行为。法律比照共同侵权责任处理无法查明具体侵权人,或者无法查明致害的原因力大小时多数人侵权责任;是基于解决纠纷的需要,同时也是出于维护受害人的权益。

(7)二人以上分别实施侵权行为造成同一损害,每个人的侵权行为都足以造成全部损害的,行为人承担连带责任。

这是对无意思联络的多数人侵权行为中,当单一原因力已足以造成同样的损害结果时;即使无法查明是谁实际了之他人民事权益损害的结果,也推定其每一人的侵权行为成立。

(8)二人以上分别实施侵权行为造成同一损害,能够确定责任大小的,各自承担相应的责任;难以确定责任大小的,平均承担赔偿责任。

这是上一种多数人侵权行为的补充,如果能够查明致害原因力的大小,则按比例分摊;如不能则比照共同侵权行为承担连带责任。

如果法律规定行为人承担连带责任的,被侵权人有权请求部分或者全部连带责任人承担责任。至于承担了他人责任的,是否向他人追偿,不是受害人需要考虑的问题。支付超出自己赔偿数额的连带责任人,有权向其他连带责任人追偿。

如果连带责任人根据各自责任大小确定的,则按相应比例的承担赔偿数额;难以确定责任大小的,平均承担赔偿责任。这是对行为人之间如何追偿的问题作出的法律规定。

（9）承担侵权责任的方式。

1)停止侵害;

2)排除妨碍;

3)消除危险;

4)返还财产;

5)恢复原状;

6)赔偿损失;

7)赔礼道歉;

8)消除影响、恢复名誉。

以上承担侵权责任的方式,可以单独适用,也可以合并适用。(7)(8)两种方式主要适用于人格权。

三、侵权纠纷管辖

（1）因侵权行为提起的诉讼,由侵权行为地或者被告住所地人民法院管辖。

（2）因产品质量不合格造成他人财产、人身损害提起的诉讼,产品制造地、产品销售地、侵权行为地和被告住所地的人民法院管辖。

（3）侵害名誉权案件,由侵权行为地、被告住所地人民法院管辖。

（4）因侵犯著作权行为提起的民事诉讼,由侵权行为地、侵权复制品储藏地或查封扣押地、被告住所地人民法院管辖。

（5）因侵犯专利权行为提起的诉讼,由侵权行为地或者被告住所地人民法院管辖。

因侵犯注册商标专用权行为提起的诉讼,由侵权行为的实施地、侵权商品的储藏地或者查封扣押地、被告住所地人民法院管辖。

四、典型侵权行为及责任阻却事由

（一）国家机关及其工作人员职务侵权行为

职务侵权行为,或称职务侵权损害行为,是指国家机关或者国家机关工作人员,在执行公务中侵犯他人合法权益并造成损害的行为。职务侵权是作为特殊的侵权行为。

1. **构成要件**

(1)侵权行为的主体是国家机关或国家机关工作人员。

(2)侵权行为的发生必须是执行公务所致。

(3)必须是执行公务中的不当行为。

(4)必须造成公民、法人或其他组织合法权益的损失。

(5)不当职务行为与损害后果之间有因果关系。

2. **责任阻却事由**

特殊情况下,国家机关或其工作人员在执行职务侵权时,可免其责。如罪犯判处死刑,依法执行枪决的人员。

（二）产品缺陷致人损害的侵权行为

产品缺陷致人损害的侵权行为,是指产品的制造者和销售者,因制造、销售的产品造成他人的人身或财产损害应承担民事责任的行为。

1. **构成要件**

(1)产品质量不合格。产品质量不合格即该产品存在缺陷。

(2)不合格产品造成了他人财产、人身损害。产品缺陷致人损害的事实包括人身伤害、财产损失和精神损害等。

(3)产品缺陷与受害人的损害事实间存在因果关系。损害事实应当是由该缺陷产品所致,否则生产者或销售者不承担责任。

2. **责任阻却事由**

(1)不当使用,即消费者违反产品的特定用途、目的、操作方法、不按产品说明使用保管产品的,由消费者自行承担责任。

(2)消费者明知产品有缺陷而购买、使用的。

（三）高度危险作业致人损害的侵权行为

高度危险作业是指在现有技术条件下,由于人类还不能完全控制自然力量和某些物质属性,虽以极端谨慎经营仍有可能致人损害的危险性行为。高度危险作业的侵权行为是指从事高度危险作业造成他人损害后果的行为。侵权行为是因从事高度危险作业而引起的;侵权行为是因从事高度危险作业致人损害的行为;侵权行为的责任主体是从事高度危险作业的作业人(自然人和法人)。该项责任是一种典型的无过错责任。

1. **构成要件**

(1)存在高度危险作业的行为。如高空、高速、高压、易燃、易爆、剧毒、放射性、高速运输工具等。

(2)存在损害事实。高度危险作业造成了受害人的人身与财产损失。

(3)危险作业行为与损害事实间存在因果关系。即应当证明损害事实是由该危险作业引起的。高度危险作业造成他人人身损害的,只要存在损害事实即可。行为与损害结果有因果关系,行为人就应当承担民事责任。即使损害是由受害人的过失或重大过失造成的,也不能免除行为人的民事责任。如果行为人能够证明损害是受害人故意造成的,则不承担民事责任。

2. 责任阻却事由

如果能够证明损害是由受害人故意造成的,不承担民事责任。

(四)污染环境致人损害的侵权行为

污染环境是指由于人为的原因而使人类赖以生存和发展的空间和资源发生化学、物理、生物等特征上的不良变化,以至于影响人类健康的生产活动或生物生存的现象。污染环境致人损害的侵权行为,是指污染环境造成他人财产或人身损害而应承担民事责任的行为。

1. 构成要件

(1)存在污染环境的行为。人类在生产、生活中不可避免要排放一定的废水、废气、废渣,将这些废水、废气、废渣、粉尘排放到大气、水或土地中,或以噪声、恶臭危害人们正常健康的生活行为等。

(2)存在环境污染造成的损害事实。主要包括对公民财产、人身的损害,也包括对国家、集体财产的损害。

(3)污染行为与损害事实之间存在因果关系。由于环境污染的特殊性,受害人因技术条件所限,往往难于证明因果关系的存在,法律规定为因果关系推定的原则,即只要证明企业已经违法排放污染物质,受害人的人身或财产已遭受或正在遭受损害,企业又不能证明损害是由其排污行为以外的其他原因所致,即推定排污行为与损害后果间有因果关系。

2. 责任阻却事由

由于战争行为、不可抗拒的自然灾害、第三人或受害人行为,且经过及时采取合理措施仍然不能避免的污染损害,免予承担赔偿责任

(五)地面施工致人损害的侵权行为

在公共场所、道旁或者通道上挖坑、修缮安装地下设施等,没有设置明显标志和采取安全措施造成他人损害的,施工人应当承担民事责任。在公共场所、道旁或者通道上施工,对在此地通行的人会造成一定的危险,如果施工人不设置特别的标志提醒,往往会使通行人遭受伤害。

1. 构成要件

(1)施工工作应是在公共场所、道旁、通道等可能危及行人的场所进行。

(2)有损害事实的存在。遭受损害的是他人的人身或财产,但不包括施工人员自身受

到的伤害。

(3)施工人未设置明显标志,也未采取安全措施。这与一般侵权行为不同,地面施工致人损害的行为是一种不作为的侵权行为,施工人设定警示或提示,并采取安全措施。

(4)有因果关系。施工人未设置明显标志或未采取安全措施的不作为,是产生损害后果的原因。

2. 责任阻却事由

如果施工人已设置明显标志和采取安全措施,客观上已尽其应有的注意义务,即可以减轻或者免除责任。

(六)物件致人损害的侵权行为

包括建筑物或者其他设施及建筑物上的搁置物、悬挂物。建筑物或者其他设施及建筑物上的搁置物、悬挂物发生倒塌、脱落、坠落造成他人损害的,它的所有人或者管理人应当承担民事责任,但能够证明自己没有过错的除外。显然这是一种推定过错责任。

1. 构成要件

(1)必须有建筑物或建筑物上的搁置物、悬挂物致人损害的行为。建筑物包括与土地相连的各类人造设施,如房屋、桥梁、码头、隧道、广告牌、电线杆等。搁置物、悬挂物是与建筑物相连的位于高处的附属物,如阳台上的花盆、悬挂于窗外的空调等。因这些物件的倒塌、脱落或坠落,造成他人损害的,适用物件致人损害的侵权行为。此类侵权责任,在《侵权责任法》中,有具体的规定。

(2)存在损害事实。建筑物及其附属物给他人造成了人身或财产损失。

(3)建筑物致害行为与损害事实之间有因果关系。即损害后果是由建筑物的倒塌、脱落或坠落造成的。

(4)建筑物的所有人或管理人有推定过错。建筑物致人损害的侵权行为同样适用过错推定责任,即一旦发生建筑物致人损害的后果,便推定其所有人或管理人有过错,除非所有人或管理人自己举证证明自己无过错的,否则应承担民事责任。

2. 责任阻却事由

如果其所有人或管理人能够证明自己没有过错,免除赔偿责任。

(七)饲养动物致人损害的侵权行为

指因饲养的动物造成他人人身或财产损害而依法由动物饲养人或保管人承担损害赔偿责任的行为。饲养的动物造成他人损害的,动物饲养人或管理人应当承担民事责任;由于受害人的过错造成损害的,动物饲养人或者管理人不承担民事责任;由于第三人的过错造成损害的,第三人应当承担民事责任。

1. 构成要件

(1)致害动物是饲养的动物。哪怕是被主人抛弃的流浪宠物,也不能免除责任。

(2)饲养动物对他人造成了损害。饲养的动物对他人的损害包括人身损害或财产损害。无论是其自主加害还是受刺激加害均构成加害行为。

(3)动物的加害行为与损害事实之间有因果关系。

2. 责任阻却事由

(1)受害人过错,即致害事实完全由受害人的过错所造成,动物所有人或占有人不承担赔偿责任;

(2)第三人过错,即第三人因过错引起动物致人损害,第三人承担赔偿责任,动物所有人或占有人不承担赔偿责任。

(八)无民事行为能力人和限制民事行为能力人致人损害的侵权行为

无民事行为能力人、限制民事行为能力人造成他人损害的,由监护人承担民事责任。监护人尽了监护责任的,可以适当减轻其民事责任。有财产的无民事行为能力人,限制民事行为能力人造成他人损害的,从本人财产中支付赔偿费用。不足部分,由监护人适当赔偿,但单位担任监护人的除外。

1. 构成要件

(1)被监护人实施了侵害行为;

(2)造成了他人人身或财产损害;

(3)侵害行为与损害后果之间有因果关系;

(4)被监护人与责任承担人之间存在监护关系。

2. 责任阻却事由

只要监护人提出无过错证明,就可免除其赔偿责任。但是,纵如法定代理人能够证明并未懈怠其监护职责,或已尽了相当的注意义务,而仍不免发生损害的情形,由其承担全部责任有失公平。

对于特殊侵权责任,不可抗力在一定情况下也为责任阻却事由。但并不是所有的不可抗力均可以成为责任阻却事由,比如因台风致物件致人损害的。

(九)雇佣活动或雇佣关系中侵权行为的民事责任

从事雇佣活动,是指从事雇主授权或者指示范围内的生产经营活动或者其他劳务活动。雇员的行为超出授权范围,但其表现形式是履行职务或者与履行职务有内在联系的,应当认定为从事雇佣活动。雇员在从事雇佣活动中致人损害的,雇主应当承担赔偿责任;雇员因故意或者重大过失致人损害的应当与雇主承担连带赔偿责任。雇主承担连带赔偿责任的,可以向雇员追偿。

(十)帮工活动中侵权行为的民事责任

为他人无偿提供劳务的帮工,在从事帮工活动中致人损害的,被帮工人应当承担民事

赔偿责任。被帮工人明确拒绝帮工的,不承担赔偿。

(十一)道路交通事故致人损害的民事责任

机动车发生交通事故造成人身伤亡、财产损失的,由保险公司在机动车第三者责任强制保险责任的限额范围内予以赔偿。超过责任限额部分,按照下列方式承担赔偿责任:

(1)机动车之间发生交通事故的,由有过错的一方承担责任;双方都有过错的,按照各自过错的比例分担责任。

(2)机动车与非机动车驾驶人、行人之间发生交通事故的,由机动车一方承担责任,但是,有证据证明非机动车驾驶人、行人违反道路交通安全法律、法规,机动车驾驶人已经采取必要处置措施的,减轻机动车一方的责任。交通事故的损失是由非机动车驾驶人、行人故意造成的,机动车一方不承担责任。

(十二)经营活动或其他社会活动中侵权行为的民事责任

从事住宿、餐饮、娱乐等经营活动或者其他社会活动的自然人、法人、其他组织,未尽合理限度范围内的安全保障义务致使他人遭受人身损害,应依法承担民事赔偿责任。因第三人侵权导致损害结果发生的,由实施侵权行为的第三人承担赔偿责任。安全保障义务人有过错的,应当在其能够防止或者制止损害的范围内承担相应的补充赔偿责任。安全保障义务人承担责任后,可以向第三人追偿。赔偿权利人起诉安全保障义务人的,应当将第三人列为共同被告,但第三人不能确定的除外。

五、侵权责任纠纷的举证责任

侵权纠纷也就是侵权责任纠纷的举证责任,与我国的侵权责任法律规定的侵权责任构成和责任承担方式紧密相关。因为本书已经讨论了民事诉讼的举证责任分配;因此对于举证程序、方法、技巧等不再重复讨论。仅对侵权责任纠纷的举证责任作一个简单的归纳。

(一)一般侵权责任的举证责任分配

(1)谁主张、谁举证,是一般侵权责任的举证分配原则。

(2)赔偿请求人应对行为人实施的侵权行为、侵害的结果、侵权行为与损害结果存在因果关系、行为人的过错,承担举证责任。

(3)在实践中,如果按照谁主张、谁举证的原则,凸显出明显的不合理时;法官可以根据案情、赔偿请求人和行为人等各种因素,按照公平原则,进行合理分配举证责任。

(二)推定过错责任的举证责任分配

(1)赔偿请求人应对行为人实施的侵权行为、侵害的结果、侵权行为与损害结果存在因果关系承担举证责任。

(2)行为人应对自己的无过错主张,承担举证责任。

(3)在医疗侵权纠纷、环境污染侵权纠纷中,如果行为人主张侵权行为与损害结果不存在因果关系,应对此主张承担举证责任。

（三）无过错责任的举证责任分配

(1)赔偿请求人应对行为人实施的侵权行为、侵害的结果、侵权行为与损害结果存在因果关系承担举证责任。

(2)行为人应对自己主张的受害人的故意行为,承担举证责任。

（四）行为人应当对主张的责任阻却事由承担举证责任

侵权责任中,除了以后三种分类外,还有一种被称为公平责任的补偿责任。对于公平责任,如果是推定过错承担,行为人应当对自己无过错的主张承担举证责任。如果是无过错承担,则需要对自己主张的行为人的故意行为承担举证责任。

侵权责任的辩论,应紧紧围绕争论焦点,对事实和理由进行举示、质证和对法律适用、非法律的法律渊源的适用充分说明理由。对于侵权责任阻却事由进行证明和说理。

第五节 刑事附带民事诉讼

刑事附带民事诉讼,是指司法机关在刑事诉讼的过程中,在审理被告人刑事责任的同时,附带审理受害人诉请被告人赔偿因犯罪行为所造成的被害人物质损失的诉讼活动。

刑事附带民事诉讼其处理的问题与民事诉讼中的损害赔偿相似,都是债权债务问题,属于民事纠纷范畴。然而就其程序和对原告的诉请的范围限制而言,与一般民事诉讼存在区别,有其自己的特殊性。因为以实体法而言,这种损害是由犯罪行为所引起的;与一般民诉相比,其范围大大地被缩限。在诉讼和审理程序上,它只是在刑事诉讼的过程中提起的,是一种附带的诉讼活动;因此在诉讼过程,不仅要遵循民事诉讼的相关程序,而且也要遵循刑事诉讼有关的规定。一般情况下由审判刑事案件的审判组织一并审判。

法律规定将此两种不同的诉讼结合在一起,其主要的作用在于:

(1)刑事附带民事诉讼有利于正确处理刑事案件。在审理刑事案件过程中一并解决民事赔偿问题,有利于全面查明被告人的犯罪行为和处以该当的刑罚。如经济犯罪、财产犯罪中,查明实际损害,是定罪量刑的依据之一。因为相关司法解释规定:被告人已经赔偿被害人物质损失的,人民法院可以作为量刑情节予以考虑。

(2)刑事附带民事诉讼能更有效地维护被害人的合法权利。首先,司法机关调查取证过程中可能形成有大量被告人应当承担民事责任的证据,如在附带的民诉中经过举证质证后,可以作为认定事实的依据;从而减少被害人取证的难度并提高了效率。其次,刑事附带民事诉讼,有利于及时弥补被害人因犯罪行为遭受的物质损害。

(3)刑事附带民事诉讼利于节约诉讼资源,便于诉讼参与人参加诉讼,节约诉讼成本。

（4）可以适当避免由刑事审判庭和民事审判庭分别审理刑事和民事，出现的对同一案件作出相互矛盾的认定。

虽然根据法律和司法解释规定，即便受害人没有提起刑事附带民事诉讼；犯罪分子非法占有、处置被害人财产而使其遭受物质损失的，人民法院应当依法予以追缴或者责令退赔。然而，没有被害人的参加辩论的债权债务的处理，可能影响其公正性。

一、提起刑事附带民事诉讼的条件

（一）附带民事诉讼应当在刑事案件立案以后第一审判决宣告之前提起

附带民事诉讼是由刑事诉讼所追究的犯罪行为引起的，是在追究被告人刑事责任的同时，附带追究其应承担的民事赔偿责任。因此，附带民事诉讼必须以刑事诉讼的成立为前提，如果刑事诉讼不成立，附带民事诉讼就失去了存在的基础，被害人就应当提起独立的民事诉讼，而不能提起附带民事诉讼。此外，如果刑事诉讼程序尚未启动，或者刑事诉讼程序已经结束，被害人也只能提起独立的民事诉讼，而不能提起附带民事诉讼。

（二）作为债权请求权的只能是被害人遭受的物质损失

刑事附带民事诉讼的赔偿范围，根据《刑事诉讼法》的规定，限定为物质方面的损失。按现行法律规定，刑事附带民事诉讼只能限于因被告人的犯罪行为引起的物质损失，应包括人格权益和财产权益；但不含精神损害赔偿。虽然对此学术界争论较多，但就国家刑法对被告人科以刑罚，剥夺其自由甚至生命而言，对受害人也起到安慰或者告慰之功效。至于能否完全抵消受害人受到的精神损害，甚至即便法院支持被害人诉请的精神损害赔偿，在一些恶意极大的刑事案件中，能否得到执行，也是一大问题。

（三）被害人的物质损失是因被告人的犯罪行为引起的

（1）犯罪行为是指被告人在刑事诉讼过程中被指控的犯罪行为，而不要求是人民法院以生效裁判确定构成犯罪的行为。对此最高人民法院的司法解释规定：人民法院认为公诉案件被告人的行为不构成犯罪的，对已经提起的附带民事诉讼，经调解不能达成协议的，应当一并作出刑事附带民事判决。

（2）被害人遭受的物质损失与被告人的犯罪行为之间必须存在因果关系。被害人因犯罪行为遭受的物质损失，是指被害人因犯罪行为已经遭受的实际损失和必然遭受的损失。据此，犯罪行为造成的物质损失，既包括犯罪行为已经给被害人造成的物质损失，此外还包括被害人将来必然遭受的物质利益的损失，例如，因伤残减少的劳动收入、今后继续医疗的费用、被毁坏的丰收在望的庄稼等，这种损失又称消极损失。但是，被害人应当获得赔偿的损失不包括今后可能得到的或通过努力才能挣得的物质利益，比如超产奖、发明奖、加班费等。

（3）被害人受到的物质损失必须是因被告人对其人身权利进行侵害的过程中产生的

实际损失。被告人以非法占有、处置被害人财产而使其遭受的物质损失,不属于刑事附带民事诉讼的受案范围。如诈骗、抢劫过程中的被骗、抢财物。这是因为无论是诈骗罪中被骗的财物价值,还是抢劫罪中被抢的财物价值,均已经过价值鉴定,在刑事审判过程中都是明确、可知的,应当在刑事判决时判令退赔或者予以追缴。然而因人身权利遭受到的损失,例如故意伤害造成的人身损害、抢劫罪过程中造成的人身损害或财物损失,则需要经过审理才能判定赔偿数额。

(4)国家机关工作人员在行使职权时,侵犯他人人身、财产权利构成犯罪,被害人或者其法定代理人、近亲属提起附带民事诉讼的,人民法院不予受理,但应当告知其可以依法申请国家赔偿。

二、刑事附带民事诉讼当事人

(一)原告

刑事附带民事诉讼原告,是指以自己的名义向司法机关提起附带民事诉讼赔偿请求的人。根据刑事诉讼法和有关司法解释的规定,以下主体有权提起附带民事诉讼。

(1)因犯罪行为遭受物质损失的公民。任何公民由于被告人的犯罪行为而遭受物质损失的,在刑事诉讼过程中,都有权提起附带民事诉讼,这是附带民事诉讼中最常见的原告人。

(2)因犯罪行为遭受物质损失的企业、事业单位、机关、团体等。这一部分原告主体身份,具有一定争议。但是如故意放火等犯罪活动中以上组织遭受的财产损失,显然不是被告人通过犯罪而占有,可以判令退赔的财物。通过刑事附带民事诉讼进行追偿,是有必要的。

(3)当被害人是未成年人或精神病患者等无行为能力人或者限制行为能力人时,他们的法定代理人可以代为提起附带民事诉讼。

(4)当被害人死亡时,其近亲属可以提起附带民事诉讼。

(5)如果是国家财产、集体财产遭受损失的,人民检察院在提起公诉时,可以提起附带民事诉讼。

(二)被告人

刑事附带民事诉讼被告人,是指对犯罪行为造成的物质损失负有赔偿责任的人。附带民事诉讼被告人通常是刑事诉讼的被告人(包括公民、法人和其他组织),但在有些特殊情况下,应当赔偿物质损失的附带民事诉讼被告人,可能不是承担刑事责任的被告人。

(1)未成年刑事被告人的监护人。未成年人的监护人是其父母。父母死亡或者没有监护能力的,由下列人员中有监护能力的人担任监护人:祖父母、外祖父母;兄、姐;关系密切的其他亲属、朋友愿意承担监护职责,经未成年人父母的所在单位或者未成年人住所地

的居民委员会、村民委员会同意后,也可以做监护人。对担任监护人有争议的,由未成年人父母所在单位或者未成年人住所地的居民委员会、村民委员会在近亲属中指定。对指定不服提起诉讼的,由人民法院裁决。

(2)未被追究刑事责任的其他共同致害人。这种情形主要是指共同犯罪案件中,有的被告人被交付人民法院审判,有的被告人被公安机关作出劳动教养处理或行政拘留处分,有的被告人被人民检察院作出不起诉决定,在这种情况下,未被交付法院审判的同案人都可以被列为附带民事诉讼被告人。因为数人共同造成他人物质损失的行为是一个不可分割的整体行为,造成物质损失结果的原因是共同的加害行为,各加害人都应对物质损害承担民事赔偿责任。

(3)已被执行死刑的罪犯的遗产继承人和共同犯罪案件中案件审结前已死亡的被告人的遗产继承人。在这两种情况下对被害人的经济赔偿应当看作已经死亡的刑事被告人生前所负的债务,属于遗产的清偿范围。

(4)其他对刑事被告人的犯罪行为依法应当承担民事赔偿责任的单位和个人。这里的单位应作广义的理解,既可以是法人组织,也可以是非法人单位。

附带民事诉讼的成年被告人应当承担赔偿责任的,如果其亲属自愿代为承担,应当准许。

三、刑事附带民事诉讼程序

(一)可以受理的机关

(1)刑事附带民事诉讼原告人可以直接向人民法院提起附带民事诉讼;

(2)在公诉案件中,也可以在侦查、起诉阶段通过侦查、起诉机关提起;

(3)国家、集体财产遭受损失的,遭受损失的法人或其他组织既可以直接向人民法院提起附带民事诉讼,也可以在侦查、起诉阶段通过侦查、起诉机关提起;

(4)如果遭受损失的单位未提起诉讼的,人民检察院在提起公诉的时候,可以提起附带民事诉讼。

其中,在侦查、审查起诉阶段提起附带民事诉讼的,人民检察院应当记录在案,并将原告人的诉讼请求和有关材料,在提起公诉的同时,一并移送人民法院。

(二)刑事附带民事诉状

提起附带民事诉讼一般应当提交附带民事诉状,写清有关当事人的情况、案发详细经过及具体的诉讼请求,并提出相应的证据。书写诉状确实有困难的,可以口头起诉。审判人员应当对原告人的口头诉讼请求详细询问,并制作笔录,然后向原告人宣读;原告人确认准确无误后,应当签名或者盖章。不论是口头还是书面提起的附带民事诉讼,都应当说明被害人和被告人的姓名、年龄、住址、控告的罪行及因犯罪行为遭受的损失的程度和具体的诉讼请求等内容。人民检察院提起附带民事诉讼时必须在起诉书上写明,不能用口头的方式提起附带民事诉讼。

在诉讼过程中,被害人应当提起附带民事诉讼而没有提起时,公安机关、人民检察院、人民法院可以告知因犯罪行为遭受损失的被害人(公民、法人和其他组织)、已死亡被害人的近亲属、无行为能力或者限制行为能力被害人的法定代理人等,有权提起附带民事诉讼,以便他们决定是否行使这一权利。如果他们放弃这一权利,应当许可,并记录在案。但是如果被告人的行为是给国家、集体财产造成损失的,受损害单位不提起附带民事诉讼,人民检察院在提起公诉时,可以提起附带民事诉讼,以保护国家和集体财产免受损失。

1. 刑事附带民事起诉状应注意的问题

(1)提起附带民事诉讼的原告人、法定代理人符合法定条件;

(2)有明确的被告人;

(3)有请求赔偿的具体要求和事实根据;

(4)被害人的物质损失是由被告人的犯罪行为造成的;

(5)属于人民法院受理附带民事诉讼的范围。

2. 刑事附带民事起诉状

刑事附带民事起诉状,是指被害人或者其法定代理人、近亲属,在刑事诉讼过程中依法要求被告人或其他责任人员承担民事赔偿责任的文书。

刑事附带民事起诉状由首部、正文和尾部组成。除文书名为"刑事附带民事起诉状"外,其他格式和要求同民事起诉状。

符合法律规定的财产保全和先予执行的规定的,原告可以在诉讼中向受理法院申请。

(三)刑事附带民事诉讼的审判程序

根据《刑事诉讼法》规定,附带民事诉讼应当同刑事案件一并审判,只有为了防止刑事案件审判的过分迟延,才可以在刑事案件审判后,由同一审判组织继续审理附带民事诉讼。刑事案件附带的民事诉讼部分与刑事部分是紧密相连的,因而,民事部分的审判与刑事部分的审判一般应同时进行。

刑事部分和民事部分分开审判需要注意的是:第一,只能先审刑事部分,后审附带民事部分,而不能先审附带民事部分,再审刑事部分;第二,必须由审理刑事案件的同一审判组织继续审理附带民事部分,不得另行组成合议庭;第三,附带民事部分的判决对案件事实的认定不得同刑事判决相抵触;第四,附带民事部分的延期审理,一般不影响刑事判决的生效。与一般的民事诉讼审判程序的异同:

(1)刑事附带民事诉讼的原告人经人民法院传票传唤,无正当理由拒不到庭,或者未经法庭许可中途退庭的,应当按自行撤诉处理。

(2)刑事附带民事诉讼的当事人对自己提出的主张,有责任提供证据。

(3)除人民检察院提起的以外,可以调解。调解应当在自愿合法的基础上进行。经调

解达成协议的,审判人员应当及时制作调解书。调解书经双方当事人签收后即发生法律效力。调解达成协议并当庭执行完毕的,可以不制作调解书,但应当记入笔录,经双方当事人、审判人员、书记员签名或者盖章即发生法律效力。经调解无法达成协议或者调解书签收前当事人一方反悔的,附带民事诉讼应当同刑事诉讼一并开庭审理,作出判决。

(4)对于被害人遭受的物质损失或者被告人的赔偿能力一时难以确定以及附带民事诉讼当事人因故不能到庭等案件,为了防止刑事案件审判的过分迟延,附带民事诉讼可以在刑事案件审判后,由同一审判组织继续审理。

(5)人民法院认定公诉案件被告人的行为不构成犯罪的,对已经提起的附带民事诉讼,经调解不能达成协议的,应当一并作出刑事附带民事判决。

(6)人民法院审理刑事附带民事案件依法判决后,查明被告人确实没有财产可供执行的,应当裁定中止或者终结执行。

(7)人民法院审理刑事附带民事诉讼案件,不收取诉讼费。

(8)刑事附带民事判决或者裁定上诉、抗诉的期限,应当按照刑事部分上诉、抗诉的期限确定。如果原审附带民事部分是另行审判的,上诉期限应当按照民事诉讼法规定的期限执行。

(9)附带民事诉讼案件,只有附带民事诉讼的当事人和他们的法定代理人提出上诉的,第一审刑事部分的判决,在上诉期满后即发生法律效力。应当送监执行的第一审刑事被告人是第二审附带民事诉讼被告人的,在第二审附带民事诉讼案件审结前,可以暂缓送监执行。

(10)审理附带民事诉讼的上诉、抗诉案件,应当对全案进行审查。如果第一审判决的刑事部分并无不当,第二审人民法院只需就附带民事诉讼部分作出处理。如果第一审判决附带民事部分事实清楚,适用法律正确的,应当以刑事附带民事裁定维持原判,驳回上诉、抗诉。

(11)第二审人民法院审理刑事附带民事上诉、抗诉案件,如果发现刑事和附带民事部分均有错误需依法改判的,应当一并改判。

(12)第二审人民法院审理对刑事部分提出上诉、抗诉,附带民事诉讼部分已经发生法律效力的案件,如果发现第一审判决或者裁定中的民事部分确有错误,应当对民事部分按照审判监督程序予以纠正。

(13)第二审人民法院审理对刑事附带民事诉讼部分提出上诉、抗诉,刑事部分已经发生法律效力的案件,如果发现第一审判决或者裁定中的刑事部分确有错误,应当对刑事部分按照审判监督程序进行再审,并将附带民事诉讼部分与刑事部分一并审理。

(14)第二审人民法院审理对刑事附带民事诉讼部分提出上诉的案件,原告一方要求增加赔偿数额,第二审人民法院可以依法进行调解。调解未达成协议或者调解书送达前一方反悔的,第二审人民法院应当依照刑事诉讼法、民事诉讼法的有关规定作出判决或者裁定。

（15）在第二审案件刑事附带民事部分审理中，第一审民事原告人增加独立的诉讼请求或者第一审民事被告人提出反诉的，第二审人民法院可以根据当事人自愿的原则就新增加的诉讼请求或者反诉进行调解，调解不成的，告知当事人另行起诉。

（16）按照审判监督程序进行再审的刑事自诉案件，应当依法作出判决、裁定；附带民事部分可以调解结案。

第六节　物权简介

物权是指权利人依法对特定的物享有直接支配和排他的权利。包括两层意思：其一是直接支配的权利，包括所有权、用益物权和担保物权。其二是排除他人妨害的权利，当权利人依法享有的直接支配权受到侵害时，可以依法救济，以恢复其原有的状态。

通俗地讲就是：自然人、法人对其所有的不动产或者动产具有的所有权、用益物权和担保物权的总称。

不动产指土地及建筑物等土地附着物；动产指不动产以外的物。物权所具有的重要原则：

（1）物权是对世权：国家、集体、私人的物权和其他权利人的物权受法律保护，任何单位和个人不得侵犯。

（2）物权法定：物权的种类和内容，由法律规定。

（3）不动产物权登记对抗制度：不动产物权的设立、变更、转让和消灭，应当依照法律规定登记。动产物权的设立和转让，应当依照法律规定交付。

（4）物权须合法取得和行使：物权的取得和行使，应当遵守法律，尊重社会公德，不得损害公共利益和他人合法权益。

一、物权的属性

（一）物权的分类

1. 自物权与他物权

自物权是权利人对于自己的物所享有的权利。以其与他人之物无关，故称作自物权。所有权是自物权。他物权是在他人所有的物上设定的物权。他物权是对他人的物享有的权利，其内容是在占有、使用、收益或者处分某一方面对他人之物的支配。自物权和他物权的区别在于处分权。

2. 动产物权与不动产物权

根据物权的客体是动产还是不动产所作的分类。不动产所有权、建设用地使用权、不动产抵押权等是不动产物权，而动产所有权、动产质权、留置权则是动产物权。动产物权

与不动产物权的区别除物理属性不同外,主要在于登记对抗制度;法律须登记的运输工具除外。

3. 主物权与从物权

以物权是否具有独立性进行的分类。主物权是指能够独立存在的物权,如所有权、建设用地使用权。从物权则是指必须依附于其他权利而存在的物权。如抵押权、质权、留置权,是为担保的债权而设定的。地役权在与需役地的所有权或使用权的关系上,也是从物权。

按照不同的属性和标准,还可以有许多分类形式;在此不再一一介绍。

(二)物权的特性

1. 物权是支配权

物权是权利人直接支配的权利,即物权人可以依自己的意志就标的物直接行使权利,无须他人的意思或义务人的行为的介入。

2. 物权是绝对权(对世权)

物权的权利主体只有一个,权利人是特定的,义务人是不特定的第三人,且义务内容是不作为,即只要不侵犯物权人行使权利就履行义务,所以物权是一种绝对权。

3. 物权是财产权

物权是一种具有物质内容的、直接体现为财产利益的权利,财产利益包括对物的利用、物的归属和就物的价值设立的担保,与人身权相对。

4. 物权的客体是物

物权的客体是物,且主要是有体物。法律规定无体物除外,如电、电讯号等。

5. 物权具有排他性

首先,物权的权利人可以对抗一切不特定的人,所以物权是一种对世权;其次,同一物上不许有内容不相容的物权并存(最典型的就是一个物上不可以有两个所有权,但可以同时有一个所有权和几个抵押权并存),即"一物一权"。即便在共有关系上,也只是几个共有人共同享有一个所有权,并非是一物之上有几个所有权。在担保物权中,同一物之上可以设立两个或两个以上的抵押权,但效力有先后次序的不同。因此,共有关系及两个以上抵押权的存在与物权的排他性并不矛盾。

6. 物权作为一种绝对权,必须具有公开性,因此必须要公示。

物权是对世权的属性,要求其必须公开;只有公开,才能起到识别和得到他人的谦抑。这是一种公示的效力,使其具有公信力。由于动产和不动产的属性差异,因此同样作为公示,两者存在不同的方式。不动产采取登记主义,而动产采用交付主义。也就是说,不动产必须以登记在国家不动产登记机关的不动产登记簿为公开;而动产则以实际交付为公开,法律有特别规定的除外。法律规定的动产登记,只限于飞机、轮船、汽车等法律直接规定的应依法登记的动产。

7. 物权设立采用法定主义

物权的取得与物权的设立并不是一回事。物权的取得主要有因建设、买卖、赠予等,取得物权以后,如果还要设立物权,必须经过登记程序。否则不能取得物权的全部属性。比如物权的对抗力,也就是不能对抗第三人善意取得物权。

8. 物权具有优先效力,又称为物权的优先权

物权的优先权主要是针对债权而言的。当一物之上既存在物权,又存在债权之时;此时对于此物而言,物权优先于债权的行使,比如物权取回权。

（三）物权效力

物权的优先效力,亦称物权的优先权。其基本含义是指同一标的物上有数个相互矛盾、冲突的权利并存时,具有较强效力的权利排斥具有较弱效力的权利的实现。

1. 物权相互间的优先效力

这种优先效力,是以物权成立时间的先后确定物权效力的差异。一般说来,两个在性质上不能共存的物权不能同时存在于一个物上,故而后发生的物权根本不能成立。例如在某人享有所有权的物上,不得再同时成立其他人的所有权。如果物权在性质上可以并存,则后发生的物权仅于不妨碍先发生的物权的范围内得以成立。在这种情况下,先发生的物权优先于后发生的物权。例如在同一物上设立数个抵押权,先发生的抵押权优于后发生的抵押权。

(1)用益物权与担保物权:原则上这两种物权可以同时存在于一物之上,例外的是以占有为要件的质权、留置权与用益物权不能并存。

(2)用益物权与用益物权:不管其种类是否相同,一般都难以并存。但是地役权有时可以与其他用益物权并存。例如消极地役权以某种不作为,如不得兴建高层建筑,为其内容,可附存于已经设立地上权的土地上。再如,两个通行权可共存于同一供役地上等。

(3)担保物权与担保物权一般都能够并存:例外的是当事人有特别约定时不能并存,以占有为要件的留置权等担保物权之间不能并存。

2. 物权对于债权的优先效力

在同一标的物上物权与债权并存时,物权有优先于债权的效力,这主要表现在两个方面:

(1)在同一标的物上,既有物权又有债权时,物权有优先于债权的效力。

例如抵押人将已经出租的财产抵押的,抵押权实现后,租赁合同在有效期内对抵押物的受让人继续有效。

(2)在债权人依破产程序或强制执行程序行使其债权时,作为债务人财产的物上存在

他人的物权时,该物权优先于一般债权人的债权。

如:在债务人的财产上设有担保物权的,担保物权人享有优先受偿的权利,此为别除权;在破产时,非为债务人所有之物,所有人有取回该物的权利,此为取回权。

3. 物上请求权

物权人在其权利的实现上遇有某种妨害时,有权请求造成妨害事由发生的人排除此等妨害,称为物上请求权,有时亦称物权的请求权。

物上请求权的行使,不必非得依诉讼的方式进行,也可以依意思表示的方式为之:物权受到妨害后,物权人可以直接请求侵害人为一定的行为或不为一定的行为,包括请求侵害人停止侵害、排除妨碍、消除危险、返还财产等。例如,甲的汽车发生故障,停在乙的门口,挡住乙的通道,甲有义务排除妨碍,乙有权直接请求甲排除妨碍。

(四)物权保护与救济

物权受到侵害的,权利人可以通过和解、调解等途径解决,也可以依法向人民法院提起诉讼。物权的保护应当采取如下方式:

(1)因物权的归属和内容发生争议的,利害关系人可以请求确认权利。

(2)被无权占有人占有不动产或者动产的,权利人可以请求返还原物;不能返还原物或者返还原物后仍有损失的,可以请求损害赔偿。

(3)造成不动产或者动产损毁的,权利人可以请求恢复原状;不能恢复原状或恢复原状仍有损失的,可以请求损害赔偿。

(4)妨碍行使物权的,权利人可以请求排除妨害。

(5)有可能危及行使物权的,权利人可以请求消除危险。

(6)侵害物权,造成权利人损害的,权利人可以请求损害赔偿。

上述物权保护方式,可以单独适用,也可以根据权利被侵害的情形合并适用。

二、物权的行使

物权的行使是指物权人实现其物权利益的一切正当行为。物权为对世权,因而权利人得依自主的意思行使权利并排除他人的干涉。然而,物权是否存在边界?物权的行使是否存在交叉?过分膨胀的对世权会带来哪些不良后果?"我的地盘我做主"这句话成立的条件是什么?

应该说物权人所享有绝对权、对世权,因为空间和法律的关系,是具有边界的。《物权法》对物权的取得和行使,应当遵守法律,尊重社会公德,不得损害公共利益和他人合法权益的规定,就是物权在行使中的边界和限制。在空间上,自己物权与他人物权往往存在结合部,交叉之处形成了小区住宅物权的区分所有权的特殊形式;结合之处,形成了房屋所有的之间的相邻权关系。当然法律规定的应当遵守法律,尊重社会公德,不得损害公共利益则设定了物权的法律边界。

物权的行使应当遵循诚实信用原则。诚实信用原则作为民法的帝王条款,不仅约束一般的民事法律行为,也应当对物权的取得与行使有所约束。权利人在行使物权时只有遵循诚实信用原则,才能有助于建立和睦的经济生活秩序,保障财产流转的顺畅进行。

物权的行使应遵循禁止权利滥用原则。禁止权利滥用原则与诚实信用原则一样,都对所有权的行使作出了规范与限制。任何物权人都不应当采取不正当的方式行使物权而损害他人的利益。

物权的行使应当符合善良风俗,禁止违反公序良俗,这也是民法基本原则的当然要求。如改变物业用途的应征得有利害关系的相关业主的同意;禁止在小区内开设赌场等。

物权的行使应遵循物尽其用的原则。在处理一些物权纠纷时,在无法律强制性规定限制时,可以使用此原则对抗他人行为对物权的过度干预。如小区开发建设单位,将满足业主使用后空置的车库,暂时出租给他人使用,只要不违反相关的法律规定,并不能因为车库的属性而否定其行为的合法性。

物权的行使包括对所有权的行使和对他物权的行使;权利人通过物权的行使,实现物尽其用,在获得自身合法利益的同时,也加速了资源的利用。

物权所有权的行使包括:占有、使用、收益和处分。而在其中,处分权为物权权利人所独享的权利;法律规定的部分国有企业、事业或其他组织可依法律规定行使部分处分权的除外。而占有、使用、收益,则可以通过合同形式交由他人行使。

他物权的行使主要包括抵押权、质权的行使。他物权的行使主要依权利人的需要或者依合同行使。

三、物权的变动

物权变动是指物权的发生、转移、变更和消灭。物权变动是物权法上的一种民事法律效果,和其他民事法律效果一样,物权的变动也是由一定民事法律事实引起的。

（一）物权变动的主要形态

1. 物权取得

（1）法律行为:这是物权取得的最常见的原因,如买卖、互易、赠予、遗赠及通过物的所有人与其他人的设定行为为他人设定抵押权、质权等他物权。

（2）由于法律行为以外的原因而取得物权,主要有:①因取得时效取得物权;②因公用征收或没收而取得物权;③因拾得遗失物、发现埋藏物取得所有权;④因附合,混合或加工取得物权;⑤因继承取得物权;⑥因法律的规定而取得物权;⑦孳息的所有权取得。

（3）登记及其法律效果

登记作为不动产物权的公示方法,是将物权变动的事项,登载于特定国家机关的簿册上。

我国法律对房屋的买卖规定要进行登记。城市私有房屋的所有人,须到房屋所在地房管机关办理所有权登记手续,经审查核实后,领取房屋所有权证(不动产证)。房屋所

有权移转或房屋现状变更时,须到房屋所在地房管机关办理所有权移转或房屋现状变更手续。

根据《物权法》规定,我国不动产权的变动,系采取登记要件主义,即以登记作为物权变动的要件。不动产物权的变动除了当事人间的合意外,还要进行登记。非经登记,不仅不能对抗善意第三人,而且在当事人间也不发生物权效力。同时以登记为不动产物权的公示方法。在我国,其他土地物权的产生、变更、消灭都必须依法进行登记。

2. 物权的消灭

(1)法律行为:包括抛弃、合同及撤销权的行使。抛弃就是单方消灭物权的行为;合同则是双方约定物权存续期限或物权消灭的意思表示;行使撤销权来消灭物权主要是在合同规定中,行使撤销合同的权利,从而使用权合同规定的物权归于消灭。

(2)由于法律行为以外的原因而消灭物权:如标的物的灭失、物权的法定期限的届满,还有因两主体之间的关系而产生的某种他物权、两主体混同后;此种物权即归于消灭。

(3)凡需要以登记公示的物权,在物权消灭以后;权利人应当到原登记机关办理注销登记。

我国在物权变动中采用的是物权形式主义。以物权意思表示作为本质,以登记或交付作为外在形式。

(二)变动原则

1. 公示原则

物权的变动须以法定的公示方式进行才能发生相应法律效果的原则,物权具有绝对排他的效力,其变动须有足以外部可以辨认的表征,才可透明其法律关系,减少交易成本,避免第三人遭受损害,保护交易安全。此种可由外部辨认的表征,即为物权变动的公示方法。不动产物权变动以登记为公示方法,动产物权变动以交付为公示方法。

2. 公信原则

物权变动依法定方式公示的,即具有使一般人信赖其正确的效力,即使公示的物权状态与其真实的物权状态不符,对于信赖公示所表征的物权而成为物权交易的人,法律仍然承认其与其真实物权状态相同的法律效果。公信原则赋予物权的公示以绝对的效力,保护信赖物权公示的善意第三人,维护交易的安全与快捷。但公信原则仅适用于登记名义人与第三人之间的交易关系,而不适用于登记名义人与真实权利人之间的关系。在登记名义人与真实权利人之间,真实物权人可以依照事实标准举证证明自己物权的正当性,此时权利的外观不能表示为真实的权利。而在登记名义人与第三人进行交易时,第三人可善意取得物权,真实权利人只能要求登记名义人损害赔偿。这就是物权公示的公信力和物权真实状态的推定力,在对外和对内上的差异。

四、物权的保护

物权的保护是指通过法律规定的方法和程序,保障所有人在法律许可的范围内,对其所有的财产行使占有、使用、收益、处分权利的制度。这是物权法律制度的必不可少的组成部分。宪法对保护物权作了原则性的规定;刑法是运用刑罚的手段惩罚犯罪,保护物权;行政法则利用行政措施和行政处罚的办法,同破坏、侵吞财产的行为作斗争。《物权法》第三章专门规定了"物权的保护",规定了五种对物权保护请求权,具有其他法律法规不可替代的地位和作用。

(1)物权保护渊源的多元性。既包括公法对物权的保护,也包括私法对物权的保护。前者如我国宪法、刑法和行政法对财产权的保护,后者如民法,特别是物权法的有关规定,例如,我国《物权法》第三章就集中规定了物权的保护。

(2)物权保护方式的多样性。物权保护,既可以通过权利受到不法侵害的物权人请求国家公力救济,也可以在特定情形下依私力救济排除他人的不法侵害,保护自己的物权。

(一)物权保护的方法

物权保护的方法多种多样,根据不同标准可以有不同的分类。根据物权保护依赖力量的不同,分为私力救济和公力救济;根据物权保护法律依据的不同,分为公法保护和私法保护。

1. 物权的私力救济

物权的私力救济,是指物权人在法律许可的范围内,依自身力量通过实施自卫、自助行为保护被侵害的物权。按照行为方式的不同,私力救济分为自卫行为和自助行为。自卫行为包括正当防卫和紧急避险。

(1)自助行为是指权利人在紧急情况下,为保护自己权利而对义务人财产进行扣押或对其人身进行拘束的私力救济,包括自力防卫和自力取回。其中,自力防卫是指物权人对正在进行的非法侵害,依据自力予以防御甚至打击;自力取回是指物权人在其物被非法侵夺后,以强力当场或就地追踪取回。

(2)私力救济具有悠久的历史传统,是市民社会普遍采取的一种社会纠纷解决方式。作为一种社会纠纷解决方式,私力救济自身存在许多难以克服的弊端,很容易导致社会混乱。因此,由国家提供公力救济,以代替私力救济,逐渐成为一切文明国家普遍采取的社会治理方式。随着国家公力救济的不断深化、普遍化,私力救济开始逐步退出物权保护的历史舞台。但应看到,私力救济作为一种权利保护方式具有救济及时、维权成本低等显著优势,这恰好弥补了公力救济在这些方面的不足。因而直至今日,私力救济在法律制度中仍是现代法治社会的一种重要而有益的补充。

2. 物权的公力救济

物权的公力救济,是指国家机关依权利人请求运用公权力对被侵害物权实施的救济,

包括司法救济和行政救济,其中最重要的形式是民事诉讼。物权的公力救济集中体现了国家通过积极作为的方式保护物权人的合法权益。

(1)物权的公法保护,是指国家通过宪法、行政法、刑法及诉讼法等公法性质的法律法规对物权进行的保护。《刑法》中对盗窃罪、抢夺罪、抢劫罪、毁坏公私财物罪等罪名的规定就是从公法角度对民事主体的物权进行的保护。

(2)物权的私法保护,是指国家通过民法、商法特别是物权法等私法性质的法律法规对物权进行的保护。《物权法》第四条规定:国家、集体、私人的物权和其他权利人的物权受法律保护,任何单位和个人不得侵犯。

按效力性质的不同,物权的私法保护细分为物权性质的物权保护和债权性质的物权保护。《物权法》第三章集中对这两种性质的物权保护方式作了规定。该章规定了物权确认请求权、返还原物请求权、排除妨害请求权、防止妨害请求权等物权性质的请求权保护方式,也规定了恢复原状请求权、损害赔偿请求权等具有债权性质的请求权保护方式。

(二)物权之公力救济途径

1. 刑法规定的物权救济

(1)刑法对物权的自物权、他物权的保护:《刑法》中侵犯财产罪包括侵犯所有权中的占有权,如盗窃罪和抢劫罪等;侵犯所有权中的使用权,如挪用资金罪和挪用特定款物罪、侵占公私财产罪等。

(2)刑法对用益物权的保护:《刑法》妨害社会管理秩序罪中规定了"非法占用农用地罪""非法采矿罪"等罪名。刑法对于用益物权的保护中不仅体现了刑法保护范围的广泛还体现出了刑法对于物权保护的力度。

(3)刑法对担保物权的保护:《刑法》中规定的破坏社会主义市场经济秩序罪中,金融诈骗罪相关罪名即侵害了担保物权,如贷款诈骗罪、合同诈骗罪等罪名中使用虚假产权证明做担保,超出抵押物价值重复担保的,这些行为都属于侵害担保物权的行为,均应受到刑法的制裁。

2. 民法规定的物权救济

民法对物权保护的规定,实际上存在有公力救济、社会救济、私力救济的几种形式。如民法中规定的侵害公私财物触犯刑法规定的除承担民事责任外还将承担刑事责任,可以认为是民法中的物权公力救济规定。民法除规定了对于侵害物权的诉讼程序外,更规定了权利人依法申请法院强制执行有关物权的民事裁定和判决。也可以认为是民法对物权公力救济规定。

《物权法》《民法通则》《民事诉讼法》《仲裁法》等还规定了物权纠纷的仲裁及仲裁程序、仲裁效力及仲裁裁决的执行等,另外还有关于纠纷调解的规定,可以认为是民法对物权纠纷作出的社会救济规定。

（三）物权之私力救济途径

《物权法》第三十二条规定了物权人保护其权利的四种途径:物权受到侵害的,权利人可以通过和解、调解、仲裁、诉讼等途径解决。

1. 自力防卫

所谓自力防卫,是指占有被他人非法侵夺,而物权人请求国家专门机关实行立即救助有明显困难时,自己采用适当强力来维护自己占有的自助方式。这个定义表明,自力防卫针对的侵害状态,是非法侵夺占有,即他人不法行使强力,使得占有标的物的物权人失去占有。侵夺占有的侵害范围比较广泛,凡是一切包括占有权能的物权,如所有权、国有土地使用权、质权、留置权等,都可能遭受这种侵害。

自力防卫的构成条件主要有:第一,侵夺占有正有发生,如正在进行的盗窃、抢劫、抢夺等非法活动,如果侵夺行为已经完成,就失去了防卫的对象。第二,侵夺占有没有合法依据,应被终止或遏制,合法占有不能成为自力防卫的对象。第三,物权人请求国家专门机关立即救助有明显困难。

2. 自力取回

所谓自力取回,是指物权人在物被侵夺后,发现其被侵夺占有的物时,依据自力取回该物。自力取回针对的对象,是侵夺占有的行为已经完成,物已经被他人侵夺时无法防御(如权利人不在家时物被盗),但是事后却发现了占有物。

实施自力取回的条件,是物的现时占有人不能出示其合法占有的证据,如果占有人反对物权人取回的,物权人可以适当使用强力。如果现时占有人具有其合法占有物的证据,如从国家设置的拍卖场所购提"赃物"的证明等,物权人就不能实施自力取回。如果因取回占有物而引起诉讼的,则禁止物权人行使强力并中止取回的行为。

（四）物权请求权

1. 物权请求权概述

所谓物权请求权,是指当物权的圆满状态受到妨害或有被妨害之虞时,物权人为排除妨害或防止妨害发生,对现实妨害或将为妨害之人请求为一定行为之权利。物权请求权属于物权效力之一种,旨在通过恢复物权的圆满状态而实现对物权的保护。

2. 物权请求权与债权请求权区别

物权请求权虽然属于请求权,但它与债权请求权的区别非常明显。物权请求权只是在物权完满状态受到妨害或者可能受到妨害时,以恢复物权完满为目的而提出的请求权,是从物权排他性、绝对性衍生出来的防护性请求权。权利人享有物权时,自然也就享有了以自己行为维护物权安全的权利,即物权请求权,故物权请求权并不需要法律特别赋予,也无须根据一定法律关系而产生。由于物权请求对所要维护的物权有完全的辅助性和服从性,它的产生和行使只是为以维护物权的完满,所以此种请求权是典型的附属性权利,

不能脱离物权而独立转让。

与物权请求不同,债权请求一般是要求对方当事人直接给付的权利,而且只有在对方当事人为给付的情况下,债权人的权利才能实现。债权请求权的产生必须要有法律上特别的原因,没有原因则就无法形成债权请求权。债权请求权是一种独立的财产权利,能独立进入交易机制流通。由此可知,物权请求权与债权请求权不是同一类型的请求权,不能将两者混同。

3. 物权请求权的内容

(1)物权确认请求权。

当物权归属不明或是否存在发生争议时,当事人向法院提起诉讼或者向专门国家机关提出请求,即为物权确认请求权。由于确认争执直接涉及本权(实体权)之是否存在及其归属问题,通常不能在当事人之间解决,只能由有权确认物权的国家机关解决。特别是不动产物权,由于建立有严格的登记管理制度,只能由法院和主管国家机关解决。

可见,物权确认请求权所针对的问题,是民事权利主体之某物享有物权发生争议,要么对是否在某物上享有物权发生争议,要么对物权的支配范围或者内容发生争议,即对权利人之间的权利界限发生争议。物权确认请求权所针对的权利,包括所有权和其他物权,因而物权确认请求权包括所有权确认请求权和他物权确认请求权。

物权之确认,是保护物权的一种独立方法。这是因为,一项财产的所有权或其他物权发生争执时,会使真正的物权人的权利处于不稳定状态,影响其正常行使物权。此时,通过国家有权机关在法律上重新明确争议物权之归属和范围,真正物权人方可正常行使物权。确认物权的请求权,一般是直接向法院提起,但是权利人也可以向有管辖权的行政部门提起。

(2)物权返还请求权。

当所有人的财产被他人非法占有时,财产所有人或合法占有人,可以依照法律的规定请求不法占有人返还原物,或者请求法院责令不法占有人返还原物。简言之,物权返还请求权,即指物权人对无权占有人所享有的要求其返还占有的请求权。由于占有是所有权、用益物权、质权、留置权等物权的基本权能和实现的必要前提条件,故物权返还请求权在各种物权请求权中处于核心地位。各国民事立法均确认了物权人的物权返还请求权,我国《物权法》规定,无权占有不动产或者动产的,权利人可以请求返还原物。

需要指出,物权返还请求权,是保护物之占有权能的方法,因此无论所有人还是其他合法占有人,均可依《物权法》有关请求返还原物的规定请求不法占有人返还原物。当然,返还原物的必要前提是原物为特定物且必须存在。如原物为种类物,则无返还原物之必要;原物虽为特定物但已灭失,亦无返还之可能,只能行使损失赔偿请求权。在一般情况下,原物所生之孳息符合法律规定或者当事人约定时,则由现时占有人取得孳息。

（3）妨害排除请求权。

当他人的行为非法妨碍物权人行使物权时，物权人可以请求妨害人排除妨害，也可请求法院责令妨害人排除妨害。所谓排除妨害的请求权，是指物权人、占有人对他人虽没有剥夺其占有，但却妨害其权利的正常行使或者顺利占有的一次性的侵害行为，可以请求予以排除的请求权。我国《物权法》规定，妨害物权或者可能妨害物权的，权利人可以请求排除妨害或者消除危险。

应注意者，排除妨害既包括请求除去已构成之妨害，也包括请求防止可能出现的妨害，因后者情形而产生的妨害排除请求权又称为危险消除请求权，即物权人对有可能损害自己占有物的设施的物权人或者占有人，要求其消除对自己物之危险的请求权。消除危险请求权的前提条件是对占有构成的危险，必须是现实存在的危险，即这种潜在危险不消除时，肯定会发生妨害。

（4）原状恢复请求权。

当物权的标的物因他人的侵权行为而损坏时，如果能够修复，物权人可以请求侵权行为人加以修理以恢复物之原状。《物权法》规定，造成不动产或动产毁损的，权利人可以请求修理、重作、更换或者恢复原状。原状恢复请求权行使的条件一般包括：

第一，必须有不动产或动产毁损之事实存在；

第二，不动产或动产之毁损必须出于他人之违法行为，包括故意毁损不动产或动产的行为和因使用不当而致不动产或动产毁损的行为；

第三，毁损的不动产或动产有修复之可能。当然，原状恢复请求权实现之后，如果被毁损的不动产或动产之价值比原来有所降低，则所有人还有权请求毁损人赔偿损失。

（5）损害赔偿请求权。

当他人侵害物权的行为造成物权人之经济损失时，物权人可以请求侵害人赔偿损失，也可以请求法院责令侵害人赔偿损失。所谓损害赔偿请求权，是指在无法恢复物之原状情况下，由物权人、占有人向侵害人所提出的以货币支付的方式赔偿尚不能弥补损害的一种物权请求权。我国《物权法》规定，侵害物权，造成权利人损害的，权利人可以请求损害赔偿，也可以请求承担其他民事责任。

损害赔偿，一般的理解是金钱赔偿，是债权法上的救济措施。但是，损害赔偿在物权保护中的应用，目的还是为了达到恢复物权的完满状态的目的，是在物权人、占有人的物的利益受到侵害而依据上述物权保护方式无法完全满足保护的目的时，以金钱补偿为手段，使其整体的利益能够得到公平的补偿。所以物权法中的损害赔偿，同样可以理解为物权保护的一种法律手段。损害赔偿在物权人、占有人利益保护中发挥着不可缺少的而且在某种情况下的极为重要的补充作用。

权利人行使物权请求权，可以通过和解、调解、仲裁和诉讼程序；对于物权的确认权还可以通过申请行政确认或者行政裁决的方式得以实现。

有关于物权请求权的诉讼,见于侵权纠纷之诉和债权纠纷之诉中,其程序别无二致。诉讼只是实现物权请求权,实现物权救济的手段;其目的则归于实现物权请求权,恢复受到侵害的物权。

第七节　亲权、婚姻、继承

一、亲权的概念

亲权,是父母基于其身份对未成年子女的人身、财产进行教养保护的权利和义务。以父母对未成年子女以教养保护为目的为其核心内容,在人身和财产方面权利义务的统一。我国婚姻法及其他民法中没有专门的亲权规定;但是亲权在现代社会是如此之重要。以至于小则关系到家庭和睦幸福,大至有关社会进步发展,甚至与国家和民族兴盛有关。

（一）亲权的权利和义务

亲权的对象为未成年人。在这一点上,过去尚有争议;但现代立法一般只将尚未成年的子女作为侵权的对象。亲权不同于婚姻法中的父母子女之间、近亲属之间的相互照顾义务。亲权不是可逆向的,而只是专指父母基于其身份对未成年子女的人身、财产进行教养保护的权利和义务。当子女成年以后,法律上亲权权利和义务归于不存在;继之而来是父母子女之间、近亲属之间的相互照顾义务。既然是法律直接规定的,因此法律规定成年的年龄标准也就是亲权的年限限制;而不论其时有无完全民事行为能力和生活能力。

亲权建立在父母子女血缘关系的基础上,依法律的直接规定而发生,专属于父母,被认为是父母对人类社会的一种天职。并不以当事人的放弃而放弃,但可依法律行为而产生,如收养关系。在现代社会,以教养保护未成年子女为中心的亲权,不仅为权利同时也为义务。作为父母享有的一种重要民事权利,亲权人可以自主决定、实施有关保护教养子女的事项或范围,并可对抗他人的恣意干涉。亲权又是父母的法定义务,夫妻生育以后,对其自身所孳生、无独立生活能力的儿女进行抚养、教育、保护,是人类的天性,也是夫妻双方对国家社会应尽的义务。因此,父母既不得抛弃亲权,也不得滥用亲权。

收养将暂时中止生父母之亲权。由于收养会将本无真实血缘联络之人间,拟制具有亲子关系,因此收养者与被收养者间又称为法定血亲或拟制血亲。收养者称为养父或养母,被收养者则称为养子或养女;被收养者之生父母称为本生父母,而对本生父母而言,被收养者称为出养子女。子女出养后,本生父母之亲权即处于暂时停止之状态。

（二）亲权的内容

亲权应包括对未成年子女身上的权利义务与对未成年子女财产的权利义务,前者又可称为身上照护权,亲权后者又可称为财产照护权。

1. 身上照护权

保护教养权为身上照护权之概括权利,具体表现为以下几种权利。

(1)居住所指定权。子女应在亲权人指定的居所居住。未经父母允许,不得在他处居住。

(2)子女交还请求权。亲权人可请求不法掠夺或抑留其子女之人交还子女。

(3)惩戒权。亲权人在必要范围内,可惩戒其子女。告诫、体罚、禁闭、减食等手段以达成保护教养目的为限均可采用。至于必要的程度,应依子女家庭环境、子女性别、年龄、健康、性格及过失之轻重等因素加以确定。父母行使惩戒权超越必要范围,构成惩戒权滥用,可为剥夺亲权之事由。

(4)身份行为、身上事项之同意权及代理权。具体包括:第一,身份行为之代理权。如因对未成年子女的监护权而具有的法定代理权;第二,身份行为之同意权。为未成年人实施有关亲属身份变更方面的行为,在我国法律规定如子女8周岁(按《民法总则》新规)及以上,18周岁以下,为限制民事能力之人,则需征其起同意方可实施。如随父姓变更为随母姓、出现父母离异时选择随父或者随母生活的选择、申请认领宣告、同意他人收养子女、协议终止收养等。第三,身上事项之决定权与同意权。如决定生病子女休学、同意动手术等。

2. 财产照护权

(1)财产行为代理权及同意权。具体包括:第一,财产行为代理权:无民事行为能力之未成年人,应由法定代理人代理,如继承之抛弃、遗产之分割等;第二,财产行为同意权。限制行为能力人自为财产法律行为,应征得法定代理人同意。如对于限制民事能力之子女所订立的非纯受益合同的追认权等。

(2)子女财产管理权。财产管理,是保存或增加财产价值的行为。广义的财产管理包括财产管理权、使用收益权和处分权,子女具有独立的财产是亲权人行使上述权利的前提。

二、婚姻

(一)婚姻与婚姻法

婚姻,由两个人一起生活而组成的合法结合或契约。婚姻从表现形式上看,是双方财富、心理和生理的结合;从本质上看,是双方的一种特定的社会盟约。婚姻是现代家庭的基础,亲权主要来源于婚姻。

在我国结婚必须符合法定条件,否则婚姻无效。胁迫结婚的,属于可以撤销的婚姻,但撤销权的时效为一年。

我国的第一部《婚姻法》也是新中国第一部法律。1980年制订了新的《婚姻法》,2001

年进行了修改。2001年新的《婚姻法》是现行婚姻法律。至2011年7月,最高人民法院一共发布了三个《最高人民法院关于适用〈中华人民共和国婚姻法〉若干问题的解释》(以下简称《婚姻法司法解释(一)》括号内篇号为解释文件篇号)。

(二)婚姻的效力

1. 禁止结婚的情形

我国《婚姻法》第七条规定:有下列情形之一的,禁止结婚:

(1)直系血亲和三代以内的旁系血亲;

(2)患有医学上认为不应当结婚的疾病。

患麻风病未经治愈或患其他在医学上认为不应当结婚的疾病者禁止结婚。患有艾滋病、淋病、梅毒等疾病;患有精神分裂症、躁狂抑郁型精神病及其他重型精神病,未治愈前不能结婚。生殖器官发育异常,不能性生活,且无法矫治者不宜结婚。

2. 无效婚姻和可撤销的婚姻

(1)有下列情形之一的,婚姻无效:

①重婚的;

②有禁止结婚的亲属关系的;

③婚前患有医学上认为不应当结婚的疾病,婚后尚未治愈的;

④未到法定婚龄的。

(2)因胁迫结婚的,受胁迫的一方可以向婚姻登记机关或人民法院请求撤销该婚姻。

(3)无效或被撤销的婚姻,自始无效。

无效或被撤销的婚姻,自始无效。当事人不具有夫妻的权利义务。同居期间所得的财产,由当事人协商处理,协商不成时,由人民法院根据照顾无过错方利益的原则判决。对重婚导致的婚姻无效的财产处理,不得侵害合法婚姻当事人的财产权益。当事人所生的子女,适用《婚姻法》有关父母子女的规定。

《婚姻法》规定,受胁迫的一方撤销婚姻的请求,应当自结婚登记之日起一年内提出。被非法限制人身自由的当事人撤销婚姻的请求,应当自恢复人身自由之日起一年内提出。

《婚姻法司法解释(一)》规定,撤销婚姻请求权的期间是除斥期间为"一年",且不适用诉讼时效中止、中断或者延长的规定。因此请求权人行使,即权利人在此期间不行使权利,法定期间届满,便发生该项权利消灭的法律后果,请求权人不能请求撤销其婚姻,只能通过离婚来解除其婚姻关系。

(三)夫妻共同财产

对于夫妻共同财产,如非出现婚姻危机,不会有人去考虑它。而现代社会,不仅仅是婚姻危机需要去了解它,而且生产生活中,夫妻共同财产已经是一个重要的话题。从婚姻的角度考虑,因为维持婚姻的不仅仅是亲情和法律,更重要的是爱情或者感情。两个人可以不因为财产结婚,也可以不因为财产而离婚;但是如果离婚,财产问题是难以绕过去的。同时,因为在婚姻之中,财产可以是共有的;但是使用财产往往具有独立性。特别是一些为财产设立负担的行为,更是让其中一方防不胜防。如夫妻一方,未经另一方知晓或者同意,在亲朋好友的借款合同中签下担保人的名字,如此等等。如果处于婚姻之中的人,对于夫妻共同财产没有一点了解,甚至没有准备;一个粗心的、无知的行为,很可能导致一个家庭支离破碎。

　　法律法规和司法解释,对于夫妻共同财产的规定较多,也很零散。但是笔者简单归纳为:夫妻之间的财产可以不是共同财产,因为民法的基本原则就是当事人的意思自治。简言之:对于夫妻财产遵循:

　　第一,有约定的从约定;第二,无约定的,按推论。第一句话是,如果婚前或者婚后,夫妻之间都可以约定财产的归属,因为共同财产并不是婚姻关系的充分和必要条件,因此应当按照约定确认夫妻各自的财产。第二句话是,在婚姻存续期间,凡是婚前有约定属于其中一方的,则其所有物及其在婚姻存续期间产生的孳息,则归约定的所有权人所有。但是即便是归于某一方所有的物,如果其增加的或者创造的新的价值,是需要投入智力或者体力、花费时间成本才能取得的,则此部分收入必将归于夫妻共同所有。比如,约定属于夫妻一方的存款的利息,归约定所有一方所有。但如果归属于一方的这部分金钱,用于经营或者投资股票的收益,则应当归夫妻共同所有。婚姻关系存续期间,基于劳动的创造、经营等的收入,自然归夫妻共有。但与身份权有关的残疾补偿金等,则归于个人所有。这就是区分和处理夫妻在婚姻关系存续期间共同财产的基本逻辑。具体的规定为:

　　(1)婚前财产归原财产所有一方所有。夫妻双方对财产归谁所有以书面形式约定的,或以口头形式约定,双方无争议的,按约定确定归属。夫妻对婚姻关系存续期间所得的财产及婚前财产的约定,对双方具有约束力。夫妻对婚姻关系存续期间所得的财产约定归各自所有的,夫或妻一方对外所负的债务,第三人知道该约定的,以夫或妻一方所有的财产清偿。

　　(2)夫妻双方在婚姻关系存续期间所得的财产,为夫妻共同财产,包括:

　　1)一方或双方劳动所得的收入和购置的财产;

　　2)一方或双方继承、受赠的财产,遗嘱确定或赠予人明示归于夫妻一方的除外;

　　3)一方或双方由知识产权取得的经济利益;

　　4)一方或双方从事承包、租赁等生产、经营活动的收益;

　　5)一方或双方取得的债权;

　　6)一方或双方的其他合法所得。

　　(3)夫妻分居两地分别管理、使用的婚后所得财产,应认定为夫妻共同财产。

　　(4)已登记结婚,尚未共同生活,一方或双方受赠的礼金、礼物应认定为夫妻共同财产。各自出资购置、各自使用的财物,原则上归各自所有。

（5）对个人财产还是夫妻共同财产难以确定的，主张权利的一方有责任举证。当事人举不出有力证据，法院又无法查实的，按夫妻共同财产处理。

（6）离婚时一方尚未取得经济利益的知识产权，归一方所有。

（三）离婚时的财产分割

除非基于自愿而结婚者，皆能为维护婚姻而努力。然大千世界，景象万千；或为爱情、或为性格、或为他人、或为金钱地位、或为误解、或为冲动，等等，不得已解除婚约者，不乏其人。若不为财产所累，只为子女计者，好聚好散倒也痛快。然人世间，熙熙攘攘为利而行者，不在少数。于情于理、依法处理好夫妻共同财产，不为财而伤人、不为物而伤心；可谓最佳选择。处理夫妻共同财产的分割方式如下：

（1）婚姻存续期间的共同财产，离婚时应平均分配。分割有形物时，应利于物的完整性和价值的最大化。离婚原因为一方的主要过错者，可以少分共同财产。为破坏婚姻之行为者，可以不分共同财产。分割财产时应照顾缺少生活自理能力一方。按有利于弱者的办法处理。

（2）夫妻分居两地分别管理为共同财产。在分割财产时，各自分别管理、使用的财产归各自所有。双方所分财产相差悬殊的，差额部分，由多得财产的一方以与差额相当的财产抵偿另一方。

（3）属于个人专用的物品，一般归个人所有。

（4）一方以夫妻共同财产与他人合伙经营的，入伙的财产可分给一方所有，分得入伙财产的一方对另一方应给予相当于入伙财产一半价值的补偿。

（5）属于夫妻共同财产的生产资料，可分给有经营条件和能力的一方。分得该生产资料的一方对另一方应给予相当于该财产一半价值的补偿。

（6）对夫妻共同经营的当年无收益的养殖、种植业等，离婚时应从有利于发展生产、有利于经营管理考虑，予以合理分割或折价处理。

（7）对不宜分割使用的夫妻共有的房屋，应根据双方住房情况和照顾抚养子女方或无过错方等原则分给一方所有。分得房屋的一方对另一方应给予相当于该房屋一半价值的补偿。在双方条件等同的情况下，应照顾女方。

（8）婚姻存续期间居住的房屋属于一方所有，另一方以离婚后无房居住为由，要求暂住的，经查实可据情予以支持，但一般不超过两年。无房一方租房居住经济上确有困难的，享有房屋产权的一方可给予一次性经济帮助。

（9）夫妻为共同生活或为履行抚养、赡养义务等所负债务，应认定为夫妻共同债务，离婚时应当以夫妻共同财产清偿。下列债务不能认定为夫妻共同债务，应由一方以个人财产清偿：

1）夫妻双方约定由个人负担的债务，但以逃避债务为目的的除外。

2）一方未经对方同意，擅自资助与其没有抚养义务的亲朋所负的债务。

3)一方未经对方同意,独自筹资从事经营活动,其收入确未用于共同生活所负的债务。

4)其他应由个人承担的债务。

(10)婚前一方借款购置的房屋等财物已转化为夫妻共同财产的,为购置财物借款所负债务,视为夫妻共同债务。

(11)离婚时夫妻共同财产未从家庭共同财产中析出,一方要求析产的,可先就离婚和已查清的财产问题进行处理,对一时确实难以查清的财产的分割问题可告知当事人另案处理;或者中止离婚诉讼,待析产案件审结后再恢复离婚诉讼。

(12)一方将夫妻共同财产非法隐藏、转移拒不交出的,或非法变卖、毁损的,分割财产时,对隐藏、转移、变卖、毁损财产的一方,应予以少分或不分。具体处理时,应把隐藏、转移、变卖、毁损的财产作为隐藏、转移、变卖、毁损财产的一方分得的财产份额,对另一方的应得的份额应以其他夫妻共同财产折抵,不足折抵的,差额部分由隐藏、转移、变卖、毁损财产的一方折价补偿对方。

(13)属于事实婚姻的,比照有效婚姻财产分割办法处理。

(14)属于非法同居的,同居期间为共同生产、生活而形成的债权、债务,可按共同债权、债务处理。解除非法同居关系时,一方在共同生活期间患有严重疾病未治愈的,分割财产时,应予适当照顾,或者由另一方给予一次性的经济帮助。

三、继承

我国民法意义上的继承,特指按照法律或遵照遗嘱接受死者的财产权利和义务(依所继承的财产为限)法律行为。继承法即关于自然人死后由其继承人对其财产权利和义务予以承受的法律规范的总称。

继承人依照法律规定承受被继承人遗产的权利,称为继承权,继承权具有下列法律特征:①是一种财产权利,通过继承实现财产的移转。②以人身关系为基础。以继承人和被继承人存在婚姻、血缘等关系为依据而确定。③继承权的实现要有一定的法律事实。这一事实就是被继承人的死亡。这里所指的死亡包括现实意义的死亡和法律意义的死亡(如宣告死亡)。

继承权只是继承人享有的一种期待权;只有被继承人死亡这一法律事实出现以后,继承权才成为既得权,开始遗产继承。继承分为法定继承和遗嘱继承,有效的遗嘱继承优先于法定继承。

按照与继承有关的属性可以将继承做不同的分类,包括:法定继承与遗嘱继承、有限继承和无限继承、共同继承和单独继承、本位继承与代位继承等。

夫妻在婚姻关系存续期间所得的共同所有的财产,除有约定的以外,如果分割遗产,应当先将共同所有的财产的一半分出为配偶所有,其余的为被继承人的遗产。如果遗产

在家庭共有财产之中的,遗产分割时,应当先分出他人的财产。如果夫妻一方死亡后另一方再婚的,有权处分所继承的财产,任何人不得干涉。

（一）继承的形式

根据《中华人民共和国继承法》（以下简称《继承法》）遗产继承的方式分为如下四种：

（1）遗嘱继承,即被继承人在生前订立遗嘱,指定继承人继承自己的遗产。

（2）遗赠即被继承人生前订立遗嘱,将遗产赠予国家、集体,或者法定继承人以外的人。

（3）遗赠抚养协议即被继承人与扶养人订立协议,由扶养人负担被继承人生养死葬的义务,被继承人的全部或部分财产在其死后转归扶养人所有。该方式主要出现在老人无人赡养的情况下。

（4）法定继承,即在上面三种情况都不存在的情况下,法律根据亲属关系的远近确定的顺序。

如果同时出现2种以上的继承情况,在这4种继承方式中,遗嘱扶养协议的效力最高,其次是遗赠,效力最低的是法定继承。

（二）继承人

继承人是享有继承权、能行使继承权的自然人或者组织。根据《继承法》的相关规定,继承人可以通过法律的直接规定确定,或者是合法有效的遗嘱指定,也可以通过被继承人与他人签订的遗赠扶养协议指定。

（1）法定继承人。

（2）遗嘱指定的继承人。

（3）遗赠和遗赠扶养协议指定的继承人

此外,根据《继承法》第二十八条规定,遗产分割时,应当保留胎儿的继承份额。胎儿出生时是死体的,保留的份额按照法定继承办理。

在遗产继承纠纷中,首先要确定的便是继承人,也即哪些人具有遗产继承资格。而遗产继承资格的确定,在没有遗嘱的情况下,应依法定继承的方式来分割遗产。而依法定继承相关亲属关系的确定,则是依据《婚姻法》所规定的亲属关系间权利义务来明确是否具有继承资格的。

按照法律规定,有的继承人因为法定的原因丧失继承权而失去继承人的资格,具体包括：①故意杀害被继承人的；②为争夺遗产而杀害其他继承人的；③遗弃被继承人的,或者虐待被继承人情节严重的；④伪造、篡改或者销毁遗嘱,情节严重的。

法定继承是在被继承人死亡时,没有遗嘱和遗赠及遗赠扶养协议的情况下；法定继承人依照法律规定的顺序进行继承。而在上述三类继承人的确定或者认定中,法定继承是最为复杂的；如果被继承人没有遗嘱及遗赠和遗赠扶养协议,有时会给法定继承人带来一定的烦恼。特别是在发生代位继承、转继承等情况时,如果依法所确定的继承人不能友好协商,一方面可能使亲情荡然无存;另一方面也可使被继承人的遗产支离破碎。所以,一个自然人的年龄和身体达到一定极限时,最好的办法是对身后之事作出一个合理的安排;做好人生最后的安排。

（三）继承的顺序

遗产继承顺序,是指被继承人死亡后,继承人继承遗产的先后顺序。按照《继承法》规定的顺序为:

第一顺序:配偶、子女、父母。

第二顺序:兄弟姐妹、祖父母、外祖父母。

继承开始后,由第一顺序继承人继承,第二顺序继承人不能继承。没有第一顺序继承人继承的,由第二顺序继承人继承。

《继承法》第十二条还规定:丧偶儿媳对公、婆;丧偶女婿对岳父、岳母;尽了主要赡养义务的,作为第一顺序继承人。

在遗产继承中,被继承人立有遗嘱将其个人财产指定由法定继承人的一人或者数人继承,或者在遗嘱中明确将其个人财产赠给国家、集体或者法定继承人以外的人的(属于遗赠或者遗赠抚养协议),应遵照该遗嘱执行。

《继承法》第二十七条还规定,如果立有遗嘱的遗产继承中,有下列五种情形之一的,遗产中的有关部分按照法定继承办理:①遗嘱继承人放弃继承或者受遗赠人放弃受遗赠的;②遗嘱继承人丧失继承权的;③遗嘱继承人、受遗赠人先于遗嘱人死亡的;④遗嘱无效部分所涉及的遗产;⑤遗嘱未处分的遗产。

应注意的是,在遗产的分割中,应坚持男女平等,养老育幼、照顾病残以及互谅互让、团结和睦的原则。即便在立有遗嘱的情况下,也应当对缺乏劳动能力又没有生活来源的继承人保留必要的遗产份额以及保留胎儿的继承份额。

继承遗产应当清偿被继承人依法应当缴纳的税款和债务,缴纳税款和清偿债务以遗产的实际价值为限。超过遗产实际价值部分,继承人无清偿义务,当然自愿清偿的除外。

无人继承又无人受遗赠的遗产,归国家所有;死者生前是集体所有制组织成员的,归所在集体所有制组织所有。

（四）法定继承

法定继承是一个强制性规范,除被继承人生前依法以遗嘱的方式改变外,其他任何人均无法改变。

1. 发生法定继承的情形

依照《继承法》第二十七条及《最高人民法院关于贯彻执行〈继承法〉若干问题的意见》的有关规定,有下列情形之一的,适用法定继承:被继承人生前未设立遗嘱继承或遗赠,也没有遗赠扶养协议的;全部无效或部分无效遗嘱所涉及的遗产;遗嘱未处分的部分遗产;

遗嘱继承人或受遗赠人放弃继承或受遗赠;遗嘱继承人丧失继承权;遗嘱继承人、受遗赠人先于遗嘱人死亡的。法定继承人及其顺序安排,见前述内容。

2. 继承开始

从被继承人死亡时开始,其法定继承人的继承权即告成立。隶属于第一顺序的继承人随时可提出继承遗产,亦可在遗产分割前明确表示放弃继承权。未作明示放弃的,则视为默认其继承权。当其他继承人故意拖延,导致继承权无法实现时,主张分割遗产的继承人可向法院提出继承遗产诉讼,其他继承人均为被告。

（五）遗嘱继承

被继承人生前通过立遗嘱的形式确定其个人财产在其死亡后的继承人及分配的法律制度。遗嘱是遗嘱继承的依据,没有遗嘱不发生遗嘱继承。

1. 遗嘱的形式

（1）公证遗嘱:立遗嘱人至公证机关对其遗嘱行为及遗嘱内容进行公证。

（2）自书遗嘱:立遗嘱人亲笔书写的遗嘱,该遗嘱必须由立遗嘱人亲笔签名,并注意年、月、日。

（3）代书遗嘱:立遗嘱人委托他人代笔书写的遗嘱。代书遗嘱应有两个以上见证人在场,其中一人代书,注明年、月、日,并由代书人、其他见证人和遗嘱人签名。见证人不得为遗嘱确定的继承人。

（4）录音遗嘱:立遗嘱人通过录音或录像的形式,确定其遗嘱的内容。录音遗嘱同代书遗嘱一样,需要有两个以上的见证人在场,并将其见证的情况进行录音、录像。制作完后,应将录音、录像内容封存,封口由见证人及遗嘱人签名盖封。

（5）口头遗嘱:立遗嘱人在危急情况下,无条件书写、录音或办理公证时,口头订立遗嘱的行为。口头遗嘱应当有两个以上见证人在场见证。危急情况解除后,遗嘱人能够用书面或者录音形式立遗嘱的,所立的口头遗嘱无效。

2. 遗嘱的效力

（1）确定遗嘱的效力:被继承人可能留下不同的多份遗嘱,现实中也有多份遗嘱并存的情形。对于多份遗嘱的效力认定,遗嘱中有公证遗嘱的,以最后所立公证遗嘱为准;没有公证遗嘱的,以最后所立的遗嘱为准。遗嘱中所确定的继承人先于被继承人死亡的,该遗嘱即告失效。在继承人死亡后,遗嘱中所涉及的遗产应按法定继承办理。

（2）遗嘱无效的情形包括:无行为能力人或者限制行为能力人所立的遗嘱;遗嘱必须表示遗嘱人的真实意思,受胁迫、欺骗所立的遗嘱、伪造的遗嘱、遗嘱被篡改的内容。

（六）代位继承

代位继承,又称间接继承是指在法定继承中,被继承人的子女先于被继承人死亡的,被继承人的子女的晚辈直系血亲代替其父母的继承顺序继承被继承人的遗产的法律制度。该制度的设立是基于,继承权的行使主体应为实际生存,若继承人先于被继承人死亡,显然无法行使继承权利。为了保障先于被继承人死亡的继承人的晚辈直系血亲的物质及经济利益,因而设立了代位继承制度。**《继承法》第十一条规定:被继承人的子女先于被继承人死亡的,由被继承人的子女的晚辈直系血亲代位继承。代位继承人一般只能继承他的父亲或者母亲有权继承的遗产。**

代为继承是法律规定的特殊的继承方式。代位继承只适用于法定继承的第一顺序中先于被继承人死亡的子女,并不包括被继承人的父母或者孙子女,否则将会出现过分交叉,致使难以确定的情形。代位继承具有以下法律特征:

(1)代位继承的发生,必须有被继承人的子女先于被继承人死亡的法律事实。被继承人的子女也就是被代位人,包括有继承权的婚生子女、非婚生子女、养子女和有扶养关系的继子女。被继承人子女的死亡,包括民法所涉及的自然死亡和被宣告死亡。

(2)代位继承人必须是被继承人子女的晚辈直系血亲。即被继承人的孙子女、外孙子女或曾孙子女、外曾孙子女等。代位继承不受辈数限制。

(3)代位继承人一般只能取得被代位人应继承的遗产份额。无论代位继承人人数多寡,也只是代替被代位人行使继承权。

(4)被代位继承人生前必须具有继承权。如果被继承人的子女生前已经丧失了继承权,则其晚辈直系血亲不得代位继承。

(5)代位继承只适用于法定继承方式。这是因为遗嘱必须以立遗嘱人死亡为生效的条件,在遗嘱继承人先于立遗嘱人死亡的情况下,遗嘱无效。

代位继承权的实现前提是被继承人的子女先于被继承人死亡。代位继承同样适用于胎儿的保留份额,其原理与法定继承中的胎儿保留份额是一致的。

（七）转继承

指继承人在继承开始后、遗产分割前死亡,其应继承的遗产转由他的合法继承人来继承的制度。实际接受遗产的已死亡继承人的继承人称转继承人;已死亡的继承人称为被转继承人。

继承开始后,继承人没有表示放弃继承,并于遗产分割前死亡的,其继承遗产的权利转移给他的合法继承人。转继承的规定,不光适用于法定继承,还适用于遗嘱继承以及遗赠。其法律原理是,转继承人其实在已经开始的继承中预先取得了所继承的遗产,只是并没有实现交付;因此此部分继承的遗产,在其死亡时,已经转换为其生前财产之一部分。所以,其继承人自然按照法律规定继承其遗产,当然包括其已经预先取得的遗产。这和发生在法定继承中的代位继承不同,后者是法律直接规定的。

（八）遗赠

所谓遗赠,就是指公民通过设立遗嘱,将其个人所拥有的财产的一部或者全部,待其死亡后无偿赠送给国家、集体组织、社会团体或者法定继承人以外的人的行为。

公民通过遗赠给与受遗赠人的既可以是财产权利,也可以是免除其财产义务。公民订立遗赠时,可以对遗赠附加条件,也即可以要求受遗赠人履行某种义务。但该附加的义务并不是遗赠的对价,也不能超过受遗赠人所得的财产利益。

此外,遗赠的设立应当对缺乏劳动能力又没有生活来源的继承人保留必要的遗产份额。同时,对出生后将成为法定继承人的胎儿,亦应当保留继承份额。这是法律对遗赠的减损性规定。遗赠需要受遗赠人回应,并且具有期限。受遗赠应在知道该遗赠的两个月内积极向遗赠执行人主张接受遗赠;超过此期限视为放弃遗赠。

(九)遗赠扶养协议

是受扶养人(即遗赠人)与扶养人签订的关于扶养人承担受扶养人生养死葬的义务,受扶养人将自己的财产于死后赠予扶养人的协议。扶养人可以是公民也可以是集体经济组织。

遗赠扶养协议与遗赠的区别:首先,遗赠扶养协议是双方当事人相互协议的结果;而遗赠则只需遗赠人单方作出意思表示即可。其次,遗赠扶养协议在双方签订好遗赠扶养协议时即可发生法律效力;而遗赠则需要待遗赠人去世后才发生法律效力。第三,遗赠扶养协议的双方当事人均负有法律义务,即扶养人有负责受扶养人生养死葬的义务,受扶养人有将自己的财产遗赠给扶养人的义务;而遗赠中,除非设定了受遗赠人的义务,否则受遗赠人不负义务。第四,遗赠扶养协议约定的是一种对价的法律行为,扶养人没有尽到对受扶养人生养死葬的义务,就无法得到受扶养人的财产;而遗赠即便设定了一定的义务,也不是对价义务,并且设定的义务不得超过以后可能获得的财产利益。

基于遗赠扶养协议中所设定的财产需以付出对价义务为前提,相较于法定继承、遗嘱、遗赠的无偿性而言,其效力的保障程度更高。遗赠抚养协议的法律效力高于法定继承、遗嘱继承及遗赠。

遗赠扶养协议签订后,并非不可撤销。对于扶养人不认真履行扶养义务的,受扶养人有权请求解除协议。受扶养人未解除遗赠扶养协议的,对不尽扶养义务的扶养人,经受扶养人的亲属或者有关单位的请求,人民法院可以取消扶养人的受遗赠权。对不认真履行扶养义务,致使受扶养人的生活常处于缺乏照料状况的扶养人,人民法院可以酌情对其受遗赠的财产数额予以扣减。

(十)共同遗嘱

夫妻共同遗嘱,是指具有合法夫妻关系的夫和妻,基于共同的目的,在一个共同意思下所立的一份遗嘱。夫妻共同遗嘱是一种特殊的遗嘱形态。

(1)夫妻共同遗嘱在法律上虽未明确规定,但其仍然是夫妻双方对于共同及(或)其个人财产的自由处分行为,应受法律保护。并且司法部颁布的《公证细则》中亦对共同遗嘱的公证办理作出了规定,该《细则》第十五条第二款规定"遗嘱人坚持申请办理共同遗嘱公证的,共同遗嘱中应当明确遗嘱变更、撤销及生效的条件"。

（2）夫妻共同遗嘱的订立除应遵循《继承法》关于遗嘱订立的相关要件外，还应具备：

1）双方存在合法的夫妻关系。无效婚姻下的"夫妻"设立的共同遗嘱因不具备共同基础，所以不能设立共同遗嘱。

2）夫妻双方都具备立遗嘱的能力，任何一方是无行为能力人或限制行为能力人，所立共同遗嘱无效。

3）夫妻双方必须具有共同的意思表示，即夫妻二人设立该份遗嘱的目的是一致的。

4）夫妻双方不能在共同遗嘱中剥夺生存一方的遗嘱撤销权，否则就会限制生存一方自由处分其合法财产的权利。

（3）夫妻设立了共同遗嘱以后，仍可根据具体情况由双方或一方撤销该共同遗嘱。

1）夫妻双方或一方立共同遗嘱时存在欺诈、胁迫的情形，因为遗嘱并非夫妻的真实意思，所以应当允许立遗嘱人撤销，但应该通过法院提出撤销申请。

2）夫妻二人如果觉得有必要，可以在协商一致的基础上，共同撤销先前订立的遗嘱。但如果遗嘱是经过公证的，撤销该份遗嘱应当到公证机关办理撤销手续。

3）一方撤销。订立共同遗嘱后，夫妻任何一方反悔，均可对原先所立共同遗嘱进行撤销。但共同遗嘱中明确约定撤销条件，在条件不具备时，其撤销权应受到限制。

（十一）继承中争议问题的处理

1. 遗产继承时效限制

（1）受遗赠人应当在知道受遗赠后两个月内，作出接受或者放弃受遗赠的表示。到期没有表示的，视为放弃受遗赠。

（2）继承权纠纷提起诉讼的期限为2年（此时效是否会修改，需在今后的法规中查询），自继承人知道或者应当知道其权利被侵犯之日起计算。但是，自继承开始之日起超过20年的，不得再提起诉讼。

2. 继承权的放弃时效

（1）必须是继承人本人作出放弃的表示，他人包括继承人的监护人都无权放弃。

（2）继承人具备民事行为能力。

（3）放弃继承权须在特定时间作出。继承人放弃继承权须在继承开始后遗产分割前作出表示。遗产分割后，遗产已经变成继承人的财产，此时放弃的是所有权而不是继承权。

（4）继承人放弃继承不得损害他人利益。比如，放弃继承权致使其不能履行法定的抚养、扶养、赡养义务，或其他债务履行的，放弃无效。

（5）放弃继承权须以法定方式作出。在诉讼前放弃的，须以书面方式向其他继承人表示；用口头表示，本人承认，或有其他充分证据证明的，也应当认为有效；在诉讼中，继承人口头向法院表示放弃的，继承人在笔录中签名，该放弃也有效。

继承人放弃继承后反悔的，须在遗产处理前提出，并由法院根据具体情况决定是否

承认。

3. 如何确定被继承人死亡时间

(1)继承从被继承人生理死亡或被宣告死亡时开始。

失踪人被宣告死亡的,以法院判决中确定的失踪人的死亡日期,为继承开始的时间。

(2)相互有继承关系的几个人在同一事件中死亡,如不能确定死亡先后时间的,推定没有继承人的人先死亡。死亡人各自都有继承人的,如几个死亡人辈分不同,推定长辈先死亡;几个死亡人辈分相同,推定同时死亡,彼此不发生继承,由他们各自的继承人分别继承。

4. 法定代理人代理继承

(1)法定代理人代理被代理人行使继承权、受遗赠权,不得损害被代理人的利益。法定代理人一般不能代理被代理人放弃继承权、受遗赠权。明显损害被代理人利益的,应认定其代理行为无效。

(2)不满六周岁的儿童、精神病患者,可以认定其为无行为能力人。已满六周岁,不满十八周岁的未成年人,应当认定其为限制行为能力人,这一规定仅适用于法定代理继承。因为在其他民事行为中,儿童的民事行为能力是以八周岁为界限划分的。

5. 法定继承中应注意的问题

(1)被收养人对养父母尽了赡养义务,同时又对生父母扶养较多的,除可依继承法第十条的规定继承养父母的遗产外,还可依继承法的规定分得生父母的适当的遗产。继子女继承了继父母遗产的,不影响其继承生父母的遗产。继父母继承了继子女遗产的,不影响其继承生子女的遗产。

(2)收养他人为养孙子女,视为养父母与养子女的关系的,可互为第一顺序继承人。养子女与生子女之间、养子女与养子女之间,系养兄弟姐妹,可互为第二顺序继承人。被收养人与其亲兄弟姐妹之间的权利义务关系,因收养关系的成立而消除,不能互为第二顺序继承人。

(3)继兄弟姐妹之间的继承权,因继兄弟姐妹之间的扶养关系而发生。没有扶养关系的,不能互为第二顺序继承人。继兄弟姐妹之间相互继承了遗产的,不影响其继承亲兄弟姐妹的遗产。

(4)被继承人的孙子女、外孙子女、曾孙子女、外曾孙子女都可以代位继承,代位继承人不受辈数的限制。被继承人的养子女、已形成扶养关系的继子女的生子女可代位继承;被继承人亲生子女的养子女可代位继承;被继承人养子女的养子女可代位继承;与被继承人已形成扶养关系的继子女的养子女也可以代位继承。

(5)继承人丧失继承权的,其晚辈直系血亲不得代位继承。如该代位继承人缺乏劳动能力又没有生活来源,或对被继承人尽赡养义务较多的,可适当分给遗产。

(6)丧偶儿媳对公婆、丧偶女婿对岳父、岳母,无论其是否再婚,依继承法第十二条规定作为第一顺序继承人时,不影响其子女代位继承。

(7)有扶养能力和扶养条件的继承人虽然与被继承人共同生活,但对需要扶养的被继承人不尽扶养义务,分配遗产时,可以少分或者不分。

6. 关于遗产的处理部分

(1)人民法院在审理继承案件时,如果知道有继承人而无法通知的,分割遗产时,要保留其应继承的遗产,并确定该遗产的保管人或保管单位。

(2)应当为胎儿保留的遗产份额没有保留的应从继承人所继承的遗产中扣回。为胎儿保留的遗产份额,如胎儿出生后死亡的,由其继承人继承;如胎儿出生时就是死体的,由被继承人的继承人继承。

(3)继承人因放弃继承权,致其不能履行法定义务的,放弃继承权的行为无效。

遗产已被分割而未清偿债务时,如有法定继承又有遗嘱继承和遗赠的,首先由法定继承人用其所得遗产清偿债务;不足清偿时,剩余的债务由遗嘱继承人和受遗赠人按比例用所得遗产偿还;如果只有遗嘱继承和遗赠的,由遗嘱继承人和受遗赠人按比例用所得遗产偿还。

第三篇　非诉程序

本书在讨论了全部诉讼和执行程序以后,将与诉讼程序有一定关联但不是诉讼程序的特别程序、督促程序、公示催告程序放在本篇讨论。同时简单介绍商事仲裁、公证和和解、调解,几种常用的处理民商事务的方法。以期本书作为实用工具书的完整性。

第十章　特别程序、督促程序、公示催告程序

第一节　特别程序

根据《民事诉讼法》规定:适用特别程序审理的案件包括:人民法院审理选民资格案件、宣告失踪或者宣告死亡案件、认定公民无民事行为能力或者限制民事行为能力案件、认定财产无主案件、确认调解协议案件和实现担保物权案件。适用特别程序审理的案件实行一审终审。选民资格案件或者重大、疑难的案件,由审判员组成合议庭审理;其他案件由审判员一人独任审理。

人民法院适用特别程序审理的案件,应当在立案之日起三十日内或者公告期满后三十日内审结。有特殊情况需要延长的,由本院院长批准。但审理选民资格的案件除外。

一、选民资格案件

选民资格是法律规定的公民取得选举权和被选举权所应当具备的条件,选民资格是《中华人民共和国宪法》(以下简称《宪法》)赋予每一名公民的宪法性权利。《中华人民共和国选举法》(以下简称《选举法》)规定,凡年满十八周岁的中华人民共和国公民,除依法被剥夺政治权利者外,均有平等的选举权和被选举权。

选民资格案件是指公民对选举委员会公布的选民资格名单有不同意见,在向选举委员会申诉后,对选举委员会就申诉所作的决定不服,而向人民法院提起诉讼的案件。

根据《民事诉讼法》规定,选民资格案件作为一种特殊类型的案件,其审理程序分为起诉与受理、审理、裁判等几个阶段,但是在每个阶段,又具有与其他类型的非讼程序、诉讼程序不同的特征。

(一)选民资格案件的法院管辖

选民资格案件由选区所在地基层人民法院管辖。因为选区所在地与选民的空间距离最近,便于起诉人、与选民名单有关的公民、选举委员会代表参加诉讼活动,也便于人民法院查清选民的资格并在此基础上作出正确的裁判。

（二）选民资格案件的起诉人

不服选举委员会对选民资格的申诉所作的处理决定的公民，均可以向人民法院提起诉讼。因此，第一起诉人并限于选民名单涉及的公民本人。第二除了选民名单涉及的公民本人外，其他任何公民认为选民名单有错误的，也可以对选民名单进行申诉，对申诉处理决定不服的，也可以向人民法院提起诉讼。第三起诉人与本案不需要有直接利害关系。由此可见，选民资格案件的起诉人并不像普通诉讼的原告一样，必须与本案有直接利害关系；也不像非讼程序的申请人一样，必须是利害关系人。实际上，《民事诉讼法》设定选民资格案件，就是为了纠正在各级选举活动中可能出现的选民资格错误，以维护《宪法》的权威性。

（三）选民资格案件的诉讼参加人

选民资格案件的诉讼参加人包括起诉人、选举委员会的代表及有关公民。选民资格案件不同于通常诉讼案件和非讼案件。首先，在选民资格案件中，提起诉讼的公民不称原告，而只称起诉人。其次，尽管起诉人是不服选举委员会对申诉所作的处理决定而起诉的，但选举委员会并不是选民资格案件的被告。再者，尽管其他公民作为起诉人的案件涉及有关公民的选举权和被选举权，但该有关公民也不是选民资格案件的被告。

（四）选民资格案件的审判组织

由于涉及公民重大的政治权利，因此，选民资格案件必须由审判员组成合议庭进行审理与裁判。首先，选民资格案件必须组成合议庭进行审理，不得由一名审判员独立审理。其次，选民资格案件的合议庭必须由审判员组成，不得吸收人民陪审员参加。

（五）选民资格案件的裁判

经过审理，人民法院对起诉人的起诉作出的裁断，是对其请求的实质内容作出的肯定或者否定，同时它关系到有关公民是否享有选举权和被选举权，因此，人民法院应当用判决对案件作出最终的裁断。

经过审理，人民法院认为起诉人的起诉理由成立的，应当判决撤销选举委员会对申诉所作的处理决定；认为起诉人的起诉理由不成立的，应当判决驳回起诉人的起诉，肯定选举委员会对申诉所作的处理决定。

人民法院对选民资格案件所作的判决一经送达就立即发生法律效力，当事人不得提起上诉。实行一审终审有利于案件的迅速审结，也是选举活动顺利进行的必然要求。

由于人民法院对选民资格案件所作的判决涉及有关公民是否能够行使选举权和被选举权的问题，所以，民事诉讼法规定，人民法院的判决书，应当在选举日前送达选举委员会和起诉人，并通知有关公民。首先，判决书应当送达选举委员会和起诉人，并通知有关公民。对选举委员会和起诉人应当送达判决书，而对有关公民是通知而不是送达。其次，判决书必须在选举日前送达或者通知，一旦超过选举日，送达判决书或者通知有关公民就失去了意义。

二、宣告失踪、宣告死亡案件

宣告失踪：是经利害关系人申请，由人民法院对下落不明满一定期间的人宣告为失踪人的司法程序。为消除因自然人长期下落不明所造成的不利影响，法律通过设立宣告失踪司法程序，通过宣告下落不明人为失踪人，并为其设立财产代管人，由代管人管理失踪人财产，以保护失踪人与相对人的财产权益。它是一种对不确定的自然事实状态的法律确认，目的在于结束失踪人财产关系的不确定状态，保护失踪人的利益，兼及利害关系人的利益。

宣告死亡：是自然人离开住所，下落不明达到法定期限，经利害关系人申请，由人民法院宣告其死亡的司法程序。

与宣告失踪司法程序的设计目的相比，宣告死亡主要解决失踪人的整个民事法律关系的状态问题，而宣告失踪则主要解决失踪人的财产管理问题。

故宣告死亡重在保护被宣告死亡人的利害关系人的利益，而宣告失踪则重在保护失踪人的利益。

（一）宣告失踪的程序与法律后果

公民下落不明满2年的，利害关系人可以向人民法院申请其为失踪人。

1. 客观要件

应当从公民离开自己的最后住所地或居所地之日起，连续计算满2年，中间不能间断，如有间断，应从最后一次出走或最后一次来信时计算；战争期间下落不明的，从战争结束之日起计算；因意外事故下落不明的，从事故发生之日起计算；登报寻找失踪人的，从登报之日起计算。

(1)有下落不明的事实。如发生洪水、地震、战争等情况。如果知道某人在某地，即使很久没有回来，也不能认为失踪。

(2)下落不明必须满2年。其中战争期间下落不明的，下落不明的时间从战争结束之日起算。

2. 申请人条件

必须由利害关系人向人民法院申请。利害关系人包括配偶、父母、成年子女、祖父母、外祖父母、兄弟姐妹及与被宣告失踪的人有民事权利义务关系的公民和法人（如债权债务关系）。

注意这个没有申请人顺序之分，而且比申请宣告死亡要宽泛一些。

申请必须采用书面形式，不得口头申请。必须经人民法院依照法定程序宣告失踪，任何单位与个人没有这个权利。

申请书应写明失踪的事实、时间和申请人的请求并附有公安机关或者其他有关机关关于该公民下落不明的书面证明。其他有关机关,是指公安机关以外的能够证明该公民下落不明的机关。

3. 法院的管辖权

根据《民事诉讼法》规定,宣告公民失踪的案件,由失踪人住所地的基层人民法院管辖。这样便于受诉人民法院就近调查被申请人下落不明的事实,便于人民法院发出寻找失踪人的公告,也便于人民法院审理案件。

4. 必须经过公告程序

根据《民事诉讼法》规定,人民法院受理宣告失踪案件后,应当发出寻找失踪人的公告。公告期为3个月。公告期间是寻找该公民、等待其出现的期间。公告寻找失踪人,是人民法院审理宣告公民失踪案件的必经程序。因为宣告失踪是一种推定,而这一推定又将给被宣告失踪的公民带来重大影响。所以,为了充分保护该公民的民事权益,使判决建立在慎重、准确的基础上,人民法院必须发出公告。

5. 判决

公告期满,该公民仍然下落不明的,人民法院应确认申请该公民失踪的事实存在,并依法作出宣告该公民为失踪人的判决。如公告期内该公民出现或者查明下落,人民法院则应作出判决,驳回申请。

6. 法律后果

失踪人的财产由其配偶、父母、成年子女或者关系密切的其他亲属、朋友代管。没有以上人选或有争议的由法院指定代管。代管人负有管理失踪人财产的职责,代管人不履行代管职责或者侵犯失踪人财产的,失踪人的利害关系人可以向法院请求代管人承担民事责任,也可申请变更代管人。

7. 撤销失踪宣告的效力

被宣告失踪的人重新出现或者确切知道他的下落,经本人或利害关系人申请,法院应当撤销对他的失踪宣告。撤销后,财产代管关系终止,代管人停止代管行为,将代管财产交给被撤销宣告人。

从该规定的表面上理解,并无什么问题;但是如果在宣告失踪期间,发生了一些不可逆转的财产处分的情形,该如何处理? 笔者认为:首先如果仅仅是债权的处分,则因为债的可恢复性,可以由回归的失踪人依法自主决定行使其合法权利。其次,如果发生了物权的处分,则应当根据取得人是否存在善意取得的事由,如果成立,则应认定已经发生的物权行为具有效力;至于与之相关联的债的关系,应当按债权债务进行处理。

(二)宣告死亡的程序与法律后果

申请宣告死亡由于其带来的法律后果远胜于申请宣告失踪;自然死亡是一种事件,宣告死亡也是一种法律事件。宣告死亡成立后,带来的有一些后果是不具有可恢复性的,比如配偶的再婚、子女被收养等与人身关系有关的事件发生以后,难以恢复到原有状态。因此,申请宣告死亡的要件相对于申请宣告失踪更为严格;并且带来的法律后果也与之有所不同。

1. 客观要件

必须是在被申请人下落不明满一定期间。①下落不明满4年;②因意外事件,下落不明满2年。因意外事件下落不明,经有关机关证明该自然人不可能生存的,申请宣告死亡不受2年时间的限制(按《民法总则》新规);③战争期间下落不明,下落不明的时间从战争结束之日起计算。

申请书应当写明失踪的事实、时间和请求,并附有公安机关或者其他有关机关关于该公民下落不明的书面证明。

2. 申请人条件和顺序

须经利害关系人申请:申请人包括:(一)配偶;(二)父母、子女;(三)兄弟姐妹、祖父母、外祖父母、孙子女、外孙子女;(四)其他有民事权利义务关系的人。必须按此顺序申请,顺序在先的申请人有排他效力,有在先顺序的排除在后顺序,同顺序的权利平等。

如:甲下落不明已满4年,其妻子乙提出要求离婚,甲所在单位丙则要求宣告甲死亡。在此例中,由于乙只是要求离婚,说明乙不打算宣告死亡,而配偶是第一顺序的利害关系人,故丙申请宣告甲死亡的请求不能得到法院支持。

3. 法院的管辖权

根据《民事诉讼法》规定,宣告公民死亡的案件的受理法院与宣告失踪是一致的。

4. 公告程序

必须由人民法院宣告。人民法院受理宣告死亡案件后,必须发出寻找下落不明人的公告。被申请宣告死亡的公民下落不明满4年或者因意外事故下落不明满2年的,公告期间为1年;被申请宣告死亡的公民因意外事故下落不明,经有关机关证明其不可能生存的,公告期间为3个月。

宣告失踪不是宣告死亡的必经程序。如果自然人下落不明满4年,但利害关系人只申请宣告失踪的,人民法院仍然只能作出失踪宣告,而不能作出死亡宣告。但并不能因此理解为申请宣告死亡,则必须先申请宣告失踪。只要符合法律规定的时限,具有申请资格的权利人,则可以依法定顺序申请宣告死亡。

5. 判决

在寻找下落不明人的公告期间,被申请宣告死亡的公民出现,或者确知其下落的,人民法院应当作出驳回申请的判决,终结案件的审理。

公告期间届满,下落不明人仍未出现,宣告死亡的事实得到确认的,人民法院应当作

出宣告该公民死亡的判决。判决书除应当送达申请人外,还应当在被宣告死亡的公民的住所地和人民法院所在地公告。判决一经宣告,即发生法律效力。判决宣告的日期,就是被宣告死亡的公民的死亡日期。

6. 法律后果

宣告死亡实际是法律拟制的等同于死亡。因此宣告死亡的事实得到确认的判决公告生效开始;等同于自然死亡的一系列法律后果将可能出现。最为直接就是继承开始。在此期间如果继承人并无过错,即便当被继承人重新出现,也只能依其申请要求返还原物或者相当的价值;如果发生继承人将继承物转赠的情形,倘若受赠人是善意的,则会发生善意取得的后果;即被继承人并不能直接要求受赠人返还原物或者与之相当的价值。

虽然宣告死亡与自然死亡有相同法律后果;但是毕竟不是自然死亡;完全存在被宣告死亡人重新出现或者在异地悠然生活的可能,对此法律也有明确的规定。被宣告死亡时间和自然死亡时间不一致的,被宣告死亡所引起的法律后果仍然有效,但自然死亡之前实施的民事法律行为与被宣告死亡引起的法律后果相抵触的,则以其实施的民事法律行为为准。

有民事行为能力的人在被宣告死亡期间实施的民事法律行为有效,被宣告人的权利能力和行为能力并没有因为被宣告死亡而真实地消失,只要他或她还活着,他或她的能力在法律上是存在的,也就是说宣告死亡是有地域限制的,它只能在当事人的住所地有效。对于在宣告法院所管辖的区域以外的地方,被宣告人仍有权利能力和行为能力从事法律上允许做的事情。

简言之,如果被宣告死亡人在其他地域,做了遵纪守法之事,其合法权益并不因其曾被宣告死亡而被剥夺。相反的,如果其实施了违法的犯法的行为,其同样将可能受到法律的惩罚;法律的评价并不会因其曾被宣告死亡而改变。更为简单的理解,也就是如果他还活着,他仍然是一个完全的人(政治权利在所不论),只是在此期间,他被认为不再是原来的那个人而已。

7. 撤销死亡宣告的效力

宣告死亡只是推定死亡,被宣告死亡的公民重新出现或者确知其没有死亡的,经本人或者利害关系人申请,人民法院应当作出新判决,撤销原判决。

人民法院作出新判决后,被撤销死亡宣告的公民的人身和财产关系依照下列方法处理:

(1)其因宣告死亡而消灭的人身关系,有条件恢复的,可以恢复。被撤销死亡宣告的公民的配偶尚未再婚的,夫妻关系从撤销死亡宣告之日起自行恢复;其配偶已再婚,或者再婚后又离婚,或者再婚后配偶又死亡的,则不得认定夫妻关系自行恢复。在被宣告死亡期间,子女被他人收养,死亡宣告被撤销后,被撤销死亡宣告的公民仅以未经本人同意而主张收养关系无效的,一般不应当准许,但收养人和被收养人同意的除外。

(2)被撤销死亡宣告的公民有权请求返还财产。其原物已被第三人合法取得的,第三人可以不予返还。但依继承法取得原物的公民或者组织,应当返还原物或者给予适当补偿。利害关系人隐瞒真实情况使他人被宣告死亡而取得财产的,除应当返还原物及孳息外,还应当对造成的损失予以赔偿。

三、认定公民无民事行为能力、限制民事行为能力案件

认定公民无民事行为能力、限制民事行为能力案件,是指人民法院根据利害关系人的申请,对不能辨认或者不能完全辨认自己行为的精神病人、痴呆病人,按照法定程序,认定并宣告该公民为无民事行为能力人或者限制民事行为能力人的案件。

认定公民无民事行为能力或者限制民事行为能力程序,是认定已经达到完全民事行为能力或者限制民事行为能力的年龄标准,智力不健全、精神不正常的精神病人的实际民事行为能力状况的非讼程序。通过这种非讼程序,从法律上认定和宣告那些因患精神病或者其他病证丧失了全部或者部分民事行为能力的公民是否具有民事行为能力,并为其指定监护人,不仅有利于维护该公民的合法权益,而且有利于维护其利害关系人、民事活动对方当事人的合法权益。《民事诉讼法》规定的认定公民无民事行为能力或者限制民事行为能力程序与《刑事诉讼法》中对此的规定不尽相同,也就是民事上的此认定并不具有刑法上的意义。

（一）申请人及申请程序

必须经精神病人的近亲属或者其他利害关系人向具有管辖权的法院提出书面申请,请求认定该精神病人为无民事行为能力或者限制民事行为能力。

(1)精神病人的近亲属是指:配偶、父母、子女、兄弟、姐妹、祖父母、外祖父母、孙子女、外孙子女。

(2)其他利害关系人是指:精神病人的近亲属以外的,与精神病人关系密切的其他亲属、朋友,愿意承担监护责任,经精神病人所在单位或所在地居民委员会、村民委员会或者民政部门同意的。

(3)申请顺序及安排:第一顺序是被认定人的近亲属;第二顺序是没有近亲属的,由与精神病人关系密切的其他亲属、朋友,并经精神病人所在单位或者住所地的居民委员会、村民委员会同意的人行使申请权;第三则是没有这些人或者其所在单位或者居民委员会、村民委员会对其做申请人不同意的,由精神病人住所地的民政部门行使申请权,向精神病人住所地的基层法院提出申请。

(4)申请应当采用书面形式。应当写明如下事项:申请人的姓名、性别、年龄、住址;被认定为无民事行为能力或者限制民事行为能力人的姓名、性别、年龄、住址;该公民无民事行为能力或者限制民事行为能力的事实和根据。

申请认定公民无民事行为能力或者限制民事行为能力的案件,应当由该公民住所地

的基层法院管辖。该公民有住所和居所,两者不一致的,由经常居住地的基层法院管辖。

（二）审理程序

在民事诉讼中,当事人的利害关系人提出该当事人患有精神病,要求宣告该当事人无民事行为能力或者限制民事行为能力的,应当由利害关系人向审理该案的人民法院提出申请,由受诉人民法院按照特别程序立案审理,原诉讼中止。

对于符合条件且手续完备的申请,人民法院应当受理,并按特别程序立案审理;对于不符合条件且不能补正的申请,应当裁定不予受理。

1. 审理与判决

法院接受申请人的申请,经审查认为申请不合法或者不具备认定为无民事行为能力或者限制民事行为能力条件的,裁定驳回申请;申请手续完备,符合认定为无民事行为能力或者限制民事行为能力条件的,予以审理。具体为:

（1）确定代理人:根据《民事诉讼法》规定,人民法院审理认定公民无民事行为能力或者限制民事行为能力的案件,应当由该公民的近亲属为代理人,但申请人除外。近亲属互相推诿的,由人民法院指定其中一人为代理人。该公民健康情况许可的,不仅要代理人出庭,法院还应当征询本人的意见。本人不能到庭的,审判人员应就地询问,把申请书的内容告知本人,征询本人的意见。

（2）鉴定:人民法院受理利害关系人的申请后,必要时应当对被请求认定无民事行为能力或者限制民事行为能力的公民进行司法精神病学鉴定或者医学诊断、鉴定,以取得科学依据。申请人已提供鉴定意见的,应当对鉴定意见进行审查,对鉴定意见有怀疑的,可以重新鉴定。对被申请认定为无民事行为能力人或者限制民事行为能力人进行鉴定,并不是审理此类案件的必经程序。当事人是否患有精神病,人民法院应当根据司法精神病学鉴定或者参照医院的诊断、鉴定确认。在不具备诊断、鉴定条件的情况下,也可以参照群众公认的当事人的精神状态认定,但应当以利害关系人没有异议为限。

（3）对案件的审理。法院通过理查清精神病人的实际情况后,认为该公民并未丧失民事行为能力,申请没有事实根据的,应当判决予以驳回,该判决为终审判决,不得上诉。判决生效后,应确定由下列人员担任监护人:①配偶;②父母;③成年子女;④其他近亲属;⑤关系密切的其他亲属、朋友愿意承担监护责任,经精神病人的所在单位或者住所地的居民委员会、村民委员会同意的;⑥如果上述有监护资格的人员对担任监护人存在争议,由该公民所在单位或者住所地的居民委员会、村民委员会从近亲属中指定,并以书面或者口头通知被指定人。从通知之日起,被指定人应当履行指定职责。被指定人对指定不服的,应当在接到通知之次日起30日内向法院起诉。逾期未起诉的,按变更监护关系处理。

监护人的职责是:①保护被监护人的人身、财产和其他合法权益;②管理被监护人的财产,照顾被监护人的生活,对被监护人进行管理教育,代理被监护人进行民事活动;③当被监护人的财产与他人发生争议或者受到侵害时,应当代理被监护人进行诉讼。

监护人不履行监护职责或者侵害被监护人合法权益的,应当承担责任;给被监护人造成财产损失的,应当赔偿损失。

2. 撤销

公民被认定为无民事行为能力人或者限制民事行为能力人以后,经过治疗病情痊愈,精神恢复正常,能够正确辨认自己的行为,清醒地处理自己的事务的,表明造成其为无民事行为能力人或者限制民事行为能力人的原因已经消除。此时被认定为无民事行为能力人或者限制民事行为能力人的公民恢复正常的理智、能够正确辨认自己的行为后,该公民本人或者其监护人,可以向人民法院提出撤销原判决的申请。

人民法院根据该公民本人或者其监护人的申请,经查证属实,证实造成该公民无民事行为能力或者限制民事行为能力的原因已经消除的,应当作出新判决,撤销原判决,从法律上恢复该公民的民事行为能力,同时撤销对他的监护。判决一经宣告,立即发生法律效力。同样,原被认定为无民事行为能力的公民,经治疗已经部分恢复,可以部分辨认自己行为的,该公民的利害关系人可以申请认定其为限制民事行为能力人。人民法院经过审理,认为其申请有理由的,应当作出新判决,撤销原判决,认定该公民为限制民事行为能力人。

四、认定财产无主案件

认定财产无主案件,是指对于所有人不明或者所有人不存在的财产,法院根据申请人的申请,查明属实后,作出判决,将其收归国家或集体所有的民事案件。

（一）申请人及条件

(10被认定的无主财产,以有形财产为限。无形财产或精神财富,不属于认定无主财产的范围。

(2)财产所有人确已不存在或者不知谁是财产所有人的,权利的归属问题无法确定,需要通过法律程序加以解决。实践中认定财产无主的情形有:第一,财产所有人已不存在或者谁是所有人无法确定的;第二,所有人不明的埋藏物和隐藏物;第三,拾得的遗失物、漂流物、失散的饲养动物,经公安机关或有关单位公告满6个月无人认领的;第四,无人继承的财产,即被继承人死亡后,没有继承人或者全体继承人放弃继承或者丧失继承权的,其遗产因无人继承而变成无主财产。

(3)财产的所有人不明或者失去所有人的状态持续一定期间,不满法定期间的,即使所有人已消失或不明的,也不能申请认定为无主财产。

(4)须由申请人提出书面申请,然后由法院审理认定。申请书应当写明:申请人的姓名或名称、住所,财产的种类、数量、形状、所在地及请求认定财产无主的根据。法院不得以职权认定财产无主。根据《民事诉讼法》规定,公民、法人或者其他组织都有资格作为申请人。

（5）认定财产无主的案件，由财产所在地的基层法院管辖，便于该法院调查事实，对财产作出临时性的保护措施。

（二）审理程序

（1）法院接受申请后，应进行审查，认为申请不符合条件，或者财产有主的，裁定驳回申请；申请符合条件的，立案受理。

（2）发布财产认领公告。法院受理申请后，经审查核实财产所有人已消失或者去向不明，应当发出财产认领公告。公告应写明如下内容：申请人的姓名或名称、住所、财产的种类、数量、形状、公告期间及寻找财产所有人认领财产的意旨。根据最高人民法院的有关司法解释的规定，认定财产无主案件，公告期间如果有人提出财产请求，人民法院应当作出裁定，终结特别程序，告知申请人另行起诉，适用普通程序进行审理。

公告满1年无人认领财产的，法院应作出财产无主的判决，同时根据财产的不同情况，收归国家或集体所有。判决送达后，立即发生法律效力，交付执行组织执行。执行组织应当发布执行令，责令财产的非法占有人交出财产；拒不交出的，应予以强制执行。

（3）撤销及其后果：判决认定财产无主后，原财产所有人或者继承人出现，在民法通则规定的诉讼时效期间可以对财产提出请求，人民法院审查属实后，应当作出新判决，撤销原判决。

因为法院通过判决的方式认定无主财产，仅仅是根据一定的事实，从法律上推定为无主财产，是否在事实上真正无主，尚未作出符合实际的肯定。因此，在判决认定财产无主后，原财产所有人或者其继承人可能出现。在这种情况下，应当撤销法院的原判决，以保护原财产所有人或者其继承人的合法权益。诉讼时效期间为3年（按新规），也就是说，原财产所有人或者其继承人从知道或者应当知道人民法院判决认定财产无主之日起，必须在3年内行使请求权，申请法院撤销原判决，作出新判决。超过该诉讼时效期间，原财产所有人或者继承人请求返还财产的，不予保护。原判决撤销后，财产由其原所有人或合法继承人认领，占有财产的单位应当返还原物，原物不存在的，应当作价赔偿。

五、实现担保物权案件

实现担保物权案件的程序是2013年1月1日起实施的新修订的《民事诉讼法》新列入的特别程序。实现担保物权案件既可以通过诉讼程序作出判决后申请强制执行，又可以通过特别程序作出裁定后申请强制执行。但实现担保物权特别程序与诉讼程序相比，具有以下特点：

首先实现担保物权采用特别程序可以缩短周期，提高实现担保物权的效率。因为实现担保物权特别程序按照《民事诉讼法》特别程序审限较短。

其次实现担保物权采用特别程序可以减少讼累，降低实现担保物权的成本。实现担保物权特别程序实行一审终审，不能上诉，可以节约诉讼费用和其他成本。

再者实现担保物权采用特别程序可以节约司法资源,加快实现担保物权程序进程。实现担保物权特别程序一般由审判员一人独任审理,按照审查程序进行,不必开庭,无须合议,可以节约一定的司法资源。

（一）法院的管辖权

1. 管辖权确定

实现担保物权特别程序的管辖法院较固定,为担保财产所在地或者担保物权登记地的基层人民法院。对于担保物为多个动产且分散在数个法院辖区内的,如果各个法院都有管辖权,申请人可以选择向其中一个有管辖权的法院提出申请。具体为:

实现票据、仓单、提单等有权利凭证的权利质权案件,可以由权利凭证持有人住所地人民法院管辖;无权利凭证的权利质权,由出质登记地人民法院管辖。

实现担保物权案件属于海事法院等专门人民法院管辖的,由专门人民法院管辖。

实现担保物权诉讼程序可能依附于主债务纠纷,也可能单独提出。因主债务、担保合同引发的纠纷属于合同纠纷,故应适用合同纠纷的地域管辖,可能是被告住所地或合同履行地。当事人还可采用书面协议选择被告住所地、合同履行地、合同签订地、原告住所地、标的物所在地人民法院等与争议有实际联系的地点的人民法院管辖。

2. 管辖权异议

关于管辖权异议问题,实现担保物权适用特别程序,具有非诉性。民诉法第一百二十七条关于管辖权异议的规定不适用于实现担保物权的案件。同样,不动产专属管辖诉讼案件中的管辖规定,在特别程序案件中不应适用。因此,对于实现担保物权案件中的管辖异议,法院无须作出裁定,也不应再经过管辖异议上诉程序,如果受理法院审查后发现不属于自己管辖,可以裁定驳回申请,申请人可以另行向有管辖权的法院提出申请。当事人也可以向人民法院提起诉讼。

（二）申请条件

申请实现担保物权的前提条件是指担保物权人在债务人不履行到期债务或者发生当事人约定的实现担保物权的情形,依法享有就担保财产优先受偿的权利,但法律另有规定的除外。前提条件中的两种情形只需具备一种情形即可。

(1)所谓"到期债务"是指主合同中约定的债权金额确定、债务履行期已经届满、尚未受清偿的债务。

(2)所谓"当事人约定的实现担保物权的情形"是指担保合同当事人在担保合同、主合同中约定的实现担保物权的情形,包括担保人**被宣告破产、被撤销**等严重影响债权实现的情形。

(3)抵押权人申请实现抵押权,不必以物权法第一百九十五条第二款规定的抵押权人与抵押人未就抵押权实现方式达成协议的,抵押权人可以请求人民法院拍卖、变卖抵押财

产为前提条件;抵押权人可以直接向人民法院申请拍卖、变卖抵押财产;质权人、留置权人申请实现担保物权,可以直接向人民法院申请拍卖、变卖担保财产。人民法院不应以此为由裁定驳回申请人的申请。

（三）申请人及所需材料

1. 申请人

依照物权法,抵押权人、出质人、财产被留置的债务人可以作为申请人。依照其他法律有权请求实现担保物权的人,也可以作为申请人。

抵押人、质权人、留置权人能否作为实现担保物权的申请人,物权法并无明确规定。因抵押权人未及时行使抵押权可能影响抵押人的利益,故抵押人也可以作为实现担保物权特别程序的申请人。因质权人、留置权人可以自行拍卖、变卖担保财产并就所得的价款优先受偿,故当质权人、留置权人申请实现担保物权时,人民法院应当释明,告知其按照物权法的规定行使权利。如果质权人、留置权人坚持通过特别程序实现担保物权,人民法院应当受理。

实现担保物权的案件参照《诉讼费用交纳办法》对特别程序的相关规定实行按件收取申请费,不按申请实现担保物权标的额收取。如果申请人以人民法院作出的拍卖、变卖担保物裁定向人民法院申请强制执行的,则按执行金额收取执行申请费,并由被执行人负担。

2. 申请书及材料

（1）申请书:申请书中应载明申请人、被申请人的基本情况（包括姓名、性别、出生年月、民族、职业、工作单位、住所、联系方式,法人或者其他组织的名称、住所和法定代表人或者主要责任人的姓名、职务、联系方式）,申请请求,申请人、被申请人根据主合同签订担保合同并设定担保物权的事实、实现担保物权条件成就的事实;

（2）各方当事人签订的主合同及担保合同;

（3）担保物权办理登记的,应提供登记的相关凭证或其他材料;

（4）债务履行期届满或发生当事人约定的实现担保物权条件成就的证据;

（5）出质人申请实现担保物权的,应提供出质人请求质权人在债务履行期届满后及时行使质权的证据;

（6）留置关系中的债务人申请实现担保物权的,应提供债务人请求留置权人在债务履行期届满后行使留置权的证据;

（7）建设工程合同中的承包人申请实现担保物权的,应当提供发包人所欠工程价款已经确定及其催告发包人在合理期限内支付价款的证据。

鉴于物权法第一百八十一条规定的浮动抵押的担保物范围在短期内难以查清,故目前浮动抵押权利人不适用特别程序实现担保物权。

3. 审查及裁定

法院受理实现担保物权的申请后,应当就主合同的效力、期限、履行情况,担保物权是否有效设立、担保财产的范围、被担保的债权范围、被担保的债权是否已届清偿期等担保物权实现的条件以及是否损害他人合法权益等内容进行审查。必要时可以依职权调查相关事实并询问相关当事人。人民法院审查后,按下列情形分别处理:

(1)当事人对实现担保物权无实质性争议且实现担保物权条件成就的,裁定准许拍卖、变卖担保财产;

(2)当事人对实现担保物权有部分实质性争议的,可以就无争议部分裁定准许拍卖、变卖担保财产;

(3)当事人对实现担保物权有实质性争议的,裁定驳回申请,并告知申请人向人民法院提起诉讼。

人民法院受理申请后,申请人对担保财产提出保全申请的,可以按照民事诉讼法关于诉讼保全的规定办理。

关于实现担保物权是否适用调解问题,《最高人民法院关于人民法院民事调解工作若干问题的规定》中明确规定,人民法院对于适用特别程序的民事案件不予调解。如果双方当事人在案件审查过程当中,自愿进行和解的,可以达成和解协议后由申请人撤回申请,人民法院应当准许,实践中可适用裁定形式准许当事人撤回申请。如果双方坚持要求出具调解书,申请人不愿意撤回申请的,法院可根据审查标准径行作出相应裁定。

六、申请司法确认调解协议

申请司法确认调解协议程序是依照《民事诉讼法》和《中华人民共和国人民调解法》(以下简称《调解法》)的规定设定的一项特别程序。经人民调解委员会调解达成调解协议后,双方当事人认为有必要的,可以自调解协议生效之日起三十日内共同向人民法院申请司法确认,人民法院应当及时对调解协议进行审查,依法确认调解协议的效力。

(一)管辖

当事人申请确认调解协议的,由主持调解的人民调解委员会所在地基层人民法院或者它派出的法庭管辖。人民法院在立案前委派人民调解委员会调解并达成调解协议,当事人申请司法确认的,由委派的人民法院管辖。

(二)申请与受理

(1)当事人申请确认调解协议,应当向人民法院提交司法确认申请书、调解协议和身份证明、资格证明以及与调解协议相关的财产权利证明等证明材料,并提供双方当事人的送达地址、电话号码等联系方式。委托他人代为申请的,必须向人民法院提交由委托人签名或者盖章的授权委托书。

（2）人民法院收到当事人司法确认申请,应当在三日内决定是否受理。人民法院决定受理的,应及时向当事人送达受理通知书。双方当事人同时到法院申请司法确认的,人民法院可以当即受理并作出是否确认的决定。有下列情形之一的,人民法院不予受理:①不属于人民法院受理民事案件的范围或者不属于接受申请的人民法院管辖的;②确认身份关系的;③确认收养关系的;④确认婚姻关系的。

（3）人民法院应当自受理司法确认申请之日起十五日内作出是否确认的决定。因特殊情况需要延长的,经本院院长批准,可以延长十日。在人民法院作出是否确认的决定前,一方或者双方当事人撤回司法确认申请的,人民法院应当准许。

（4）法院办理人民调解协议司法确认案件,不收取费用。

（三）审理与确认

（1）法院在审理中,认为有必要时可以通知双方当事人同时到场,当面询问当事人。当事人应当向人民法院如实陈述申请确认的调解协议的有关情况,保证提交的证明材料真实、合法。人民法院在审查中,认为当事人的陈述或者提供的证明材料不充分、不完备或者有异议的,可以要求当事人补充陈述或者补充证明材料。当事人无正当理由未按时补充或者拒不接受询问的,可以按撤回司法确认申请处理。

（2）具有下列情形之一的,人民法院不予确认调解协议效力:①违反法律、行政法规强制性规定的;②侵害国家利益、社会公共利益的;③侵害案外人合法权益的;④损害社会公序良俗的;⑤内容不明确,无法确认的;⑥其他不能进行司法确认的情形。

（3）法院经审查认为调解协议符合确认条件的,应当作出确认决定书;决定不予确认调解协议效力的,应当作出不予确认决定书。

（4）法院依法作出确认决定后,一方当事人拒绝履行或者未全部履行的,对方当事人可以向作出确认决定的人民法院申请强制执行。

（5）案外人认为经人民法院确认的调解协议侵害其合法权益的,可以自知道或者应当知道权益被侵害之日起一年内,向作出确认决定的人民法院申请撤销确认决定。

适用特别程序作出的判决、裁定,当事人、利害关系人认为有错误的,可以向作出该判决、裁定的人民法院提出异议。人民法院经审查,异议成立或者部分成立的,作出新的判决、裁定撤销或者改变原判决、裁定;异议不成立的,裁定驳回。

对人民法院作出的确认调解协议、准许实现担保物权的裁定,当事人有异议的,应当自收到裁定之日起十五日内提出;利害关系人有异议的,自知道或者应当知道其民事权益受到侵害之日起六个月内提出。

第二节　督促程序

督促程序,是指人民法院根据债权人的申请,以支付令的方式,催促债务人在法定期间内向债权人履行给付金钱和有价证券义务;如果债务人在法定期间内未履行义务又不提出书面异议,债权人可以根据支付令向人民法院申请强制执行的程序。司法实践中存在一些债权债务关系明确的给付金钱或有价证券的案件,双方当事人对他们之间的债权债务关系并没有争议,而是债务人不自动履行义务,或者没有能力清偿债务。这些案件如果完全按照通常的诉讼程序来解决,会增加诉讼成本,有悖诉讼经济和诉讼效率的原则。人民法院对这类案件适用督促程序进行处理,通过书面审查即可催促债务人履行给付义务,如果债务人在法定期间不履行债务又没有提出书面异议,债权人可以向人民法院申请强制执行,从而使债务纠纷方便快捷地得到解决。因此,督促程序对方便当事人诉讼和方便法院办案,提高诉讼效率,节约当事人实现债权的成本以及时保护当事人的合法权益,具有重要的意义。

一、申请条件

(1)债权人请求债务人给付金钱、有价证券;所谓金钱,是指作为流通手段和支付手段的货币,通常是指人民币,在特定的情况下也包括外国货币。所谓有价证券,是指汇票、本票、支票、股票、债券、国库券及可以转让的存单。

(2)债权人与债务人没有其他债务纠纷的。

(3)支付令能够送达债务人的。

(4)请求给付的金钱或者有价证券已到期且数额确定,并写明了请求所根据的事实、证据。

(5)债务人在我国境内且未下落不明。

(6)收到申请书的人民法院有管辖权。

(7)债权人未向人民法院申请诉前保全。

二、申请与受理

(1)申请人应向被申请住所地法院提交申请书。申请书应当写明请求给付金钱或者有价证券的数量和所根据的事实、证据。

(2)债权人提出申请后,人民法院应当在五日内通知债权人是否受理。

(3)人民法院受理申请后,经审查债权人提供的事实、证据,对债权债务关系明确、合法的,应当在受理之日起十五日内向债务人发出支付令;申请不成立的,裁定予以驳回。如果确认以下情况,应当驳回申请。

1)申请人不具备当事人资格的;

2)给付金钱或者有价证券的证明文件没有约定逾期给付利息或者违约金、赔偿金,债权人坚持要求给付利息或者违约金、赔偿金的;

3)要求给付的金钱或者有价证券属于违法所得的;

4)要求给付的金钱或者有价证券尚未到期或者数额不确定的。

（4）向债务人本人送达支付令,债务人拒绝接收的,人民法院可以留置送达。

债务人应当自收到支付令之日起十五日内清偿债务,或者向人民法院提出书面异议。

债务人在前款规定的期间不提出异议又不履行支付令的,债权人可以向人民法院申请执行。

（5）人民法院收到债务人提出的书面异议后,经审查,异议成立的,应当裁定终结督促程序,支付令自行失效。过去法院采用的是形式审查,即如果被申请人在规定时间内提出异议,法院审查符合支付令异议程序的,即可认定为被申请人异议成立。根据修订后的《民事诉讼法》,现在法院还将对被申请的异议做进一步的实质审查,即应当对被申请人的异议是否成立,做实质性的审查;只有异议成立的,才会裁定支付令失效。支付令失效的,转入诉讼程序,但申请支付令的一方当事人不同意提起诉讼的除外。

三、支付令的失效的情形

1. 自然时效情形

（1）人民法院受理支付令申请后,债权人就同一债权债务关系又提起诉讼的;

（2）人民法院发出支付令之日起三十日内无法送达债务人的;

（3）债务人收到支付令前,债权人撤回申请的。

2. 经被申请人异议,法院审查成立失效

（1）属于不予受理申请情形的;

（2）属于裁定驳回申请情形的;

（3）属于应当裁定终结督促程序情形的;

（4）人民法院对是否符合发出支付令条件产生合理怀疑的。

3. 被申请人下列行为不影响支付令的效力

（1）债务人在收到支付令后,未在法定期间提出书面异议,而向其他人民法院起诉的,不影响支付令的效力。债务人超过法定期间提出异议的,视为未提出异议。

（2）债权人基于同一债权债务关系,在同一支付令申请中向债务人提出多项支付请求,债务人仅就其中一项或者几项请求提出异议的,不影响其他各项请求的效力。

（3）债权人基于同一债权债务关系,就可分之债向多个债务人提出支付请求,多个债务人中的一人或者几人提出异议的,不影响其他请求的效力。

第三节　公示催告程序

公示催告程序是指人民法院根据当事人的申请,以公示的方式催告不明的利害关系人,在法定期间内申报权利,逾期无人申报,作出宣告票据无效(除权)的判决程序。

一、申请条件

(1)申请主体必须是按照规定可以背书转让的票据持有人,即票据被盗、遗失、灭失前的最后持有人。票据持有人,是指票据被盗、遗失或者灭失前的最后持有人

(2)申请的原因必须是可以背书转让的票据被盗、遗失或灭失,且利害关系人处于不明状态,对其他事项申请公示催告必须有法律的明文规定。

(3)公示催告程序必须由票据支付地的基层人民法院管辖。

(4)申请方式,须由申请人书面申请写明票面金额,发票人、持票人、背书人等主要内容,申请公示催告的理由和票据丢失的事实。

(5)公示催告申请人要求撤回申请的须在公示催告前提出,在公示催告期间要求撤回的法院可以径行裁定终结公示催告程序。

二、止付及公告

(1)人民法院收到公示催告的申请后,应当立即审查,并决定是否受理。经审查认为符合受理条件的,通知予以受理,并同时通知支付人停止支付;认为不符合受理条件的,七日内裁定驳回申请。

(2)因票据丧失,申请公示催告的;人民法院应结合票据存根、丧失票据的复印件、出票人关于签发票据的证明、申请人合法取得票据的证明、银行挂失止付通知书、报案证明等证据,决定是否受理。

(3)人民法院受理公示催告申请后,同时应通知支付人停止支付直至公示催告程序终结。支付人拒不停止支付的,在判决除权后,支付人仍应承担支付义务。在公示催告程序期间,该票据被转让的,转让行为无效。

(4)没有人申报的,人民法院应当根据申请人的申请,作出判决,宣告票据无效。判决应当公告,并通知支付人。自判决公告之日起,申请人有权向支付人请求支付。

(5)在申报权利的期间无人申报权利,或者申报被驳回的,申请人应当自公示催告期间届满之日起一个月内申请作出判决。逾期不申请判决的,终结公示催告程序。并应当通知申请人和支付人。

(6)付款人拒绝付款,申请人向人民法院起诉,符合起诉条件的,人民法院应予以受理。

三、利害人关系申报

法院决定受理公示催告程序的应当在三日内发出公告,催促利害关系人申报权利,公告时间不得少于60日。利害关系人在公示催告期间可以向人民法院提出对该票据享有权

利,申报权利的程序是:

(1)利害关系人应当在公示催告程序期间或在申报期间届满,判决作出前向人民法院提出。

(2)利害关系人在向法院主张权利时应向法院出示票据,法院即时通知公示催告申请人在指定期间查看该票据,如公示催告的票据与利害关系人出示的票据不一致,应当驳回利害关系人的申请。

(3)如利害关系人未在判决前申报权利的,可以在判决公告之日起一年内,向作出判决的人民法院起诉,人民法院按票据纠纷适用普通程序审理确权。但应证明以下其中一项事由成立:

1)因发生意外事件或者不可抗力致使利害关系人无法知道公告事实的;

2)利害关系人因被限制人身自由而无法知道公告事实,或者虽然知道公告事实,但无法自己或者委托他人代为申报权利的;

3)不属于法定申请公示催告情形的;

4)未予公告或者未按法定方式公告的;

5)其他导致利害关系人在判决作出前未能向人民法院申报权利的客观事由。

第十一章　仲裁

仲裁是指由双方当事人协议将争议提交(如仲裁机构)第三者,由该第三者对争议的事由进行评判并作出裁决的一种解决争议的方法。仲裁不同于诉讼和审判,仲裁需要双方自愿,也不同于调解,因仲裁裁决具有一定的执行力。

商事仲裁是指买卖双方在纠纷发生之前或发生之后,签订书面协议,自愿将纠纷提交双方所同意的第三者的仲裁机构予以裁决,以解决纠纷的一种方式。仲裁协议有两种形式:一种是在争议发生之前订立的,它通常作为合同中的一项仲裁条款出现;另一种是在争议之后订立的,它是把已经发生的争议提交给仲裁的协议。这两种形式的仲裁协议,其法律效力是相同的。

能够提交仲裁的争议必须是具有"争议的可仲裁性"的争议。一是发生纠纷的双方当事人必须是民事主体,包括国内外法人、自然人和其他合法的具有独立主体资格的组织;二是仲裁的争议事项应当是当事人有权处分的;三是仲裁范围必须是合同纠纷和其他财产权益纠纷。

合同纠纷是在双方当事人因订立或履行各类经济合同而产生的纠纷,包括国内、国外平等主体的自然人、法人及其他组织之间的国内各类经济合同纠纷、知识产权纠纷、房地产合同纠纷、期货和证券交易纠纷、保险合同纠纷、借贷合同纠纷、票据纠纷、抵押合同纠纷、运输合同纠纷和海商纠纷等,还包括涉外的、涉及香港、澳门和台湾地区的经济纠纷以及涉及国际贸易、国际代理、国际投资、国际技术合作等方面的纠纷。

其他财产权益纠纷,主要是指由侵权行为引发的纠纷,如产品质量责任和知识产权领域的侵权纠纷。

根据仲裁法的规定,有三类纠纷不能仲裁:

(1)婚姻,收养,监护,扶养,继承纠纷不能仲裁。

(2)行政争议不能裁决。行政争议,亦称行政纠纷,行政纠纷是指国家行政机关之间,或者国家行政机关与企事业单位,社会团体及公民之间,由于行政管理而引起的争议。

(3)劳动争议和农业集体经济组织的内部的农业承包合同纠纷。

商事仲裁时效是指权利人向仲裁机构请求保护其权利的法定期限,也即权利人在法定期限内没有行使权利,即丧失提请仲裁以保护其权益的权利。《仲裁法》规定:法律对仲裁时效有规定的,适用该规定。法律对仲裁时效没有规定的,适用诉讼时效的规定。据此可知,在我国商事仲裁时效完全适用《民事诉讼法》及相关法律规定的民事诉讼时效并无特别规定。

第一节　仲裁的特性

根据所处理的纠纷是否具有涉外因素,仲裁可分国内仲裁和涉外仲裁。前者是该国当事人之间为解决没有涉外因素的国内民商事纠纷的仲裁;后者是处理涉及外国或外法域的民商事务争议的仲裁。

一、自愿性

当事人的自愿性是仲裁最突出的特点。仲裁以双方当事人的自愿为前提,即当事人之间的纠纷是否提交仲裁,交与谁仲裁,仲裁庭如何组成,由谁组成以及仲裁的审理方式、开庭形式等都是在当事人自愿的基础上,由双方当事人协商确定的。

由于仲裁充分体现当事人的意思自治,仲裁中的诸多具体程序都是由当事人协商确定与选择的,因此,与诉讼相比,仲裁程序更加灵活,更具有弹性。当事人之间的达成的仲裁协议,就是当事人将相互的纠纷提交仲裁的合意。

仲裁协议是仲裁中当事人自愿原则的最根本体现,也是自愿原则在仲裁过程中得以实现的最基本的保证,《仲裁法》规定仲裁必须要有书面的仲裁协议,仲裁协议可以是合同中写明的仲裁条款,也可以是单独书写的仲裁协议书(包括可以确认的其他书面方式)。仲裁协议的内容应当包括请求仲裁的意思表示,约定的仲裁事项以及选定的仲裁机构。

当事人达成书面仲裁协议的,应当向仲裁机构申请仲裁,不能向法院起诉。人民法院也不受理有仲裁协议的起诉。如果一方当事人出于自身的利益或者其他原因,没有信守仲裁协议或者有意回避仲裁而将争议起诉到法院,那么被诉方当事人可以依据仲裁协议向法院提出管辖权异议,要求法院驳回起诉,法院按照仲裁法的规定,将对具有有效仲裁协议的起诉予以驳回并让当事人将争议交付仲裁。

仲裁以不公开审理为原则。有关的仲裁法律和仲裁规则也同时规定了仲裁员及仲裁秘书人员的保密义务。因此当事人的商业秘密和贸易活动不会因仲裁活动而泄露。仲裁表现出极强的保密性。这也是当事人选择仲裁的原因之一。

在时间上的快捷性使得仲裁所需费用相对减少;仲裁无须多审级收费,使得仲裁费往往低于诉讼费;仲裁的自愿性、保密性使当事人之间通常没有激烈的对抗,且商业秘密不必公之于世,对当事人之间今后的商业机会影响较小。

二、专业性

民商事纠纷往往涉及特殊的知识领域,会遇到许多复杂的法律、经济贸易和有关的技术性问题,故专家裁判更能体现专业权威性。

因此,由具有一定专业水平和能力的专家担任仲裁员对当事人之间的纠纷进行裁决是仲裁公正性的重要保障。根据中国仲裁法的规定,仲裁机构都备有分专业的,由专家组成的仲裁员名册供当事人进行选择,专家仲裁由此成为民商事仲裁的重要特点之一。

三、终局性

仲裁实行一裁终局制,仲裁裁决一经仲裁庭作出即发生法律效力。这使得当事人之间的纠纷能够迅速得以解决。仲裁实行一裁终局的制度,裁决作出后,当事人就同一纠纷再申请仲裁或者向人民法院起诉的,法院或者仲裁委员会都不予受理。

一裁终局的基本含义在于,裁决作出后,即产生法律效力,即使当事人对裁决不服,也不能就同一案件向法院提出起诉。

四、独立性

仲裁机构独立于行政机构,仲裁机构之间也无隶属关系。在仲裁过程中,仲裁庭独立进行仲裁,不受任何机关、社会团体和个人的干涉,亦不受仲裁机构的干涉,显示其独立性。

随着现代经济的国际化,当事人进行跨国仲裁已越来越普遍。

第二节　仲裁协议

仲裁协议,是双方当事人在自愿、协商、平等互利的基础之上将他们之间已经发生或者可能发生的争议提交仲裁解决的书面文件,是申请仲裁的必备文书。

一、法律特征

(1)仲裁协议只能由具有利害关系的合同双方(或多方)当事人或其合格的代理人订立。否则,就不可能在有关合同发生争议时约束各方当事人。如果有关当事人在仲裁程序开始时提出证据,证明他不是仲裁条款或仲裁协议的当事人,或订立时没有权利能力或行为能力,那么仲裁协议无效,对双方均无法律约束力。

(2)仲裁协议是当事人申请仲裁、排除法院管辖的法律依据。仲裁协议一经签订,就成为仲裁机构受理合同争议的凭据,同时在申请法院执行时,也以它作为撤销裁决或强制执行的依据。

(3)仲裁协议具有相对的独立性。如果是以仲裁条款的形式写入合同,那就是合同的重要组成部分,其他条款的无效不影响仲裁条款的效力。如果双方当事人签订了单独的仲裁协议,则可视为一个独立的合同。仲裁协议与它所指的合同本身,由不同的法律、法规调整,前者是程序性合同,后者是实体性合同,是两个不同的合同。

(4)从仲裁协议订立的时间来看,仲裁协议可分为两种:争议发生前达成的仲裁协议和争议发生后达成的仲裁协议。

二、仲裁合意

仲裁协议书和其他形式的仲裁协议既可以是在争议发生之前订立,也可以是在争议发生之后订立。首先,当事人应尽可能在争议发生之前订立仲裁协议。因为争议发生后,由于当事人的利害关系明显,争议双方往往不容易达成仲裁协议。其次,当事人应尽量选择仲裁条款这种形式。因为仲裁条款是在争议发生之前订立的,它是当事人事先设定的,可以避免以后双方就仲裁的问题发生争议。而且这种形式省时、简便,当事人只要在合同中做约定就可以了,避免了事后再专门约定仲裁条款的麻烦。同时,在合同中约定仲裁条款,也可以在一定程度上督促当事人履行合同。

仲裁协议必须明确:将什么争议提交仲裁解决应该明确,如在供货合同中,是将因产品质量问题引起的争议,还是因产品数量问题引起的争议,或是因整个供货合同引起的争议提交仲裁解决,应在仲裁协议中明确。仲裁机构只解决协议仲裁事项范围内的争议。如当事人约定"就产品质量问题引起的争议提交仲裁",这一约定就排斥了对因货物数量问题引起的争议进行仲裁的可能性。在具体约定时,对于已经发生的争议事项,其具体范围比较明确和具体因而较容易约定;对于未来可能性争议事项要提交仲裁,应尽量避免在仲裁协议中作限制性规定,包括争议性质上的限制、金额上的限制及其他具体事项的限制,采用宽泛的约定,如可以笼统地约定"因本合同引起的争议"。这样有利于仲裁机构全面迅速地审理纠纷,充分保护当事人的合法权益。

三、影响仲裁协议效力的事由

仲裁协议的失效是指一项有效的仲裁协议因特定事由的发生而丧失其原有的法律效力。仲裁协议的失效不同于仲裁协议的无效,它们的根本区别在于,仲裁协议的失效是原本有效的仲裁协议在特定条件下失去了其效力,而仲裁协议的无效是该仲裁协议自始就没有法律效力。仲裁协议在下列情形下失效:

(1)基于仲裁协议,仲裁庭作出的仲裁裁决被当事人自觉履行或者被法院强制执行,即仲裁协议约定的提交仲裁的争议事项得到最终解决,该仲裁协议因此而失效。《仲裁法》规定,裁决作出后,当事人就同一纠纷再申请仲裁或者向人民法院起诉的,仲裁委员会或者人民法院不予受理。

(2)因当事人协议放弃已签订的仲裁协议,而使该仲裁协议失效。协议放弃已订立的仲裁协议与协议订立仲裁协议一样,都是当事人的权利,仲裁协议一经双方当事人协议放弃,则失去效力。当事人协议放弃仲裁协议的具体表现为:

1)双方当事人通过达成书面协议,明示放弃了原有的仲裁协议。

2)双方当事人通过达成书面协议,变更了纠纷解决方式。如当事人一致选择通过诉讼方式解决纠纷,从而使仲裁协议失效。

3)当事人通过默示行为变更了纠纷解决方式,使仲裁协议失效。如双方当事人达成了仲裁协议,一方当事人向人民法院起诉而未声明有仲裁协议,人民法院受理后,对方当事人未提出异议并应诉答辩的,视为放弃仲裁协议。

(3)附期限的仲裁协议因期限届满而失效。如当事人在仲裁协议中约定,该仲裁协议在签订后的6个月内有效,如果超过了6个月的约定期限,已签订的仲裁协议失效。

(4)基于仲裁协议,仲裁庭作出的仲裁裁决被法院裁定撤销或不予执行,该仲裁协议失效。《仲裁法》规定,裁决被人民法院依法裁定撤销或者不予执行的,当事人就该纠纷可以根据双方重新达成的仲裁协议申请仲裁,也可以向人民法院起诉。

四、仲裁协议无效、失效的法律后果

仲裁协议的无效或者失效使得仲裁协议不再具有法律的约束力。对当事人来说,当事人之间的纠纷既可以通过向法院提起诉讼的方式解决,也可以重新达成仲裁协议通过仲裁方式解决;对法院来说,由于排斥司法管辖权的原因已经消失,法院对于当事人之间的纠纷具有管辖权;对于仲裁机构来说,因其没有行使仲裁权的依据而不能对当事人之间的纠纷进行审理并作出裁决。

第三节　仲裁程序

一、申请与受理

当事人就纠纷根据仲裁协议向约定的仲裁机构提出仲裁申请后,并不一定使仲裁活动就此进行下去,这是因为仲裁机构要对申请人提出的申请进行审查,只有对符合法律规定条件的仲裁申请,仲裁机构才能受理,使仲裁活动就此进行下去。根据《仲裁法》的规定,仲裁申请的受理有以下程序:

(1)当事人一方申请仲裁时,应向该委员会提交包括下列内容的签名申请书:

1)申诉人和被诉人的名称、地址。

2)申诉人所依据的仲裁协议。

3)申诉人的要求及所依据的事实和证据。

申诉人向仲裁委员提交仲裁申请书时,应附具本人要求所依据的事实的证明文件。

(2)仲裁委员会决定是否受理的时限是5日。仲裁委员会应当在收到仲裁申请后5日内进行审查,认为符合受理条件的应当受理,并通知申请人。认为不符合受理条件的,应当书面通知当事人不予受理,并说明理由,仲裁机构是否受理申请人的仲裁申请是要在对仲裁申请进行审查后才能作出决定的。如果仲裁机构决定受理申请人的仲裁申请,申请人要根据仲裁机构的要求和规定,预交仲裁费用。仲裁费用的承担方法由仲裁庭决定。

(3)仲裁机构受理仲裁申请后,应当在仲裁规则规定的期限内将仲裁规则和仲裁员名

册送达申请人,并将申请书副本和仲裁规则、仲裁员名册送达被申请人。申请人和被申请人可在收到仲裁员名册后从中选择仲裁员和首席仲裁员,并告之仲裁机构。

(4)被申请人收到仲裁申请书副本后,应当在仲裁委员会规定的期限内向仲裁机构提交答辩书,可以承认或者反驳仲裁请求,也有权提出反请求。仲裁机构收到答辩书后,应当在仲裁规则规定的期限内,将答辩书副本送达申请人。被申请人未提交答辩书的,不影响仲裁程序的进行。

(5)申请财产保全。一方当事人因另一方当事人的行为或者其他原因,可能使仲裁机构的裁决不能执行或者难以执行的,可以申请财产保全,当事人申请财产保全的,仲裁机构应当将当事人的申请依照民事诉讼法的有关规定提交有管辖权的人民法院,由该法院执行财产保全措施。

(6)仲裁活动的委托代理。当事人、法定代表人委托律师或者其他代理人进行仲裁活动的,应该在这个阶段向仲裁机构提交授权委托书。

二、组织仲裁庭

根据我国仲裁规则规定,申请人和被申请人各自在仲裁委员会仲裁员名册中指定一名仲裁员,并由仲裁委员会主席指定一名仲裁员为首仲裁员,共同组成仲裁庭审理案件;双方当事人亦可在仲裁委员名册共同指定或委托仲裁委员会主席指定一名仲裁员为独任仲裁员,成立仲裁庭,单独审理案件。

三、审理案件

仲裁庭审理案件的形式有两种:一是不开庭审理,这种审理一般是经当事人申请,或由仲裁庭征得双方当事人同意,只依据书面文件进行审理并作出裁决;二是开庭审理,这种审理按照仲裁规则的规定,采取不公开审理,如果双立事人要求公开进行审理时,由仲裁庭作出决定。

四、作出裁决

裁决是仲裁程序的最后一个环节。裁决作出后,审理案件的程序即告终结,因而这种裁决被称为最终裁决。根据我国仲裁规则,除最终裁决外,仲裁庭认为有必要或接受当事人之提议,在仲裁过程中,可就案件的任何问题作出中间裁决或者部分裁决。中间裁决是指对审理清楚的争议所做的暂时性裁决,以利于对案件的进一步审理;部分裁决是指仲裁庭对整个争议中的一些问题已经审理清楚,而先行作出的部分终局性裁决。这种裁决是构成最终裁决的组成部分。仲裁裁决必须于案件审理终结之日起45日内以书面形式作出,仲裁裁决除由于调解达成和解而作出的裁决书外,应说明裁决所依据的理由,并写明裁决是终局的和作出裁决书的日期地点以及仲裁决员的署名等。

当事人对于仲裁裁决书,应依照其中所规定的时间自动履行,裁决书未规定期限的,应立即履行。一方当事人不履行的,另一方当事可以根据法律的规定,向法院申请执行,或根据有关国际公约或我国缔结或参加的其他国际条约的规定办理。

五、无效仲裁裁决

按照各国际仲裁规则的一般规定,仲裁裁决如系以下情况,当事人可在法定期限内,请求仲裁地的管辖法院撤销仲裁裁决,并宣布其为无效。

(1)在无仲裁协议的情况下作出的或以无效(已过期)的仲裁协议为据作出的裁决;

(2)仲裁员的行为不当或越权所作出的裁决;

(3)以伪造证据为依据所作出的裁决;

(4)裁决的事项是属于仲裁地法律规定不得提交仲裁处理的裁决等。

第四节　仲裁裁决的效力与执行

仲裁裁决是指仲裁庭对当事人之间所争议的事项作出的裁决。根据法律规定,仲裁裁决自作出之日起发生法律效力。任何一方当事人不履行仲裁裁决的,另一方当事人可以向人民法院申请强制执行,受申请的人民法院应当执行。

仲裁裁决是指仲裁庭对当事人之间所争议的事项作出的裁决。仲裁实行一裁终局制度,裁决自作出之日起发生法律效力。任何一方当事人不履行仲裁裁决的,另一方当事人可以向人民法院申请强制执行,受申请的人民法院应当执行。

根据我国参加的《纽约公约》的规定,我国仲裁机构作出的仲裁裁决,也可以在其他缔约国得到承认和执行,如果被执行人或者其财产不在中国境内的,当事人可以直接向有管辖权的外国法院申请承认和执行。

一、仲裁裁决

(1)先行裁决。先行裁决是指在仲裁程序进行过程中,仲裁庭就已经查清的部分事实所作出的裁决。《仲裁法》第五十五条规定:**仲裁庭仲裁纠纷时,其中一部分事实已经清楚,可以就该部分先行裁决。**

(2)最终裁决。最终裁决即通常意义上的仲裁裁决,它是指仲裁庭在查明事实,分清责任的基础上,就当事人事情仲裁的全部争议事项作出的终局性判定。

(3)缺席裁决。缺席裁决是指仲裁庭在被申请人无正当理由不到庭或未经许可中途退庭情况下作出的裁决。《仲裁法》第四十二条第二款规定:**被申请人经过书面通知,无正当理由不到庭或未经许可中途退庭情况下作出的裁决。**

(4)合意裁决。合意裁决即仲裁庭根据当事人达成协议的内容作出的仲裁裁决。它

既包括根据当事人自行和解达成的协议而作出的仲裁裁决,也包括根据经仲裁庭调解双方达成的协议而作出的仲裁裁决。

(5)仲裁裁决书是仲裁庭对仲裁纠纷案件作出裁决的法律文书。根据《仲裁法》第五十四条的规定,仲裁裁决书应当写明仲裁请求、争议事实、裁决理由、裁决结果、仲裁费用的负担和裁决日期。当事人协议不愿意写明争议事实和裁决理由的,可以不写。仲裁裁决持不同意见的仲裁员,可以签名,也可以不签名。

二、仲裁裁决的效力

仲裁裁决的效力是指仲裁裁决生效后所产生的法律后果。根据《仲裁法》第五十七条的规定:裁决书自作出之日起发生法律效力。仲裁裁决的效力体现在:

(1)当事人不得就已经裁决的事项再行申请仲裁,也不得就此提起诉讼。

(2)仲裁机构不得随意变更已经生效的仲裁裁决。

(3)其他任何机关或个人均不得变更仲裁裁决。

(4)仲裁裁决具有执行力。

三、不予执行的事由

根据《仲裁法》《民事诉讼法》的规定,不予执行仲裁裁决的情形有以下几种:

(一)当事人在合同中没有签订仲裁条款或者事后没有达成仲裁协议的

仲裁应当在双方当事人自愿的基础上进行,仲裁协议是当事人双方一致达成的授予仲裁庭审理案件的依据,是仲裁的基础。如果当事人在纠纷发生前没有订立仲裁条款,事后也未达成仲裁协议,那么仲裁机构就无权受理当事人之间的纠纷,对争议无管辖权,仲裁就没有根据,裁决当然不能执行。

(二)裁决的事项不属于仲裁协议对的范围或者仲裁机构无权仲裁的

前者主要是指裁决的事项虽然是法律允许的,但当事人在仲裁协议中未做约定,后者则主要指裁决事项本身就是法律不允许的,仲裁事项具有不可仲裁性。

依照我国《仲裁法》第三条之规定,下列争议不可仲裁:①婚姻收养、监护、扶养、继承纠纷;②依法应当由行政机关处理的行政争议。两者的实质都是仲裁机构越权仲裁,因此其裁决不能予以执行。

(三)仲裁庭的组成或者仲裁的程序违反法定程序的

仲裁活动作为一种准司法活动,其程序的正当对于实体权利义务的影响同样不可忽视。如果仲裁的开庭裁决过程违反了《仲裁法》的规定,其裁决结果同样是可以不予执行的。如仲裁庭由当事人不同意的仲裁员组成,或者仲裁员应当回避而未回避,或者当事人未经合法通知即作缺席裁决,等等,当事人就有理由怀疑裁决的公正性,这样的裁决就可以不予以执行。

根据《最高人民法院关于适用〈中华人民共和国仲裁法〉若干问题的解释》的规定，"违反法定程序"，是指违反仲裁法规定的仲裁程序和当事人选择的仲裁规则可能影响案件正确裁决的情形。

（四）认定事实的主要证据不足的

证据是认定事实的基础，而认定事实又是划分责任，确定各方权利或义务的前提。证据不足就不可能做到认定事实清楚，事实不清就不可能正确地划分责任及确定权利义务。仲裁员在没有充分证据证明的情况下，枉下裁断，很可能错误地认定了案情，使当事人的实体权利义务分配与应当出现的情况出现很大的误差。这样的裁决不可能准确、公正，因此可以不予执行。

（五）适用法律确有错误的

即便认定事实清楚，但错误地适用了法律，将此性质的争议（如合同）适用关于彼性质争议（如侵权）的法律，或将此一类型的争议（如加工承揽合同纠纷）适用关于彼一类型争议（如买卖合同纠纷）的法律，都会使当事人的权利义务发生很大的变化。如果错误地适用了法律，当然会造成不公正的结果，因而法院也可依法裁定不予执行该仲裁裁决。

（六）仲裁员在仲裁案件时有贪污受贿、徇私舞弊、枉法裁决行为的

《仲裁法》第三十四条第四项规定，如果仲裁员私自会见当事人、代理人，或者接受当事人、代理人的请客送礼，则应当回避。仲裁员具有上述情形都具有很强的目的性，即企图倾向一方当事人的利益，在参与仲裁的过程中作出有利于这一方的裁决。

所以上述行为和索贿受贿行为与徇私舞弊、枉法裁决则往往有因果关系。在仲裁员有上述行为的情况下，就难免要偏袒一方，也就很难保持中立、公正无私。因此可以不予以执行。

存在上述情形的，经法院合议庭审查核实，应裁定不予执行该仲裁裁决。裁定书应当送达双方当事人和仲裁机构。仲裁裁决被人民法院裁定不予以执行的，当事人可以根据双方达成的书面仲裁协议重新申请仲裁，也可以向人民法院起诉。

第十二章　和解、调解

第一节　和解的效力和作用

和解:平息纷争,重归于好。法律上特指当事人约定互相让步,不经法院以终止争执或防止争执发生,使争议的各方和平地解决纷争。

和解与调解不同,和解是当事人之间自愿协商,达成协议,没有第三者参加;调解是在第三者(可能是群众或者群众组织,也可能是人民法院)主持下进行的。

和解是大多数纷争的解决方式。因为在与他人的交往过程中,发生争议、产生纷争是难免的;如果争议双方或者各方,不采取相互妥协和让步的方式,实现纷争的内部解决;那么有可能出现的形态是:要么是纷争处于僵持、胶着状态,会妨碍稳定状态的持续。要么纷争一方或者双方,寻求社会救济甚至国家司法救济,必然会增加解决纷争的物质成本、时间成本。然因为纷争的多样性、多发性、日常性,决定了争议各方宁愿采取相互妥协和让步的方式,使争议达到一种释放状态,使原来的秩序的持续归于平和恢复。

和解要求当事人人学会让步、学会妥协,退后一步自然宽。这也是做人做事的应然态度。法旨不争、息讼是金,就是这个道理。由于和解多数是在无外人参与的情况下进行,因此和解也更具有保密性;只要和解双方认真履行和解协议,和解就能够实现高效迅捷。

和解有多种形式,即便进入诉讼程序后;当事人仍然可以选择和解。因为和解意味着妥协或者让步,因此有的当事人担心在和解作出的让步、自认,是否会在和解失败时成为不利于己方的证据或者自认。对此《民事诉讼法》有规定:当事人在和解、调解中的自认,并不构成诉讼中的自认。所以,在了解了整个诉讼、执行环节以后,读者可以清楚地看到,和解其实是解决纷争最为有效的途径。

第二节　调解的形式及组织

调解是指双方或多方当事人就争议的实体权利、义务,在人民法院、人民调解委员会及有关组织主持下,自愿进行协商,通过教育疏导,促成各方达成协议、解决纠纷的办法。在调解中,第三者也称调解人,以国家法律、法规和政策及社会公德为依据,对纠纷双方进行疏导、劝说,促使他们相互谅解,进行协商,自愿达成协议,解决纠纷。我国调解方式主要有人民调解,行政调解,司法调解,行业调解及专业机构调解。

一、人民调解委员会

人民调解委员会是依法设立的调解民间纠纷的群众性组织。是我国基层解决人民内部纠纷的群众性组织。人民调解委员会在城市以居民委员会为单位,农村以村民委员会为单位建立。其任务是:(1)及时发现纠纷,迅速解决争端;(2)防止矛盾激化,预防、减少犯罪的发生;(3)积极为城市、农村经济体制改革服务;(4)进行社会主义法制宣传教育;(5)教育、挽救失足青少年;(6)推动社会主义精神文明建设。依照法律规定,人民调解委员会在基层人民政府和基层人民法院的指导下开展工作,用调解的方法解决一般的民事纠纷和轻微的刑事案件。经调解自愿达成的协议,如果当事人愿意,可以向法院申请司法确认,使之具有法律效力。达成的协议,当事人应自觉履行,不愿调解或调解不成或调解后反悔的,一方或双方当事人可以向人民法院起诉。人民调解委员会不是国家司法机关的组成部分,也不是一级行政组织,它的活动及结果不具有法律和行政的强制性。《中华人民共和国人民调解法》是2011年1月1日实施的。

二、调解协议

根据《中华人民共和国人民调解法》规定:经人民调解委员会调解达成调解协议的,可以制作调解协议书。当事人认为无须制作调解协议书的,可以采取口头协议方式,人民调解员应当记录协议内容。

调解协议书可以载明下列事项:

当事人的基本情况;纠纷的主要事实、争议事项及各方当事人的责任;当事人达成调解协议的内容,履行的方式、期限。

调解协议书自各方当事人签名、盖章或者按指印,人民调解员签名并加盖人民调解委员会印章之日起生效。调解协议书由当事人各执一份,人民调解委员会留存一份。口头调解协议自各方当事人达成协议之日起生效。

(1)经人民调解委员会调解达成的调解协议,具有法律约束力,当事人应当按照约定履行。人民调解委员会应当对调解协议的履行情况进行监督,督促当事人履行约定的义务。

(2)经人民调解委员会调解达成调解协议后,当事人之间就调解协议的履行或者调解协议的内容发生争议的,一方当事人可以向人民法院提起诉讼。此时法院可依当事人请求,只对履行调解协议进行审理。

(3)经人民调解委员会调解达成调解协议后,双方当事人认为有必要的,可以自调解协议生效之日起三十日内共同向人民法院申请司法确认,人民法院应当及时对调解协议进行审查,依法确认调解协议的效力。

人民法院依法确认调解协议有效,一方当事人拒绝履行或者未全部履行的,对方当事人可以向人民法院申请强制执行。

人民法院依法确认调解协议无效的,当事人可以通过人民调解方式变更原调解协议或者达成新的调解协议,也可以向人民法院提起诉讼。

<h1 style="text-align:center">第三节　调解书的效力</h1>

调解协议书是双方当事人的经过协商,自愿处分其实体权利和诉讼权利的一种文书形式。调解书是人民法院确认双方当事人调解协议的法律文书。纠纷的分类有很多,如离婚纠纷、合伙纠纷、相邻关系纠纷、经济纠纷、人身损害赔偿纠纷等。

在审判人员主持下,双方当事人通过平等协商,自愿达成了调解协议,调解程序即告结束。《民事诉讼法》规定:调解达成协议的,人民法院应当制作调解书。法院调解书是指人民法院制作的,记载当事人之间协议内容的法律文书。它既是当事人相互协商结果的记录,又是人民法院行使审判权的重要标志。

一、法院调解书的内容

根据《民事诉讼法》规定,法院调解书的内容包括以下三项:一是诉讼请求。即原告向被告提出的实体权利请求。如果被告向原告提出反诉的,调解书中也应当列明。有第三人参加诉讼的,还应当写明第三人的主张和理由。二是案件事实。即当事人之间有关民事权利义务争议发生、发展的全过程和双方争执的问题。三是调解结果。即当事人在审判人员的主持下达成的调解协议的内容,其中包括诉讼费用的负担。法院调解书应当按统一的格式制作,一般包括首部、正文和尾部三部分。

第一,首部。首部应当依次写明制作调解书的人民法院名称,案件篇号,当事人、第三人及诉讼代理人的基本情况,案由。

第二,正文。调解书的正文应当写明诉讼请求、案件事实和调解结果。这部分内容是调解书的核心部分,不能简略或疏漏,应当具体、明确而有重点地写在调解书里,避免当事人履行调解书时因有异议而发生新的纠纷。

第三,尾部。调解书最后由审判员、书记员署名,加盖人民法院印章,并写明调解书的制作时间。同时,调解书的尾部要写明"本调解书与发生法律效力的判决书具有同等效力"。

在特殊情况下,当事人达成调解协议的可以不制作调解书。根据《民事诉讼法》规定,不需要制作调解书的案件有:

(1)调解和好的离婚案件;

(2)调解维持收养关系的案件;

(3)能够即时履行的案件;

(4)其他不需要制作调解书的案件。

对于不需要制作调解书的案件,应当将调解协议的内容记入笔录,由双方当事人、审判人员、书记员签名或者盖章。

二、调解书的生效

根据《最高人民法院关于审理涉及人民调解协议的民事案件的若干规定》第四、第五条的规定：

（一）符合以下条件的调解协议有效：

(1)当事人具有完全民事行为能力；

(2)意思表示真实；

(3)不违反法律、行政法规的强制性规定或者社会公共利益。

（二）有下列情形之一的，调解协议无效：

(1)损害国家、集体或者第三人利益；

(2)以合法形式掩盖非法目的；

(3)损害社会公共利益；

(4)违反法律、行政法规的强制性规定；

(5)人民调解委员会强迫调解的，调解协议无效。

（三）下列调解协议，当事人一方有权请求人民法院变更或者撤销：

(1)因重大误解订立的；

(2)在订立调解协议时显失公平的；

(3)一方以欺诈、胁迫的手段或者乘人之危，使对方在违背真实意思的情况下订立的调解协议，受损害方有权请求人民法院变更或者撤销。但当事人请求变更的，人民法院不得撤销。

（四）申请法院撤销的时效，有下列情形之一的，撤销权消灭：

(1)具有撤销权的当事人自知道或者应当知道撤销事由之日起一年内没有行使撤销权；

(2)具有撤销权的当事人知道撤销事由后明确表示或者以自己的行为放弃撤销权。

（五）仲裁中当事人也可以达成调解协议；当事人达成调解协议后，仲裁庭应根据调解协议制作裁决书。

三、不履行调解书的法律后果

（一）调解书和只记入笔录的调解协议生效后，可以产生以下几个方面的法律后果：

(1)结束诉讼程序。法院调解是人民法院的结案方式之一。调解协议生效，表明人民

法院最终解决了双方当事人的纠纷,民事诉讼程序也因此而终结,人民法院不得对该案继续进行审理。

(2)确认当事人之间的权利义务关系。调解协议生效后,当事人之间的权利义务关系在调解协议中得到确认,民事争议已得到解决,当事人不得对此法律关系再发生争讼。

(3)不得以同一诉讼标的、同一的事实和理由再行起诉。调解协议生效后,民事纠纷已依法解决,当事人不得以同一诉讼标的、同一事实和理由,向人民法院再次提起民事诉讼。但是,对于调解和好的离婚案件或者调解维持收养关系的案件,原告如果有新情况、新理由,在6个月届满后,还可以第二次起诉,请求法院审理解决。

(40不得对调解协议提出上诉。调解协议是在双方当事人自愿的前提下达成的,当事人一旦接受调解协议,就意味着放弃了上诉权。因此,无论是在一审、二审还是再审程序中达成的调解协议,均不能提起上诉。

(5)有给付内容的调解协议书具有强制执行力。调解协议是双方当事人在人民法院主持下自愿达成的,一般情况下当事人都能自觉履行。

如果具有给付内容的调解协议生效后,负有义务的一方当事人不履行义务时,对方当事人可以向人民法院申请强制执行。

(二)生效时间

调解协议生效的时间,因法院是否制作调解书而不同。

(1)调解书的生效时间:《民事诉讼法》规定:调解书经双方当事人签收后,即具有法律效力。

1)调解书必须送达双方当事人签收。据此,调解书应当直接送达当事人本人,不适用留置送达和公告送达的方式。

2)调解书必须经双方当事人签收后才能生效。如果一方或双方当事人拒绝签收的,应当视为调解不成立,调解书不发生法律效力。

3)无独立请求权的第三人参加诉讼的案件,人民法院调解时需要确认无独立请求权的第三人承担义务的,应经其同意,调解书也应当同时送达其签收。无独立请求权第三人在签收调解书前反悔的,人民法院应当及时判决。

4)记入笔录的调解协议的生效时间。根据《民事诉讼法》规定,不需要制作调解书只记入笔录的调解协议,由双方当事人、审判人员、书记员签名或者盖章后,即具有法律效力。

第十三章　公证与律师见证

第一节　公证

一、公证的概念

公证是公证机构根据自然人、法人或者其他组织的申请,依照法定程序对民事法律行为、有法律意义的事实和文书的真实性、合法性予以证明的活动。公证制度是国家司法制度的组成部分,是国家预防纠纷、维护法制、巩固法律秩序的一种司法手段。

公证机构的证明活动与人民法院审理案件的诉讼活动不同。前者是在发生民事争议之前,对法律行为和有法律意义的文书、事实的真实性和合法性给予认可,借以防止纠纷,减少诉讼。它不能为当事人解决争议;而人民法院的诉讼活动,则是在发生民事权益纠纷并由当事人起诉之后进行的,其目的是作出裁决,解决纠纷,停息争议。

在我国公证是国家的一项法律制度,是指由国家专门设立的公证机构,根据法律的规定和当事人的申请,按照法定程序证明法律行为、有法律意义的事件、文书的真实性和合法性以及其他与公证有关的法律事务的非诉讼活动。

（一）法律特征

（1）公证是由国家专门司法证明机构依照法定程序进行的一种特殊的证明活动。公证具有权威性、可靠性、广泛性和通用性,不受行业、国籍、职业、行政级别、地域的限制,因而有别于其他机关的证明。

（2）公证证明的对象是没有争议的法律行为,有法律意义的事件、文书。

（3）公证书在法律上具有特定的效力和普遍的法律约束力。公证书具有法律上的证据效力和强制执行效力。公证还是有些法律行为生效的形式要件,根据有关的法律、法规规定,必须办理公证的法律行为,在办理公证后才具有法律效力。公证书具有域外的法律效力。公证书经外事机关和外国驻华使、领馆认证后,在国外具有法律效力。

（4）公证是一种非诉讼活动,是预防性的法律制度。

（二）公证目的

公证的目的是:证明、服务、沟通、监督作用,预防和减少纠纷,保护国家利益和公民、法人及其他组织的合法权益。根据公证的目的及其法律特征,公证的意义在于:通过证明无争议的法律行为,有法律意义的事件和文书的真实性、合法性的非诉讼活动,确认当事

人的权利义务关系,以消除各种纠纷隐患,平衡当事人之间的利害冲突,防患于未然。

（三）公证与私证

民间证明,也就是人们在日常生活中通常所说的"私证",即公民以私人身份做证明,或为见证人、中间人进行的证明活动。

在一些涉及民事权利义务关系中,双方当事人对已达成的某项民事协议,如买卖、借贷、租赁、遗嘱等,为避免双方今后可能产生矛盾纠纷,以立字据为准,请双方信任的人或长辈、亲属、朋友等,参与协商过程,以第三者证明人的身份参与签约。这类私证,对民事纠纷的解决能起到一定的调解作用。但很难保证其证明事实和行为真实性和合法性,因而也就无法保证该证明的有效性。无法起到保证当事人合法权益的作用。公证证明则具有法定的证据效力或对债权文书的强制执行效力。

（四）公证与律师见证

律师见证是指律师应客户的申请,根据见证律师本人亲身所见,以律师事务所和律师的名义依法对具体的法律事实或法律行为的真实性、合法性进行证明的一种活动,属律师的非诉讼业务。两者的区别在于:

（1）主体不同:律师见证是以律师事务所和律师的名义进行的,而公证是由国家公证机构代表国家公信力进行的。

（2）法律效力不同:公证是以社会公信力作为担保作出的证明,有很高的法律效力,可以作为直接证据认定。律师见证,只能作为证人证言,属于间接证据,不能够直接作为证据。

（3）服务形式不同:公证的服务比较单一,仅限于法律的规定,公证仅为对签字进行当面见证,所用文书要经过严格审查,但多为固定、简单版本,公证员一般不介入法律文书的起草、修改和谈判。而律师见证则不同,律师见证的延伸服务较多,且具有人性化的特点。律师见证既可以是对简单协议文本的见证,也可以是受当事人委托对协议文件进行起草、修改和促成多方当事人达成一致意见。

（4）公证和律师见证的撤销或者修改程序不同,公证的撤销或者修改按照法定程序由公证处撤销,而律师的撤销或者修改可根据当事人自己的意愿随意进行撤销或者修改。

（5）范围和适用领域不同。公证的受理范围受地域的限制,律师的受理范围不受地域的限制。律师见证仅限于民事领域,且一般为合同、协议签字见证,而公证不仅可以进入民事领域还可以进入证件、行政等领域。

二、公证的范围

公证的范围,也称为公证的业务受理范围。主要分为两个部分:其一办理公证,出具公证文书;其二是接受当事人委托,代办有关事项或者接受咨询。

（一）根据自然人、法人或者其他组织的申请，公证机构办理下列公证事项：

①合同；②继承；③委托、声明、赠予、遗嘱；④财产分割；⑤招标投标、拍卖；⑥婚姻状况、亲属关系、收养关系；⑦出生、生存、死亡、身份、经历、学历、学位、职务、职称、有无违法犯罪记录；⑧公司章程；⑨保全证据；⑩文书上的签名、印鉴、日期，文书的副本、影印本与原本相符；⑪自然人、法人或者其他组织自愿申请办理的其他公证事项。

法律、行政法规规定应当公证的事项，有关自然人、法人或者其他组织应当向公证机构申请办理公证。

（二）根据自然人、法人或者其他组织的申请，公证机构可以办理下列事务：

（1）法律、行政法规规定由公证机构登记的事务；

（2）提存；

（3）保管遗嘱、遗产或者其他与公证事项有关的财产、物品、文书；

（4）代写与公证事项有关的法律事务文书；

（5）提供公证法律咨询。

三、公证的效力

公证效力是指公证证明在法律上具有的效能和约束力。根据《中华人民共和国公证法》（以下简称《公证法》）、《民事诉讼法》及相关法律的规定，我国的公证效力主要体现在三个方面，即证明效力、执行效力和法定公证效力。

（1）证明效力。根据《公证法》第三十六条规定，**经公证的民事法律行为、有法律意义的事实和文书，应当作为认定事实的根据，但有相反证据足以推翻该项公证证明的除外。公证的证明效力具有法定性、优先性、普遍性和相对性的特点。**

（2）执行效力。根据《民事诉讼法》和《公证法》规定，经公证的以给付为内容并载明债务人愿意接受强制执行承诺的债权文书，债务人不履行或者履行不适当的，债权人可以依法向有管辖权的人民法院申请执行。债权文书确有错误的，人民法院裁定不予执行，并将裁定书送达双方当事人。

（3）法定公证效力。根据《公证法》规定，法律、行政法规规定未经公证的事项不具有法律效力的，依照其规定。法定公证效力不是指一种单一的法律效力，其效力的内容取决于法律、行政法规的具体规定，可以是证明效力、法律行为成立要件效力或者是法律行为生效要件效力。

四、申请办理公证程序

（1）自然人、法人或者其他组织申请办理公证，可以向住所地、经常居住地、行为地或者事实发生地的公证机构提出。申请办理涉及不动产的公证，应当向不动产所在地的公证机构提出；申请办理涉及不动产的委托、声明、赠予、遗嘱的公证，可以向不动产所在地的公证机构提出。在我国境内，申请办理公证实行了申请人属地管辖和不动产专属管辖及当不动产专属管辖和申请人属地管辖冲突时，适用不动产专属管辖的原则。如果不遵照属地管辖申请办理的公正文书及事项，其合法性和证明力可能被质疑。

（2）自然人、法人或者其他组织可以委托他人办理公证，但遗嘱、生存、收养关系等应当由本人办理公证的除外。申请办理公证的当事人应当向公证机构如实说明申请公证事项的有关情况，提供真实、合法、充分的证明材料；提供的证明材料不充分的，公证机构可以要求补充。

（3）公证机构受理公证申请后，应当告知当事人申请公证事项的法律意义和可能产生的法律后果，并将告知内容记录存档。

（4）办理公证业务申请人应当具备的条件

1）民事法律行为的公证，应当符合下列条件。

①当事人具有从事该行为的资格和相应的民事行为能力；

②当事人的意思表示真实；

③该行为的内容和形式合法，不违背社会公德；

④《公证法》规定的其他条件。

不同的民事法律行为公证的办证规则有特殊要求的，从其规定。

2）有法律意义的事实或者文书的公证，应当符合下列条件：

①该事实或者文书与当事人有利害关系；

②事实或者文书真实无误；

③事实或者文书的内容和形式合法，不违背社会公德；

④《公证法》规定的其他条件。

不同的有法律意义的事实或者文书公证的办证规则有特殊要求的，从其规定。

3）文书上的签名、印鉴、日期的公证，其签名、印鉴、日期应当准确、属实；文书的副本、影印本等文本的公证，其文本内容应当与原本相符。

4）具有强制执行效力的债权文书的公证，应当符合下列条件：

①债权文书以给付货币、物品或者有价证券为内容；

②债权债务关系明确，债权人和债务人对债权文书有关给付内容无异议；

③债权文书中载明当债务人不履行或者不适当履行义务时，债务人愿意接受强制执行的承诺；

④《公证法》规定的其他条件。

（5）不予办理公证的情形

有下列情形之一的,公证机构不予办理公证:

1)无民事行为能力人或者限制民事行为能力人没有监护人代理申请办理公证的;

2)当事人与申请公证的事项没有利害关系的;

3)申请公证的事项属专业技术鉴定、评估事项的;

4)当事人之间对申请公证的事项有争议的;

5)当事人虚构、隐瞒事实,或者提供虚假证明材料的;

6)当事人提供的证明材料不充分或者拒绝补充证明材料的;

7)申请公证的事项不真实、不合法的;

8)申请公证的事项违背社会公德的;

9)当事人拒绝按照规定支付公证费的。

五、公证的审查及公证书

（1）公证机构受理公证申请后,应当根据不同公证事项的办证规则,分别审查下列事项:

1)当事人的人数、身份、申请办理该项公证的资格及相应的权利;

2)当事人的意思表示是否真实;

3)申请公证的文书的内容是否完备,含义是否清晰,签名、印鉴是否齐全;

4)提供的证明材料是否真实、合法、充分;

5)申请公证的事项是否真实、合法。

（2）当事人应当向公证机构如实说明申请公证的事项的有关情况,提交的证明材料应当真实、合法、充分。

公证机构在审查中,对申请公证的事项的真实性、合法性有疑义的,认为当事人的情况说明或者提供的证明材料不充分、不完备或者有疑义的,可以要求当事人作出说明或者补充证明材料。

（3）公证机构在审查中,认为申请公证的文书内容不完备、表达不准确的,应当指导当事人补正或者修改。当事人拒绝补正、修改的,应当在工作记录中注明。

应当事人的请求,公证机构可以代为起草、修改申请公证的文书。

（4）公证机构经审查,认为申请公证的事项符合《公证法》及有关办证规则规定的,应当自受理之日起十五个工作日内向当事人出具公证书。

因不可抗力、补充证明材料或者需要核实有关情况的,所需时间不计算在前款规定的期限内,并应当及时告知当事人。

（5）公证书应当按照司法部规定的格式制作。公证书包括以下主要内容:

1)公证书篇号;

2)当事人及其代理人的基本情况;

3)公证证词;

4)承办公证员的签名(签名章)、公证机构印章;

5)出具日期。

6)公证书自出具之日起生效。需要审批的公证事项,审批人的批准日期为公证书的出具日期;不需要审批的公证事项,承办公证员的签发日期为公证书的出具日期;现场监督类公证需要现场宣读公证证词的,宣读日期为公证书的出具日期。

公证机构制作的公证书正本,由当事人各方各收执一份,并可以根据当事人的需要制作若干份副本。

公证书出具后,可以由当事人或其代理人到公证机构领取,也可以应当事人的要求由公证机构发送。当事人或其代理人收到公证书应当在回执上签收。

(6)公证书需要办理领事认证的,根据有关规定或者当事人的委托,公证机构可以代为办理公证书认证,所需费用由当事人支付。

六、公证争议处理

当事人认为公证书有错误的,可以在收到公证书之日起一年内,向出具该公证书的公证机构提出复查。

公证事项的利害关系人认为公证书有错误的,可以自知道或者应当知道该项公证之日起一年内向出具该公证书的公证机构提出复查,但能证明自己不知道的除外。提出复查的期限自公证书出具之日起最长不得超过二十年。

复查申请应当以书面形式提出,载明申请人认为公证书存在的错误及其理由,提出撤销或者更正公证书的具体要求,并提供相关证明材料。

(1)证机构进行复查,应当对申请人提出的公证书的错误及其理由进行审查、核实,区别不同情况,按照以下规定予以处理:

1)公证书的内容合法、正确、办理程序无误的,作出维持公证书的处理决定;

2)公证书的内容合法、正确,仅证词表述或者格式不当的,应当收回公证书,更正后重新发给当事人;不能收回的,另行出具补正公证书;

3)公证书的基本内容违法或者与事实不符的,应当作出撤销公证书的处理决定;

4)公证书的部分内容违法或者与事实不符的,可以出具补正公证书,撤销对违法或者与事实不符部分的证明内容;也可以收回公证书,对违法或者与事实不符的部分进行删除、更正后,重新发给当事人;

5)公证书的内容合法、正确,但在办理过程中有违反程序规定、缺乏必要手续的情形,应当补办缺漏的程序和手续;无法补办或者严重违反公证程序的,应当撤销公证书。

被撤销的公证书应当收回,并予以公告,该公证书自始无效。

(2)当事人、公证事项的利害关系人对公证机构作出的撤销或者不予撤销公证书的决定有异议的,可以向地方公证协会投诉。对公证书涉及当事人之间或者当事人与公证事项的利害关系人之间实体权利义务的内容有争议的,公证机构应当告知其可以就该争议向人民法院提起民事诉讼。

(3)公证机构及其公证员因过错给当事人、公证事项的利害关系人造成损失的,由公证机构承担相应的赔偿责任;公证机构赔偿后,可以向有故意或者重大过失的公证员追偿。因过错责任和赔偿数额发生争议,协商不成的,可以向人民法院提起民事诉讼,也可以申请地方公证协会调解。

七、涉外公证

涉外公证程序,指公证事项的当事人、证明对象或公证文书使用地等因素中,至少有一个以上的涉外因素公证事项。涉外公证文书主要发往境外使用,具有特殊的法律效力。

涉外公证文书一般用于我国公民出国留学、工作、探亲、定居、旅游以及我国企事业法人单位、国家机关对外效;也有部分当事人为华侨、侨眷、旅居我国的外国人。

涉外公证主要有出生公证、学历公证、婚姻状况公证、未受刑事制裁公证和收养公证等。

申办涉外公证时,当事人一般应向公证处提交如下证明材料和文件:

(1)当事人本人的身份证件。如由他人代办,代办人也应提供本人的身份证件。

(2)当事人人事档案管理部门出具的证明信。证明信应有以下内容:

1)当事人的姓名、性别、出生日期。

2)当事人所去的国家及公证文书的使用目的。

3)当事人所申办的公证事项。

(3)办理各类公证事项所需提供的相应证明文件用复印件若干,如毕业证书、结婚证等。

在境外的中国公民,如需办理公证手续,可向我国驻外国的外交、领事机关直接申请办理必要的公证,也可以委托外交、领事机关向国内公证机关代办申请。

涉外公证程序根据国际条约或者国际惯例、公正文书使用地法律要求办理使馆、领事馆见证的按相关要求办理。

第二节 律师见证书

律师见证是指律师事务所接受当事人的委托或申请,指派具有律师执业证书的律师,以律师事务所和见证律师的名义,就有关的法律行为或法律事实的真实性谨慎审查证明的一种律师非诉讼业务活动。主要涉及:见证某一法律行为或法律事实的真实性和见证某一法律行为或法律事实的合法性。

律师见证书是指律师应当事人的请求,依法对自己亲身所见的法律事实或法律行为

民事诉讼一本通

的真实性、合法性予以证明而制作的法律文书。

律师见证，不同于其他的人员见证，专指律师事务所的执业律师作为见证人，以律师事务所的名义进行的见证，属于"私证"，但有很强的证明力。

一、律师见证的受理

律师可以承办下列见证业务：

（1）委托人亲自在律师面前签名、盖章；

（2）委托人签署法律文件的意思表示的真实性。该等法律文件包括但不限于各类合同、协议、公司章程、董事会、股东会、股东大会的决议、声明，遗嘱；

（3）其他法律行为（其他法律事实）发生的真实性或其过程的真实性，例如：

1）委托代理关系的设立、变更、撤销；

2）财产的继承、赠予、分割、转让、放弃。

（4）文件原本同副本、复印件是否相符；

（5）委托人委托的其他见证事项。

（6）律师不得承办法律法规禁止或者规定不应由律师见证的事务。

二、律师见证的原则

律师见证必须遵循以下工作原则：

（1）律师负有要求相关各方出示与委托见证事项相关的各类证件（包括但不限于：公民身份证、企业营业执照、社团法人登记证照）的形式审查义务。对于各类身份证件、营业执照等文件的审核，如果不是见证业务所需，律师应尽到形式的审查而不是核查证件的真伪，只要律师尽到应当的注意义务即可。

（2）律师负有根据委托人的委托和委托见证事项的需要，至相关工商行政管理局／公安局／其他机构查阅有关登记资料的形式审查义务。对于业务的需要，或者对于委托人委托，律师需要对相关法律文件材料到相关机关进行核对的形式审查，尽到见证业务的尽职调查义务。

（3）若委托人要求出具《律师见证书》时间紧迫，致使律师无法事先进行相关工作的，《律师见证书》应予以披露和说明（但该等未完成事项不应为委托见证事项）。

（4）律师不得为其本人、配偶或本人、配偶的近亲属办理见证业务。委托人委托的见证事项与律师本人或其配偶或本人、配偶的近亲属有利害关系的，律师应当回避。

（5）办理遗嘱见证业务，应由2名律师共同进行。

法律法规对办理委托见证业务的人员的人数有特别规定的，从其规定。根据《中华人民共和国继承法》的要求，见证遗嘱需要2名以上的见证人，因此，对遗嘱见证的业务操作必须由2名以上律师进行。

（6）律师从事见证业务,应注意避免利益冲突;相关各方同意委托同一家律师事务所进行见证的除外。

（7）律师从事见证业务,应当对在执业活动中知悉的委托人的商业秘密及个人隐私予以严格保密。

三、律师见证的程序

（1）接受当事人的委托,签订委托见证合同。当事人委托律师进行见证时,律师会请当事人首先提交能够证明其身份的证件,并说明委托见证的事项,提交有关文件、材料和证据。律师对委托见证的当事人认真接待并制作笔录,然后根据当事人所提供的要求和材料,审查当事人所委托的事项是否属于见证范围。符合见证条件的,应由律师事务所和当事人签订委托见证合同。

（2）审查。律师接受委托后,将对当事人提供的材料认真地进行审查分析。这是见证真实性、合法性的保障,也是见证的必经程序。审查的内容包括当事人提供的材料是否真实、可信,有关文件的内容是否合法。如果律师认为不完善或者有疑义,会让当事人作必要的补充,并根据情况进行必要的调查,收集有关证据和材料。律师还将审查当事人及其代理人的法律资格。

（3）见证。见证行为发生时,见证律师应监督法律文件的制作、复制,证明它们的真实性、合法性。

（4）对于委托人提供的文件、材料,应由委托人签名／盖章,并注明提交时间和来源。为避免文件、材料来源引起的争议,律师对于委托人提交的相关文件、材料应均由其签名或盖章。

（5）律师认为委托人提供的文件、材料不完整或有疑义时,应通知委托人作必要的说明或进行补充。

（6）出具《律师见证书》。见证书内容包括:

1）委托人的身份信息;

2）委托见证事项、范围;

3）见证过程;

4）见证的法律依据;

5）见证结论;

6）免责声明和保留条款;

7）出具见证书的时间、见证书份数。

《律师见证书》应由律师签字、盖章,并加盖律师事务所公章／法律文书章。

四、律师见证无效的情形

无效见证包括不予见证和律师见证的撤销。

(1)若律师发现有下列情形之一的,应不予见证,拒绝出具《律师见证书》:

1)委托人权利能力/行为能力有瑕疵;

2)委托人无权委托;

3)委托人在委托见证事项中的意思表示不真实;

4)委托见证事项的内容或所涉标的违反法律的禁止性或强制性规定,且委托人不同意纠正或补救的;

5)委托见证事项的事实不清或有其他重大瑕疵;

6)发现委托人有违法动机或目的。

(2)若发现下列情形之一的,律师事务所可以撤销《律师见证书》:

1)与委托见证事项相关的重要事实系委托人或相关方的虚假陈述;

2)律师事务所发现因律师工作失误导致《律师见证书》重大错误;

3)其他情形导致《律师见证书》错误的。

律师事务所按照上述规定撤销《律师见证书》的,应当书面通知委托人,并应根据《委托见证合同》载明的见证用途、目的通知有利害关系的第三方。

第四篇　涉外程序

第十四章　涉外程序

随着我国综合国力的增强,涉外交往日渐频繁;商事的、与人格权有关的争议也出现上升趋势。我国参加了多数的相关的国家公约,也与许多国家和地区缔结为数众多的司法协助的条约。然而,因为地域、国家政治、司法环境、人文等因素,涉外民商事争议的解决,相对于国内的诉讼、仲裁、执行程序,更为复杂。对此《民事诉讼法》《民诉法司法解释》及最高人民法院的一些针对性的办法、通知,都作出了专门的规定和安排。由于涉外民商事争议的解决的复杂性、专业性,本章仅对基本的原则和方法予以介绍。

第一节　涉外民事案件的概念

一、涉外民事案件范围

根据《民事诉讼法》和《民诉法司法解释》的规定,有下列情形之一,可以认定为涉外民事案件:

(1)当事人一方或者双方是外国人、无国籍人、外国企业或者组织的;

(2)当事人一方或者双方的经常居所地在中华人民共和国领域外的;

(3)标的物在中华人民共和国领域外的;

(4)产生、变更或者消灭民事关系的法律事实发生在中华人民共和国领域外的;

(5)可以认定为涉外民事案件的其他情形。

二、对诉讼参加人的要求

(1)外国人参加诉讼,应当向人民法院提交护照等用以证明自己身份的证件。

(2)外国企业或者组织参加诉讼,向人民法院提交的身份证明文件,应当经所在国公证机关公证,并经中华人民共和国驻该国使领馆认证,或者履行中华人民共和国与该所在国订立的有关条约中规定的证明手续。

(3)代表外国企业或者组织参加诉讼的人,应当向人民法院提交其有权作为代表人参加诉讼的证明,该证明应当经所在国公证机关公证,并经中华人民共和国驻该国使领馆认证,或者履行中华人民共和国与该所在国订立的有关条约中规定的证明手续。

对于"所在国"理解是指外国企业或者组织的设立登记地国,也可以是办理了营业登记手续的第三国。

(4)根据《民事诉讼法》规定,需要办理公证、认证手续,而外国当事人所在国与我国没有建立外交关系的,可以经该国公证机关公证,经与我国有外交关系的第三国驻该国使领馆认证,再转由我国驻该第三国使领馆认证。

(5)外国人、外国企业或者组织的代表人在人民法院法官的见证下签署授权委托书,委托代理人进行民事诉讼的,人民法院应予以认可。

三、与起诉、判决有关的规定

(1)我国法院和外国法院都有管辖权的案件,一方当事人向外国法院起诉,而另一方当事人向中华人民共和国法院起诉的,人民法院可予以受理。判决后,外国法院申请或者当事人请求人民法院承认和执行外国法院对本案作出的判决、裁定的,不予准许;但双方共同缔结或者参加的国际条约另有规定的除外。

(2)外国法院判决、裁定已经被人民法院承认,当事人就同一争议向人民法院起诉的,人民法院不予受理。

(3)对在我国领域内没有住所的当事人,经用公告方式送达诉讼文书,公告期满不应诉,人民法院缺席判决后,仍应当将裁判文书依照《民事诉讼法》规定公告送达。自公告送达裁判文书满三个月之日起,经过三十日的上诉期当事人没有上诉的,一审判决即发生法律效力。

(4)外国人或者外国企业、组织的代表人、主要负责人在中华人民共和国领域内的,人民法院可以向该自然人或者外国企业、组织的代表人、主要负责人送达。

外国企业、组织的主要负责人包括该企业、组织的董事、监事、高级管理人员等。

(5)当事人向我国有管辖权的中级人民法院申请承认和执行外国法院作出的发生法律效力的判决、裁定的,如果该法院所在国与我国没有缔结或者共同参加国际条约,也没有互惠关系的,裁定驳回申请,但当事人向人民法院申请承认外国法院作出的发生法律效力的离婚判决的除外。

承认和执行申请被裁定驳回的,当事人可以向人民法院起诉。

(6)与我国没有司法协助条约又无互惠关系的国家的法院,未通过外交途径,直接请求人民法院提供司法协助的,人民法院应予以退回,并说明理由。

(7)当事人在我国领域外使用我国法院的判决书、裁定书,要求我国法院证明其法律效力的,或者外国法院要求我国法院证明判决书、裁定书的法律效力的,作出判决、裁定的我国法院,可以本法院的名义出具证明。

第二节 涉外程序原则

一、涉外民事诉讼程序的一般原则

（一）适用我国民事诉讼法的原则

人民法院审理涉外民事案件，只能适用我国民事诉讼法。具体要求是：外国人、无国籍人或外国企业和组织在我国起诉、应诉，适用我国民事诉讼法；凡是属于我国人民法院管辖的案件，我国人民法院享有管辖权；外国法院的裁判必须经我国法院依法审查并予承认后，才能在我国领域内发生法律效力。

（二）适用我国缔结或参加的国际条约的原则

人民法院审理涉外民事案件，应当遵守我国缔结或参加的国际公约。国际公约中的规定与国内法有冲突的适用公约规定，但是对于我国声明保留的条款除外。

（三）司法豁免原则

对享有外交特权与豁免权的外国人、外国组织及国际组织提起民事诉讼，应当依照我国缔结或参加的国际公约及我国有关法律的规定办理。民事司法豁免是一种有限的豁免，即享有司法豁免权的人其所属国主管机关宣布放弃司法豁免的，或享有司法豁免权的人因私人事务涉及诉讼的，或享有司法豁免权的人向驻在国起诉引起反诉的，均不享有司法豁免权。

（四）委托中国律师代理诉讼的原则

外国人、无国籍人或外国企业和组织在我国起诉、应诉，需要委托律师代理诉讼的，只能委托中国律师代理诉讼，外国律师不能以律师的身份参加诉讼；外国驻华使、领馆官员，受本国公民的委托，可以以个人的名义（不属于职务行为）担任诉讼代理人，但在诉讼中不享有司法豁免权；外国驻华使、领馆可以授权本馆的官员以外交代表的身份为其本国当事人在中国聘请诉讼代理人。

在我国领域内没有住所的外国人、无国籍人或外国企业和组织委托中国律师或其他人代理诉讼，从中华人民共和国领域外寄交或托交的授权委托书，应当经所在国公证机关证明，并经中华人民共和国驻该国使、领馆认证，或者履行中华人民共和国与所在国订立的有关条约中规定的证明手续，才具有法律效力。

港、澳、台地区的人寄交内地的授权委托书，按司法部《关于为港澳同胞回内地申请公证而出具证明办法的通知》及其《补充通知》办理。居住在外国的中国公民从我国领域外寄给人民法院的授权委托书，须经我国驻该国使、领馆证明，没有使、领馆的，由当地的华侨团体证明。

（五）使用我国通用的语言、文字原则

人民法院审理涉外民事案件,应当使用我国通用的语言、文字,当事人要求提供翻译的,可以提供,费用由当事人承担。

二、涉外民事诉讼管辖的原则

涉外民事诉讼管辖是指一国法院受理涉外民事案件的范围。我国民事诉讼法确定涉外民事诉讼管辖权是以下原则为依据的:

（一）一般性原则

(1)诉讼与法院所在地实际联系的原则。凡是诉讼与我国法院所在地存在一定实际联系的,我国人民法院都有管辖权。

(2)尊重当事人的原则。无论当事人一方是否为中国公民、法人和其他组织,在不违反级别管辖和专属管辖的前提下,都可以选择与争议有实际联系地点的法院管辖。

(3)维护国家主权原则。司法管辖权是国家主权的重要组成部分,对涉外民事诉讼案件行使专属管辖权,充分体现了维护国家主权的原则。

（二）涉外民事诉讼管辖的种类

1. 牵连管辖

因合同纠纷或者其他财产权益纠纷,对在中华人民共和国领域内没有住所的被告提起的诉讼,如果合同在中华人民共和国领域内签订或者履行,或者诉讼标的物在中华人民共和国领域内,或者被告在中华人民共和国领域内有可供扣押的财产,或者被告在中华人民共和国领域内设有代表机构,可以由合同签订地、合同履行地、诉讼标的物所在地、可供扣押财产所在地、侵权行为地或者代表机构住所地人民法院管辖。

2. 协议管辖

涉外合同或者其他财产权益纠纷的当事人,可以书面协议选择被告住所地、合同履行地、合同签订地、原告住所地、标的物所在地、侵权行为地等与争议有实际联系地点的外国法院管辖。属于中华人民共和国法院专属管辖的案件,当事人不得协议选择外国法院管辖,但协议选择仲裁的除外。

3. 应诉管辖

涉外民事诉讼的被告对人民法院管辖不提出异议,并应诉答辩的,视为承认该人民法院为有管辖权的法院。

4. 专属管辖

因在中国领域内履行中外合资经营企业合同、中外合作经营企业合同、中外合作勘探开发自然资源合同发生纠纷提起的诉讼,由中国法院管辖。

（三）法院管辖的具体规定

除发生在与外国接壤的边境省份的边境贸易纠纷案件和涉外房地产案件及涉外知识产权案件外；以下涉外诉讼民事案件按照以下办法确定具体法院管辖：①涉外合同和侵权纠纷案件；②信用证纠纷案件；③申请撤销、承认与强制执行国际仲裁裁决的案件；④审查有关涉外民商事仲裁条款效力的案件；⑤申请承认和强制执行外国法院民商事判决、裁定的案件。

（1）第一审涉外民商事案件由下列人民法院管辖：①国务院批准设立的经济技术开发区人民法院；②省、自治区、直辖市所在地的中级人民法院；③经济特区、计划单列市中级人民法院；④最高人民法院指定的其他中级人民法院；⑤高级人民法院。上述中级人民法院的区域管辖范围由所在地的高级人民法院确定。

（2）对国务院批准设立的经济技术开发区人民法院所作的第一审判决、裁定不服的，其第二审由所在地中级人民法院管辖。

（3）涉及香港、澳门特别行政区和台湾地区当事人的民商事纠纷案件的管辖，比照上面的办法。

二、涉外民事诉讼中的期间、财产保全与送达

（一）涉外民事诉讼中的期间

在涉外民事诉讼中，如果当事人在我国领域内有住所的，适用民事诉讼法关于期间的一般规定。如果当事人不在我国领域内居住的，则应适用民事诉讼法涉外诉讼程序中的特别规定。具体内容为：

（1）被告在我国领域内没有住所的，人民法院应当将起诉状副本送达被告，并通知被告在收到起诉状副本后30日内提出答辩状。被告申请延期的，是否准许，由人民法院决定。

（2）在我国领域内没有住所的当事人，不服第一审人民法院判决、裁定的，有权在判决、裁定书送达之日起30日内提起上诉。被上诉人在收到上诉状副本后，应当在30日内提出答辩状。当事人不能在法定期间提起上诉或者提出答辩状，申请延期的，是否准许，由人民法院决定。

（3）人民法院审理涉外民事案件期限不受民事诉讼法第一审普通程序和第二审程序审理期限的限制。

（二）涉外财产保全

涉外民事诉讼中的财产保全，是指在涉外民事诉讼中，人民法院对于可能因当事人一方的行为或其他原因，使判决不能执行或难以执行的案件，根据对方当事人的申请，采取扣押被申请人的财产等措施。

涉外财产保全，当事人既可以在诉讼开始后提出申请，也可以在诉前申请保全，但是

人民法院不能依职权进行保全。当事人申请诉讼前保全的,人民法院裁定准许保全后,申请人应当在30日内提起诉讼,逾期不起诉的,人民法院应当解除财产保全。

涉外财产保全,人民法院基于当事人的申请,以裁定的方式决定保全。保全裁定一经作出,应及时送达申请人和被申请人,并立即生效,予以执行。如果被申请人提供担保的,人民法院应当解除保全措施;如果申请有错误,申请人应当赔偿被申请人因财产保全所受的损失。人民法院决定保全的财产,需要监督的,应当通知有关单位负责监督,费用由被申请人承担。

（三）涉外民事诉讼中的送达

在涉外民事诉讼中,如果当事人在我国领域内居住,诉讼文书和法律文书的送达方式适用我国民事诉讼法的一般规定;如果当事人在我国领域内没有住所,则按照涉外民事诉讼程序的特别规定送达。

（1）依照受送达人所在国与中华人民共和国缔结或者共同参加的国际条约中规定的方式送达;

（2）通过外交途径送达;

（3）对具有中华人民共和国国籍的受送达人,可以委托中华人民共和国驻受送达人所在国的使领馆代为送达;

（4）向受送达人委托的有权代其接受送达的诉讼代理人送达;

（5）向受送达人在中华人民共和国领域内设立的代表机构或者有权接受送达的分支机构、业务代办人送达;

（6）受送达人所在国的法律允许邮寄送达的,可以邮寄送达,邮寄送达时应当附有送达回证。受送达人未在送达回证上签收但在邮件回执上签收的,视为送达,签收日期为送达日期。自邮寄之日起满三个月,如果未收到送达的证明文件,且根据各种情况不足以认定已经送达的,视为不能用邮寄方式送达;

（7）采用传真、电子邮件等能够确认受送达人收悉的方式送达;

（8）不能用上述方式送达的,公告送达,自公告之日起满三个月,即视为送达。

三、司法协助

司法协助是指不同国家的法院之间,根据本国缔结或者参加的国际条约,或者按照互惠的原则,在司法事务上相互协助,代为一定的诉讼行为。

司法协助可分为:一般司法协助,即代为送达文书和调查取证;特殊司法协助,即对外国法院裁判和仲裁裁决的承认与执行。

司法协助是国际交往的需要,它不仅有助于促进涉外民事诉讼活动的顺利进行,而且有助于法院裁决的顺利进行,使当事人之间的实体权利义务得以实现,并使国家之间的交流和合作得到巩固和发展。

（一）一般司法协助

根据我国民事诉讼法规定，一般司法协助主要指人民法院和外国法院可以相互请求、代为送达文书、调查取证及其他诉讼行为。

我国人民法院与外国法院之间的司法协助有两种途径：一是依照我国缔结或者参加的国际条约所规定的途径进行；二是没有条约关系的通过外交途径进行。此外，外国驻中国使领馆可以向该国公民送达文书和调查取证，但不得违反中国的法律，并不得采取强制措施。除此之外任何外国机关或者个人不得在中华人民共和国领域内送达文书、调查取证。外国法院委托我国法院协助的事项不得有损中华人民共和国的主权、安全或社会公共利益。

外国法院请求我国法院提供司法协助的，应当提交请求书及所附文件，应当附有中文译本或者国际条约规定的其他文字文本。

我国提供司法协助，依照中国法律规定的程序进行。外国法院请求采用特殊方式的，也可按照其请求的特殊方式进行（对等原则），但请求采用的特殊方式不得违反中国法律。

（二）对外国法院裁判的承认和执行

外国法院的裁判，需要在中国承认与执行的，可以通过两种渠道提出：一是直接由当事人向我国有管辖权的中级人民法院提出申请。二是由外国法院按照我国与外国间的条约关系或互惠关系向我国法院提出申请。

请求承认与执行的外国法院的裁判必须是发生法律效力的确定裁判，并且该裁判确实需要在中国领域内执行。这是外国法院的裁判得以承认与执行的基本条件。

我国人民法院接到申请后，应当依照我国缔结或参加的国际条约或按照互惠原则进行审查。如果外国法院的裁判符合法定的执行条件，并且其内容不违反中华人民共和国法律的基本原则，不违反我国的主权安全的，人民法院可以裁定承认其效力，人民法院发出执行令，依照民事诉讼法规定的执行程序和措施予以执行。

（三）对外国仲裁裁决的承认与执行

外国仲裁裁决需要我国法院承认与执行的，由当事人直接向被执行人住所地或财产所在地的中级人民法院提出申请，人民法院依照我国缔结或参加的国际条约，或者按互惠原则办理。

按照我国1986年12月2日加入的《联合国关于承认及执行外国仲裁裁决公约》（即《纽约公约》），我国仅对另一缔约国领土内作出的仲裁裁决的承认与执行适用该公约。因此，国外仲裁机构的仲裁裁决，需要由我国法院承认与执行的，如果其所在国是《纽约公约》的成员国，应当按照该公约的规定办理；如果不是《纽约公约》的成员国，但同我国订有双边司法协助条约的，按条约规定办理；如果既不是《纽约公约》的成员国，又与我国没有司法协助条约关系，则按互惠原则处理。

第三节　涉外民事关系法律适用

涉外民事关系法律适用除当事人根据我国法律或者当事人约定的受理法院当地法律能够确定适用法律,或者当事人依法约定适用法律以外;如果需要选择法律适用或者需要审查当事人的约定是否符合法律规定,则需要通过冲突规范来查找确定案件适用的实体法律。这个过程就是通过冲突规范,按照系属查明或者查找实体法的过程,也称为查找、确定准据法。

不论在实践中还是在理论上,这个过程是相当复杂的。但是,不论涉及人格权、物权、债权的法律关系和纠纷的处理,只要属于涉外的民事案件;确定法院管辖和适用法律,不仅非常重要,而且非常必要;除所在国法律或者国际条约直接规定以外,这是一个必需的过程。相对需要用实际运用法律维护自己权益的当事人而言,没有必要对此做更多研究和探讨;只需要有所了解和能够使用就足够了。剩下的事情应该交由专业的人员去做;当然正如我国《民事诉讼法》规定的外国当事人或者外国的组织／机构不能委托外国律师以律师身份作为代理人参加诉讼,相应的按照国家间在司法上采取对等做法,也就是对等原则;那么在多数国家和地区,我国的当事人和组织／机构也不能委托我国律师以律师身份作为代理人参加在外国的诉讼。这一点是需要注意的。

为了便于读者了解,本节直接结合《中华人民共和国涉外民事关系法律适用法》(以下简称《适用法》)的相关规定,进行理解和讨论。

一、法律适用的概念

(1)选择或者确定了法院管辖,并不等于已经确定了案件适用的法律;除法律直接规定的法律适用及专属管辖外,允许当事人根据最密切联系原则选择适用的法律。但选择适用法律的,当事人必须明示。

(2)如果我国法律对涉外民事关系有强制性规定的,直接适用该强制性规定。即便可以选择适用外国法律,也不得损害中华人民共和国社会公共利益;否则只能直接适用中华人民共和国法律。

(3)适用外国法律时,如果该国不同区域实施不同法律的,适用与该涉外民事关系有最密切联系区域的法律。有关诉讼时效的确定,适用相关涉外民事关系应当适用的法律。

(4)涉外民事关系的定性,适用受理法院的当地法律。

(5)我国法律不承认按照法院地所在国的法律适用法进行的转致规定,所查找或者查明的涉外民事关系适用的外国法律应当是该国的实体法,而不包括该国的法律适用法。

(6)涉外民事关系适用的外国法律,由人民法院、仲裁机构或者行政机关查明。当事人选择适用外国法律的,则当事人应当负有提供该国法律的义务。如果不能查明外国法律或者该国法律没有规定的,那么就直接适用中华人民共和国法律。

二、最密切联系原则的适用

（一）按民事主体确定的法律适用

（1）认定是否具有自然人的民事权利能力和民事行为能力,适用经常居所地法律。如果自然人从事民事活动,依照经常居所地法律为无民事行为能力,依照行为地法律为有民事行为能力的,适用行为地法律,但涉及婚姻家庭、继承的除外。

（2）宣告失踪或者宣告死亡,适用自然人经常居所地法律。

（3）认定法人及其分支机构的民事权利能力、民事行为能力、组织机构、股东权利义务等事项,适用登记地法律。法人的主营业地与登记地不一致的,可以适用主营业地法律。法人的经常居所地,为其主营业地。

（4）涉及确定人格权的内容,适用权利人经常居所地法律。

（5）与代理行为有关的,适用代理行为地法律;当事人可以通过协议选择委托代理行为适用的法律。但仅仅是被代理人与代理人的民事关系,适用代理关系发生地法律。

（6）与信托有关的诉讼,当事人可以协议选择适用的法律。当事人没有选择的,适用信托财产所在地法律或者信托关系发生地法律。

（7）与仲裁协议争议有关,当事人可以协议选择适用的法律。当事人没有选择的,适用仲裁机构所在地法律或者仲裁地法律。

（8）依照《适用法》规定,适用国籍国法律的,但自然人如果具有两个以上国籍的,适用有经常居所的国籍国法律;在所有国籍国均无经常居所的,适用与其有最密切联系的国籍国法律。自然人无国籍或者国籍不明的,适用其经常居所地法律。

（9）依照《适用法》规定应当适用经常居所地法律的,如果自然人经常居所地不明的,适用其现在居所地法律。

（二）与婚姻家庭有关的法律适用

（1）认定是否符合结婚条件的,适用当事人共同经常居所地法律;没有共同经常居所地的,适用共同国籍国法律;没有共同国籍,在一方当事人经常居所地或者国籍国缔结婚姻的,适用婚姻缔结地法律。

（2）认定结婚手续是否有效的,只要符合婚姻缔结地法律、一方当事人经常居所地法律或者国籍国法律的,均为有效。

（3）与夫妻人身关系有关的纠纷,适用共同经常居所地法律;没有共同经常居所地的,适用共同国籍国法律。并且当事人可以协议选择适用一方当事人经常居所地法律、国籍国法律或者主要财产所在地法律。在当事人没有选择时,适用共同经常居所地法律;没有共同经常居所地的,适用共同国籍国法律。

（4）与关父母子女人身、财产关系有关的纠纷,适用共同经常居所地法律;没有共同经常居所地的,适用一方当事人经常居所地法律或者国籍国法律中有利于保护弱者权益的

法律。有利于弱者是国际惯例。

(5)与协议离婚有关的纠纷,当事人可以协议选择适用一方当事人经常居所地法律或者国籍国法律。当事人没有选择的,适用共同经常居所地法律;没有共同经常居所地的,适用共同国籍国法律;没有共同国籍的,适用办理离婚手续机构所在地法律。诉讼离婚,只能适用法院地法律。

(6)与收养的条件和手续有关的纠纷,适用收养人和被收养人经常居所地法律。收养的效力,适用收养时收养人经常居所地法律。收养关系的解除,适用收养时被收养人经常居所地法律或者法院地法律。

(7)与扶养有关的纠纷,适用一方当事人经常居所地法律、国籍国法律或者主要财产所在地法律中有利于保护被扶养人权益的法律。

(8)与监护有关的纠纷,适用一方当事人经常居所地法律或者国籍国法律中有利于保护被监护人权益的法律。

(三)与继承有关的法律适用

(1)与法定继承有关的,适用被继承人死亡时经常居所地法律,但不动产法定继承,适用不动产所在地法律。

(2)认定遗嘱方式的效力的,符合遗嘱人立遗嘱时或者死亡时经常居所地法律、国籍国法律或者遗嘱行为地法律的,遗嘱均成立。

(3)认定遗嘱效力的,适用遗嘱人立遗嘱时或者死亡时经常居所地法律或者国籍国法律。

(4)有关遗产管理等事项的,适用遗产所在地法律。确定无人继承遗产的归属的,适用被继承人死亡时遗产所在地法律。

(四)与物权有关的法律适用

(1)不动产物权,适用不动产所在地法律。这属于国际上比较通用的不动产专属管辖。

(2)当事人可以协议选择动产物权适用的法律。当事人没有选择的,适用法律事实发生时动产所在地法律。

(3)当事人可以协议选择运输中动产物权发生变更适用的法律。当事人没有选择的,适用运输目的地法律。

(4)与有价证券有关的,适用有价证券权利实现地法律或者其他与该有价证券有最密切联系的法律。

(5)与设立、实现权利质权有关的纠纷,适用质权设立地法律。

(五)与债权有关的法律适用

(1)当事人可以协议选择合同适用的法律。当事人没有选择的,适用履行义务最能体现该合同特征的一方当事人经常居所地法律或者其他与该合同有最密切联系的法律。与合同最密切联系的对象可以参考：

1)买卖合同,适用合同订立时卖方住所地法;如果合同是在买方住所地谈判并订立的,或者合同明确规定卖方须在买方住所地履行交货义务的,适用买方住所地法律。

2)来料加工、来件装配及其他各种加工承揽合同,适用加工承揽人住所地法律。

3)成套设备供应合同,适用设备安装地法律。

4)不动产买卖、租赁或者抵押合同,适用不动产所在地法律。

5)动产租赁合同,适用出租人住所地法律。

6)动产质押合同,适用质权人住所地法律。

7)借款合同,适用贷款人住所地法律。

8)保险合同,适用保险人住所地法律。

9)融资租赁合同,适用承租人住所地法律。

10)建设工程合同,适用建设工程所在地法律。

11)仓储、保管合同,适用仓储、保管人住所地法律。

12)保证合同,适用保证人住所地法律。

13)委托合同,适用受托人住所地法律。

14)债券的发行、销售和转让合同,分别适用债券发行地法、债券销售地法和债券转让地法律。

15)拍卖合同,适用拍卖举行地法律。

16)行纪合同,适用行纪人住所地法律。

17)居间合同,适用居间人住所地法律。

(2)消费者合同纠纷,适用消费者经常居所地法律;消费者选择适用商品、服务提供地法律或者经营者在消费者经常居所地没有从事相关经营活动的,适用商品、服务提供地法律。

(3)劳动合同纠纷,适用劳动者工作地法律;难以确定劳动者工作地的,适用用人单位主营业地法律。劳务派遣,可以适用劳务派出地法律。

(4)侵权责任纠纷,适用侵权行为地法律,但当事人有共同经常居所地的,适用共同经常居所地法律。侵权行为发生后,当事人协议选择适用法律的,按照其协议。

(5)产品责任纠纷,适用被侵权人经常居所地法律;被侵权人选择适用侵权人主营业地法律、损害发生地法律的,或者侵权人在被侵权人经常居所地没有从事相关经营活动的,适用侵权人主营业地法律或者损害发生地法律。

(6)通过网络或者采用其他方式侵害姓名权、肖像权、名誉权、隐私权等人格权的,适用被侵权人经常居所地法律。

(7)不当得利、无因管理纠纷,适用当事人协议选择适用的法律。当事人没有选择的,

适用当事人共同经常居所地法律;没有共同经常居所地的,适用不当得利、无因管理发生地法律。

（六）与知识产权有关的法律适用

(1)确定知识产权的归属和内容的,适用被请求保护地法律。

(2)当事人可以协议选择知识产权转让和许可使用适用的法律。当事人没有选择的,适用本法对合同的有关规定。

(3)知识产权的侵权责任纠纷,适用被请求保护地法律,当事人也可以在侵权行为发生后协议选择适用法院地法律。

三、适用最密切联系原则应注意的问题

在涉外民商事活动中,难免会出现纠纷;即便不出现纠纷,但是作为预防纠纷的措施,当事人往往会遇到选择纠纷解决的途径和办法。虽然在国际民商事活动中,更多地会选择通过仲裁裁决;因为国际商事仲裁更具灵活性和效率。但是通过冲突规范,也就是"法律适用法"协议选择适用法律仍然是主流。因为只要不违反所在国法律直接规定的法律适用和专属的法律适用规定,当事人是可以按照意思自治自由地按照最密切联系原则选择适用法律的。为了利于纠纷的解决、利于法院判决或者仲裁裁决的承认和执行,应当注意以下问题:

首先应当考虑国际社会关系的稳定和有序,所涉国家政治、经济、司法秩序正常有序;如果两国交恶甚至交战,或者所涉国国内动荡不安;势必影响法院判决或者仲裁裁决的承认和执行。其次应当考虑有利于当事人合法既得利益的保护和正当利益期望的实现。因为不同国家和地区的法律规定多有差异,更何况各种法系之间的审理方式有很大的不同,因此当事人应当考虑利于己方利益的选择。其次要能够做到对法律适用的确定性及结果的可预见性和一致性。也就是第一要了解熟悉适用的法律,第二要能够清楚地知道根据所选择适用的法律规定,能够实现当事人预期的目的。再者还要考虑适用的法律应易于认定和适用。因为虽然大多数法院都有查找准据法的职责,但是仍然会存在有关法院或者法官无法直接查明当事人选择的法律;那么这种时候,往往需要当事人提供选择使用的法律。并且如果当事人提供的适用法律违反了法院所在的法律的禁止性规定,也是不能直接适用的;反而会直接适用法院地法律。

第十五章　涉港澳台程序

虽然香港、澳门、台湾都是我国的神圣领土;但是由于历史原因,目前在此三地实行的法律制度各不相同,而且也有别于我国大陆地区的法律制度。比如香港现在采用的是以英美法系建立起来的法律制度和审判制度;而澳门、台湾则是以大陆法系建立起来的法律制度和审判体系。这些差异就造成了此三地的民商事案件的判决和仲裁裁决等,不能直接适用于大陆;反之亦然。当然,如果直接适用涉外民商事程序,这有关国体和主权,也是极为不妥。因此国家司法机关通过与三地司法机关磋商,针对不同地区、不同案件、不同情况作出了不同的安排。不论读者居于我国何地,都有可能涉及港澳台的交往活动,因此本书对于这方面的有关制度和安排,进行了必要的简单的讨论。

第一节　涉港澳民商事案件司法文书送达

根据《最高人民法院关于涉港澳民商事案件司法文书送达问题若干规定》涉及香港特别行政区、澳门特别行政区民商事案件司法文书送达应遵循的办法为:

一、直接送达

(1)作为受送达人的自然人或者企业、其他组织的法定代表人、主要负责人在内地的,人民法院可以直接向该自然人或者法定代表人、主要负责人送达。除受送达人在授权委托书中明确表明其诉讼代理人无权代为接收有关司法文书外,其委托的诉讼代理人为有权代其接受送达的诉讼代理人,人民法院可以向该诉讼代理人送达。

(2)受送达人在内地设立有代表机构的,人民法院可以直接向该代表机构送达。受送达人在内地设立有分支机构或者业务代办人并授权其接受送达的,人民法院可以直接向该分支机构或者业务代办人送达。

二、委托送达

(1)内地法院和香港特别行政区法院可以相互委托送达民商事司法文书。

(2)双方委托送达司法文书,均须通过各高级人民法院和香港特别行政区高等法院进行。最高人民法院司法文书可以直接委托香港特别行政区高等法院送达。

(3)送达司法文书后,内地人民法院应当出具送达回证;香港特别行政区法院应当出具送达证明书。出具送达回证和证明书,应当加盖法院印章。受委托方无法送达的,应当在送达回证或者证明书上注明妨碍送达的原因、拒收事由和日期,并及时退回委托书及所

附全部文书。

(4)最高人民法院与澳门特别行政区终审法院可以直接相互委托送达和调取证据。各高级人民法院和澳门特别行政区终审法院相互收到对方法院的委托书后,应当立即将委托书及所附司法文书和相关文件转送根据其本辖区法律规定有权完成该受托事项的法院。

如果受委托方法院认为委托书不符合本安排规定,影响其完成受托事项时,应当及时通知委托方法院,并说明对委托书的异议。必要时可以要求委托方法院补充材料。

(5)委托方法院请求送达司法文书,须出具盖有其印章的委托书,并在委托书中说明委托机关的名称、受送达人的姓名或者名称、详细地址及案件性质。如果执行方法院请求按特殊方式送达或者有特别注意的事项的,应当在委托书中注明。委托书及所附司法文书和其他相关文件一式两份,受送达人为两人以上的,每人一式两份。

(6)完成司法文书送达事项后,内地人民法院应当出具送达回证;澳门特别行政区法院应当出具送达证明书。出具的送达回证和送达证明书,应当注明送达的方法、地点和日期以及司法文书接收人的身份,并加盖法院印章。受委托方法院无法送达的,应当在送达回证或者送达证明书上注明妨碍送达的原因、拒收事由和日期,并及时退回委托书及所附全部文件。不论委托方法院司法文书中确定的出庭日期或者期限是否已过,受委托方法院均应送达。

三、邮寄送达

(1)人民法院向受送达人送达司法文书,可以邮寄送达。邮寄送达时应附有送达回证。受送达人未在送达回证上签收但在邮件回执上签收的,视为送达,签收日期为送达日期。自邮寄之日起满三个月,虽未收到送达与否的证明文件,但存在本规定第十二条规定情形的,期间届满之日视为送达。

(2)自邮寄之日起满三个月,如果未能收到送达与否的证明文件,且不存在本规定第十二条规定情形的,视为未送达。

(3)人民法院可以通过传真、电子邮件等能够确认收悉的其他适当方式向受送达人送达。

四、其他送达方式

(1)人民法院不能依照本规定上述方式送达的,可以公告送达。公告内容应当在内地和受送达人住所地公开发行的报刊上刊登,自公告之日起满三个月即视为送达。

(2)除公告送达方式外,人民法院可以同时采取多种法定方式向受送达人送达。

采取多种方式送达的,应当根据最先实现送达的方式确定送达日期。

(3)人民法院向在内地的受送达人或者受送达人的法定代表人、主要负责人、诉讼代理人、代表机构及有权接受送达的分支机构、业务代办人送达司法文书,可以适用留置送达的方式。

五、特别规定

(1)受送达人未对人民法院送达的司法文书履行签收手续,但存在以下情形之一的,视为送达:

1)受送达人向人民法院提及了所送达司法文书的内容;

2)受送达人已经按照所送达司法文书的内容履行;

3)其他可以确认已经送达的情形。

(2)法院之间的文书传递

1)下级人民法院送达司法文书,根据有关规定需要通过上级人民法院转递的,应当附申请转递函。

2)上级人民法院收到下级人民法院申请转递的司法文书,应当在七个工作日内予以转递。

3)上级人民法院认为下级人民法院申请转递的司法文书不符合有关规定需要补正的,应当在七个工作日内退回申请转递的人民法院。

第二节　内地与香港法院相互认可和执行民商事判决及执行仲裁裁决的安排

一、相互认可和执行民商事判决

根据《最高人民法院关于内地与香港特别行政区法院相互认可和执行当事人协议管辖的民商事案件判决的安排》,主要程序为:

(1)内地人民法院和香港特别行政区法院在具有书面管辖协议的民商事案件中作出的须支付款项的具有执行力的终审判决,当事人可以根据本安排向内地人民法院或者香港特别行政区法院申请认可和执行。

(2)当事人向香港特别行政区法院申请认可和执行判决后,内地人民法院对该案件依法再审的,由作出生效判决的上一级人民法院提审。

(3)申请认可和执行符合本安排规定的民商事判决,在内地向被申请人住所地、经常居住地或者财产所在地的中级人民法院提出,在香港特别行政区向香港特别行政区高等法院提出。

(4)被申请人住所地、经常居住地或者财产所在地在内地不同的中级人民法院辖区的,申请人应当选择向其中一个人民法院提出认可和执行的申请,不得分别向两个或者两

个以上人民法院提出申请。被申请人的住所地、经常居住地或者财产所在地,既在内地又在香港特别行政区的,申请人可以同时分别向两地法院提出申请,两地法院分别执行判决的总额,不得超过判决确定的数额。已经部分或者全部执行判决的法院应当根据对方法院的要求提供已执行判决的情况。

(5)请求认可和执行申请书应当载明下列事项:

1)当事人为自然人的,其姓名、住所;当事人为法人或者其他组织的,法人或者其他组织的名称、住所及法定代表人或者主要负责人的姓名、职务和住所;

2)申请执行的理由与请求的内容,被申请人的财产所在地及财产状况;

3)判决是否在原审法院地申请执行及已执行的情况。

(6)申请人申请认可和执行的期限,双方或者一方当事人是自然人的为一年,双方是法人或者其他组织的为六个月。

(7)对于香港特别行政区法院作出的判决,判决确定的债务人已经提出上诉,或者上诉程序尚未完结的,内地人民法院审查核实后,可以中止认可和执行程序。经上诉,维持全部或者部分原判决的,恢复认可和执行程序;完全改变原判决的,终止认可和执行程序。内地地方人民法院就已经作出的判决按照审判监督程序作出提审裁定,或者最高人民法院作出提起再审裁定的,香港特别行政区法院审查核实后,可以中止认可和执行程序。再审判决维持全部或者部分原判决的,恢复认可和执行程序;再审判决完全改变原判决的,终止认可和执行程序。

(8)当事人对认可和执行与否的裁定不服的,在内地可以向上一级人民法院申请复议,在香港特别行政区可以根据其法律规定提出上诉。

(9)在法院受理当事人申请认可和执行判决期间,当事人依相同事实再行提起诉讼的,法院不予受理。已获认可和执行的判决,当事人依相同事实再行提起诉讼的,法院不予受理。

(10)法院受理认可和执行判决的申请之前或者之后,可以按照执行地法律关于财产保全或者禁制资产转移的规定,根据申请人的申请,对被申请人的财产采取保全或强制措施。

二、内地与香港相互执行仲裁裁决

根据《最高人民法院关于内地与香港特别行政区相互执行仲裁裁决的安排》的规定,主要程序为:

(1)在内地或者香港特区作出的仲裁裁决,一方当事人不履行仲裁裁决的,另一方当事人可以向被申请人住所地或者财产所在地的有关法院申请执行。上述的有关法院,在内地指被申请人住所地或者财产所在地的中级人民法院,在香港特区指香港特区高等法院。

（2）被申请人住所地或者财产所在地在内地不同的中级人民法院辖区内的,申请人可以选择其中一个人民法院申请执行裁决,不得分别向两个或者两个以上人民法院提出申请。

（3）被申请人的住所地或者财产所在地,既在内地又在香港特区的,申请人不得同时分别向两地有关法院提出申请。只有一地法院执行不足以偿还其债务时,才可就不足部分向另一地法院申请执行。两地法院先后执行仲裁裁决的总额,不得超过裁决数额。

（4）申请人向有关法院申请执行内地或者香港特区仲裁裁决的期限依据执行地法律有关时限的规定。有关法院接到申请人申请后,应当按执行地法律程序处理及执行。

（5）内地或者香港特区申请执行的仲裁裁决,被申请人接到通知后,提出证据证明有下列情形之一的,经审查核实,有关法院可裁定不予以执行：

1）仲裁协议当事人依对其适用的法律属于某种无行为能力的情形;或者该项仲裁协议依约定的准据法无效;或者未指明以何种法律为准时,依仲裁裁决地的法律是无效的;

2）被申请人未接到指派仲裁员的适当通知,或者因他故未能陈述意见的;

3）裁决所处理的争议不是交付仲裁的标的或者不在仲裁协议条款之内,或者裁决载有关于交付仲裁范围以外事项的决定的;但交付仲裁事项的决定可与未交付仲裁的事项划分时,裁决中关于交付仲裁事项的决定部分应当予以执行;

4）仲裁庭的组成或者仲裁庭程序与当事人之间的协议不符,或者在有关当事人没有这种协议时与仲裁地的法律不符的;

5）裁决对当事人尚无约束力,或者业经仲裁地的法院或者按仲裁地的法律撤销或者停止执行的。

6）有关法院认定依执行地法律,争议事项不能以仲裁解决的,则可不予执行该裁决。

7）内地法院认定在内地执行该仲裁裁决违反内地社会公共利益,或者香港特区法院决定在香港特区执行该仲裁裁决违反香港特区的公共政策,则可不予以执行该裁决。

第三节　内地与澳门法院相互认可和执行民商事判决及执行仲裁裁决的安排

一、内地与澳门法院相互认可和执行民商事判决

根据《内地与澳门特别行政区关于相互认可和执行民商事判决的安排》规定,主要程序为：

根据《中华人民共和国澳门特别行政区基本法》第九十三条的规定,最高人民法院与澳门特别行政区经协商,就内地与澳门特别行政区法院相互认可和执行民商事判决事宜,达成如下安排：

（1）一方法院作出的具有给付内容的生效判决,当事人可以向对方有管辖权的法院申请认可和执行。没有给付内容,或者不需要执行,但需要通过司法程序予以认可的判决,当事人可以向对方法院单独申请认可,也可以直接以该判决作为证据在对方法院的诉讼程序中使用。

（2）内地有权受理认可和执行判决申请的法院为被申请人住所地、经常居住地或者财产所在地的中级人民法院。两个或者两个以上中级人民法院均有管辖权的,申请人应当选择向其中一个中级人民法院提出申请。澳门特别行政区有权受理认可判决申请的法院为中级法院,有权执行的法院为初级法院。

（3）被申请人在内地和澳门特别行政区均有可供执行财产的,申请人可以向一地法院提出执行申请。申请人向一地法院提出执行申请的同时,可以向另一地法院申请查封、扣押或者冻结被执行人的财产。待一地法院执行完毕后,可以根据该地法院出具的执行情况证明,就不足部分向另一地法院申请采取处分财产的执行措施。两地法院执行财产的总额,不得超过依据判决和法律规定所确定的数额。

（4）法院收到申请人请求认可和执行判决的申请后,应当将申请书送达被申请人。被申请人有权提出答辩。被请求方法院应当尽快审查认可和执行的请求,并作出裁定。

（5）被请求方法院经审查核实存在下列情形之一的,裁定不予认可:

1）根据被请求方的法律,判决所确认的事项属被请求方法院专属管辖;

2）在被请求方法院已存在相同诉讼,该诉讼先于待认可判决的诉讼提起,且被请求方法院具有管辖权;

3）被请求方法院已认可或者执行被请求方法院以外的法院或仲裁机构就相同诉讼作出的判决或仲裁裁决;

4）根据判决作出地的法律规定,败诉的当事人未得到合法传唤,或者无诉讼行为能力人未依法得到代理;

5）根据判决作出地的法律规定,申请认可和执行的判决尚未发生法律效力,或者因再审被裁定中止执行;

6）在内地认可和执行判决将违反内地法律的基本原则或者社会公共利益;在澳门特别行政区认可和执行判决将违反澳门特别行政区法律的基本原则或者公共秩序。

（6）法院就认可和执行判决的请求作出裁定后,应当及时送达。当事人对认可与否的裁定不服的,在内地可以向上一级人民法院提请复议,在澳门特别行政区可以根据其法律规定提起上诉;对执行中作出的裁定不服的,可以根据被请求方法律的规定,向上级法院寻求救济。

（7）经裁定予以认可的判决,与被请求方法院的判决具有同等效力。判决有给付内容的,当事人可以向该方有管辖权的法院申请执行。被请求方法院不能对判决所确认的所有请求予以认可和执行时,可以认可和执行其中的部分请求。

(8)法院受理认可和执行判决的申请之前或者之后,可以按照被请求方法律关于财产保全的规定,根据申请人的申请,对被申请人的财产采取保全措施。

(9)在被请求方法院受理认可和执行判决的申请期间,或者判决已获认可和执行,当事人再行提起相同诉讼的,被请求方法院不予受理。

二、内地与澳门相互执行仲裁裁决

根据《最高人民法院关于内地与澳门特别行政区相互认可和执行仲裁裁决的安排》规定,主要程序为:

(1)在内地或者澳门特别行政区作出的仲裁裁决,一方当事人不履行的,另一方当事人可以向被申请人住所地、经常居住地或者财产所在地的有关法院申请认可和执行。

内地有权受理认可和执行仲裁裁决申请的法院为中级人民法院。两个或者两个以上中级人民法院均有管辖权的,当事人应当选择向其中一个中级人民法院提出申请。

澳门特别行政区有权受理认可仲裁裁决申请的法院为中级法院,有权执行的法院为初级法院。

(2)被申请人的住所地、经常居住地或者财产所在地分别在内地和澳门特别行政区的,申请人可以向一地法院提出认可和执行申请,也可以分别向两地法院提出申请。

当事人分别向两地法院提出申请的,两地法院都应当依法进行审查。予以认可的,采取查封、扣押或者冻结被执行人财产等执行措施。仲裁地法院应当先进行执行清偿;另一地法院在收到仲裁地法院关于经执行债权未获清偿情况的证明后,可以对申请人未获清偿的部分进行执行清偿。两地法院执行财产的总额,不得超过依据裁决和法律规定所确定的数额。

(3)申请人向有关法院申请认可和执行内地或者澳门特别行政区仲裁裁决的期限,依据认可和执行地的法律确定。

(4)对申请认可和执行的仲裁裁决,被申请人提出证据证明有下列情形之一的,经审查核实,有关法院可以裁定不予认可:

1)仲裁协议一方当事人依对其适用的法律在订立仲裁协议时属于无行为能力的;或者依当事人约定的准据法,或当事人没有约定适用的准据法而依仲裁地法律,该仲裁协议无效的;

2)被申请人未接到选任仲裁员或者进行仲裁程序的适当通知,或者因他故未能陈述意见的;

3)裁决所处理的争议不是提交仲裁的争议,或者不在仲裁协议范围之内;或者裁决载有超出当事人提交仲裁范围的事项的决定,但裁决中超出提交仲裁范围的事项的决定与提交仲裁事项的决定可以分开的,裁决中关于提交仲裁事项的决定部分可以予以认可;

4)仲裁庭的组成或者仲裁程序违反了当事人的约定,或者在当事人没有约定时与仲

裁地的法律不符的;

5)裁决对当事人尚无约束力,或者业经仲裁地的法院撤销或者拒绝执行的。

6)有关法院认定,依执行地法律,争议事项不能以仲裁解决的,不予认可和执行该裁决。

7)内地法院认定在内地认可和执行该仲裁裁决违反内地法律的基本原则或者社会公共利益,澳门特别行政区法院认定在澳门特别行政区认可和执行该仲裁裁决违反澳门特别行政区法律的基本原则或者公共秩序,不予认可和执行该裁决。

(5)一方当事人向一地法院申请执行仲裁裁决,另一方当事人向另一地法院申请撤销该仲裁裁决,被执行人申请中止执行且提供充分担保的,执行法院应当中止执行。

根据经认可的撤销仲裁裁决的判决、裁定,执行法院应当终结执行程序;撤销仲裁裁决申请被驳回的,执行法院应当恢复执行。

当事人申请中止执行的,应当向执行法院提供其他法院已经受理申请撤销仲裁裁决案件的法律文书。

(6)法院在受理认可和执行仲裁裁决申请之前或者之后,可以依当事人的申请,按照法院地法律规定,对被申请人的财产采取保全措施。

第四节　认可和执行台湾地区法院民事判决及仲裁裁决的规定

一、认可和执行台湾地区法院民事判决

根据《最高人民法院关于认可和执行台湾地区法院民事判决的规定》规定,主要程序为:

(1)申请人同时提出认可和执行台湾地区法院民事判决申请的,人民法院先按照认可程序进行审查,裁定认可后,由人民法院执行机构执行。申请人直接申请执行的,人民法院应当告知其一并提交认可申请;坚持不申请认可的,裁定驳回其申请。

(2)申请认可台湾地区法院民事判决的案件,由申请人住所地、经常居住地或者被申请人住所地、经常居住地、财产所在地中级人民法院或者专门人民法院受理。申请人向两个以上有管辖权的人民法院申请认可的,由最先立案的人民法院管辖。申请人向被申请人财产所在地人民法院申请认可的,应当提供财产存在的相关证据。

(3)申请人委托他人代理申请认可台湾地区法院民事判决的,应当向人民法院提交由委托人签名或者盖章的授权委托书。

台湾地区、香港特别行政区、澳门特别行政区或者外国当事人签名或者盖章的授权委托书应当履行相关的公证、认证或者其他证明手续,但授权委托书在人民法院法官的见证

下签署或者经中国大陆公证机关公证证明是在中国大陆签署的除外。

（4）申请人申请认可台湾地区法院民事判决，应当提交申请书，并附有台湾地区有关法院民事判决文书和民事判决确定证明书的正本或者经证明无误的副本。台湾地区法院民事判决为缺席判决的，申请人应当同时提交台湾地区法院已经合法传唤当事人的证明文件，但判决已经对此予以明确说明的除外。

（5）对于符合规定申请，人民法院应当在收到申请后七日内立案，并通知申请人和被申请人，同时将申请书送达被申请人；不符合本规定第四条和第七条规定条件的，应当在七日内裁定不予受理，同时说明不予受理的理由；申请人对裁定不服的，可以提起上诉。

（6）申请人申请认可台湾地区法院民事判决，应当提供相关证明文件，以证明该判决真实并且已经生效。

申请人可以申请人民法院通过海峡两岸调查取证司法互助途径查明台湾地区法院民事判决的真实性和是否生效及当事人得到合法传唤的证明文件；人民法院认为必要时，也可以就有关事项依职权通过海峡两岸司法互助途径向台湾地区请求调查取证。

（7）人民法院受理认可台湾地区法院民事判决的申请之前或者之后，可以按照民事诉讼法及相关司法解释的规定，根据申请人的申请，裁定采取保全措施。

（8）人民法院受理认可台湾地区法院民事判决的申请后，当事人就同一争议起诉的，不予受理。一方当事人向人民法院起诉后，另一方当事人向人民法院申请认可的，对于认可的申请不予以受理。

案件虽经台湾地区有关法院判决，但当事人未申请认可，而是就同一争议向人民法院起诉的，应予以受理。

（9）台湾地区法院民事判决具有下列情形之一的，裁定不予认可：

1）申请认可的民事判决，是在被申请人缺席又未经合法传唤或者在被申请人无诉讼行为能力又未得到适当代理的情况下作出的；

2）案件系人民法院专属管辖的；

3）案件双方当事人订有有效仲裁协议，且无放弃仲裁管辖情形的；

4）案件系人民法院已作出判决或者中国大陆的仲裁庭已作出仲裁裁决的；

5）香港特别行政区、澳门特别行政区或者外国的法院已就同一争议作出判决且已为人民法院所认可或者承认的；

6）台湾地区、香港特别行政区、澳门特别行政区或者外国的仲裁庭已就同一争议作出仲裁裁决且已为人民法院所认可或者承认的。

7）认可该民事判决将违反一个中国原则等国家法律的基本原则或者损害社会公共利益的，人民法院应当裁定不予以认可。

（10）人民法院经审查能够确认台湾地区法院民事判决真实并且已经生效，而且不具有以上所列情形的，裁定认可其效力；不能确认该民事判决的真实性或者已经生效的，裁

定驳回申请人的申请。裁定驳回申请的案件,申请人再次申请并符合受理条件的,人民法院应予受理。

(11)经人民法院裁定认可的台湾地区法院民事判决,与人民法院作出的生效判决具有同等效力。人民法院依据法作出的裁定,一经送达即发生法律效力。当事人对上述裁定不服的,可以自裁定送达之日起十日内向上一级人民法院申请复议。

(12)对人民法院裁定不予认可的台湾地区法院民事判决,申请人再次提出申请的,人民法院不予受理,但申请人可以就同一争议向人民法院起诉。

二、认可和执行台湾地区仲裁裁决

根据《最高人民法院关于认可和执行台湾地区仲裁裁决的规定》规定,主要程序如下:

(1)台湾地区仲裁裁决的当事人可以作为申请人向人民法院申请认可和执行台湾地区仲裁裁决。包括有关常设仲裁机构及临时仲裁庭在台湾地区按照台湾地区仲裁规定就有关民商事争议作出的仲裁裁决,包括仲裁判断、仲裁和解和仲裁调解。

(2)申请人同时提出认可和执行台湾地区仲裁裁决申请的,人民法院先按照认可程序进行审查,裁定认可后,由人民法院执行机构执行。申请人直接申请执行的,人民法院应当告知其一并提交认可申请;坚持不申请认可的,裁定驳回其申请。

(3)申请认可台湾地区仲裁裁决的案件,由申请人住所地、经常居住地或者被申请人住所地、经常居住地、财产所在地中级人民法院或者专门人民法院受理。申请人向两个以上有管辖权的人民法院申请认可的,由最先立案的人民法院管辖。申请人向被申请人财产所在地人民法院申请认可的,应当提供财产存在的相关证据。

(4)申请人委托他人代理申请认可台湾地区仲裁裁决的,应当向人民法院提交由委托人签名或者盖章的授权委托书。

台湾地区、香港特别行政区、澳门特别行政区或者外国当事人签名或者盖章的授权委托书应当履行相关的公证、认证或者其他证明手续,但授权委托书在人民法院法官的见证下签署或者经中国大陆公证机关公证证明是在中国大陆签署的除外。

(5)对于符合规定条件的申请,人民法院应当在收到申请后七日内立案,并通知申请人和被申请人,同时将申请书送达被申请人;不符合本规定第四条和第七条规定条件的,应当在七日内裁定不予受理,同时说明不予受理的理由;申请人对裁定不服的,可以提起上诉。

(6)申请人申请认可台湾地区仲裁裁决,应当提供相关证明文件,以证明该仲裁裁决的真实性。申请人可以申请人民法院通过海峡两岸调查取证司法互助途径查明台湾地区仲裁裁决的真实性;人民法院认为必要时,也可以就有关事项依职权通过海峡两岸司法互助途径向台湾地区请求调查取证。

(7)人民法院受理认可台湾地区仲裁裁决的申请之前或者之后,可以按照民事诉讼法及相关司法解释的规定,根据申请人的申请,裁定采取保全措施。

(8)人民法院受理认可台湾地区仲裁裁决的申请后,当事人就同一争议起诉的,不予受理。当事人未申请认可,而是就同一争议向人民法院起诉的,亦不予以受理,但仲裁协议无效的除外。

(9)对申请认可和执行的仲裁裁决,被申请人提出证据证明有下列情形之一的,经审查核实,人民法院裁定不予以认可:

1)仲裁协议一方当事人依对其适用的法律在订立仲裁协议时属于无行为能力的;或者依当事人约定的准据法,或当事人没有约定适用的准据法而依台湾地区仲裁规定,该仲裁协议无效的;或者当事人之间没有达成书面仲裁协议的,但申请认可台湾地区仲裁调解的除外;

2)被申请人未接到选任仲裁员或进行仲裁程序的适当通知,或者由于其他不可归责于被申请人的原因而未能陈述意见的;

3)裁决所处理的争议不是提交仲裁的争议,或者不在仲裁协议范围之内;或者裁决载有超出当事人提交仲裁范围的事项的决定,但裁决中超出提交仲裁范围的事项的决定与提交仲裁事项的决定可以分开的,裁决中关于提交仲裁事项的决定部分可以予以认可;

4)仲裁庭的组成或者仲裁程序违反当事人的约定,或者在当事人没有约定时与台湾地区仲裁规定不符的;

5)裁决对当事人尚无约束力,或者业经台湾地区法院撤销或者驳回执行申请的;

6)依据国家法律,该争议事项不能以仲裁解决的,或者认可该仲裁裁决将违反一个中国原则等国家法律的基本原则或损害社会公共利益的,人民法院应当裁定不予以认可。

(10)人民法院经审查能够确认台湾地区仲裁裁决真实,而且不具有以上所列情形的,裁定认可其效力;不能确认该仲裁裁决真实性的,裁定驳回申请。裁定驳回申请的案件,申请人再次申请并符合受理条件的,人民法院应予以受理。

(11)一方当事人向人民法院申请认可或者执行台湾地区仲裁裁决,另一方当事人向台湾地区法院起诉撤销该仲裁裁决,被申请人申请中止认可或者执行并且提供充分担保的,人民法院应当中止认可或者执行程序。

申请中止认可或者执行的,应当向人民法院提供台湾地区法院已经受理撤销仲裁裁决案件的法律文书。

台湾地区法院撤销该仲裁裁决的,人民法院应当裁定不予认可或者裁定终结执行;台湾地区法院驳回撤销仲裁裁决请求的,人民法院应当恢复认可或者执行程序。

(12)对人民法院裁定不予认可的台湾地区仲裁裁决,申请人再次提出申请的,人民法院不予受理。但当事人可以根据双方重新达成的仲裁协议申请仲裁,也可以就同一争议向人民法院起诉。